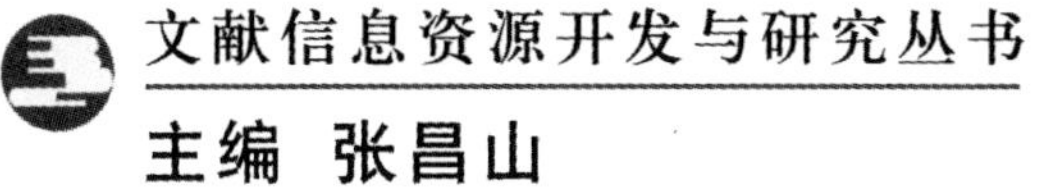

文献学与历史研究

张鑫昌 张昌山 主编

中国社会科学出版社

图书在版编目（CIP）数据

文献学与历史研究／张鑫昌，张昌山主编．—北京：中国社会科学出版社，2015.6

ISBN 978－7－5161－5748－0

Ⅰ.①文…　Ⅱ.①张…②张…　Ⅲ.①文献学—文集　Ⅳ.①G256－53

中国版本图书馆 CIP 数据核字(2015)第 059042 号

出 版 人　赵剑英
责任编辑　孔继萍
特约编辑　邹　莉
责任校对　石春梅
责任印制　何　艳

出　　版　中国社会科学出版社
社　　址　北京鼓楼西大街甲 158 号
邮　　编　100720
网　　址　http://www.csspw.cn
发 行 部　010－84083685
门 市 部　010－84029450
经　　销　新华书店及其他书店

印　　刷　北京市兴怀印刷厂
版　　次　2015 年 6 月第 1 版
印　　次　2015 年 6 月第 1 次印刷

开　　本　710×1000　1/16
印　　张　29
插　　页　2
字　　数　482 千字
定　　价　90.00 元

《文献信息资源开发与研究丛书》编委会

总　　序

文献是文明的结晶，也是文明的载体。人类创造文献，积累文献，开发利用文献信息资源，不断推动文明的进程。

中国乃人类文明古国。中华文明史也可以说是文献的历史。其文献类型之多样，内容之丰赡，数量之巨大，正所谓“浩如烟海”“汗牛充栋”。而今，由于新技术的广泛使用，信息时代的迅速来临，文献已呈“爆炸”之势；尤其是互联网的出现，使人类社会又进入了一个崭新的时代。

与此同时，我们亦面临诸多的问题与挑战，比如，传统文献怎样才能在保护中得到更好的开发利用，现代文献在充分传播利用的同时又怎样才能得以有效传承，人类文献资源如何才能更好地实现共享，而对于按几何级数增长的文献，怎样才能真正管好用好，怎样才能处理好文献的多样性与一体化的关系，等等。这些都需要文献学者和实际工作者进行更广泛、更深入的调查与研究，努力探求并切实遵循“文献之道”，以文献积淀文化，以文献创新文化，进而实现中华文化的伟大复兴。

云南地处祖国的西南边疆，中原文化很早就在这里传播，大量的汉文典籍源源不断地传入并积累，成为云南文化的主流与传统。而其地方、民族与边疆诸特色亦在云南文献中得以彰显。以地方特色而言，编史修志从来都是文化胜业，且成绩斐然。专著、文集不断被创制和保存，民国年间辑刻的《云南丛书》，“初编”“二编”即达二百零五种一千六百三十一卷及不分卷的五十册。其后更有数千种图书文献问世。从民族特色来说，云南民族众多，文化多元，民族典籍文化源远流长，傣族的贝叶文献、彝族的毕摩文献、纳西族的东巴文献、藏族文献、白族文献等，早已产生了国际性影响，是人类共同的文化财富。就边疆特色来看，记载或论述边地、边境、边界、边民、边防及边贸等内容的边疆文献，种类多，价值高，历来都受重视；尤其是在西部大开发、中国面向西南开放重要“桥头堡”的建设及文化强省的建设中，云南文献的研究与建设被赋予了神圣的文化使命，推进到了新的发展阶段。

云南大学是西南地区建立最早的综合性大学之一。其前身东陆大学奠基于云南贡院故地，承续着悠久深厚的历史文化，而今日云南大学的步伐正向着她的第一个百年迈进。建校之初即已呈现出“西学”“国学”以及“滇学”并重的特质，而文献的研究、整理与开发利用，一直被视为学术的根基，袁嘉谷、方树梅、刘文典、钱穆、顾颉刚、姜亮夫、吴晗、向达、白寿彝、徐嘉瑞、方国瑜、江应樑、谢国桢、李埏等诸多学术泰斗、文献大家都曾执教于斯，他们的学术著述多已成为传世之作，他们的文献学成就早已名垂青史。特别是自20世纪80年代以来，相继建立了档案学、图书馆学、信息资源管理等专业，经过一代代学者的努力，继承传统，开拓创新，文献学科获得长足发展。培养出的学士、硕士和博士，多已成为业务骨干；培育出的学术成果，已显现出自身的优势和特色。更可喜的是，资深学者不断推出自己的力作，学术新秀正在脱颖而出。

为促进文献学科的发展，繁荣学术文化，进一步做好文献工作，在云南大学的大力支持下，我们组织出版这套《文献信息资源开发与研究丛书》。我们的初衷，概而言之就是求真求新、继承创造。求真是科学研究的本义，无论是文献学学术研究，还是文献资源的整理实践，定当以求真为基本原则，否则，绝无科学可言。求新是我们的学术追求，没有独到的见解，没有新意，不足以言学术贡献。继承是学术创造的源泉，创造是学者永恒的使命。这是我们的学术心愿。古人说，取法乎上，仅得其中，虽不能至，心向往之。我们秉承这种精神，朝着这个方向，努力前行。

是为序。

张昌山

2013年9月于云南大学会泽院

序　言

1984 和 1985 年经教育部批准，云南大学在历史系相继设立档案学和图书馆学专业。为加快学科建设的步伐，学校于 1988 年建成了档案学系。1993 年，经批准云南大学又在档案学系增设了情报学专业，即今信息管理与信息系统专业。至此，云南大学建成了完整意义上的图书情报与档案管理一级学科群。1997 年，档案学系与中文、历史等系组建为云南大学人文学院，系名定为档案与图书馆学系，后于 2000 年更名为信息管理学系。至 2004 年初，信息管理系从人文学院析出，独立建制为云南大学情报与档案学院。2005 年底，云南大学情报与档案学院和云南大学公共管理学院、民族学与社会学院、国际关系学院合并，组成新的公共管理学院，情报与档案学系为其下属四系之一。

近年来，情报与档案学系在校、院的领导下，全面贯彻党的十八大和十八届三中、四中全会精神，坚持以邓小平理论、“三个代表”重要思想、科学发展观为指导，深入学习贯彻习近平总书记系列重要讲话精神，认真落实学校的部署，在师资队伍建设，学科建设、人才培养、科学研究等诸多方面进行了卓有成效的工作，取得了可喜的成绩。

1. 建成了一支高素质、高学历、高职称的师资队伍。全系教师共 36 人，其中教授 13 人，副教授 13 人，占全系教师总数的 72.2%；博导 5 人，硕导 19 人，占全系教师总数的 66.7%；具有博士学位的 13 人，硕士学位的 17 人，占全系教师总数的 83.3%。全系教师均毕业于北京大学、中国人民大学、北京师范大学、武汉大学、中山大学、南开大学、华东师范大学、华中师范大学、四川大学、云南大学等著名高校；所学专业涵盖了档案学、图书馆学、情报学、历史学、法学、民族学、数学、物理学、化学、生物学、计算机科学与技术、软件工程等诸多领域，形成了一支职称、学历、学缘结构合理，文理兼备，教学经验丰富，科研实力较强的师资队伍。

2. 制定了一套系统的切实可行的人才培养方案。深入学习贯彻习近平总书记考察云南重要讲话精神，认真落实“努力成为我国民族团结进步示范区、生态文明建设排头兵、面向南亚东南亚辐射中心，谱写好中国梦的云南篇章”的要求，结合云南边疆民族地区的特点，主动服务和融入云南发展战略，自觉肩负起促进云南地方经济文化建设的重任。认真学习研究了国内著名高校，如中国人民大学、武汉大学、南京大学等校的人才培养方案，结合省、校优势，在实践的基础上，制定出一套系统的人才培养方案。经长期实践和不断探索，反复修改完善，使人才培养方案更加符合社会发展需要，更加科学合理。

3. 教学改革不断深化，专业教材建设成绩斐然。云南大学公共管理学院情报与档案学系自建系以来，先后建成了“档案学概论”、“文书学”、“中国古代档案文选”、“档案保护技术学”、“档案管理现代化”、“科技档案管理学”六门校级主干课程和“科技档案管理学”省级精品课程、“信息存储与检索”校级精品课程，完成了云南大学教改项目“图书馆学、档案学、信息管理学（情报学）专业本科课程一体化建设理论与实践”、“档案学专业实践教学的创新与改革”的结题验收，发表了十余篇教改论文。编著出版了《中国古代档案文选》、《中国古代档案探究备要》、《中国文件学》、《档案管理学原理》、《档案管理学新论》、《新编科技档案管理学》、《档案著录标引与检索》、《声像档案管理学》、《档案保护技术学》、《文献影像技术》、《中国档案管理史》、《外国档案事业史》、《西南少数民族历史档案管理学》、《民族档案史料编纂学概要》等多部本科生和研究生教材，极大地促进了教学质量的提高。

4. 实验室建设迈上新台阶。全系拥有计算机信息资源管理实验室、文献整理与保护实验室、声像技术应用与文献管理实验室、图书模拟整理室、档案与图书管理模拟实验室共四个实验室，具备了完备的教学实验条件。2010 年经国家财政部批准，又获得中央与地方共建高等学校专项资金基础实验室项目“文献整理与保护基础实验室”，经费 300 万元人民币。该实验室的建设将从整体上提升图书馆、情报与档案管理特色专业本科实验教学的质量与层次，为培养高素质复合型特色专业人才提供良好的实验教学条件。同时可以实现实体文献和数字文献实验教学科研的全面受益，促进人才培养模式的跨越式进步，推动特色优势学科建设的快速发展，拓展社会服务功能，为云南省乃至西南地区的文献资源的保护与文化遗产的抢救提供理论指导与技术支持，产生显著的扩大开放和辐射示范作用。

5. 形成了一批颇具规模的实习基地。情报与档案学系与云南省图书馆、云南省科学技术情报研究院、云南省社会科学院情报资料中心、中国科学院昆明动物研究所信息中心、云南大学图书馆、云南省档案馆、云南大学档案馆、中共昆明市委组织部、昆明市档案馆、昆明市盘龙区档案馆、昆明市规划设计研究院档案科等单位建立了集教学、科研、实习于一体的基地，并与其中多家单位签订了《共建教学实习基地协议书》。另外，情报与档案学系成立了实习基地实习领导小组，全面负责实施实习基地的实习教学管理工作，制定了较为完善的实习管理制度，对实习的组织和管理、指导教师的职责和工作要求、实习目的与任务、实习内容、形式与时间安排、实习考核与成绩评定、实习纪律与注意事项等进行了规定。

6. 抓紧学位点建设，成绩明显。1998 年，经国务院学位委员会批准，云南大学人文学院信息管理学系获得档案学二级学科硕士学位授予权。2003 年，云南大学人文学院信息管理学系又获得历史文献学二级学科博士学位授予权和图书馆学二级学科硕士学位授予权。2006 年，经国务院学位委员会批准，云南大学公共管理学院情报与档案学系获得图书馆、情报与档案管理一级学科硕士学位授予权和档案学二级学科博士学位授予权。2010 年，云南大学公共管理学院情报与档案学系又首批获得图书情报硕士专业学位（简称 MLIS）授予权。至此，云南大学公共管理学院情报与档案学系是云南省唯一能够招收和培养档案学专业本科生、少数几个能够招收和培养信息管理与信息系统专业本科生，拥有档案学二级学科博士学位授予权，以及图书情报与档案管理一级学科硕士学位授予权和图书情报硕士专业学位授予权的教学科研实体，形成了学术硕士与专业硕士协调发展，且本科、硕士、博士相衔接的完整的专业人才培养体系。

7. 认真进行科学研究，成果丰硕。情报与档案学系注重图书馆学、情报学与档案管理学基础理论与实践的研究，并在民族档案、地方文献、区域性图书馆建设与西部信息资源开发等方面创建了自己的特色研究方向，取得了丰硕的研究成果。全系共承担科研项目 40 余项，其中，国家级项目 12 项，省部级科研项目 15 项；出版了《中华民族发展史》、《中国彝族通史》、《国情教育推荐书目》、《滇云八年书系·旧刊文存》、《档案管理系统概论》、《西南彝族历史档案》、《傣族历史档案研究》、《云南少数民族金石档案研究》、《民族档案学专题研究》等学术专著20余部；发表论文400余篇；获国家级、省级、校级科研成果奖十余项。有些成果具有鲜明的特色和开创性、独特性。其中，尤中教授的《中华民族发展史》和《尤中文集》分别获得第五届和第六届高等学校科学研究优秀成果奖（人文社会科学）二等奖和一等奖。张昌山教授担任主编的《滇云八年书系·旧刊文存》，具有重要的史料价值，对建设云南民族文化强省意义重大。郑文教授的《档案管理系统概论》除继续保留"环节论"已有合理研究成果之外，又另辟蹊径地将档案管理诸环节按照输入（收集）—组织（整理、鉴定、保管）—控制（检索）—输出（利用、编研）—反馈（统计）五个子系统精心加以组构，力求比较立体地揭示出档案管理系统的构成及其运行机制，从而为深刻诠释档案工作的运动规律提供了一种全新的认识角度。多年来的科研成果有力地支撑了学科的发展，充分反映了全系教师雄厚的科研实力。

31年的成绩来之不易。这主要是省委、省政府、省教育厅、省档案局、云南大学历任领导的正确领导、支持和关心；全体教职工忠诚于党的教育事业，努力学习、勤奋工作，才取得如此佳绩。我们还要特别感谢中国人民大学等院校档案、图书、信息管理学专业所给予的支持。为感谢方方面面的关心、支持，情报与档案学系从各位老师已发表的论文中遴选了52篇，结集出版，以表谢忱。

本书共收录论文52篇，约30万字。其中，档案学类26篇；图书馆学、情报学类15篇，民族史、民族学类6篇；其他5篇。其内容以档案学、图书馆学、情报学类为主，兼及部分民族史、民族学等相关文章。文集在几个方面值得重视：

一是民族档案学的研究。作者们利用西部地区少数民族档案资源丰富的优势，以党和国家领导人关于档案学、民族问题的重要论述，以及国家法律、法规和档案学的基本理论为依据，对大量的少数民族档案文献进行全面、系统的研究。借鉴并吸收了民族学、民族史、史料学等相关学科的理论与方法，构建了少数民族档案的概念、种类、特点、功能、价值以及开发利用工作为研究对象的民族档案学学科体系。民族档案学的构建在学术上拓展了档案学、史料学、民族学的研究领域，促进其间的相互交叉渗透，有较强的创新性和实践性。

二是大文件学的研究，开创了文件学研究的新领域。此为作者首次提出，在全国档案学界产生了广泛影响。

三是区域图书馆与农村图书馆的研究，对边疆地区、民族地区、欠发达地区图书馆事业的发展具有理论价值、学术价值和实践意义。

本文集的特点还可列举很多，应该说每篇文章都有其亮点，有的文章甚至是该学科领域前沿性的顶尖之作，如《中华民族发展史绪论》等。

从数百篇已发表的各类文章中选出一本30万字左右的文集，殊非易事，它既要突出重点，还要兼及学科门类，更不能显得杂乱。这的确要有较高的编辑水平。本书主编张昌山教授及有关同志从策划、征稿、选稿到出版，均付出了辛勤的劳动，而终于成书。为此，谨向他们致以敬意。

衷心致祝情报与档案学系明天更美好！

张鑫昌

2015年春

目　录

民族档案学刍议：特征与任务

张鑫昌　郑　文　张昌山

当前，我国社会主义建设事业的迅速发展，现代化的大规模综合性档案工作和现代社会复杂广泛的需要，对现实档案工作提出了新的要求，即更深入、更细致地探讨新的特殊的研究对象，因此，认识并确立民族档案学，是历史和现实向我们提出的客观要求及必然课题。正如恩格斯所说："社会一旦有技术上的需要，则这种需要就会比十所大学更能把科学推向前进。"[1]本文试图就民族档案学的内容、特征、任务等问题，作一些初步的探索。关于民族档案学的定义、范围、历史、现状、体系与方略等问题，我们已有另文论述。[2]

一

民族档案学是以少数民族档案及少数民族档案工作为研究对象的一门学科。民族档案学作为档案学的分支，是档案学知识在研究民族档案中的应用，它的理论与方法技术的知识体系是档案学知识总体在民族领域中的扩展延伸。但它们的不同在于档案学是研究整个人类的档案和档案工作，而民族档案学只研究民族档案和民族档案工作现象及其发展规律，档案学只有档案参数，而民族档案学既具有档案参数，又具有民族参数。在民族档案学中，上述现象的互相交叉，就形成它是区别于一般档案学的特殊现象。

民族档案学的基本宗旨，是从档案的普遍性来界说民族档案，探寻民族档案的起源、本质及其发展的一般规律，并以民族历史进步的一般法则作为民族档案评价的价值准则。因此，民族档案学在档案学理论体系中的独特地位，就在于它透过民族档案的地区性、民族性、局部性、具体性，进而研究民族档案现象的一般规律及其普遍性。

民族档案学一般可包括两个方面的内容：一是研究民族档案与其他社会现象的关系。揭示这种关系，可以解决三个重大理论问题。（1）民族档案的起源。通过分析民族档案与社会经济、文化、心理的内在联系，把握民族档案产生、发展的一般过程。（2）民族档案的本质。通过分析民族档案与社会结构、政治结构、民族进化等的关系，确定民族档案所反映的社会时代背景和具体历史形态。（3）民族档案的功能。通过分析民族档案与法律、道德、管理及其他社会机制的关系，具体确立民族档案在社会生活中的特殊功能和作用。如果我们从总体上统一地把握了上述三个方面，我们就可以进入社会结构的深层和社会生活的各个方面，全面地、准确地界说民族档案的性质、领域和价值。二是研究民族档案学自身内部的理论逻辑体系，推导出作为一般规律贯穿并指引各种民族档案理论的基本范式、概念和术语，并为具体的民族档案工作行为、民族档案现象的研究和评价提供最一般的尺度和原则。具体说其内在方面有下述内容：（1）揭示适用于一切民族档案现象和民族档案工作制度的最基本规定，即透过它们存在的特殊性而寻找、抽象出它们的共同点，阐明民族档案和民族档案工作的普遍本质。（2）揭示民族档案和民族档案工作历史发展的规律，舍弃其偶然参数和对历史中轴的暂时偏离，把握其发展必然遵循的逻辑和态势。（3）确立民族档案和民族档案工作评价的一般准则，用科学的观点和方法，对历史的及当前的民族档案现象和民族档案工作制度作出合理的评价。贯穿以上三个方面并构成民族档案学中心的是关于民族档案概念的研究。民族档案概念的确立，在逻辑上既是一切民族档案理论研究的前提，又必然表现为一切民族档案现象的历史研究和科学抽象的结果，并且这一结果在这种研究中逐步得到丰富和完善。因此，民族档案概念的科学性与全面性，本身就是民族档案学理论研究历史与逻辑统一的表征，是评价民族档案学理论体系的科学性、全面性的尺度。我们认为，民族档案内涵可表述为各个时代的一切社会组织及其成员关于各少数民族的具有一定保存价值的各种文字符号的原始记录。民族档案工作就是管理和利用民族档案的活动。

很显然，这里所说的民族档案既包括以某少数民族文字符号等方式记录和反映本民族自身的历史和现状的原始文献，也包括利用其他民族的文字或由其他民族形成的有关自己民族历史与现状的各种文字符号的原始记录。前者是某一民族在其自身的社会政治、经济、科学、文化活动中自然形成的，它真实地记录了这个民族社会发展的历程及与其他民族间的各种关系，是该民族最珍贵的文化遗产，可称之为狭义的民族档案。从广义上来看，民族档案则既应包括前者，也应包括后者。因为一个民族除了其自身的活动外，还总在和其他民族发生各种各样的联系，这便产生了关于这个民族的各种民族文字符号的档案文献。这部分档案虽然不是用本民族的文字记载的，但它却是研究本民族各种问题的难得的材料。所以，民族档案学的研究对象应当是广义的民族档案及民族档案工作。

二

民族档案学之所以能成为一门学科，是因为民族档案和民族档案学有着区别于其他档案和其他学科的特殊矛盾和特殊本质特征。分析和把握其特殊的矛盾和本质特征，是我们证认民族档案学的立足点和基本依据，否则，“如果不研究矛盾的特殊性，就无从发现一事物不同于其他事物的特殊的本质，就无从发现事物运动发展的特殊的原因，或特殊的根据，也就无从辨别事物，无从区分科学研究的领域”[3]。民族档案除了具有一般档案的特征，如原始性、真实性等以外，更主要的是它还有着区别于其他档案的鲜明的特殊特征。具体表现为民族档案在载体、来源、管理实体、保护技术、利用方式等方面以及民族档案自身及其内部各种相关因素的比较，都区别于其他档案：

（1）民族性。斯大林同志在《民族问题和列宁主义》中指出：“民族是人们在历史上形成的共同语言、共同地域、共同经济生活以及表现于共同的民族文化特点上的共同心理素质这四个基本特征的稳定的共同体。”[4]作为民族活动有机产物的民族档案，在其形成和发展过程中，总会受民族的经济生活、社会结构、地域环境、语言文字、文化传统及民族意识等因素的多方制约，从而形成区别于其他档案的民族特点。因此，确认并把握民族档案的民族性，对于确立民族档案概念，科学地开展民族档案学的研究，探索各民族档案和档案工作发展的独特的和共同的道路，有着极为重要的意义。

（2）共通性。各个民族的档案在形成过程中，都有许多相似的因素，它们都是人类文化发展的结果，往往具有人类共通的深刻内容。人类社会发展的不同时期，都在人类历史的相应年代，形成了许多人类共通的民族档案形式和特征（如档案的基本载体、记录和表达、管理、利用等）。这种现象，正是人类社会发展的相当阶段所形成的相似、相近、相同的文化创造在民族档案上的反映。同时，在各民族文化交流与传播过程中，由民族化逐渐被转为社会化、国际化的民族档案，成为人类共同的民族档案事项。如当前民族档案和民族档案工作在载体、记录表达方式、理论技术手段等方面的统一，整个地区、整个国家，甚至国际性档案馆网络体系的建立、协调等。在文化交往日益频繁深入的今天，这种全人类的共通性，在民族档案的比较研究中，不仅十分醒目，而且有着重要的科学意义。

（3）地区性。这是民族档案在空间上所显示出的特征，具有十分普遍的意义。因为无论哪一类民族档案事项，都会受到一定地域的经济条件、自然资源、地缘关系、社会生活及风俗传统等独特性的制约，都不同程度地染上了地方性色彩。从系统的角度认识地方性，可以看到，各地区形成的民族档案事项，分别构成各种类型的子系统，众多的民族档案子系统的分布与彼此交叉联系，便形成了若干有区别的民族档案地域系统，而这些地域系统则最终有机地构成了民族档案学研究地域的大系统。

（4）不平衡性。这是民族档案发展过程中显示出来的具有运动规律性的特征。民族档案是世代相传的一种文化现象，因此，在发展过程中既有相对稳定性，又有很大的不平衡性。首先，好的民族档案形式以其合理性迎得广泛的承认，以相对稳定的形式代代相传，不断继承下来。同时，民族档案的继承性在人类文化发展过程中，又呈现出一种极大的不平衡状态，在经济生活、语言文字、社会形态和文化发展条件充分的民族、地区，这种继承性往往处于活跃状态，也就是在继承发展中显示民族档案运动的复杂性、先进性、动态性；相反，在经济生活、语言文字、社会形态和文化发展条件不充分，甚至处于停滞、落后的民族或地区，这种继承性往往处于休眠状态，也就是以它固有的因袭保守形式显示了民族档案运动的单一性、落后性、静止性。这些特征赋予了民族档案运动发展的不平衡性。

根据民族档案特征的提示，从学科高度来概括，我们认为以研究民族档案为宗旨的民族档案学，也有其自己的特征：

（1）研究对象与研究领域的独特性。这是民族档案学区别于其他档案学科的重要属性，它既指民族档案学必须以民族的档案和档案工作现象为基点，又指民族档案学有着区别于其他学科的特殊的本质。毛泽东同志在《矛盾论》中指出："事物发展的根本原因，不是在事物的外部，而是在事物的内部，在于事物内部的矛盾性。"[5]民族档案学的内部矛盾运动过程，就是人类对民族档案工作本质及其发展规律不断揭示和掌握的过程。在这个过程中，它一刻也不能脱离民族的土壤，否则它就不能抓住典型的民族档案和档案工作事象，并从中发现其运动发展的特殊根据和原因，就会得出非本质的认识。因此，认识民族档案学内部的矛盾性，明确其特殊的研究对象和研究领域，对于民族档案学和其他档案学科及相关学科的比较研究，探索其发展的独特道路，有着极为重要的意义。

（2）系统性。即有一套完整的理论体系和学科体系。前者包括：1）宏观理论。即从民族档案和民族档案工作的全局及科学、经济、社会发展的整体上进行研究，从千变万化的民族档案和民族档案工作运动现象中，找出能够全面把握大局的、内在的、本质的、必然的联系，概括出宏观控制的理论知识。2）中观理论。即对民族档案管理工作中的收集、整理、保管、编研、利用等方面的理论研究，和对于各级各类民族档案工作机构的组织建设规律的探讨所形成的理论知识。3）微观理论。即对民族档案和民族档案工作个体研究所形成的理论。4）方法论。即为使民族档案理论实用化，而进行的民族档案和民族档案工作组织管理的各种方法的研究。

后者包括：1）内核学科体系。即直接研究民族档案和民族档案工作现象的学科体系，如《民族档案学概论》《民族档案史》《民族文书》《民族档案管理》《民族档案文献编纂》《比较民族档案学》等。因为民族档案研究的对象是一个十分复杂的、动态的、庞大的系统，它要求形成不同的分支学科、应用不同的研究功能，从不同的角度来揭示民族档案学的总体特征和一般发展规律。2）外围学科体系。即间接研究民族档案和民族档案工作现象及与之有联系的相关学科体系。任何一门学科都不是孤立地产生和存在的，民族档案学同其他学科的发展也是相关联的。当前，民族档案学同其他学科，尤其是和民族史、民族学、民族古籍整理、文献学、文化学、社会学乃至自然科学等学科的联系越来越紧密，构成了研究民族档案和民族档案工作的外围学科体系，从更宏观、更全面的角度展开研究。

（3）实践性。任何真正的理论，只有当社会实践提出了这种需要并为之提供了一定的经验材料，同时以往的理论也为之提供了较充分的思想资料时，才能产生。民族档案学有很强的实践性，这是由民族档案和民族档案工作的社会功能决定的。人类过去的、丰富的民族档案工作实践，不但为我们今天的民族档案工作实践提供了宝贵的经验和借鉴，而且为民族档案学的形成奠定了坚实的基础。特别在当前，民族档案工作的科学化和现代化，不但向我们提出了建立民族档案学的迫切需要，而且为我们建立这样一门学科提供了大量而生动的经验材料。可见我国民族档案学是适应社会主义现代化建设的需要而产生的，是对民族档案工作的概括和总结，因此，它可以为民族档案工作实践活动提供科学的理论依据。

（4）综合性。民族档案学是多门学科知识综合统一的新兴边缘学科，是档案学的一个重要分支。从科学的内在逻辑来看，它处于重要的科学地位上，而从社会需要来看，它具有重要的社会功能。这就使民族档案学具有研究范围广、综合性强的特点。

在研究范围上，民族档案学的研究对象是民族档案和民族档案工作，它们所包括的内容极为丰富，所涉及的范围极为广泛，诸如民族的群体、社会组织、生活方式、社会结构、文化结构、民族现代化等问题，可以说民族档案学触及民族生活的各个方面，涉及民族生活的各个领域。在研究方法上，民族档案学在研究某种民族档案现象时，是把这种现象放在与其他民族档案现象的联系中加以考察，即综合地分析一种民族档案现象与其他民族档案现象之间的内在联系。同时，民族档案是一个有机整体，民族档案问题是由各种因素相互作用的结果，如涉及自然的因素，有地理、生物、物理、化学等；涉及人类生活的各种相关因素，有政治的、社会的、经济的、军事的、文化的、法律的、科学的等；涉及相关学科的因素，有民族史、民族学、考古学、民族古籍整理等。它要求应用整体观念和方法，进行系统分析，实行跨学科的合作。这样，才有助于我们认识民族档案学的全局和整体，有助于我们把握民族档案学整体与部分的联系，才能促进民族档案学的迅速发展。

（5）普遍的适应性。1）民族档案学作为档案学科与民族学科之间的一门边缘学科，它既有为档案学科服务的一面，即通过民族档案学的研究，丰富和深化档案学科；又有为民族学科及其他学科服务的一面，即通过民族档案学的研究，为民族史、民族学、民族古籍整理、民俗学、考古学等学科提供必要的理论依据和事实依据。2）民族档案学作为各民族档案和档案工作运动规律的集中反映，不仅要研究各个民族档案工作的个性，而且要研究其共性，不仅要研究民族档案和民族档案工作与其他档案和档案工作的个性与共性，而且要研究民族档案工作与社会各方面的联系，以全面协调和指导各民族档案和档案工作的实践，适应当前档案利用整体化、社会化、国际化的需要。3）民族档案学作为人类文化创造在科学上的反映，不仅要研究其自身发展的独特道路，而且还要研究与其他档案学科和相关学科在发展历程中所具有的相似、相近、相同的特征，以寻求他们共同发展的道路，并根据民族档案和民族档案工作发展的实际需要和其他比较成熟的学科的模式，构建、繁衍和完善自己的学科体系，适应现代社会大经济、大科学的综合发展趋势。

三

在确认了民族档案学的特征以后，怎样根据其特征来开展民族档案学的研究，以便有效地建立并完善民族档案学理论体系呢？这就需要从民族档案学的任务方面去探索。民族档案学的任务主要表现为：

（1）根据民族档案学的丰富内容，研究民族档案和民族档案工作领域存在和发展的内在联系。阐明它们的多样性和层次结构、运动形式及各种运动形式之间的相互联系，揭示民族档案和民族档案工作发展的根本规律和总的趋势，展示它们存在和演化的辩证过程及客观辩证法，从而提供唯物的民族档案学辩证观。

（2）根据民族档案学发展的历史和现状，研究民族档案学的性质和特点及其产生和发展的社会条件。揭示民族档案学发展的内部根据，阐明其发展的规律性及其在社会生活中的地位和社会职能，提供辩证唯物主义的民族档案科学观。

（3）根据人们认识民族档案领域的经验和方法，研究其研究方法、理论方法的根据、特点及其在民族档案学研究中的意义和作用。揭示民族档案学研究中应当遵守的逻辑，阐明民族档案研究的一般认识论原理，从而提供科学的方法论。

不断完善民族档案学理论体系，以指导和促使我们更自觉地按照民族档案的固有规律去发展民族档案工作，使整个档案事业更合理、更协调地发展，更全面、更系统地为我国多民族的现代化建设事业服务。

（4）研究各种民族档案现象在载体、记录表达方式和在文化、生活、语言、意识、民族关系等方面的民族特点，以及形成这些特点的社会条件，研究不同民族档案所发生的社会过程的特点，即研究和阐明档案与档案工作在不同民族实体中表现的特点，以及民族实体发展过程在不同档案现象中反映的特点。因此，民族档案学的根本宗旨是要依靠档案学与民族学科的紧密配合，从民族领域的角度来研究档案问题，从档案学的角度来研究民族问题，并在民族语言学、民族地理学、民族心理学、民族宗教学、民族经济学、民族文化学等民族学科及民俗学、考古学、社会学、美学、信息论、系统论等相关学科的协作下，最终认识民族档案和民族档案工作的特点与规律。

（5）研究民族档案的基本结构，即分析民族档案的构成因素及它们之间的关系，民族档案的结构，系指一个民族在其档案现象的各种基本组成部分之间的比较稳定的关系和构成方式，它一般包括载体形态、记录表达方式等内部结构以及民族的经济结构、政治结构、文化结构、区域结构等外延结构。这些结构是反映民族档案状况的基本指标，对于了解民族档案事象有着重要意义。因此，完成这一任务，从理论上可以进一步揭示民族档案的概念，深入认识民族档案的实质，探求现阶段民族档案工作发展的过程，研究民族档案在整个国家档案工作乃至在整个社会中的地位、功能。为全面研究各种民族档案之间的关系和这种关系对民族档案工作的影响，正确认识和分析民族档案工作现象，解决民族档案工作问题提供科学的决策依据。

（6）研究民族档案形成的原因与条件。把民族档案作为结果，探讨其形成的原因，这是民族档案的因果制约性问题。而研究民族档案形成所依存的条件，从理论上可以进一步论证民族档案的因果制约性问题。民族档案是物质文化与精神文化的体现，民族档案是一种社会文化现象，它的产生有其深厚的社会基础，它存在于一个民族的历史长河里，随着社会的发展不断产生、演变。民族档案事象的形成和保持，离不开人们的精神因素、心理因素及对客观世界的认识水平。因此，民族档案形成的原因与条件是极其广泛的，凡民族档案所涉及的历史源流、地域分布、特点、形式、社会功能等，均为它的研究对象。这就具体要求我们：1）从档案社会学的观点出发，研究民族档案与所在社会的关系、民族档案的社会功能等；2）从比较档案学的观点出发，对少数民族与少数民族、汉族与少数民族、中华民族与其他民族的档案形态进行比较研究；3）从档案历史学的观点出发，研究民族档案的形成、发展过程；4）从档案形态学的观点出发，研究各个民族档案的形态特征；5）从档案文化学的观点出发，通过对同一社会机体中各民族文化间的对比研究，揭示其渗透、交叉、相互影响，以及民族文化对档案和档案工作方式的制约，从而正确认识民族文化和民族档案的继承性、连续性、多样性和重要性问题，促进民族档案的交流和民族档案工作的现代化。

（7）研究民族档案的个别差异及其形成原因，特别是要探讨主体民族与少数民族、先进民族与落后民族的档案特点和形成原因。这一任务要求我们从民族档案的共性与个性两个方面出发，既要研究正常民族档案的形成和发展，也要研究异常民族档案的形成和发展，以促进和实现民族档案的正常、协调发展。民族档案作为各民族社会活动和思想感情的反映，有其共同的发展规律，但它首先根殖于本民族的生活土壤之中，具有鲜明的民族特色。因此，民族档案学既要研究本民族的档案，也要研究其他民族的档案，并进行比较。它从民族档案的文化背景、生成环境出发，探讨各民族、各地区档案的起源、形成、发展及其同社会的相互关系等问题，研究各民族档案及档案工作水平的特点，研究各种民族的、国际的、传统的和现代的档案成分的比重，以寻求发展民族档案的最佳方式和道路。缩短各民族在档案工作发展方面的差距，实现各民族档案工作的现代化。

目前，随着我国各民族四化建设事业的全面展开，民族档案在四化建设中的作用越来越重要，民族档案工作越来越复杂，对民族档案干部队伍的素质要求越来越高，建设具有中国特色的社会主义的伟大实践，要求民族档案学理论必须系统化、科学化、现代化。不仅要为民族档案工作的方针、政策、原则的制定提供理论依据，而且要为民族档案工作改革的每一进展和民族档案工作的各个环节提供系统的理论指导，不仅要对传统的民族档案工作经验加以系统的理论总结，而且要在总结的基础上，大胆探索，积极开拓，形成新的理论，建立新的体系。所以，建立适合我国国情的具有中国现代化建设特色的民族档案学理论体系，是一项刻不容缓的、急待完成的任务。

为了保证民族档案学的合理创建和健康发展，我们应重视两方面的研究：在理论方面，应通过对指导思想和研究对象、任务、领域、方法、技术理论以及民族档案学在档案学科体系中的地位、同邻近学科的关系等的研究，来建立民族档案学的理论体系；在应用方面，应把当前急待研究解决的一些课题摆在首位，如当代社会条件下的民族档案工作的地位，民族档案方式的变化，两种语言推广对民族档案及民族档案工作关系的影响，民族档案工作的现代化等等。

综上所述，本文仅从几个方面，有限地表述了认识和创建民族档案学的有关问题，在当前，民族档案学的理论概念还不确定，研究对象还不统一，研究的范围也还不明确，还有许多问题等待着我们去作更深入、更全面的研究，所以要一下子建立一整套完备、周密的科学体系是不现实的。但是，只要我们坚持从我国的实际情况出发，坚持马克思主义并以其原理改造和丰富民族档案学，它就必将会得到健康的发展和壮大，成为一门生机勃勃的学科。

参考文献

[1]《马克思恩格斯选集》第 4 卷，人民出版社 1972 年版，第 505 页。

[2] 云南大学西南边疆民族历史研究所：《西南民族历史研究》，云南人民出版社 1987 年版。

[3]《毛泽东选集》第 1 卷，人民出版社 1991 年版，第 284 页。

[4]《斯大林全集》第 11 卷，人民出版社 1955 年版，第 286 页。

[5]《毛泽东选集合订本》，人民出版社 1964 年版，第 289—290 页。

关于民族档案学的几个问题

张鑫昌　张昌山　郑　文

民族档案学是档案学中的一门重要的分支学科。本文就其定义、特征、历史、现状、体系与方略等问题，略陈浅见，敬请读者赐教。

一　定义与特征

1937 毛泽东同志指出：“科学研究的区分，就是根据科学对象所具有的特殊的矛盾性，因此，对于某一现象的领域所特有的某一种矛盾的研究，就是构成某一门科学的对象。”毛泽东同志的这段话，为我们研究民族档案学及其他科学至少提供了两点启示：第一，应把握该科学的特殊矛盾；第二，应把握该科学的特殊本质属性。

少数民族档案学是以少数民族档案及少数民族档案工作为研究对象的一门学科（简称民族档案学）。这里首先必须弄清楚什么是民族档案及什么是民族档案工作。

所谓民族档案，是指各个时代的一切社会组织及其成员关于各少数民族的具有一定保存价值的各种文字符号的原始记录。民族档案工作就是收集、整理、保管和利用民族档案的活动。

显然，这里所说的民族档案，既包括以某少数民族文字符号等方式记录和反映本民族自身的历史和现状的原始文献，也包括有关少数民族历史与现状的各种文字符号的原始记录。前者是某一民族在其自身的社会政治、经济、科学、文化活动中自然形成的，它真实地记录了这个民族社会发展的历程及其与其他民族间的各种关系。以本民族的文字符号形成的有关该民族的档案，或者没有自己的文字的民族利用其他民族的文字而形成的有关自己民族的档案，当然是这个民族最珍贵的文化遗产。前者也可以是狭义的民族档案，而加上后者，就可以说是广义的民族档案。一个民族除了其自身的活动外，还在和其他民族发生各种各样的联系，这便产生了关于这个民族的各种民族文字符号的档案文献。这部分档案虽然不是用本民族的文字记载的，但却也是研究本民族各种问题的难得的材料。这里有两种情况应当特别指出：

一是当本民族尚无文字的时候，其历史仅凭借口耳相传的材料，不易准确反映这个民族的真实面貌，这就特别需要其他民族文字符号关于这个民族的原始记录来加以印证。

二是在我国历史上，汉文出现最早，并且长期作为官方文字用来撰修国家文书。大量的诏令奏议及行移文牍记载少数民族和少数民族地区的社会历史、文化、科学及道德风貌。这类档案早已引起人们的足够重视。

所以，民族档案学的研究对象和范围，应是广义的民族档案和民族档案工作。

民族档案及民族档案工作，一方面具有一般的档案的特征，诸如原始性、真实性及普遍的收集、整理原则和方法；另一方面，由于它是一种专门档案，它具有有别于其他种档案的特征，至少有如下几点：

第一，载体的特殊性。首先是多种多样的少数民族文字符号。据统计，解放前我国就有 21 个民族有自己的文字，其中有原始的象形表意文字、字母文字、音节文字等。而有的民族如傣族甚至使用了四种文字。我们的民族档案丰富多彩，美不胜收。其次是多种多样的制成材料。且不说“结绳而治”，仅就竹、木、缣、帛、金石、贝叶、构树纸、棉纸等档案制成材料，已令人目不暇接。

第二，来源的特殊性。除满文档案外，大量的民族档案流散在毕摩、贝玛、佛爷、卜官甚至普通老百姓手中，致使来源渠道甚多。

第三，保管实体的特殊性。由于制成材料甚多，文字符号多样，其立卷方法、保管实体等不能不具有特殊的要求。甚至在国家档案全宗里也需要考虑这部分档案的特殊性。

第四，保护技术的特殊性。由于民族档案制成材料的多样性和书写方式的特殊性，加上民族档案大多数形成和保管在边疆地区，其地理环境、气候条件、温湿度、光线、微生物等对档案的损毁情况比较复杂，对于保护技术提出了较高的特殊要求。云南的情况最为典型。

第五，各民族档案自身的特殊性。由于历史的原因，各民族的政治、经济发展不平衡，导致了其档案及档案事业发展的不平衡。对于各民族档案数量的多少、质量的高低、内容的丰富程度等，在收集、保管和利用等方面，应当从实际出发，有所照顾，区别对待。

上述民族档案自身的特殊属性及民族档案事业的特殊矛盾，便构成了民族档案学的特殊的研究对象和范围。

二 历史和现状

中国自古以来就是一个统一的多民族国家。各民族人民用自己的劳动和智慧共同创造了光辉灿烂的中华文明。档案文献记载反映了各民族文明的进程，同时又促进了文明的发展。档案文献被称为中华民族共同的文化财富。

早在原始社会时期，就已经形成了各民族群体的早期档案。《易·系辞》说："上古结绳而治，后世圣人易之以书契。""治"即管理。原始社会作为人类最早的社会形态，氏族、部落联盟等组织及其首领在他们的管理活动中，"对于人口统计、土地疆界、部落标记及命令、宣战、刑法、墓志等，都采用结绳的方法来表达"其管理意图。刻契记事要比结绳记事稍晚。

在我国各民族历史上，都曾广泛地采用过结绳刻契的方法。而我国少数民族历史发展中，有的甚至到新中国成立前夕还采用结绳刻契的方法进行管理。如新中国成立前广西大瑶山瑶族头人就用绳子打结的办法处理居民纠纷，佤族用刻木的方法来记数，独龙族用刻木的方法传达藏族土司的命令。我们认为，这种结绳、刻木都应视为由"原始文书"转化而来的"原始档案"。在我国一些少数民族中，这类载体的档案并不少见。

随着社会的发展，尤其是当国家和文字产生以后，现代意义上的文书和档案也就随之出现。发展到今天，在我国现存的8000多万卷（册）档案中，民族档案占有相当大的比重。虽然目前全国究竟保存有多少民族档案，可能尚无确切的统计数字，但我们只要略举数例就足以说明其数量之庞大了。

现存的满文档案有150万件以上。其中，“满文老档”的价值极高，是研究满族早期档案历史的重要资料。清代前期与外国行文或重要文书，都使用满文，代表国家文书。这部分档案也是研究清代历史的珍贵文献。

藏文的创造和使用历史悠久。目前西藏地区保存有大量的藏文文献。仅原西藏地方政府的档案资料就达300万件之多。这是研究西藏历史、宗教、科学和文化的宝库。其中有的反映西藏与历代中央政府的关系，说明西藏自古就是中国的领土；有的记载了西藏人民抵御外侮、维护祖国统一的斗争史事。

彝族的历史文化也很悠久。彝文的创制时间较早，仅明清以来的彝文碑碣、谱牒和社会契约文书等流传至今的就有不少。另外，据不完全统计，散藏在全国的与彝族档案有密切关系的彝族古籍达10000多部。

傣族在历史上曾分别使用金平傣文、傣绷文、傣哪文和傣仂文，形成了大量的档案文献，包括各个时期的政府文牍、节日祝文、宣誓及委任状等，如《镇压悠乐山起义布告》《傣历1191年（1829）宣慰使为征派招待天朝官员费用的指令》等，其数量颇为可观。同时，西双版纳地区的傣文贝叶经，其内容、载体及制作方式也颇具特色。

此外，佉卢文、突厥文、回鹘文、焉耆－龟兹文、八思巴文、于阗文、察合台文、契丹文、蒙古文、西夏文、女真文及纳西象形文等文字的档案文献，保存到现在的为数不少。

更为重要的是，随着党的民族政策的落实，在少数民族自治地区各级党政机关中，具有与汉文同等效力的民族语文文件和档案增长很快。这里仅以延边朝鲜族自治州延吉县（现为延吉市）情况为例。1982年延吉县人民政府形成的各种大型会议的文件材料全部是朝、汉两种文字。在这一年的上半年，以县政府名义发出的61份文件中，朝、汉两种文字同时行文的有37份，占60%。延吉县光开公社1981年137份文件材料中，只有“党委会议记录”和“教育工作总结”是汉文，其余的全部都是朝文。

我国目前有56个民族，截至1985年底，全国先后建立了5个自治区、31个自治州、96个自治县（旗）和众多的民族自治乡。目前已形成和正在形成大量的民族语文文书、档案。

而其他民族文字，尤其是汉文文字关于少数民族的原始记录，其历史很悠久，在甲骨档案中包含有一定数量的民族档案。《铁云藏龟》43叶1

片及53叶4片有卜辞“寮白人”。《说文》云“僰，犍为蛮夷。”我国最早的一部档案文件汇编《尚书·牧誓》中提到，（武）王曰：“嗟！我友邦冢君，……及庸、蜀、羌、髳、微、卢、彭、濮人，称尔戈，比尔干，立尔矛，予其誓。”档案材料明确地记载了西南古代民族参加了这次伐纣战争——牧野大战。我国的纪传体正史，无论官修还是私撰，都是根据档案材料，此为文献学界所承认。其中有少数民族列传的材料，也多根据历史档案，或亲自调查的第一手资料，司马迁最为典型。他曾“赴使西征巴蜀以南，南略邛、笮、昆明”“还报命”作《西南夷传》。历史上，国家掌管少数民族事务的部门和官员，如典客、大鸿胪、鸿胪寺卿、司宾寺卿、北大王院知事、南大王院知事、宣政院使、理藩院等，在从事民族事务的过程中形成了大量的民族档案。这部分民族档案的内容极为珍贵，大多被利用过或已转化为二次文献。其潜力极大，仍有待于继续挖掘。

总之，民族档案及其管理利用，皆源远流长、数量浩繁。如果说中华民族档案是一个内容丰富的巨大的文化信息系统，那么我们的各少数民族档案则是其中一颗颇具特色的子系统。这是我国现代化建设中不可忽视的一种文化信息资源。尤其是在少数民族地区的两个文明建设中，民族档案将发挥其特殊的重要作用。值得一提的是，近些年来，彝族学者刘尧汉先生利用了彝族档案文献材料和现实的调查资料（也是一种民族档案），在彝族文化及中国文明史的研究中取得了引人注目的成果。

党和国家历来重视民族档案工作。党中央、国务院多次指示抢救、整理包括民族档案在内的民族古籍，成立了包括国家档案局领导同志在内的全国少数民族古籍整理出版规划小组。各省、市也相应地成立了对口机构开展工作。

几年来，全国抢救、整理了一批民族档案，翻译了满文老档等珍贵文献，取得了可喜的成果。不过，现实又给我们提出了更高的要求：大力开发、利用民族档案这座宝库，为社会主义现代化建设服务。

三　体系和方略

要完成现实给我们提出的更高要求，全面开发、利用民族档案信息资源，必须建立民族档案学，以对民族档案及民族档案工作进行科学研究，揭示其本质及矛盾运动的规律。我们认为，目前建立民族档案学的条件已基本成熟。

首先，千百年来，民族档案学的存在和不断丰富以及民族档案工作的长期实践，使人们越来越认识到它的重要性，并逐渐总结经验，寻找规律，将感性认识升华为理性认识，进而需要形成一门用以指导民族档案实践活动的学科——民族档案学。与此相应，人们从不同的领域，如民族史、民族学、档案学、文化学、民俗学、考古学、文献学及古籍整理等方面，提出了许多关于民族档案工作的重要理论。比如，“整体性”，即把少数民族档案文献看作是整个中华民族文献宝库中的有机组成部分，应从整体上考虑它的整理问题；“多样性”，即民族档案文献的类型繁、范围广；“差异性”，即在整理中要尊重各民族自身的历史文化特点，以及“比较——联系法”，即整理少数民族档案文献可以与整理汉文档案文献相比较、相配合、相联系；等等。这为建立民族档案学提供了必要的理论基础。

其次，社会的需要是建立民族档案学的巨大动力。少数民族地区的现代化建设需要大规模地开发、利用民族档案信息资源。社会实践提出的大量问题就尖锐、集中地摆在我们面前，要求我们必须对问题做出合乎实际的科学的研究分析。民族档案工作中提出的少数民族社会档案意识问题、流散在民间的民族档案的抢救问题、民族档案的翻译问题、民族档案特殊的管理问题及如何实现民族档案工作现代化等问题，也需要进行研究并获得解决。民族档案学的建立已经到了刻不容缓的时候。

最后，建立民族档案学既是档案学理论研究不断深化的必然结果，同时也是档案学体系进一步完善的需要。当前，档案学理论研究在许多重要方面都有了新的突破，如档案学的性质、档案学科体系结构、档案学研究范围及档案工作实体问题等。理论研究的突破引起了档案学自身的深刻变化。这如吴宝康教授所说，我国档案学已从自然建设发展阶段，进入了自觉建设整体发展阶段。作为构成档案学整体的各门分支学科逐渐形成，而民族档案学的建立将使这个整体更加完整。

作为档案学整体的一个子系统，民族档案学自身又是由若干分支学科构成。主要有：

（1）民族档案学概论；

（2）民族档案史；

（3）民族文书学；

（4）民族档案管理；

（5）民族档案文献编纂；

（6）民族档案保护技术；

（7）比较民族档案学。

上述各学科，在民族档案学科体系中占有不同位置，分别从民族档案和民族档案工作的理论和实践、历史和现状等不同的角度来揭示民族档案学的总体特征和一般发展规律。

要科学地开展民族档案学的研究，除了要具备合理的学科体系结构外，还必须有明确合理的民族档案学方法论体系。根据民族档案学的特点，其研究方法具体表现为：

（1）哲学方法。这是最普遍、最概括的方法。它指明民族档案学的研究方针、基本原则及从世界观上评价民族档案学研究成果的出发点。哲学方法的核心是历史唯物主义和辩证唯物主义，是进行民族档案学研究工作最基本的方法。

（2）理论与实践相结合的方法。民族档案学具有明确的实践性，要求我们必须以丰富的民族档案工作实践经验为基础，建立科学的民族档案学理论体系，同时利用正确的理论去指导民族档案工作实践与发展。

（3）比较的方法。即确认事物之间的异同关系和分析思维过程的方法。民族档案学的民族性，要求我们运用比较研究法研究各民族档案和档案工作的个性和共性，揭示各自发展的特殊规律和共同发展的普遍规律，寻求民族档案事业发展的最佳途径。

（4）全方位、多角度的研究方法。民族档案学的综合性要求我们应用纵横系统方法、动静结合的方法、政治—经济—文化动态平衡法等，既从总体上把握其发展方向，又从局部作细致的研究；既从民族档案学本体进行深入剖析，又从文化学、管理学、信息学等不同角度展开广泛的探讨。

此外，在民族档案学研究中，还应采用调查研究和定量与定性相结合等方法。

为使民族和民族档案学事业健康和全面地发展，必须做好以下几个方面的工作：

第一，成立专门的研究机构，从组织上保证民族档案学研究的顺利进行。我国少数民族的档案文献早已成为国际学术界的研究对象，日本、印度、欧美、苏联及东欧各国都建立了这方面的研究所和学会，有的已有各级常设机构，我国也应抓紧建立民族档案学研究机构。目前，云南大学历史系档案学专业准备成立“民族档案学研究所”，并与该校的西南边疆民族历史研究所及有关少数民族古籍整理部门通力合作、协同作战。其他有条件的地方也有必要建立类似的研究机构。

第二，培养专门人才。大力培养具有民族档案整理专门知识的人才是当务之急。在有条件的院校，应争取设置相应的专业。在已设置档案专业的院校中，应注意培养不同层次的民族档案整理人才。云南大学历史系档案专业除给本科生、专科生开设有关民族档案学的课程外，还从1988年开始招收民族档案史科学研究生，培养民族档案事业的高层次人才。

第三，加强民族档案工作机构的建设。一是建立专门的少数民族档案馆，作为民族档案事业的主体。目前，许多地方的民族档案流散于各地各部门，甚至还有大量的档案流散在私人手中；国外也保存有一部分我国的民族档案。在少数民族较多的地方，比如在云南就应当建立民族档案馆，负责收集、整理和利用民族档案。目前，要着重做好民族档案的收集、整理工作。二是加强各地区现有民族文献、古籍（含民族档案）整理工作机构的建设。

第四，加强宣传，增强社会的正确的档案意识。普遍的、正确的社会档案意识，是档案事业发展的一个重要条件，也是一个民族具有较高文明程度的表现。

第五，加强领导。这是加速民族档案学研究及发展民族档案事业的重要保证。领导应认识民族档案事业的价值，并重视这项工作，为其发展提供必要的人力、物力等条件。

我们深信，只要有各民族的关心和支持，有各界人士的共同努力，民族档案学一定会得到迅速的发展，民族档案事业必定更加繁荣昌盛。

参考文献

［1］《毛泽东选集》，人民出版社1968年第1版，第284页。

［2］林耀华：《原始社会史》，中华书局1984年版。

［3］韩毓虎：《国家档案局关于〈中华人民共和国档案法（草案）〉的说明》，《档案工作》1987 年第 10 卷，第 8—10 页。

［4］吴枫：《中国古典文献学》，齐鲁书社 1982 年版。

［5］张公瑾：《傣族文化》，吉林教育出版社 1986 年版。

［6］《档案利用和文书立卷专题学术讨论会论文选集》，档案出版社 1984 年版。

［7］孔颖达《正义》云："此八国者，皆西南夷也。"

［8］《史记·太史公自序》。

［9］吴宝康：《关于我国档案学学科体系结构的一些基本思考》，1987 年 7 月打印稿。

［10］关于民族档案学的特点、任务等问题，请参阅《思想战线》1988 年第 1 期。

民族档案研究与学科建设

陈子丹　解　菲

民族档案研究与学科建设是当代中国档案学研究领域的一个重要课题。本文在总结和回顾近30年来我国民族档案研究现状的基础上，试对民族档案工作的历史和成就、民族档案学科的形成、民族档案研究涉及的重大问题、相关机构和主要成果、存在的不足和民族档案学科的建设等问题进行初步探讨，希望有助于这一学科的建立和发展。

一　民族地区档案工作的简要回顾

新中国成立前，少数民族地区的机关、组织和个人，没有保存档案的意识，不可能建立档案工作。新中国成立后，各少数民族地区建立、健全了档案工作，但发展比较缓慢。1960年8月，国家档案局在呼和浩特召开了第一次全国少数民族地区档案工作会议，提出了进一步开展少数民族地区档案工作的五项基本任务，促进了各少数民族地区档案工作的发展。20世纪五、六十年代大规模的民族社会历史调查、“民族问题五种丛书”的编写及后来民族民间十大集成系列丛书的出版，抢救了一批民族传统文化，保存了不少档案史料。“文化大革命”期间“破四旧”，少数民族档案被当作封建迷信的产物加以批判，并遭到毁灭性破坏。改革开放后，民族地区档案工作逐渐恢复，1994年9月，国家档案局在乌鲁木齐召开了第二次全国少数民族地区档案工作会议，极大地推动了边疆民族地区档案事业的科学发展。在以档案人为代表的各民族文化工作者的共同努力下，我国55个少数民族的档案资料得到很大程度的收集和整理，内容包罗万象，上至天文地理、宗教哲学、政治法律，下至科学技术、生产工艺、婚姻民俗，为中外学者了解、研究这些民族的社会生活提供了丰富的信息资源，也为这些民族的文化交流打下了基础。他们的辛勤劳动结出了丰硕的果实，大量的民族本土文化得以重放异彩，如云南的古滇国青铜文化、爨文化、南诏大理文化、彝族毕摩文化、白族本主文化、纳西东巴文化、傣族贝叶文化、红河哈尼文化引人注目。到20世纪90年代末已完成了百卷千册本的《纳西东巴古籍译注全集》并公开出版，这是一项跨世纪的少数民族古籍文献编纂出版工程，云南相关机构为此投入了2100多万元，其规模之大堪称全国第一。新世纪初又启动了有史以来最大的贝叶经整理出版工程，由有关方面和西双版纳州政府投资800万元，打造傣族文化的“百科全书”，并于2010年出齐了多达100卷的《中国贝叶经全集》。2005年，楚雄州政府投资1000万元，启动了《彝族毕摩经典译注》（100卷）的编译出版工程，这是我国乃至世界第一部毕摩文化遗产巨著，被誉为“彝族四库全书”。国家还拨付了数以千万元的巨额资金支持校勘出版共计150部的传统藏学百科全书《中华大藏经》。国家档案局于2000年开始组织实施中国档案文献遗产工程，此项工作与全国重点档案抢救工作紧密相连，选择重点档案文献中的珍品，其中也包括一批珍贵的少数民族档案文献。到目前为止，已有23件（组）重要的少数民族档案文献入选《中国档案文献遗产名录》，其中东巴古籍文献还入选了《世界记忆遗产名录》。这些措施，有力地推动了少数民族地区档案工作的开展。

二　民族档案学科的形成

20世纪90年代以来，随着档案学研究的恢复和发展，档案界对少数民族档案史料的重要性和珍贵价值有了进一步的了解和认识。1987年11月，中国档案学会在昆明首次召开了少数民族档案史料评述学术讨论会，进一步推动了少数民族档案的理论研究。此后，许多档案工作者都把研究的重点转向少数民族档案和民族地区档案工作方面，如梅先辉的《论少数民族档案的定义》、张新民的《关于少数民族档案问题的探讨》、任世铎的《满文与满文档案》、宝音的《我国蒙文档案初探》、泽仁邓珠的《对藏区档案、档案工作特点的几点认识》和《对搞好少数民族档案研究工作的几点认识》、华林的《彝族古代文字档案史料研究》和《少数民族历史档案研究述评》、陈子丹的《纳西族档案史料研究》和《白族档案史料研究》、王兰的《论少数民族档案的特点》和《少数民族档案整序研究》等论文，提出了不少新观点和新方法。特别是张鑫昌等人的《民族档案学刍议：特征与任务》《关于民族档案学的几个问题》、龙和铭的《从民族档案的历史形成与应用看建立民族档案学的必要性》等文章首次明确提出了创立民族档案学的问题，为这一学科体系的建立指明了方向。民族档案学开始成为档案学研究领域中一门新兴的分支学科。近年来，少数民族语言电子文件管理问题引起了学者的关注，如赵生辉在其博士学位论文《中国少数民族语言电子文件集成管理的体系架构研究》的基础上先后发表了《中国少数民族语言电子文件管理初探》《少数民族语言电子文件的分类问题研究》《中国少数民族语言电子文件双语著录研究》《中国少数民族语言电子文件跨媒体共享策略研究》《基于"多元一体"架构的少数民族语言电子文件管理体系》《中国少数民族语言数字档案馆的建设构想》等系列专题论文。

民族档案学是具有中国民族特色的一门学科。民族档案研究的对象是社会现象领域中少数民族档案和民族地区档案工作所具有的特殊矛盾及其民族档案事业发展过程中的特点和规律。具体来说，它是以少数民族档案、民族地区档案工作、民族档案事业和民族档案学自身的基本理论问题为研究对象的一门学科。该学科的称谓目前尚未求得一致，或曰"少数民族档案"或"民族档案"，或曰"少数民族地区档案工作"或"民族档案事业"。

三　民族档案研究涉及的重大问题

20 余年来，学术界从历史学、考古学、民族学、文献学、史料学、管理学、信息学等不同学科的视角来研究少数民族档案和民族地区档案工作。其中，有的从历史和现实的角度，有的从宏观和微观的角度，有的从整体和局部的角度等来研究少数民族档案问题。所研究的内容多以总结性、介绍性、描述性研究为主，核心是抢救与保护问题。

概括地说，20 世纪 90 年代以前侧重进行民族档案基本理论、工作范式的研究，此后相关的研究多侧重于对古代民族档案史料的评述，对现实工作的理论指导相对较弱。而以往民族地区档案工作的重点还停留在调查、收集、保管等环节上。随着民族地区档案工作的深入开展，新时期的工作重点将转移到对少数民族档案信息资源的整合与共享、开发与利用上来。其中有以下几个重大问题值得关注：

第一，民族档案学科体系的构建问题。涉及的问题主要有：（1）民族档案学的研究对象（领域）、目标与任务；（2）民族档案学的学科体系与内容结构（范围）；（3）民族档案学的性质和特征；（4）民族档案学研究的方法论；（5）民族档案学与相关学科的关系；（6）民族档案的调查收集、分类整理、鉴定考证、分布统计、技术保护和现代化管理；（7）民族档案信息资源发掘利用的科学原理与技术方法；（8）民族档案文献科学文化价值的分析评价；（9）中外民族档案和档案工作比较。

第二，民族档案文献遗产的传承、保护及其开发利用问题。涉及的问题包括：（1）民族档案文献的产生与演变；（2）民族档案文献的种类、内容、性质、特点、价值、作用与保存状况；（3）民族档案文献遗产的现状、数量、分布及其规律性；（4）民族档案文献的开发与利用途径；（5）馆藏重点、濒危民族档案文献的抢救修复及特殊保护。

第三，民族地区档案工作的重大现实问题。包括流失民间和海外的珍贵少数民族档案的征集和追索、民族语言文字档案的翻译和注释、民族特种（专门）档案的管理、民族重点档案特藏库（室）的建设、民族贫困地区档案馆库建设、民族传统文献与濒危历史档案的保护、民族档案资源开发的保障环境（机制）、民族档案信息利用与社会化（公共）服务。

第四，民族档案事业的管理问题。研究的问题包括：（1）民族档案事业体系、结构和功能；（2）民族档案事业的管理资源、管理系统、管理模式、管理机制；（3）民族档案事业的管理政策、管理流程、管理方法、管理技术；（4）民族档案事业的社会效益和经济效益；（5）民族档案事业跨越式发展的科学规划和对策措施。

第五，民族档案信息资源的数字化、网络化问题。研究的主要问题有：（1）民族数字档案信息的标准化和规范化；（2）民族档案数字化建设的统筹规划与协调发展；（3）民族档案信息资源数据库的构建；（4）民族档案信息资源共享与数字化、网络化技术；（5）边疆民族地区档案信息化建设的有效方法和途径。

四 民族档案研究的相关机构和主要成果

目前，专门从事少数民族档案研究的机构尚未建立，但相关的研究机构较多，它们是：中央民族大学中国少数民族语言文学学院、中国社科院民族学与人类学研究所、中国民族学学会、中国第一历史档案馆、中国藏学研究中心等。此外，在少数民族聚居较多的省区，其档案馆、民族研究所、民族学会、少数民族古籍办、民族大学及一些宗教、文物、考古、图书、博物等部门也具有一定的研究力量。如云南大学利用地处西南边疆，在民族史、民族学研究方面实力雄厚，最早获得中国民族史硕士、博士点的优势，从特色上下工夫，较早地开展了民族档案史料学的探讨和研究。档案系自 1988 年成立伊始，就率先在中国民族史硕士点设立民族档案史料学研究方向，开设了“民族档案史料学”课程。1999 年在档案学硕士点设“民族档案史料学”研究方向，2004 年在新增历史文献学博士点设“民族历史档案整理与研究”研究方向，2006 年在新增档案学博士点设“民族档案学”研究方向。经过几代学人的不懈努力，先后培养出了一批民族档案研究方面的硕士、博士，出版了多部学术专著，发表了大量专题论文，多项民族档案研究课题获得国家级项目基金资助，在民族档案学理论与方法，“民族档案史料学”课程建设，民族古文字档案、金石档案、谱牒档案、口述档案、影像档案及其管理，民族档案史料编纂，民族档案信息资源开发利用，民族历史档案抢救保护和数字化等方面取得了较大进展，初步形成了一支以西南少数民族档案管理为主攻方向的科研创新团队，提升了民族档案学学科化建设的研究水平，使民族档案学成为云南大学民族史、民族学重点学科的支撑点，在全国也产生了一定地影响。

关于民族档案研究的论著（不包括大量民族古籍整理研究成果和民族档案史料编纂成果），迄今为止已出版著作数十种，发表论文数百篇。具有代表性的著作有杨中一的《中国少数民族档案及其管理》（中国档案出版社 1993 年版），此书是研究我国少数民族档案的第一本专著。由裴桐先生亲自作序，认为这是“一本带有开创性的好书。……作者显然是费了相当多的时间调查研究并积累了丰富的经验而写成的，应当说是付出了辛勤劳动的佳作”。此外还有中国档案学会编的《少数民族档案史料评述学术讨论会论文选集》，华林的《西南彝族历史档案》《傣族历史档案研究》《藏文历史档案研究》《西南少数民族档案管理学》，陈子丹的《云南少数民族金石档案研究》《民族档案史料编纂学概要》《民族档案学专题研究》，萨·那日松的《蒙古文档案事业发展简史》（蒙古文）、赵彦昌的《满文档案研究》等。

民族档案研究虽然有不少可喜的成果问世，但是还不能说我们已经建立起了完整的科学的民族档案学学科。现有的涉及中国民族档案学的著述，仅限于具体的民族档案史料或少数民族档案文献的研究。主要是介绍、汇编、综述档案史料，还没有比较深入的理论研究和方法探讨。至今尚无一部完整的“中国民族档案学”专著。对中国民族档案学研究的成果尚待评价和总结。中国民族档案学要在长期研究少数民族档案、民族地区档案工作、民族档案事业的基础上加以总结而形成其理论和方法。开展中国民族档案学研究应具有自己的学科特点，其方法论还有待探索和创新。

由此可见，民族档案学的研究还处于草创阶段，更难说已经形成自己完善的学科体系。但随着中国档案学研究的深入开展，日益迫切需要尽快建设民族档案学学科，以促进中国档案学研究的全面发展。

五　建设民族档案学科的几点思考

学科建设对于事业发展具有重要意义。但就目前而言，民族档案学科建设滞后，严重影响着民族地区档案工作的进一步开展。存在的问题主要有：

一是学科体系不健全。研究重点主要放在民族历史档案的收集整理方面，而对民族历史文书、民族档案管理、民族档案事业史、民族档案编研、民族档案保护等民族档案学的分支学科则少有涉及。

二是研究范围过于狭窄。主要集中在民族档案工作的基本理论、方法和民族档案史料评述等方面，对重大现实问题的关注和探讨较少。

三是研究水平不高。现有的涉及民族档案的论述，还多限于具体的馆藏少数民族档案史料的介绍、汇编或民族地区档案工作经验的总结，缺乏比较深入的理论研究和方法探讨。

四是档案保护、修复技术的基础实验和研究水平低，严重制约着少数民族历史档案文献保护工作的开展。

五是对少数民族语言电子文件和电子档案的管理研究相对薄弱。

六是很少利用国外的民族文献收藏和研究成果。

为了加强民族档案学的学科建设，笔者提出以下几点建议：

(1) 继续致力于民族档案学学科体系的构建。为了把民族档案学这一新兴学科做大做强，需要加强民族档案学的“基础学科群”建设，如“民族档案学概论”“民族档案管理学”“民族档案事业史”“民族档案史料编研”“民族档案保护修复”“民族档案文化学”“民族档案社会学”“民族档案信息学”等。在此基础上，开展单个少数民族地区特色档案研究、单一民族的特色档案研究、单一专题的少数民族档案（如口述档案、金石档案、谱牒档案、影像档案、电子档案）研究，从而拓展少数民族档案研究领域的深度和广度，从理论和实践两个层面，更科学地、更具体地为少数民族地区各项建设事业服务。

(2) 加大民族档案保护技术的研究力度。边疆民族地区有独特的自然生态和立体环境，为在特殊地理和气候条件下研究各种档案载体材料的老化变质规律和延长档案寿命提供了天然实验室。同时，各民族保管档案的传统经验也值得总结和借鉴。如西藏历史档案为什么就能够比较完整地保存下来，而且年代又那么久远。这里一定有科学道理，只是还没有很好地总结。他们过去没有运用先进的科学技术管理档案，只有一些传统的手段和管理方法，究竟是什么因素起了作用，还需要做进一步研究。又如藏纸的制作已有1300年的历史，它的主要原料狼毒草就生长在西藏，由于气候、地理等条件特殊，这种植物不同于普通造纸所用的植物，因而用它生产的藏纸必有其自身的特点，如久经岁月却不遭虫蛀。但在目前手工生产的藏纸日渐稀少的情况下，受损的大量藏纸档案使用哪种材料修复还是亟待解决的问题。

(3) 重视民族口头遗产的鉴别、保存、研究、传播和宣传。随着全球经济一体化的快速发展，一些少数民族的口头文化遗产受到了空前的冲击，以致濒临灭亡。如被誉为“东方荷马史诗”的藏族史诗《格萨尔王传》，随着一批说唱老人的辞世，已经到了近乎人亡歌息的地步；在我国迄今发现的120余种少数民族语言中，有相当一部分语言已濒临消亡。因此，有关部门应尽快采用文字、录音、录像和数字化多媒体等现代科技手段对濒危衰退的少数民族口头文化遗产进行真实、系统和全面的记录和保存，建立档案数据库，加强研究、认定、保存和传播，形成科学有效的传承机制。

(4) 加强对民族原始宗教信仰文献资料的抢救和保护。由于历史、文化、地域的原因，我国对民族原始宗教信仰文献资料的收集、整理和研究十分滞后，图书馆、博物馆、档案馆大都不具备这些文献载体的保管条件，使这些珍稀文献得不到应有的保护和收藏。大批典籍仍散存于民间，被虫蛀鼠咬，有的已千疮百孔、支离破碎，这些文献载体一旦消亡或流失，必将带来与此相关的整个精神支柱的动摇，乃至于崩溃。因此，对这些堪称“人类社会发展史的活标本”的收集整理，其价值和意义并不亚于对各种濒危物种的保护。

(5) 注意收集整理少数民族语言文字档案。我国对少数民族文字文献的翻译整理已经取得大量成果，奠定了良好的基础。但是从档案学的角度进行征集、保护和开发研究，还有不少工作要做。现在，很多少数民族语言文字档案已经翻译整理出版，但是对少数民族语言文字档案的研究却相对薄弱。需要培养年轻一代少数民族语言文字的专家学者，使少数民族语言文字档案的研究薪火相传，不要等到出现人才断层时才着手培养，现在就要抓紧少数民族语言文字人才的培养，为他们的学习研究与成长空间创造良好的条件。

(6) 创新民族档案编研和利用工作。民族地区在建设民族文化大省（区）的过程中，要积极探索民族档案编研的新思路，深度开发利用丰富的民族档案信息资源。要从长远的发展看问题，舍得花大力气、出巨资，像从事纳西东巴古籍文献和中国贝叶经典籍的翻译和研究一样，争取在十年、二十年内拿出一部精品力作。当前尤其要加强对清代少数民族档案的编研，为清史纂修工程贡献一分力量。如云南大学已承担了国家清史编纂工程的两项招标项目，一是《清代云南稿本史料》中的《滇西南界务陈牍》的整理研究，二是“清史·典志·南方少数民族篇”的撰写，力争为清史工程做出自己应有的贡献。

(7) 加快民族档案信息化建设的步伐。目前这方面的研究已取得重大进展，如由教育部组织的“统一平台多民族文字文档识别系统”已研制成功，这是全球首款在统一平台上支持我国主要少数民族文字（包括蒙古文、藏文、维吾尔文、哈萨克文、朝鲜文和柯尔克孜文）文档的识别系统，其主要技术指标达到了国际领先水平，同时还支持阿拉伯文的识别。

（8）充分借鉴和吸收国外的相关成果。18 世纪以来，我国少数民族档案文献通过各种渠道流入欧、美、日等国家和地区。20 世纪，各国几代文献工作者和研究人员经过努力，已将这些文献中的相当一部分编纂成各种二次文献，但却长期不为中国民族研究学者所知，原始文献的利用更是无望。20 世纪 80 年代以来，西方学者对中国少数民族文献的研究极为重视，取得了丰硕的成果。在信息化高速发展的今天，我们如能利用这些国外的民族文献收藏和研究成果（哪怕只是一小部分），对我国少数民族档案的研究也将有很大的促进作用。

民族档案学理论方法及其学科化建设研究

杨　毅　张会超

民族档案学是档案学的重要分支学科，也是一个新的学科增长点。近三十年来学界在该领域的研究取得了突出的成绩，涌现了一大批研究成果。然而，在发展过程中，一些研究却长期停留在材料的简单移植和嫁接阶段，迟迟未能完成学科化塑形。鉴于此，我们借鉴相关学科的理论和方法来重组知识资源，尝试性探索具有学科意义和知识创新能力的民族档案学的重生之路。

一　民族档案学的研究困境

1987 年 11 月，中国档案学会在昆明首次召开了少数民族档案史料评述学术讨论会。会上，张鑫昌等人的《民族档案学刍议：特征与任务》、龙和铭的《从民族档案的历史形成与应用看建立民族档案学的必要性》等文章明确提出了创立民族档案学的问题；会后，中国档案学会出版了《少数民族档案史料评述学术研讨会论文选集》。从此以后，许多从事档案管理、教学及研究的学者逐渐把注意力投向了民族档案的研究，陆续取得了一批开创性的学术成果。如杨中一的《中国少数民族档案及其管理》、韦章炳的《中国水书探析》等等。然而，细细品味这些研究成果，发现大都沿用传统档案学的理论和方法，仅对民族档案做介绍性的研究，缺乏对民族档案的特征特性、记述过程、收集视角、解读方式与利用途径做深入的分析研究；即使是在以民族档案为主题的著述中，大量的篇幅都是介绍某一个民族现存的、具体的历史档案，漂浮于表面，严重缺乏全方位、多维度、深层次的研究。

究其存在上述问题的深层原因，主要是传统的学术研究范式作茧自缚所致。学术研究的范式作为指导人们观察和理解事物的理论模型或发现和解决问题的知识框架，一旦形成，便成为学科共同体成员从事研究所遵循的共同信念、价值取向和行动准则。它规定着该学科的研究方法、科学成就和人才培养，决定了该学科的发展方向、学科形象和学科定位，从而形成了一种共同的传统，并具有既深且固的历史惯性。[1]就目前民族档案学的学科发展来讲，制约民族档案学学科建构的因素主要有：

（1）按照学科知识的历史惯性，民族档案学归属档案学学科谱系，民族档案学研究所依据的理论是档案学理论，而档案学的基本理论、基本观点和基本方法都是以汉民族文化为源流、汉字书写档案为主线形成的知识体系，有关少数民族档案的内容基本不在研究范围之内，即使偶尔有所提及，只是作为点缀性、补充性的材料而出现，可以说是受主流与支流二分的正统中国文化观影响，以汉族与少数民族为二分基准建立起来的学科体系。这个学科体系被奉为民族档案学研究的圭臬，貌似天经地义，却隐含着根本的缺陷和弊端。在民族档案学的实际研究过程中，我们会发现民族档案虽与文化息息相关，却在民族文化系统中具有它独特的文化表现方式和内在的个性特征，把它等同于汉民族文化视野下的档案现象来从事研究，无法面对实际存在着的民族档案自身所具有的民族性、地域性、多彩性和直观性特点，许多研究者只好按照研究思维的习惯削民族档案的“足”，以“适”研究者知识体系的“履”，有意回避或故意遗漏现实难题；即使有的研究者运用档案学的研究范式得出了研究结论，也给人以“隔靴搔痒”之感，难以指导解决现实重大的民族档案实践问题。[2]

（2）目前通用的民族档案学研究路径是“高悬”具体的时间、空间及文化背景，把民族档案作为一个整体对象，在研究者理论思考形成的论述框架内，片断性地截取被档案馆收藏的、被前人记载了的民族档案；或者直接索引民族古籍、民族研究成果中的具体例证，以之作为民族档案的载体、内容、价值等问题的论点佐证。在如此这般见树（民族档案）不见林（民族文化）的研究中，一篇篇文章、一部部著述被程序化、高效率地生产出来。这种把民族档案从其产生与存在的社会文化生态中抽离开来的研究，就如同生物学家把动植物从自然生态中采摘过来制作成的动植物标本一样，失去了生命、失去了现实意义，实际上成了民族档案标本。

可以说，目前的民族档案学研究存在着读文献不读社会、研究文本档案回避现实档案、对“民族文化中的民族档案”“活着的民族档案”缺少调查研究，对于现实生活中的许多档案现象或视而不见或缄口不语等等问题。这些问题如同不可逾越的高墙，隔在了学术研究和现实生活之间，两者之间的距离越来越远。让人感觉民族档案学学科虽出世时间不长却具有了老学科常有的“书斋式”“标本化”“反生态化”等弊端，越研究越没有激情，越发展越没有活力。

（3）国内活跃于当代并划归为从事民族档案学研究的学者大致有三种学术背景，或从事档案学研究，或从事历史学研究，或从事民族学/文化人类学研究。在研究中，学者们大都以自己的文化为基础，在不同的领域层面上，以他者凝视的眼光来使用民族档案这一概念，你研究你的、我研究我的，彼此各不相干，谁也不肯从自己的研究领域走出来，以主位和客位研究者的双重身份、双重视角对民族档案做一全方位端详研究。目前的研究现状是大多数学者只满足于介绍性地研究各民族不同载体、不同书写形式的民族档案，把民族档案研究等同于形式的组合，至于其为何具有如此而非那般的特征，其意义和价值何在只能用现象化的外在观念去体悟而无法从文化持有者的内部眼界作出客观性地回答；研究中缺乏站在民族文化立场上尊重民族档案持有者的观念、情感和想象，更没有意识到即便是已“标本化”的民族档案，也应当注意研究当下它们与人们行为之间的互动关系，诸如对民族档案“保护什么、利用什么、发展什么?”“为谁保护和发展、为谁管理和利用?”“谁又来收藏和保护?”等等严肃的问题。目前这种研究在一定程度上是条歧途，长此下去，就会以讹传讹，遮蔽了民族文化的存在样态和知识体系。

二　民族档案学研究困境的突破

“民族档案学”这一学科名称，表面上看是由“档案”和“民族学”两个词语组合而成，而实际上绝对不是“档案”和“民族学”的简单相加和组合，如同“1+1=2”命题给人类带来无穷智慧一样，“民族档案学”名称的提出和学科的建立，意味着学科的理论选择、概念系统和实践框架的更新和超越。我们知道，任何学科发展自有其外在的现实要求和内在的逻辑思路。也许早期的民族档案学无法避免会带有档案学和民族学母体学科的某些固有痕迹，但它不能受制于母体的影响，停留在原有学科的层面，而应该超越原有学科的既有路径，通过学科范式的转换和知识资源的重组，推动学科以特有的整合姿态介入问题，促成具有学科意义和知识创新能力的民族档案学学科的诞生。[3]

从目前研究现状看，民族档案学研究需要有一定的研究理论信念、价值取向和共同遵守的行动准则作为观察与理解事物的模型和框架。针对目前民族档案学研究存在的诸多问题，我们认为民族档案学困境的突破，关键在于转换和疏通学术研究的基本立场和通道：

（1）突破传统档案学的视域局限，直面与把握中华民族文化中的民族档案。民族档案与其文化具有相生相伴、水乳交融的深层联系；民族档案作为记忆的载体和见证，只有与生生不息的民族文化联系在一起，才能成为连接历史与现实的桥梁。因此，尽管以汉民族文化为主体形成的档案学对我们研究民族档案有重要的理论指导作用，但这绝不意味着可以把档案等同于民族档案或把档案学等同于民族档案学。一方面，我们应该根据中原汉民族的建构过程离不开周边少数民族的文化迁移、传播与融合这一史实，尊重中国文化内部多样性与多源性的现实，突破那种划分多数与少数、主流和支流、正统和附属的二元对立窠臼，倡导在中原汉文化传统历史观之外，从多族群互动的联系视角寻找重新进入档案学的新途径；另一方面，我们应该学习借鉴文化人类学的理论和方法，通过系统的田野调查并运用民族志方法对民族档案进行描述和解释，开辟一条从经验事实和实践出发研究民族档案的新途径。[4]

这样的研究路径能够使学科突破单一文化认识的框架，把我国的档案学研究引向不仅关注“内地”，也关注“边疆”；不仅聚焦“汉族”，也重视“少数民族”，从而使学科具有更大的科学性、包容性和完整性。民族档案学才会在档案学的滋润下彰显出自身独有的敏锐现实介入力和问题阐释力。

（2）突破书斋中玄思的习惯，走进民族档案的田野——民族档案的民间存藏地。田野的最大优势在于从既有学科之外去寻找活生生的文化现象。历史上，由于我国的少数民族，特别是居住在边远山区的民族，在社会形态发展进程以及政治、经济等方面的发展中，都相对不及汉族，差距较大，因而其文化的民族特征具有了多样性，其档案的形成、档案的内容和档案的传统便有了较多的多元性和特殊性。事实上，每个民族所独有的民族档案不仅只是那个固化的物体，还应当是它的命名、它的场景、它被保存的意识及它被利用的视角。为此，针对当下民族档案存在的不同类型样态展开相应的田野调查，并在国家场域背景和民族文化的背景下进行一个共时性与历时性的探讨。一方面把那些已“物态化”或“档案馆化”的民族档案重新回归其产生存在的特定民族文化生态中，探讨当下它被收藏、被利用的现状及它与人们行为之间的互动关系；另一方面从现实民族文化生活出发，对当下伴随民族文化发展产生的民族档案进行生态化的系统描述和深度解释。[5]

历史事实证明，我们都是历史的存在，伴随着民族文化的不断发展和变化，我们接受并利用着前人留下的民族档案的同时，也在形成和保留了新的档案，而这一切我们都将源源不断地积累并留存给后人。为此，我们只有沿着这一研究路径，把过去有机地融化于现在之中，才能真正走进民族档案的民间存藏地，才能真正地让民族档案从历史深处走向现实、走向未来。

(3）突破它者固有的知识体系，深入体验与阐释民族档案文化持有者的知识体系和价值体系。民族文化无高低、优劣之分，每个民族都有自己的民族文化，任何一种民族档案都有其存在的价值；特定的民族文化孕育了特定的民族档案，特定的民族档案表达了特定的民族文化。在我们以传统档案学为指导，站在局外人的立场，用我们所持有的概念和观点去解释所看到的民族档案文化，进行符合事实的分析和研究的同时，更应该以局内人的立场去观察、体验民族档案文化事象，遵从民族文化持有者有关档案的知识和观点，以民族档案所属的文化体系和价值体系为基本立场，进行客观严谨的分析和研究，由知彼而达知己。具体来讲，在局内、局外两种视角下，我们以书面描述、录音、录像、摄影等方式研究民族档案的载体、结构、功能等外显性的内容；与此同时，我们又通过持续观察、深入体验的方式，去研究民族档案形成的时间空间、场域环境、人际氛围以及“上下文”表达和符号所表达的文化持有者的感觉、情感、观念、想象等内隐性的内容，从而使研究形成直观的感性描述性和深度的理性分析的高度统一。[6]

我们认为，依照这一研究路径获得的研究成果一定会有利于我们在各少数民族活文化的大背景下开发利用好已处于静态的民族档案，从中提升其内在的本民族文化精华，使之不断地融入并持续存活在现实的生活中；也有利于我们把已经有悠久历史而正在不断发展的民族文化作为一种固态形式记录下来，全面完整地记录和反映出各民族文化的产生和发展的历史过程，以之延伸记忆、延续人类历史。

三 民族档案学研究的路径

我们认为民族档案学的构建需要从历史、文化、生态和空间四大维度来开展研究，积极促成具有学科意义和知识创新能力的民族档案学的重生。具体来讲：

（1）民族档案学历史维度的研究就是基于对汉文书写历史和学科建构的时代背景进行有效的反思，对包括汉族在内的民族档案文化进行全方位研究，在共时性探讨中引入历史意识，在历时性探讨中凸显动态变迁；以一种历史性的思维进入各种差异的民族档案内容中，用各民族文化所擅长的方式去参与和把握那些认定了“中心—边缘”“主导—从属”等对立关系的范式，从而以一种新的结构或新结构萌芽的趋势来重建其自身学科范式的合法性，以此形成民族档案现实整体性的更宽阔、更深入、更丰富的阐释体系，在当下社会文化和学术视野下再造一个“团结他者”的学科范式。[7]

（2）民族档案学文化维度的研究就是从表征着人类文化多样性的多种民族档案形态出发，尽力发现不同民族文化书写方式之间彼此区别而又彼此关联的语境，拓展出各民族自己所表述的文化和被他者表述的文化的复合场域，以此营造出民族档案多种样态（文本）之间丰沛的意义空间和尽可能多样化的阐释可能，由此重新获得关于各民族档案文化的洞见。[8]文化维度分析法强调不同的民族共同体只有在“参与”中才能获得自我保护与生存的基本条件；民族档案学只有在现实的发展实践中，不再一味地单向盲从，才能在知彼的同时反观于己，不断为自己创造生存和发展的条件。基于此，民族档案学才能够提出“保护谁、利用谁、发展谁?”“如何被收藏、利用和影响人们的行为?”等一系列严肃的问题。[9]

（3）民族档案学生态维度的研究就是基于生物多样性和文化多样性共同构成了人类社会可持续发展的基础条件的理论，把民族档案多样态看作是生态、生计、社会整体性的关联与互动的产物，是人与自然共同创造的结果；要求我们站在自身价值体系的高度来观察广阔的生态空间，客观地研究生态环境的多样性所致的民族档案事象的多样性；以承认并反思“现在”来开拓未来发展之路的态度来理解当下的社会生态环境——传统。[10]既要研究国家体制主导下的主流文化要素，也要研究各民族社会传统结构下的民间文化事象，更要关注隐藏在民族档案载体背后的内在文化，实现从里到外且从外到里、由上到下及由下到上的多方位研究，从而获得研究对象的多维阐释。

（4）民族档案学空间维度的研究就是站在建立学术范式共同体的高度，把传统的个体单干或小区域性作坊式研究方式置于全球化背景下进行反思，承认当下学术研究日趋高度社会化的客观现实，打破学术研究的空间区隔，把民族档案学研究视为一种知识生产劳动，运用社会所创造的理论范式和研究工具等学术资源，以学科、研究对象、学术理念和研究方向等为准则，走出书斋，变纯粹个人研究为各式各样的群体研究；走出区域内封闭循环的格局，寓研究的主体性与创造性于学术共同体之中；走出国门，促进各国学者之间彼此学术观点、研究方法的沟通与交流。如此常态发展，最终共同把研究成果贡献给社会，为社会所利用、所评判，从而丰富人类的知识宝库，促进人类的知识创新性再生产。[11]

参考文献

［1］丁华东：《档案学范式研究的认识论意义及其题域》，《档案学研究》2007年第3期。

［2］何明：《艺术人类学的视野》，《广西民族大学学报》2009年第1期。

［3］何明、吴晓：《艺术人类学的学科基础及其特质》，《学术探索》2005年第3期。

［4］王铭铭：《人类学是什么》，北京大学出版社2009年版，第61—76页。

［5］王铭铭：《走在乡土上——历史人类学札记》，中国人民大学出版社2006年版，第306—325页。

［6］何明：《全球化背景下少数民族农村变迁的符号特征——以云南为例》，民族出版社2009年版，第1—26页。

［7］陈庆德、潘春梅：《民族经济研究的理论溯源》，《民族研究》2009年第5期。

［8］徐建新：《文学人类学：中西交流中的兼容与发展》，《思想战线》2009年

第 3 期。

［9］陈庆德、潘春梅：《民族经济研究的理论溯源》，《民族研究》2009 年第 5 期。

［10］陈庆德、潘春梅：《民族经济研究的理论溯源》，《民族研究》2009 年第 5 期。

［11］［美］R. 柯林斯：《哲学的社会学——一种全球的学术变迁理论》，吴琼等译，新华出版社 2004 年版，第 2—5 页。

少数民族历史档案学的创建

——历史、现状与发展

华　林　李炜怡　朱少禹

我国少数民族历史悠久，在历史上创造了光辉灿烂的民族文化，留下了极其丰富的少数民族历史档案。探讨少数民族历史档案学形成的社会背景，及其学科的产生、构建与发展问题，可引起学术界与社会对少数民族历史档案的重视与关注，更好地保护、发掘与利用这一珍贵的民族历史文化遗产。

一　少数民族历史档案学创建的背景及其概念的提出

（一）少数民族历史档案学创建的背景

我国少数民族众多，在其社会历史发展进程中创造了光辉灿烂的民族文化，形成了极其丰富的少数民族历史档案。新中国成立后各少数民族地区遗存有大量的少数民族历史档案，遗存现状如下：

1. 种类繁多。少数民族历史档案种类丰富，按载体形式可划分为纸质档案、金石档案、竹木档案、布帛档案、羊皮档案、兽骨档案、陶片档案、贝叶档案、照片档案和口碑档案；按内容性质可划分为政治、历史、经济、军事、天文、历法、医药、文艺、哲学、伦理、宗教、民俗、译著和语言文字等；按文件名称可划分为诏、诰、谕、题、奏、疏、法规、令、条例、布告、公约、呈文、书、移、咨、信、账簿、契约、家谱、盟约、碑文、金文、印章、照片等类型。

2. 数量丰富。各民族地区保存下来的少数民族历史档案数量极为丰富。以少数民族文字历史档案为例，其中，中国第一历史档案馆收藏有清代上至入关前天命九年（公元1607年）至宣统三年（公元1911年）中央各部门的满文档案200余万件，辽宁、黑龙江省和内蒙古自治区档案馆各保存有满文和满汉合璧的档案2万余件（卷）；藏文历史档案仅西藏自治区档案馆珍藏的就有90个全宗300多万册（份）；东巴经约有4万余册；彝文纸质档案20万余（件）册；傣文纸质档案8万余（件）册；少数民族文字碑刻有数千余方，仅彝文碑刻就有近千块；少数民族文字摩崖有数百处；各种少数民族文字印章有数千方，这些档案文献亟待进行收集、整理与研究。

3. 保管机构众多。民族地区保存下来的少数民族历史档案各文化机构都有收藏，主要分布在寺院、档案馆、图书馆、博物馆、文物馆、文物室、群艺馆、政协机构和民族研究机构，据统计，新中国成立初期，仅西双版纳各个寺庙保存的傣文经卷就有5万多册。此外，尚有大量的少数民族历史档案散存民间，由于保存条件恶劣，许多珍贵的档案文件都已遭受到严重的损毁。

4. 档案损毁严重。新中国成立后遗存下来的少数民族历史档案损毁极为严重。以文化机构保存的少数民族历史档案为例，据1981年调查，北京现存所编目的659部古彝书中，完好的只有248部，占37%；边残的有168部，占26%，半残的有123部，占19%；全残的难以整理的120部，占18%。更为严重的是大量散存民间的少数民族历史档案大多年代久远，保管条件差、发霉、受潮、粘连、虫蛀、风化、破碎现象极为普遍，如不进行及时抢救与保护，随时都有毁坏丧失的危险。

5. 大量档案流失国外。少数民族档案在历史上曾大量流失。如19世纪以来，沙皇俄国先后从外蒙古、北京、拉萨、新疆等地运走了《甘珠尔》、《丹珠尔》和若干吐蕃木牍。此后，美、英、法、日等又掠走了许多敦煌藏文档案和11世纪以后的藏文档案。流失藏文历史档案多为国外文化机构收藏，如英国伦敦大英博物馆珍藏敦煌藏文档案约2000卷、法国国立图书馆藏有2500卷，日本除藏有藏文大藏经的所有版本外，还有大批敦煌藏文档案和11世纪以后的藏文档案。1959年西藏叛乱时达赖集团把大批藏文历史档案带到印度，存放在所谓的西藏文献图书馆内。东巴经的流失也极为严重，如美国的约瑟夫·洛克于1921年2月起在滇西北等地区收集东巴经典，历时28年，共购买到38000多册东巴经典。据初步统计，收藏于国外有关图书馆、博物馆、研究机构及个人手中的东巴经有10000余册，遍及美国、德国、法国、意大利、荷兰、奥地利、澳大利亚、加拿大、西班牙、俄国、英国。

上述可知，新中国成立后各民族地区遗存的少数民族历史档案极为丰富，对少数民族历史档案进行研究，并进行保护与抢救工作已经成为档案工作所面临解决的紧迫问题。

（二）少数民族历史档案概念的提出及完善

为了保护与抢救少数民族历史档案，1960年8月，国家档案局在呼和浩特召开全国少数民族地区档案工作会议，首次提出了少数民族历史档案收集整理工作的问题。其后，档案学界对少数民族历史档案的内涵外延进行了研究与探讨，其中有代表性的观点是云南大学张鑫昌、张昌山教授等提出的：所谓民族档案，是指各个时期的一切社会组织及其成员关于各少数民族的具有一定保存价值的各种文字符号的原始记录。民族档案工作就是收集、整理、保管和利用民族档案的活动[1]。

1987年11月，中国档案学会在昆明召开少数民族档案史料学术研讨会，这次会议对少数民族历史档案的内涵外延问题进行了深入的探讨，其中，青海省档案局牛创平认为：凡是反映少数民族的历史、经济、政治、文化、教育、社会等方面的档案文件，都是少数民族档案史料；云南省档案局杨集龙认为：凡是少数民族地区机关、社会组织以及土司、家属和个人在从事政治、经济、科学、文化等社会实践活动中形成的，反映了少数民族政治、经济、科学、文化、军事、社会生活、民情习俗等各种文字、图表、声像及各种载体和各种形式的文字材料都是少数民族档案[2]。其后，档案学界对少数民族历史档案的研究更趋成熟，综合各家观点，少数民族历史档案的概念可以归纳为：

新中国成立前少数民族地方政权、土官、个人和历代封建王朝统治者在社会历史发展过程中直接形成的反映少数民族政治、历史、经济、军事、天文、历法、医药、教育、文艺、哲学、伦理、宗教和民俗等方面情况，具有保存价值的各种文字、图画、声像等不同形式的历史纪录。

二 少数民族历史档案学的形成、构建与完善

1987年11月，中国档案学会在昆明召开少数民族档案史料学术研讨会之后，对于少数民族历史档案的研究已经进入到学科体系的构建阶段，这一时期，档案学界着重解决了以下少数民族历史档案学学科建设中的重要理论问题：

（一）少数民族历史档案学的研究实体问题

对于少数民族历史档案内涵外延问题学术界经过有益的争论与探讨，已经达成了少数民族历史档案具有其自身的特殊性，应包括反映少数民族问题的各种档案文件的共识。从档案形成主体来看，少数民族历史档案实体包括以下两大类型：

1. 少数民族原生历史档案。即各少数民族在其社会历史发展过程中自身产生的档案文件，具体又包括三种类型：

（1）少数民族文字历史档案。这是指少数民族以古突厥文、满文、蒙古文、藏文、彝文、傣文、东巴文、白文、壮文和水书等本民族文字产生形成的档案文件材料，按其存在方式又可分为古籍、文书、印章、碑刻、摩崖、石经墙、石经片、石经墩、金文、竹简、木刻、骨文、皮书、布书、瓦书、陶书等类型。

（2）少数民族汉文历史档案。这部分档案指少数民族土官和群众使用汉文形成的档案文件。主要有文书、碑刻、摩崖、金文、印章等类型。

（3）少数民族图像历史档案。少数民族产生的图像历史档案十分丰富，主要有岩画、木画、古画册和照片诸多类型，这些少数民族图像历史档案是研究少数民族社会历史发展情况的珍贵文献材料。

（4）少数民族口述历史档案。即各少数民族在其社会历史发展进程中形成的由土司、喇嘛、毕摩、东巴、和尚、巫师、长老、民间艺人和其他少数民族群众口耳相传的原始口碑历史记录。

2. 官方汉文少数民族历史档案。即历代封建中央政府和地方官吏在统治少数民族地区的过程中形成的档案文件，主要有：

（1）文书。包括统治政策文书，封授、袭替文书，经济事务文书，改土归流文书，反叛、纷争、征剿文书，教化、儒学文书，交通驿站文书等类别。

（2）石刻。有碑刻，包括墓碑、儒学碑、水利碑、告示碑、戡扶碑、德政碑等；摩崖，如云南的《袁滋题名摩崖》《达崎开塞石刻》，广西的《韩云卿平蛮颂并序》《余靖大宋平蛮碑》等。

（3）印章。传世官方汉文少数民族古印章有《“滇王之印”金印》《建伶道宰印》《哀牢王章》《汉叟邑长印》《“越归汗蜻蛉长”印》《“南夷长吏”铜印》等类型。

此外还有部分官方汉文少数民族金文历史档案，以及图像和口述历史档案等。

（二）少数民族历史档案学学科体系的建立与完善

少数民族历史档案学学科体系的构建应包括两大方面，即少数民族历史档案和少数民族历史档案的管理，具体研究内容构成如下：

1. 少数民族历史档案。少数民族历史档案主要研究少数民族历史档案的产生形成、内涵外延、范围种类、档案特点和利用价值问题。少数民族历史档案是各少数民族在其历史活动中产生形成的，记载各少数民族在历史上创造的古代文明和光辉成果，研究少数民族历史档案，有利于揭示其本质属性，展示少数民族历史档案的珍贵价值。

2. 少数民族历史档案管理工作。少数民族历史档案管理工作包括少数民族历史档案的微观管理工作和宏观管理工作两个领域。其中，微观管理工作探讨少数民族历史档案的实体管理问题，即如何对少数民族历史档案进行收集、整理、鉴定、保管、统计、检索、编研和档案信息资源的开发利用；而宏观管理工作则是研究少数民族历史档案的事业发展与管理问题，即在档案机构的设置、行政管理、法制建设、宣传教育、标准化建设和科学研究等方面对少数民族历史档案进行宏观管理。

三 少数民族历史档案学创建的理论价值与实践意义

1. 少数民族历史档案学创建的理论价值。档案学的学科理论体系有一个创建、形成和发展的历史过程。新中国成立初期的20世纪50年代，人们以文书档案为研究重点，并借鉴了苏联档案管理学的学科体系，创建了以文书档案为研究对象的档案管理学。60年代，我国科学技术迅速发展，产生形成了大量的科技文件材料，从而建立了科技档案管理学。其后，又创建了文书学、档案保护技术学、档案文献编纂学、中国档案史等多门档案学下位学科，形成了档案学学科体系的基本雏形。80年代以来，我国档案事业进入了蓬勃发展时期，档案学研究领域随着社会的发展和科学技术的进步日趋扩大，建立各种专门档案管理学已成为档案学学科体系建设与拓展的新趋势。少数民族历史档案学正是适应了我国档案事业发展的这一新趋势而创建形成的，这一学科的建立，无疑对科学管理和开发利用少数民族历史档案，丰富档案学的学科体系有较高的学术价值和理论意义。

2. 少数民族历史档案学创建的实践价值。主要实践价值如下：

（1）有利于保护与抢救少数民族历史档案。受历史和人文因素的影响，各民族地区保存下来的少数民族历史档案现状不容乐观，由于保存机构众多、许多档案文件散存民间，加之受自然和人为因素的影响，许多少数民族历史档案已遭受到不同程度的损毁，如不及时进行保护与抢救，这些珍贵的档案文献随时都有毁坏丧失的危险。少数民族历史档案学的建立可全面展示民族历史档案的珍贵价值，进而引起社会的关注和政府的重视，更好地保护与抢救这一珍贵的民族历史文化遗产。

（2）有利于少数民族历史档案信息资源的发掘利用。现今，各民族地区的档案机构收集到的少数民族历史档案为数不多，许多重要的档案文件亦未分类整理，这就极大地限制了社会各界对少数民族历史档案的认识与利用。少数民族历史档案学的研究结合少数民族历史档案的实际状况，探讨其科学管理和开发利用问题，从档案实体管理到编制目录、译注出版、文献编研和文化交流等方面提出了系统开发少数民族历史档案信息资源的科学方法，这对发掘利用民族历史文化遗产，弘扬优秀民族传统文化，促进少数民族地区经济文化事业的建设与发展具有重要的现实意义。

四　少数民族历史档案学的发展

（一）少数民族历史档案学研究取得的丰硕成果

自1960年8月国家档案局在呼和浩特召开全国少数民族地区档案工作会议以后，少数民族历史档案的研究已经取得了丰硕的成果，主要成果有张鑫昌、张昌山教授等撰写的《关于民族档案学的几个问题》，该论文对少数民族历史档案的内含外延以及少数民族历史档案学的框架结构进行了理论上的研究与探讨。1987年11月，中国档案学会在昆明召开少数民族档案史料学术研讨会，编辑出版了《少数民族档案史料评述学术讨论会论文集》，所收录的论文涉及少数民族历史档案的概念、种类、特点、功能作用及其科学管理的各个方面。1993年11月，中国档案出版社出版了杨中一编著的《中国少数民族档案及其管理》，全书对少数民族历史档案的产生发展、内含外延、内容构成、档案特点、功能作用以及少数民族历史档案收集、整理、鉴定、保管、统计和档案信息资源的开发利用等方面作了系统的研究与阐述。其后，云南大学情报与档案学系华林出版了《西南彝族历史档案》《傣族历史档案研究》《西南少数民族历史档案管理学》《藏文历史档案研究》，陈子丹出版了《云南少数民族金石档案研究》《民族档案史料编纂学概要》《民族档案学专题研究》《元代文书档案工作研究》；广西民族大学麻新纯出版了《广西壮族历史记录生态型保护研究》，郑惠出版了《瑶族文书档案研究》《中国少数民族档案文献珍品研究》；辽宁大学赵彦昌出版了《满文档案研究》；山东大学仝艳锋出版了《民族档案文献遗产保护研究》等学术专著，在档案学界产生了重要影响。

（二）少数民族历史档案学发展应解决的主要问题

1. 少数民族历史档案与少数民族古籍的理论界定问题。在我国文献发展史上，古籍与档案有共同的历史渊源。古籍是指“历史上遗留下来的用各种零散文献资料按照一定的规律加工、整理、汇集成册的书籍”[3]。我国最早的古籍文献始于何时学术界尚无定论。唐张怀瓘《书断》说：“大道衰而有书，利害萌而有其契。”这说明书契（既是一种古籍，也是一种文书档案）是在原始公社衰亡、私有制出现时产生的。《吕氏春秋·先识览》记载，在桀时，夏代处于危亡之际，太史令曾拿出典籍文献向夏桀哭谏，夏桀荒淫无道更甚，太史令终古愤而投奔商朝。商代，《尚书·多士篇》说：“惟殷先人，有册有典。”《礼记·中庸》说：“文、武之政，布在方、策。”这里的“册、典”、“方、策”系竹简文献，既是古籍又是文书。狭义的少数民族古籍指民族纸质古书，这些古籍多为刻本、写本、稿本和抄本，从档案学的角度划分，他们是一种极其珍贵的手稿档案，具有档案和图书的双重属性。

2. 少数民族历史档案管理的标准化问题。国家标准《标准化基本术语第一部分》（GB3935. 1—83）规定：标准化，是指“在经济、技术、科学及管理等社会实践中，对重复性事物和概念通过制订、发布和实施标准达到统一，获得最佳秩序和社会效益”。少数民族历史档案工作的标准化是对其管理工作中重复性的事物和概念作出的统一的规定，以便在工作中有共同遵守的统一准则和依据。要实现少数民族历史档案的科学管理和现代化管理，必须统一制订标准，作为制定质量要求、管理制度、部门和岗位职责等共同的行动准则。因此，推行标准化对少数民族历史档案的科学管理和信息资源的开发利用有十分重要的作用。

3. 少数民族历史档案的数字化管理问题。首先要解决少数民族文字历史档案的数字化问题。现今，各民族地区的文化机构和相关科研机构在少数民族文字处理技术及应用系统方面已经做了大量的工作，开发出了藏文、蒙古文，维、哈、柯文，朝鲜文，锡伯文，满文，彝文，傣文，壮文，苗文输入系统，这些输入系统有待于从档案管理的标准化方面进行规范和完善，以实现少数民族历史档案管理的科学化。其次，要开发数字化少数民族历史档案管理系统。这是一类可扩展的知识网络系统，可采集、加工、处理、存储、组织、发布和利用数字化少数民族历史档案信息资源。为此，各个档案管理部门，尤其是计算机技术实力较强的国家、省市级档案馆应该进行多馆合作，共同开发研制数字化少数民族历史档案计算机管理系统。

4. 少数民族历史档案学的大学科体系建设问题。少数民族历史档案学是档案学学科体系之下的一个分支学科，而少数民族历史档案学本身又可构建一个自身的学科体系，这一学科体系由少数民族历史档案学、少数民族历史文书学、少数民族历史档案管理学、少数民族历史档案保护学、少数民族历史档案文献编纂学等诸多学科构成。少数民族历史档案学大学科体系的建立，从理论上可丰富完善档案学的学科体系建设；在实践上除加强对我国少数民族历史档案事业的宏观管理外，还可从各个方面对少数民族历史档案实体进行科学管理，以更好地保护、抢救与发掘利用少数民族历史档案信息资源。

参考文献

［1］张鑫昌教授等所撰《关于民族档案学的几个问题》，载于尤中、方铁主编《西南民族史研究·1987》，云南人民出版社 1988 年版。

［2］参见中国档案学会编《少数民族档案史料评述学术讨论会论文选集》，档案出版社 1988 年版。

［3］乌谷：《民族古籍学》，云南民族出版社 1994 年版。

西南少数民族档案研究综述

段丽波

我国是统一的多民族国家，各民族及其先民在五千多年的历史发展进程中，创造了多姿多彩的灿烂文化，留下了大量的档案及档案史料。少数民族档案是我国国家档案全宗的重要组成部分，它真实记载了各少数民族人民的发展历史、社会经济、文化生活、宗教信仰、风俗习惯等各方面情况，是促进民族团结、发展民族经济、保持社会稳定的重要凭证和依据。自20世纪60年代以降，档案学界开始了对少数民族档案的关注；80年代后期研究有了较大进展；90年代探讨得也较热烈，但近年来趋于平淡。虽然对少数民族档案的研究取得了一些成果，但对有的问题重视不够，或为研究视野所限，极大地限制了少数民族档案的理论研究和管理实践。本文主要就西南少数民族档案研究的概况作一综述，提出促进少数民族档案研究的一些建议，目的在于更好地促进少数民族档案的理论研究及其管理实践工作。

一　少数民族档案基本概念的探讨

对少数民族档案基本概念的研究，主要缘起于1960年8月国家档案局在内蒙古呼和浩特召开的全国少数民族地区档案工作会议。会上提出了“少数民族档案”的概念，但对其内涵和外延并未明确。1987年11月，中国档案学会在昆明举行“少数民族档案史料评述学术讨论会”，会上有些学者提交论文对“少数民族档案”的定义进行了探索，但论见歧出。之后，有很多学者发表文章进行探讨，但迄今为止，还是看法不一。

以杨中一先生为代表的学者认为，应从少数民族档案所反映内容的角度来表述少数民族档案的定义，凡属于反映少数民族问题内容的档案，无论什么形成单位，无论什么载体形式、书写方式，都应视为少数民族档案。[1]这比有的学者所认为的“凡是以少数民族文字符号等方式记录和反映的本民族自身历史所形成的档案才是少数民族档案，即以民族文字作为划分标准”[2]的观点更为客观。此外，张鑫昌教授等人认为，少数民族档案应有广、狭义之分。狭义的少数民族档案即以某少数民族文字符号等方式记录和反映本民族自身历史和现状的原始记录。广义的少数民族档案则是各个时代的一切社会组织及其成员关于各少数民族的具有一定保存价值的各种文字符号的原始记录。[3]有学者从档案形成者的角度提出了少数民族档案指的是一个国家的少数民族团体和某些个人在社会活动中形成的，并作为历史记录保存起来以备查考的各种载体的材料。[4]还有学者从档案属性的角度出发，认为少数民族档案是指历代个人在社会生活中形成的反映少数民族政治、经济、军事、科学文化、宗教、民情风俗等方面情况的文字、图表、声像及其他各种形式的原始记录。[5]

综合来看，虽然众多学者从各自的研究视角提出了不同的定义，其主要不同之处就在于是否以其记录文字来进行界定，是否以其内容或以其来源作为界定的标准。从理论联系实践的角度，我们认为，主张以书写文字来划分少数民族档案的观点是不全面的；而从少数民族档案的来源即其形成者的角度来进行界定有以偏概全之嫌，也是不够客观的。因此，我们主张从其内容来进行界定较为符合实际。在表述少数民族档案的定义时，我们既要从其来源出发，又必须从档案的属性（原始记录性）及少数民族档案的特性（民族性）出发，结合其所反映之内容来进行研究。所以，综合来看，张鑫昌教授等人广、狭义的观点较具有代表性，而事实上后来许多研究少数民族档案的学者基本上均赞同这种观点，并加以展开。

二　少数民族档案学的构建

把少数民族档案学作为档案学分支学科进行构建和研究的做法，是由云南大学张鑫昌教授等学者提出来的。在《民族档案学刍议：特征与任务》（载《思想战线》1988 年第 1 期）、《关于民族档案学的几个问题》

（载尤中、方铁：《西南民族史研究·1987》，云南人民出版社1988年版）中，张鑫昌、郑文、张昌山等诸位学者依据档案学的理论、原则，结合少数民族档案及其工作的特性，对我国少数民族档案学学科的构建提出了一些初步的构想，明确了少数民族档案学的学科体系主要包括民族档案学概论、民族档案史、民族文书、民族档案管理、民族档案文献编纂、民族档案保护技术、比较民族档案学等分支学科，并确立了研究少数民族档案学的方法论体系，对整个民族档案学的构建作了首次系统、全面的规划和研究，为我国少数民族档案学的建立构建了基本框架。后来的学者们对此学科的构建不断发表文章进行探讨，龙和铭的《从民族档案的历史形成与应用看建立民族档案学的必要性》］载《中南民族大学学报》（人文社会科学版）1990年第1期］、谢正禄的《关于民族档案学的探讨》［载《贵州民族学院学报》（哲学社会科学版）1991年第2期］，在赞同上述体系的基础上，提出民族档案学的学科体系还应包括民族秘书学、民族科技档案管理学、民族档案与计算机及民族档案心理学，这为民族档案学的形成和发展奠定了基础。但令人遗憾的是，对少数民族档案学学科构建的探讨和实践自20世纪八九十年代以后由于各种原因出现了停顿，学科建设滞后不前，现已严重影响少数民族地区的档案工作。对此，陈子丹教授已在《民族档案学形成与发展刍议》（载《档案学研究》2007年第4期）、《民族档案研究与学科建设》［载《云南民族大学学报》（哲学社会科学版）2007年第4期］两文中作了总结。

三　少数民族档案管理探究

整体而言，档案学界对西南少数民族档案管理的研究主要集中在收（征）集、保护、编研、利用等环节的探讨上，并且大多是一些简单的经验介绍，没有系统的总结和归纳。如李向辉《思茅地区收（征）集少数民族历史档案史料的现状及做法》[6]，卢嘉壁、李洪波《加强彝文档案的收集整理与开发利用——对楚雄州彝文档案情况的调查》[7]，金保荣《对收（征）集少数民族档案史料的再认识》[8]，赵昆红《做好少数民族档案的征收工作》[9]，陈子丹《对少数民族金石档案收集的思考》[10]，杨云波《浅谈民族特色档案的收集》[11]，陈玲《浅谈少数民族档案的开发利用》[12]，李燕兰、李莉《迪庆少数民族档案史料的收集与抢救》[13]，华林《西南少数民族石刻历史档案的现状与保护研究》[14]《论少数民族文字历史档案的数字化技术保护》[15]《云南民间少数民族历史档案的流失及其保护对策研究》[16]，郑荃、陈子丹《云南藏文历史档案及其开发利用》[17]，陈子丹、谢菲《对少数民族档案编研的几点思考》[18]，等等。从上述论文所反映的内容来看，所针对的问题较为具体，大部分是针对管理少数民族档案过程中所遇到问题的一些做法，均是对少数民族档案管理环节而展开的讨论，这为我国少数民族档案管理学的建立提供了具体的实例和一些经验。从检索的结果来看，实践的范围还比较狭窄、零散，代表性不强。从理论探讨而言，档案管理者对少数民族档案管理的整体系统环节的研究不多见。

直接以西南少数民族档案管理作为一门专门科学进行相对全面、综合研究的成果目前只有一部——华林《西南少数民族历史档案管理学》（民族出版社 2001 年版）。该书是一部专门探讨西南少数民族历史档案的起源、发展、形制、构成、类别、分布、价值特点以及收集、整理、鉴定、统计、保护和开发利用的专著，对我国少数民族档案管理学的创建和研究具有开创之功。

四　各少数民族档案研究概况

我们知道，少数民族档案是少数民族各种社会实践活动的原始记录，是我们认识过去、把握现在、规划未来的重要依据和参考。对少数民族档案的科学研究是档案工作者的重要职责和任务，也是一项高水平的工作。档案学界的专家、学者已在这一领域取得了大量的成果，这对少数民族档案的深入研究和民族档案学学科的建设具有重大价值和意义。

总体而言，对西南少数民族档案相对系统、全面的研究主要集中在云南地区。中国档案学会《少数民族档案史料评述学术讨论会论文选集》（档案出版社 1988 年版），可以说是首次对各地所存民族档案的一次普查和评述，具有重要的意义和价值，然而最具有代表性的专著是杨中一《中国少数民族档案及其管理》（中国档案出版社 1993 年版），该书是研究我国西南及其他地区少数民族档案的第一本专著。此外，华林《西南彝族历史档案》（云南大学出版社 1999 年版）、《傣族历史档案研究》（民族出版社 2000 年版）、《藏文历史档案研究》（云南大学出版社 2006 年版），陈子丹《云南少数民族金石档案研究》（云南科技出版社 2001 年版）等，是学者们多年研究成果的集大成者，表明对我国西南少数民族特别是彝族、傣族、藏族等民族的历史档案、金石档案已形成了系统、完整的论述，为其他少数民族档案的系统研究作出了示范和榜样，同时也充实着民族档案学的内涵。除了出版专著外，更多的专家、学者则是通过发表论文深入探讨西南少数民族档案相关问题。如华林《傣文历史谱牒档案研究》[19]《彝文历史谱牒档案探析》[20]《壮族原生历史档案略述》[21]《珍贵的西南少数民族文字石刻历史档案》[22]，陈子丹《丽江木氏土司档案文献概述》[23]《贝叶档案散论》[24]《纳西族档案史料研究》[25]《白族档案史料研究》[26]，杨艺《白族古代文字档案史料研究》[27]《现存白族谱牒档案述评》[28]《论西南少数民族档案的源头》[29]，唐永海《迪庆藏文档案的价值及意义》[30]，巫咏红《民族档案之瑰宝——傣族贝叶档案》[31]，谭莉莉《珍贵的纳西族东巴经历史档案》[32]，张应钦、龙岗《傣文、纳西东巴文、彝文档案史料概述（一）（二）》[33]，等等。这些论文可以说是自 20 世纪 90 年代中后期至今学者们从不同角度——少数民族文字历史档案、档案史料，不同载体形式——金石档案、贝叶档案，不同内容——谱牒档案、文书档案等等，对少数民族档案深入研究的代表作和结晶，为我们了解少数民族档案的形成、内容、价值提供了专业的指导。

五 几点想法

纵观以上学者对我国西南少数民族档案的研究概况可以看出，虽然学者们对少数民族档案概念还有不同的看法，但在现实的研究和管理实践中，大部分的档案管理者和学者都基本上遵循着广、狭义少数民族档案的含义进行相应的工作，但在其他方面还存在不少问题，而明确这一点对我国少数民族档案的研究和管理实践具有一定启示作用。

第一，少数民族档案学科体系的建设不能完全适应新时期少数民族地区档案工作的发展要求。少数民族档案学自 20 世纪提出后，其理论体系建设和实践论证仍处于滞后状态。虽然有了百余篇相关研究文章和几部专著，但与构建少数民族档案学学科体系还相距甚远；虽然云南大学档案学专业开设了民族档案学、民族历史档案整理与研究的硕士生、博士生研究方向，但对少数民族档案学的完善也还远远不够。因此，在新的历史时期，特别是在西部大开发的契机下，民族档案学更应该有自己的一片独特天空，应该在有关高校特别是少数民族地区高校档案学专业下，普遍设立少数民族档案学研究的专门方向，加大师资的投入，为更好地收（征）集、保护、开发利用少数民族档案服务，为促进民族地区的民族团结、社会稳定、经济发展添砖加瓦。

第二，研究水平不平衡。从研究成果来看，大部分的研究主要集中于彝族、傣族、白族、纳西族的历史档案及档案史料，而其他少数民族档案的研究相对较少；从研究力量而言，云南地区的研究力量相对较强，而西南其他少数民族省区的研究则较少，这极不利于西南少数民族地区及全国档案工作的整体发展。这种状况必须要引起有关部门特别是民族地区有关部门和领导的重视，要把少数民族档案的管理与研究作为当地档案部门的一个重点工作，建立相应的规章制度和考核制度；必须要明确，保护少数民族档案这一特殊的民族文化遗产是档案部门义不容辞的责任和义务。

第三，理论研究成果还不能完全应用到管理实践工作中，理论研究与实践工作有一定程度的脱节。从上述成果来看，大部分少数民族档案管理环节方面的论文为档案管理者所写；而较深层次的少数民族档案研究的论著基本上为高校档案研究者所著，其成果大部分还未应用到实际工作中。这两种状况割裂发展的结果是各自为政，导致理论与实践一定程度的脱节。要解决这一问题，一方面少数民族档案管理者在具体实践中要不断加强理论学习和研究，而高校研究者则要加强调查研究，与档案管理者不断接触、探讨，共同解决少数民族档案管理与实践过程中出现的新问题，力争做到理论与实践的统一，才能使我国少数民族档案的管理向标准化、规范化、现代化的方向发展，也才能促进相应的理论研究。

第四，大部分的研究成果主要集中在少数民族历史档案及档案史料的研究，对现行少数民族档案的研究略显不足。由于学科背景的关系，绝大多数较有深度的研究成果还主要集中在少数民族历史档案、档案史料方面。关于少数民族历史档案的研究，华林《少数民族历史档案研究述评》（载《档案学通讯》2003 年第 5 期）已作了简要总结。但对少数民族历史档案的研究也不能只停留在研究的层面，更重要的是对其进行保护和开发利用，而这方面明显做得不够。在今后对少数民族档案的科学管理实践中，要既重视收（征）集、保护的探讨，又要注重其开发利用、编研。关于少数民族档案的编研研究，陈子丹教授已作了初步尝试，写出了专著《民族档案史料编纂学概要》（待出版）。该书回顾了我国民族档案史料编纂工作的内容、步骤和方法，并对古今中外编纂公布少数民族档案史料的实践经验及其丰硕成果作了概括性总结和介绍。但另一方面，大部分的研究者把目光投向少数民族历史档案或档案史料，而对现行少数民族档案的研究不够重视。

第五，应加强对少数民族口述档案的管理和研究。近年来口述档案虽然成为档案学研究的一个热点，但对少数民族口述档案关注得还不多。王治能在《论收集无文字少数民族口述档案》（载《档案学研究》1997 年第 2 期）、陈子丹在《少数民族口述档案浅论》（载《云南档案》2004 年第 2 期）中，对少数民族口述档案的重要性、必要性及云南省一些档案部门的做法作了介绍，这是值得有关部门借鉴的。特别是随着熟悉掌故的少数民族高龄老人的逐渐逝去，这一宝贵的文化遗产也会随之而去。因此，相关部门应高度重视，积极采取各种措施，争取收集尽可能多的少数民族口述档案，为保护这一非物质文化遗产贡献出自己最大的努力。

参考文献

［1］杨中一：《中国少数民族档案及其管理》，中国档案出版社 1993 年版。

［2］《让少数民族档案的花朵盛开——中国档案学会理事长裴桐在少数民族档案史料评述学术讨论会闭幕式上的讲话》，《档案学研究》1987 年第 1 期。

［3］张鑫昌、郑文、张昌山：《民族档案学刍议：特征与任务》，《思想战线》1988 年第 1 期。

［4］《少数民族档案史料评述学术讨论会论文选集》，档案出版社 1988 年版。

［5］梅先辉：《论少数民族档案的定义》，《档案学研究》1992 年第 2 期。

［6］李向辉：《思茅地区收（征）集少数民族历史档案史料的现状及做法》，《云南档案》1990 年第 5 期。

［7］卢嘉壁、李洪波：《加强彝文档案的收集整理与开发利用——对楚雄州彝文档案情况的调查》，《云南档案》1995 年第 3 期。

［8］金保荣：《对收（征）集少数民族档案史料的再认识》，《云南档案》1996

年第 2 期。

[9] 赵昆红：《做好少数民族档案的征收工作》，《云南档案》1998 年第 5 期。

[10] 陈子丹：《对少数民族金石档案收集的思考》，《民族工作》1997 年第 1 期。

[11] 杨云波：《浅谈民族特色档案的收集》，《云南档案》1999 年第 3 期。

[12] 陈玲：《浅谈少数民族档案的开发利用》，《云南档案》2003 年第 2 期。

[13] 李燕兰、李莉：《迪庆少数民族档案史料的收集与抢救》，《云南档案》2003 年第 5 期。

[14] 华林：《西南少数民族石刻历史档案的现状与保护研究》，《思想战线》2003 年第 2 期。

[15] 华林：《论少数民族文字历史档案的数字化技术保护》，《档案学研究》2006 年第 2 期。

[16] 华林：《云南民间少数民族历史档案的流失及其保护对策研究》，《档案学研究》2007 年第 4 期。

[17] 郑荃、陈子丹：《云南藏文历史档案及其开发利用》，《档案学通讯》2007 年第 1 期。

[18] 陈子丹、谢菲：《对少数民族档案编研的几点思考》，《档案学通讯》2006 年第 5 期。

[19] 华林：《傣文历史谱牒档案研究》，《思想战线》1996 年第 4 期。

[20] 华林：《彝文历史谱牒档案探析》，《思想战线》1997 年第 3 期。

[21] 华林：《壮族原生历史档案略述》，《广西民族研究》2003 年第 2 期。

[22] 华林：《珍贵的西南少数民族文字石刻历史档案》，《档案学通讯》2007 年第 4 期。

[23] 陈子丹：《丽江木氏土司档案文献概述》，《云南档案》1994 年第 3 期。

[24] 陈子丹：《贝叶档案散论》，《思想战线》1996 年第 1 期。

[25] 陈子丹：《纳西族档案史料研究》，《中央民族大学学报》（哲学社会科学版）2000 年第 3 期。

[26] 陈子丹：《白族档案史料研究》，《中央民族大学学报》（哲学社会科学版）2002 年第 2 期。

[27] 杨艺：《白族古代文字档案史料研究》，《云南社会科学》1999 年第 5 期。

[28] 杨艺：《现存白族谱牒档案述评》，《中央民族大学学报》（哲学社会科学版）2000 年第 3 期。

[29] 杨毅：《论西南少数民族档案的源头》，《云南社会科学》2000 年第 1 期。

[30] 唐永海：《迪庆藏文档案的价值及意义》，《云南档案》2001 年第 4 期。

[31] 巫咏红：《民族档案之瑰宝——傣族贝叶档案》，《西南民族大学学报》（人文社会科学版）2005 年第 4 期。

［32］谭莉莉：《珍贵的纳西族东巴经历史档案》，《档案学通讯》2005 年第 5 期。

［33］张应钦、龙岗：《傣文、纳西东巴文、彝文档案史料概述（一）（二）》，《云南档案》2000 年第 2、3 期。

西南少数民族纸质历史档案的抢救与保护

郑　荃

西南少数民族纸质历史档案是指1949年以前各少数民族以纸质载体形成的反映古代少数民族社会历史发展情况的历史记录。受自然和人为因素的影响，许多珍贵的西南少数民族纸质历史档案已遭受损毁，如何采取各种有效措施，抢救与保护这些珍贵的民族历史文化遗产是本文拟解决的重点问题。

一　西南少数民族纸质文字历史档案的构成

（一）少数民族纸质文字历史档案

1. 少数民族文字古籍

少数民族文字古籍主要指1911年以前西南少数民族以本民族文字产生形成的刻本、写本、稿本、拓本等古籍文献，从档案学的角度划分，它们是一种极其珍贵的手稿档案。少数民族文字古籍数量丰富，种类繁多，如宗教类古籍有傣族以傣文译著的三藏经卷声称有八万四千部：历史古籍有藏族的《创世纪》《格萨尔王传》等；科技古籍有彝族的《彝族天文起源》《地震纪录》等；文艺古籍有纳西族的《鹏龙争斗》《东巴舞蹈来历》以及白族民间歌手用白文书写的《大本曲》唱词等；哲学古籍有彝族的《天地人源论》，傣族的《谈寨神勐神的由来》等；伦理书有彝族的《训迪篇》，傣族的《祖父对子孙的教导》等；语言文字类有彝族的《彝文单字汇编》，傣族的《经书解释和语言学》等。

2. 少数民族文字历史文书

（1）政务文书。这是历代封建中央政府、西南少数民族地方政权和各级土司在统治、管理西南少数民族地区活动中产生形成的文件材料，有诏书、敕谕、委状、令旨、指令、布告、通告、公约、呈文、祝文和宣誓文等文种。

（2）法规文书。如傣族最早形成的傣文法规是西双版纳第四代召片领萄建仔的外孙芒莱制定的《芒莱法典》，其他傣文法规有《政治和管理制度》《召片领判事条例》等。壮族则有与古壮字创作类似保护汉代“道德经”的《传扬歌》，乡规民约则有汉文、古壮字两种。

（3）经济文书。西南少数民族经济文书多记述少数民族地方土司、历代封建王朝以及寺院对各民族人民的经济剥削情况，如藏文《噶厦关于停止使用印币之指示》《藏族土司松杰衰征收赋税执照》，傣文《景洪坝宣慰田及官田》《百姓负担账》，彝文《账簿》《作斋账单》《粮食收支账》等。此外，纳西族还用东巴文记录钱物收支账目，书写契约。

（4）谱牒文书。西南少数民族文字家谱分布面广，数量较多，仅楚雄彝族文化研究所珍藏的就有《阿本颇谱》《毕摩谱系》等30余份彝族家谱。傣文谱牒更为丰富，有《车里宣慰世系》《勐泐王族世系》《盈江刀氏土司家谱》《孟连宣抚史》等。

（二）西南少数民族纸质汉文历史档案

这是西南少数民族在社会历史发展进程中，使用汉文形成的反映西南少数民族政治、历史、经济、军事、天文、历法、医药、文艺、哲学、伦理、宗教、民俗等方面内容，具有保存价值的纸质原始记录文献。主要类型有：

1. 古籍

古籍是西南少数民族以汉文撰成的反映各民族社会历史情况和生产生活状况的刻本、写本、稿本、抄本和拓本。少数民族汉文古籍卷卷帙浩繁，按内容性质可划分为宗教类、历史类、文艺类、科技类（包括医药、天文、历算、冶炼、铸造、种植、栽培、建筑、工艺书等）、伦理类、哲学类、语言文字类、军事武术类、译著类、心理学类等类别。少数民族汉文古籍数量最为丰富，内容涵盖面极广，是西南少数民族历史档案的重要构成部分。

2. 文书

文书是西南少数民族土司、绅民在处理民族事务、表达思想意图、传递社会信息时以汉文形成的一种档案文件，现存少数民族汉文历史文书种类丰富，按性质用途划分，有政务文书、经济文书、军事文书、法规文书、诉讼文书、抗击外敌入侵文书、谱牒文书和信函文书等类型；按文件名称可划分为诏、诰、谕、题、奏、疏、法规、令、条例、布告、公约、呈文、书、移、咨、信、账簿、契约、家谱、盟约等，这些文书多为少数民族地方政权或土司撰制形成，在记录各民族社会历史发展状况方面有较高的原始性和权威性，对研究各少数民族的政治、经济、军事、文化等方面的历史发展具有很高的学术价值。

二　西南少数民族纸质历史档案的现状

1. 自然损坏现状

历史上留存下来的纸质少数民族历史档案数量多，内容丰富，但由于纸质档案文件材料极容易损坏，加之大部分少数民族历史档案原存民间，保管条件恶劣，许多珍贵的少数民族历史档案已经受到损毁。以彝文历史档案为例，云南省楚雄州档案馆收藏的 58 个卷宗 150 册彝文古籍、文书中，前残的有 18 册，占 12%；前后残的有 29 册，约占 19%；后残的有 14 册，约占 9%；严重残损无法修复的有 6 册，占 4%。甘肃省甘南藏族自治州夏河县的拉卜楞寺所存藏文经卷中，已有 0.1% 的经卷字迹褪色或变质，多为翻阅磨损造成。而同一地方的夏河县档案馆所存的藏文历史档案中，已有 20% 的藏文历史档案字迹褪色或变质。更为严重的是大量散存民间的西南少数民族纸质历史档案，大多年代久远，保管条件恶劣，发霉、受潮、粘连、虫蛀和结砖破碎现象极为普遍。

2. 人为损坏现状

除自然损坏外，西南少数民族纸质历史档案由于受政治运动冲击、档案保护观念淡漠或愚昧无知等因素的影响，曾遭到严重的人为损毁。据云南省红河州建水民族研究所进行的民间彝文古籍状况普查，石屏县在“文化大革命”期间被烧掉的彝文古籍有哨冲区撇妈扎乡撒妈扎村许有义家《祭祖经全集》32卷，哨冲区他克亩乡他克亩村罗双有家《祭祖经》一套36卷等，至于“文化大革命”期间究竟有多少彝文纸质历史档案被烧，现已无法统计。藏文纸质历史档案的人为损毁也十分严重，如四川甘孜藏族自治州康定县档案馆从1961年就开始收集藏文历史档案，到1966年初，共收集到3000卷藏文历史档案。遗憾的是这些藏文历史档案在“文化大革命”中散失殆尽。

3. 档案流失状况

历史上曾有大量西南少数民族纸质历史档案流失国外。如19世纪以来，沙皇俄国先后从外蒙古、北京、拉萨、新疆等地运走了《甘珠尔》《丹珠尔》和若干吐蕃木牍。此后，美、英、法、日等又掠走了许多敦煌藏文档案和11世纪以后的藏文档案。1959年西藏叛乱时达赖集团把大批藏文历史档案带到印度，存放在所谓的西藏文献图书馆内。其他收藏藏文历史档案的国家和地区还有美国、德国、意大利、丹麦、奥地利、比利时、荷兰、挪威、瑞典、波兰、新加坡、加拿大、澳大利亚、尼泊尔、锡金、缅甸、克什米尔、蒙古等。

值得注意的是现今西南地区少数民族纸质历史档案的流失现象仍然存在。如随着国内外对东巴文化研究热潮的兴起，现今前来纳西族地区旅游、考察、探险的西方人士众多，其中一些人不惜用重金购买散存边远山村的东巴经典，如一本普通的东巴《祭天经》可卖到600至800元，而珍贵的东巴经孤本则卖到数千元。目前所知，仅流失到西班牙的东巴经典便多达一千余本，流入其他西方国家的东巴经也在一千册以上，形成本世纪又一次东巴经的对外流失。

三 西南少数民族纸质历史档案的科学保护

（一）加大投入，加强西南少数民族纸质历史档案的收集工作

1. 宣传动员、鼓励捐献

档案部门在开展西南少数民族纸质历史档案征集工作时，可采取政府发布通告，召开会议或利用报刊、广播、电视和宣传橱窗等宣传工具，向

各民族群众广泛宣传国家《档案法》和公民保护档案的义务，鼓励他们将珍藏的档案文件交由国家档案机构保管，当地人民政府和档案部门对捐献档案的单位和个人要颁发奖状和证书，并根据档案的价值发给奖金或奖品。

2. 普查摸底、多方征集

为了解西南少数民族纸质历史档案的散存情况，档案部门应对各地区西南少数民族纸质历史档案的分布状况进行普查，对一些珍品档案可采用赎买的方式，将其收集到档案馆珍藏；对一些暂时征集不到的档案原件可采用复印、拍摄或拓印等方式进行收集；对于博物馆、图书馆、文化馆等单位收集保存的具有档案、文物、图书性质的档案文献，可按照《档案法》的规定，协商保存原件或复印件。

3. 拓宽途径，加强流失国外档案文献的征集工作

由于历史原因，新中国成立前大量西南少数民族纸质历史档案流失欧美等国，收藏于图书馆、博物馆等文化机构之中。目前，已有部分档案文献或出版或制作成缩微品，为此，有关文化机构可采取交换或购买出版物和缩微品的方式进行收集。对于部分珍贵的少数民族纸质历史档案原件则应通过外交渠道追回，以维护少数民族纸质历史档案的齐全与完整。

（二）西南少数民族纸质历史档案的技术保护

1. 对破损的少数民族纸质文字历史档案进行加固与修裱

（1）加固。常用的加固技术有：1）涂料加固。就是在少数民族纸质文字历史档案、字迹表面加一层涂料，使纸张、字迹免受各种介质的影响及机械磨损。这种方法的优点是涂料配制简单，涂刷方便，缺点是可逆性差。常用的加固涂料有乙基纤维素、氟树脂（C—42 含氟树脂）和聚甲基丙烯酸甲酯。2）丝网加固。即用蚕丝结成网状，并喷上聚乙烯醇缩丁醛胶粘剂，在一定的温度、压力下，使丝网与古籍纸张黏合在一起的一种加固方法。丝网加固优点是透明度好、分量轻、手感好、耐老化，缺点是强度较低。此方法适用于脆弱古籍和两面有字的少数民族纸质文字历史档案书页。

（2）修裱。修裱技术有：1）揭少数民族纸质历史档案砖。有些少数民族纸质历史档案在高温、霉菌、尘土、水分等因素作用下，纸张粘连在

一起，胶结成文书砖。修裱这些少数民族纸质文字历史档案时，可用干揭法或湿揭法将其揭开。干揭法一般用于粘连不太严重及字迹遇水易扩散的少数民族纸质文字历史档案。揭时用竹签伸进纸页间空隙处，紧贴纸页向四周轻轻移动，慢慢揭开。对于黏结比较严重并且字迹遇水不扩散的少数民族纸质文字历史档案常用湿揭法。根据档案破损、粘连情况，分别采用水冲法、水泡法和锅蒸法，水冲、水泡、锅蒸后的档案必须干燥一段时间，使其具有一定强度后才能揭。2）补缺。对残缺或有孔洞的少数民族纸质文字历史档案进行修补称为补缺。补缺时，用毛笔在纸页孔洞反面边缘2—3毫米处抹上一层稀糨糊，将一块与少数民族纸质文字历史档案纸张的厚薄、颜色大致相同的补纸贴上即可。3）托补。托补有溜口和接后背两种。在少数民族纸质文字历史档案纸张磨损的折叠处补贴上一条棉纸的技术称为溜口；对装订边窄小的少数民族纸质文字历史档案进行加边的技术称为接后背。4）托裱。在书页的一面或两面托上一张纸的技术称为托裱，裱有湿托和干托两种。湿托是在书页的一页刷上糨糊，然后再上托纸，可用于字迹遇水不洇的少数民族纸质文字历史档案。对于字迹遇水洇化、褪色的少数民族纸质文字历史档案，可采用干托法。干托是把浆糊刷在托纸上，然后在高丽纸等吸水纸上散去一定水分，再上到书页上。

修裱常用的黏合剂有小麦淀粉糨糊、甲基纤维素（CMC）、二醋酸纤维素；修裱用纸有宣纸、棉纸、云母原纸、卷烟纸等。

2. 少数民族纸质历史档案字迹的恢复与显示

（1）物理显示字迹法。这一方法具体有：1）摄影法。摄影法显示字迹是利用字迹、纸张及污斑对不同波长的光产生不同的吸收、反射，从而在胶片上因感光不同而加大反差，使字迹显示。2）数字图像处理技术。这是利用电子计算机显示褪色字迹或图像的一种现代化修复技术。这一技术首先要用传真扫描仪或反射显微光密扫描仪等微感器对少数民族纸质文字历史档案书页进行扫描，同时在数字磁带上记录下书页各点的有关参数，如光密度、透射率、透明度等；随之对数字化参数进行修正，并消除不需要的画面，如霉斑、扩散部分等。最后，将数字图像进行还原，以文字形式转置到某种介质（如纸张、胶片、电视监视器等）上，便于人们阅读。

（2）化学显示字迹法。这一方法是利用化学物质，如硫代乙酰铵、黄血盐、单宁（即鞣酸）或DH-B型恢复剂与褪色字迹。由于此方法对少数民族纸质文字历史档案会造成一定的损伤，因此，使用时要慎重。

（三）加大打击少数民族纸质历史档案的破坏、倒卖活动

《中华人民共和国档案法》第五章第二十四条规定："有下列行为之一的，由县级以上人民政府档案行政管理部门、有关主管部门对直接负责的主管人员或者其他直接责任人员依法给予行政处分；构成犯罪的，依法追究刑事责任：（一）损毁、丢失属于国家所有的档案的；（二）擅自提供、抄录、公布、销毁属于国家所有的档案的；（三）涂改、伪造档案的；（四）违反本法第十六条、第十七条规定，擅自出卖或者转让档案的；（五）倒卖档案牟利或者将档案卖给、赠送给外国人的；……"因此，公安机关和其他法律机构要加大执法力度，加强对少数民族纸质历史档案破坏与倒卖走私活动的打击工作，以维护少数民族纸质历史档案的完整与安全。

参考文献

[1] 东主才让：《藏文古文献概述》，载《北京图书馆同人文选》，北京图书出版社 1992 年版。

[2] 王尧：《吐蕃金石录》，文物出版社 1982 年版。

[3] 欧朝贵、其美：《西藏历代藏印》，西藏人民出版社 1991 年版。

[4] 张公瑾、黄建明：《民族古文献概览》，民族出版社 1997 年版。

[5] 华林：《西南少数民族历史档案管理学》，民族出版社 2001 年版。

纳西族东巴文历史档案及其发掘利用初探

胡　莹

纳西族东巴文起源于图画，从文字的类型而言，它既不是处于图画记事阶段的图画字，也不是一种完整、系统的表意文字符号体系，它是一种介乎于图画字和表意字之间的文字符号体系。

纳西东巴象形文字是一种比较古老的记录纳西语言的文字符号，也是目前世界上少有的还流传在民间的活的象形文字，现在搜集整理出的单字共计有一千三四百个（见《纳西象形文字谱》）。东巴文字在构造上以象形符号为基础，诸如：、、、等，并且记录多为省略书写，因而无东巴先生就难明经义。

纳西族信奉的东巴教是一种原始的多神教，信仰万物有灵，东巴教的经师被称为“东巴”，他们掌握象形文字，在进行祭祀、除病禳灾法事等活动中，形成了众多的东巴经和其他东巴文历史档案，东巴教中的杰出人物广泛采集纳西族民间的各种古老神话、传说、诗歌、谣谚等，使用纳西象形文字写经传教，逐步形成了系统的东巴文历史档案。

一　纳西族东巴文历史档案的理论梳理

（一）纳西族东巴文历史档案的理论界定

纳西族东巴文历史档案理论的界定，应该包括以下一些基本内涵：第一，纳西族东巴文历史档案的形成者应该是当地的纳西族以及各个历史时期的官方机构。第二，纳西族东巴文历史档案是“直接形成”的，能如实地反映纳西族社会历史发展的真实面貌。另外，东巴文历史档案还真实地反映了纳西族的政治、经济、军事、历史、科技、文化、宗教和民俗等社会历史情况，内容涉及纳西族社会历史发展的各个领域，具有很高的档案查考价值。第三，纳西族东巴文历史档案有各种不同的记录形式，因此档案种类极为繁多。纳西族东巴文历史档案由于记录符号、载体材料、载录方式的不同，从而形成了各种形式的档案文件材料。

综合纳西族东巴文历史档案的属性和档案学界对纳西族档案的认识，笔者认为，纳西族东巴文历史档案的概念可以表述为：1949 年以前，由纳西族以及纳西族地方政权机构在各个历史时期的社会实践活动中直接形成的以东巴文字书写，反映纳西族政治、经济、军事、历史、科技、文化、宗教和民俗等社会历史情况，具有保存、参考和凭证价值的文字、图画或金石等不同形式的历史记录。

（二）纳西族东巴文历史档案的特点与研究价值

纳西族东巴文历史档案数量丰富，种类繁多，内容全面系统。其一，东巴象形文字形成方式具有独特性。纳西族东巴象形文，产生年代很早，“见木画木，见石画石”，是以图画的方法写成的文字。其二，东巴文历史档案内容具有浓郁的民族性。东巴文历史档案内容客观地反映了当时纳西族社会的面貌，比如，东巴文祭祀和禳解时使用的经书，均真实地记录和反映了纳西族的政治、经济、文化情况。其三，东巴文历史档案内容具有宗教色彩。在纳西族东巴文历史档案中，完全没有浸染宗教色彩的作品寥寥无几，这种特点是宗教的本质决定的。当纳西族进入阶级社会以后，东巴教的经典为统治阶级服务，也反映着统治阶级的思想。其四，东巴文历史档案具有全球关注性。近年来，全世界对于东巴文字以及东巴文化的关注和研究空前热烈。随着东巴古籍入选《世界记忆名录》，更多不同领域的国内外学者加入研究和保护东巴文化的队伍中。

东巴经历史档案涉及古代纳西族政治、经济、军事、历史、天文、历法、医学、教育、文艺、哲学、伦理、宗教、语言文字和风俗民情等诸多方面，其研究利用价值十分广泛。首先，东巴文历史档案具有文学价值。多种题材的神话，构成了东巴文学的主体。语言形式上，东巴文学是诗体文学；艺术手法上，东巴文学是把现实高度浪漫化的作品。其次，东巴文历史档案具有历史价值。纳西族象形东巴文历史档案，是全人类珍贵的文化遗产，纳西象形文字的产生和东巴经典籍的流传，对纳西族历史文化的发展和社会的进步，产生过极其深远的影响。再次，东巴文历史档案具有哲学研究价值。从纳西族东巴文历史档案内容上看，载于东巴经中的许多文学作品有着相当鲜明的原始唯物主义与朴素辩证法的思想。最后，东巴文历史档案具有艺术价值。纳西族东巴文历史档案是一座艺术宝藏。在东巴经典中，有不少东巴画均值得研究；东巴舞蹈虽是原始多神教的舞蹈，但反映了纳西人民生活的图影，保留了民间舞蹈的精华。

二　纳西族东巴文历史档案现状及存在的问题

（一）保存机构众多，但互动性差

受历史因素的影响，保存东巴文历史档案的机构众多，不仅有博物馆、各类图书馆，还有一部分被私人收藏。并且，这些保存机构散布在全球许多国家及地区。如云南省图书馆有600多册，丽江纳西族自治县图书馆珍藏有7000册，台湾“国立中央博物馆”收藏有1221册，美国国会图书馆收藏3038册，洛克私人收藏有4225册等。这些保存机构各自独立，虽然大部分都可以通过网络工具链接，然而真正能互动的却很少。即使是国内的各保存机构，也缺乏必要的交流。这样一来，使得许多宝贵的信息资源束之高阁，得不到有效的利用，也发挥不出应有的作用。

（二）档案损毁严重，而恢复极难

受到历史、自然和人为因素的影响，许多东巴文历史档案文件材料都受到了严重的损毁。《古吊桥摩崖》原来在丽江县金庄乡上桥头村古吊桥以北半里路旁，然而该摩崖已于1951年修公路时被炸毁。还有很多东巴文石碑长期呈自然状态地立在树丛中，有的碑文已经斑驳，难以诠读。另外，大量纸质东巴文历史档案文件材料以及散落在民间的东巴文历史档案，由于保管条件恶劣，发霉、受潮、粘连、虫蛀和结砖破碎现象极为普遍，这些珍贵的东巴经随时都有毁坏丧失的危险。目前，几乎找不出合格的东巴东巴文化大师去做翻译或恢复东巴经典的工作，云南社科院副院长杨福泉曾说："老东巴每走一个，就带走一批文化，相当于永远地带走了一座文化博物馆。如今，丽江再也没有这样的东巴文化大师了。"

（三）研究角度广泛，但交流不够

目前，全球对于研究东巴文历史档案及东巴文化可谓方兴未艾。许多不同学术领域的学者都加入到研究的队伍中，从不同的角度来探讨东巴文化的传承与发展。从文化方面、经济方面、旅游发展方面、图书馆学方面、宗教方面、文学艺术方面等进行科学的研究，随之也涌现了大量的学术成果，这些成果对于东巴文化的综合发展有着重要的意义。但是，学术成果大量涌现的同时，各个学科之间交流的欠缺也越来越凸显。

三　纳西族东巴文历史档案的发掘利用

（一）发掘利用的目的

1. 保护和宣传纳西族文化，传承民族艺术

发掘的目的在于更科学、更广泛地对东巴文历史档案加以利用。东巴文历史档案进行科学合理的发掘，不仅可以坚定纳西族人民对本族文化的认同，树立保护本民族文化的意识，还能更好地向世界宣传纳西族文化，让人们都认识纳西族东巴文化是宝贵的非物质文化遗产，是人类共同的遗产。

保护和传承是一对"双生儿"，对于珍贵的东巴文化遗产，单纯保护是远远不够的，因为现代文明的慢慢渗透，都会在少数民族文化的历史长河中留下痕迹。因此，传承东巴文化就是留给我们这代人的重要任务。切实地抓好东巴文历史档案的发掘利用工作，才能避免保护和传承只停留在表象。

2. 参与地方经济建设，科学合理地开发资源

东巴文历史档案属于上层建筑，然而，经济基础与上层建筑历来都是

辩证统一的。如果一味地打着开发纳西东巴文化的招牌进行无序的经济建设，那么不但破坏了优秀的民族文化，同时也会使经济进入一个恶性循环的怪圈。因此，在发展地方经济的基础上，应该充分发挥上层建筑的指导作用，保证文化与经济可以健康的发展。此外，建设地方经济之际，能否科学合理地开发资源，是决定地方经济能否可以长久发展的关键。因此，任何经济发展都不应离开文化这一精髓。

3. 丰富档案学科的建设，扩展学科外延

东巴文历史档案发掘利用上升到理论高度，对于丰富档案学学科的建设，以及学科外延的扩展是非常必要的。档案学是一门应用性学科，我国的档案学虽然起步较晚，但是在发展进程中，也形成了一些特色，比如人事档案学、专门档案学、民族档案学等。民族档案学是西南地区的高校结合自身地域特点形成的一门档案学与民族学交叉学科，虽然属于边缘学科，但是近年来，越来越受到大多数学者的认同。

（二）纳西族东巴文历史档案发掘利用的对策

纳西族东巴文历史档案发掘利用的实施需要大量资金，并需有效机制保障资金的长期稳定性，此项工程的成败有赖于各级政府能否大力支持。此外，也需要不同部门的通力合作以确保每个环节执行的通畅。

1. 档案学界应加大对东巴文历史档案的研究力度，宣传研究成果

纳西族东巴文化的传承与发展离不开各学术领域研究所得出的理论依据，因此，档案学界应加大对东巴文历史档案的研究力度。在具备一定研究成果的同时，档案学界应适时地宣传研究成果，让社会各界能认同档案学在东巴文化发掘利用中的意义与作用。

2. 培养纳西族东巴文译注人才，出版重要东巴文历史档案

译注工作是开发利用东巴文的一项重要环节，发掘利用东巴文历史档案，关键是培养掌握东巴文化的年轻一代，因此建立东巴文学校、推行纳西族双语教育是件非常迫切需要重建的项目。此外，大力译注东巴文文献，并公开出版发行，扩大东巴文化的传播范围，纳西族东巴文乃至整个纳西族文化才能被继承和发扬。

3. 建立东巴文历史档案研究保护基金会

建立东巴文历史档案研究保护基金会作用和意义在于：运用中国文明

文化的积极力量，吸引国际一切友好、关心、支持东巴文化的人士，通过体制化的非营利组织形式，提供最普遍广泛的知识网络体系联系以及长期有力的资金支持，促进东巴文历史档案的各项学术研究交流并提供支持。

4. 把东巴文历史档案纳入国际社会人类非物质文化遗产保护项目

根据基金会非营利组织的科学程序，民主程序和体制化的合法程序，以科学的方法，把东巴文历史档案纳入国际社会保护人类遗产的工作中，不仅是东巴文化国际化的必然趋势，也是促进东巴文历史档案史料、馆藏更加丰富完整地积极可行的措施。

5. 汇编国内外现存东巴文文献目录，实现东巴文历史档案数字化信息资源的交流与共享

将分散在国内外各级研究、收藏文化机构保存的东巴文目录进行汇总，编制国内外统一的东巴文文献目录，公开向社会出版发行。汇编目录可提供国内外东巴文历史档案的收藏线索，实现档案文献的资源共享，为进一步开发利用东巴文历史档案打下良好的基础。此外，东巴文历史档案信息资源可通过网络传输的方式实现信息资源共享与文化交流。为此，东巴文历史档案的数字化首先要解决档案信息的计算机输入问题，也就是要建立东巴文输入系统，使之规范化和标准化，如此，世界各地的人们都可以通过网络浏览、使用东巴文书，并可在网络上直接进行学术交流，实现真正意义上的档案信息资源共享。

参考文献

[1] 和志武：《试论纳西象形文字的特点——兼论原始图画字、象形文字和表意文字的区别》，载《东巴文化论集》，云南人民出版社 1991 年版。

[2] 华林：《西南少数民族历史档案管理学》，民族出版社 2001 年版。

[3] 陈子丹：《云南少数民族金石档案研究》，云南科技出版社 2001 年版。

[4] 万永林：《纳西族东巴经历史档案研究》，载《西南边疆民族研究》，云南大学出版社 2001 年版。

[5] 和庚源：《浅议活态文化传承与保护——2003 年中国丽江第二届国际东巴文化艺术节学术会议论文摘要》，中国丽江第二届国际东巴文化艺术节组委会 2003 年。

傣族土司公文探微

刘云明

一　傣族土司政权中的公文事务

傣族土司政权内有着层次分明、上下有序的政权组织系统，文书人员（或机构）是其中重要的组成部分。

在西双版纳，最高统治者被称为“松列帕宾召”，俗称“召片领”，元政府封其为“彻里总管”，明、清政府封其为“车里宣慰使”。与召片领对应的政权机构为召片领司署（后或称宣慰使司署）。召片领司署设有议事庭，有内、外议事庭之分。召片领司署中设置的文书人员有“召龙欠”“叭办巩”和“昆欠”。[1]召龙欠是议事庭的文牍首席官，同时又职掌史册，有闻必录，类似于先秦时期中原地区的史官。叭办巩是召龙欠的副职，凡有来朝拜召片领者，也由叭办巩接待，他可以代召片领说话。昆欠则是文牍小吏。

召片领下属三十多个“勐”，各勐都有土司“召勐”，有勐级土司署，也设议事庭，其成员的设置较召片领议事庭简单。勐级土司政权中也有文牍首席官“叭欠”和一般的文书人员“昆欠”。

最基层的政权组织为村社（大致一个村寨就是一个村社），村社内也有议事和权力机构——议事会。村社设有各种公职人员，大的村社所设的公职人员中，即有专司文书记账等事务的“昆欠”。

德宏地区元代后期至明初为麓川政权所统治。明朝正统年间三征麓川，打破了麓川思氏的割据，此后，德宏等地划分为互不统属的许多土司区。德宏各土司政权的组织形式大体相同，均设土司衙门。土司的集权程度较高，其下设有各种官职，构成土司衙门中当权的贵族集团。在此之下，土司衙门中还有“三班六房”之设。[2]

德宏各土司衙门中设有秘书二至三人，负责起草司署内的公文信件。此外，土司衙门中的“书房”“门房”也是处理文书的机构。书房由“录士”若干人组成，专门誊写秘书起草的文稿，整理诉讼卷宗，抄写各项收租（款）票据等。门房则负责收发来往公文，传递民间诉讼禀帖，凡有会见土司者，亦由门房通报。到了清代，德宏各土司衙门中普遍请内地汉人做“师爷”。师爷的地位比一般的秘书人员高，一方面为土司出谋划策，同时也处理司署中的汉文文书事务。土司衙门中同时又设置汉文秘书，作为师爷的助手。[3]

土司衙门之下设“吭”级政权组织，“吭”之下为村寨。在汉族居住区还设有“练”“丛”等行政单位。基层政权中也设有文书人员，傣那语称其为“吉礼”，负责办理基层政权的文书记账事务。其他傣族地区的土司政权在组织机构的设置上有其地方特色，但与西双版纳、德宏的土司政权相较，差别不是很大。这些土司政权中也设有文书人员。

从有关材料反映的情况来看，傣族土司政权在公文的撰写、批准发文、盖印、封发以及收文办理等方面有着较严格的规定。

傣族土司政权对公文的撰写有较高要求。在西双版纳，土司署文书人员必须熟悉各种名目的公文用语、各种情况下所使用的公文标准式样以及公文写作上必须遵循的地方礼节等。文书人员撰写文书时必须按这些规范进行，出现错漏会受到惩罚。据民国时期曾在勐海土司政权中任过昆欠的康朗庄讲，文书人员撰写文书时违规多写一个字或少写一个字要罚谷（俸禄）一箩。[4]相对而言，德宏等地傣族土司政权在公文的撰写上遵循的规矩礼节要少一些。

公文写好以后要经土司或有关官员批准，否则无效。[5]

傣族土司公文的用印也有一定规范。西双版纳的召片领使用朝廷发给的铜方印，同时还配合使用自制或赠送的动物肖像形圆印。一般的上呈文书中用方印，下行文书中用圆印。召片领司署中的官员（四大卡真、八卡真等）使用动物肖像形印和傣文或汉文长方形木印。长方形印盖在正文落款处日期上，圆印盖在正文最后二字上，表示到此结束，以防添改。勐土司的召勐印为动物肖像形圆印，最大召勐与召片领有血亲关系者用狮子和鹿形印。[6]其他傣族土司受中央王朝封授者，都有中央王朝所颁的铜印。德宏一些地方，中央王朝颁给土司的印由印太（土司的正妻）保管，作为“坐印”。土司另制一“行印”，其方圆与坐印相同，司署中所发文书一般用的是行印。[7]德宏傣族土司政权文书上的用印较简单，一般只在日期上落印。

傣族土司公文的封发较慎重。在德宏，上司政权所发的公文用袋装，封口盖章。在西双版纳，公文一般不装袋，而是将公文有字的一面朝里，折若干折，将最外面的缝口粘起，在缝口处画一锁形图案，再在其上盖方形印。[8]

在收文处理方面，所来文书先由文书人员收启，然后交给有关官员或土司处理。在西双版纳，文书人员对收到的文书要先看其文书的格式、用语是不是符合规矩礼仪，若不符合则可以不加办理。[9]

从上述几方面所反映的情况来看，傣族土司公文在制作和处理上是遵循一定的程序和手续的，这对其公文效用的发挥来说，无疑是一种保障。但是受政务管理水平的制约，傣族土司公文在处理上也有许多粗疏的地方。例如无论是发文还是收文都没有做记录；公文运转过程中缺乏有效的催办措施；文书的传递一般是按照传统习惯，或寨寨相传，或托人代传，只有相当重要的公文才派专人传递；办理完毕的公文不注意保存，易遭损毁，等等。凡此种种，只能存在于公文数量较少、政务管理活动对公文的依赖不是很大的政权组织中。

二　元、明、清时期的傣族土司公文

元、明、清王朝所实行的土司制度意在羁縻，并不破坏少数民族政权原有的统治方式，因而此期的傣族社会依然有着自己独特而丰富的政治生活内容。另外，傣族土司政权作为元、明、清王朝统治系统的一部分，又必然具有中央王朝之地方政权组织的属性，只是这种地方政权有其特殊的形式和内容罢了。元、明、清时期傣族地区的这种政治格局使此期的傣族土司公文分化出明显不同的三个部分：土司政权内部使用的公文；不相隶属的土司政权之间形成的公文；土司政权对内地王朝上呈的公文。分别探究如下：

(一) 傣族土司政权内部使用的公务文书

(1) 政权组织(含土司、官员等)之间的行文。包括下行文、平行文、上行文及宣告文书。

下行文:指土司、司署中的官员以及一些机构(如议事庭)下达的命令、通知类文书及委任状、答辞等。土司政权在征收负担、修渠修路、督促生产、镇压反抗等事务方面使用命令、通知类文书。如《宣慰使为征派招待天朝官员费用的指令》《议事庭长修水利令》等即属此类。此外,告知官员到土司署开会、参加宗教仪式、参加土司或高级官员的婚丧仪式及节日庆典等事,也用通知类文书,如《通知各勐土司到景洪过开门节》《通知头人参加议事庭官员亲属的婚礼》等即属此类。土司政权中使用的委任状较多,傣族土司在宗教节日里要封委大量的下级土司和头人。有领地的官员在盖新房时也对其领地内的村寨头人颁发委任状。[10]此外,傣族上层获得某种等级或者佛寺里的和尚升一定的等级都须凭土司所发证书为证。[11]答辞是土司或高级官员对下级官员、百姓上呈的祝贺文书所作的礼节性回祝文书,内容都是一些祝贺和吉利的词句。

平行文:指土司政权内不相隶属的政权组织之间的来往文书。由于傣族土司各级政权的封闭性较强,彼此少有往来,因此,形成于傣族土司各级政权间的平行文书较少,这一点在西双版纳尤显得突出。通过寻检傣文史料来看,形成于平行政权组织之间的文书多是一些盟约、协议等。[12]

上行文:指土司下级政权上呈的报告类文书、下级官员任职时上呈的文书以及下级官员、百姓上呈给土司或其他上级官员的祝贺文书等。傣族土司下级政权组织的独立性较强,只是一些重大的事情才上报土司或有关官员,而且许多上报之事是口头告知的,实际中使用的报告类文书并不多。[13]在西双版纳,土司要封授某人某一官职时,要求受封者上呈申请袭职的呈文和保荐书等。申请袭职的呈文中录有受封者的出生年月日时、领地疆域大小及接壤何处、头人和百姓有多少、家族是怎样从始祖按世系沿袭等等。保荐书是其他官员、百姓以及能证明受封人确切身份者所写的材料,意在表示受封人任某职是符合正统,“众望所归”。[14]每逢大的宗教活动、节日庆典以及上级官员的婚嫁诸事,下级官员和百姓要上呈祝贺文书,内容多为歌功颂德之词。

宣告文书：傣族土司政权在颁布法规、兴办公益事业（如修水利、修路、修佛寺等）、防灾防盗以及战乱之后安抚民众等情况下，要使用宣告类文书。在西双版纳，土司政权在集市上收款收税时召片领或其他官员下有命令，差役将命令贴在木板上公告于众。[15]

（2）专门文书。包括司法文书、经济文书、统计文书和土司的宗教祭文等。

司法文书又可分为两类，其一是土司署办案时形成的文书，如诉状、审案时形成的案情记录以及判决材料等。《西双版纳傣族的封建法规和礼仪规程》（傣文）中记有处理案件的方法之一是：

> “要了解犯错误的人有多少，如果同案的犯人多，应个别审问，不要同时一齐拿来问。同时要详细问他犯罪的原委，问清后用笔记下来，由他划供单。从这些个别的供单上来看是否互相符合。……这是自古以来的规矩，不这样做会使犯罪的人成了习惯。”[16]

可见，西双版纳傣族土司政权很早就在审理案件时使用文书。德宏等地土司衙门在审理案件时更多地接受了内地封建王朝衙门的一套程序，审案时“亲兵班”（又称“吼班”）的差役列于大堂两侧，秘书人员设案作记录。[17]除案情记录外，诉状（或称禀帖）、判决材料（如处决犯人时贴于其背上的布告等）也都是常见的办案文书。二是土司政权所颁布的法规文书，主要有农奴制的等级法规、民刑法规、罚款和赎罪的规定等，种类很多。现在可见最早的傣文法规是十三世纪末至十四世纪初成文的《芒莱法典》。法规文书多在西双版纳、孟连等地的傣族土司政权中使用，德宏地区迄今未见用文字记载的法规。[18]

经济文书：主要是土司政权在征收赋税、开支钱粮时形成的账册、负担册等。土司司署内分管财务的官员每隔一定的时期要对司署内的钱粮收支情况造册，呈报土司。在西双版纳，每年开门节、关门节时召开的议事庭会议中有一项重要的内容便是决算和预算封建负担。土司政权在层层摊派负担的过程中形成了大量的负担册，如《勐遮等八勐向清王朝缴纳银粮的负担册》《勐笼土司对人民的各项负担的分配册》《勐板各寨的负担册》等等。

统计文书：土司政权对辖境内的土地、人口等项目进行统计，由此形成统计文书。在西双版纳，宣慰田和头人田分布于何处、田地面积（单位为“纳”）有多少都有详细的文字材料，有数可查。此外，结合沟渠灌溉系统也有田地面积的统计材料。[19]土司征收负担即凭借有关田亩面积的详细的统计材料。在人口统计方面，土司政权形成门户册等文书。[20]

土司的宗教祭文：傣族土司在祭祀活动中使用大量的祭文，此类文书应视为一种特殊形式的傣族土司公文。在西双版纳，召片领每年一月和八月要去曼景坑至曼达之间的陇南山脚祭祀地方神。召龙欠为此要替召片领写祭文，一月间写的是“求不要下雨”，八月间写的是“求不要天旱”，共同求告不要战争、地方平安清净、安居乐业。[21]这种祭祀活动在傣族地区甚为普遍。

（3）杂类文书。主要有公约、宣誓文、轮值筒、收租税票、护照、执照等。

公约：封建制下的傣族社会有其严密的道德规范，为保障封建道德规范为社会所遵循，傣族土司各级政权制订了许多地方公约。在西双版纳，寨有寨规、勐有勐规，这类寨规、勐规即为公约文书。此外，勐之间、版纳之间、头人之间也订有公约。[22]

宣誓文：傣族土司在分封下级官员时要求被封者效忠。此外，地方上达成协议时也举行宣誓仪式。在此等过程中产生了一些宣誓文。在西双版纳，一般称其为“饮誓水文”。[23]

轮值流筒（牌）：土司司署中的各种差役由村寨人民承值，每十日或五日一班。为使差役的承值有条不紊，一些傣族土司司署制有轮值流筒（牌），上有土司的命令和轮值差役的寨子、人员等。[24]

收租、收税票：在德宏等地，土司政权在收取租税后，一般要发给交租税者票据。这类票据多用手抄写，后来一些地方也用木板印刷，用时填写。

执照、护照：德宏一些地区在清代出现土地买卖以后，土司政权对此加以控制。买田者须凭土司发给的买田执照方能购买。[25]此外，德宏一些地方的土司政权对行经土司领地的商号马帮发给护照、执照，土司政权在交通要道上设道岗，没有护照、执照则不让通过。[26]

（二）不相隶属的傣族土司政权之间的公文

不相隶属的土司政权之间的行文关系是它们结成的复杂关系的集中体

现。流行于西双版纳的《议事庭文书必读》和《文书常用文本》对不相隶属的土司政权之间的公文往来有不少规定，尤其是在文书的格式、用语、遵循的礼节等方面有较细致的规定。

从内容上看，不相隶属的土司政权之间形成的文书可分为两类：其一为礼节性的文书；其二为事务性的文书。

土司之间平常互致文书、礼物，表示友好和问候。土司继位及举行婚丧嫁娶仪式时，邻近的土司要派人持文书、礼品来参加仪式。这类文书均为礼节性文书，没有实质性的内容。

对涉及双方事务的处理，土司政权之间也有文书形成。这方面的文书大多为盟约或协议等。寻检傣文史料，有关土司政权之间订立盟约、协议之事的记载不在少数。除盟约、协议之外，双方发生纠纷或一方处于求助地位时也投书给对方，寻求问题的解决或请求对方援助等。

（三）傣族土司政权对内地王朝上呈的公文

傣族土司受中央王朝的封授，作为中央王朝的一种特殊形式的地方政权组织，土司政权必须执行中央王朝的政令，向中央王朝请示或报告傣区的一些行政事务，明确对中央王朝的臣属关系，等等。这样，傣族土司公文的一部分便被纳入了元、明、清封建王朝的文书运转系统。

元代傣族土司是否已对内地王朝行文尚不见于史籍著录。明朝初年傣族地区已向内地王朝行文则是毋庸置疑的。明初朝廷设置的“四夷馆”是翻译各藩属及四境少数民族上呈的文书的机构，馆中关于傣文文书的翻译，分设两个馆，一个名“百夷馆”，翻译包括木邦、孟养、孟定、南甸、干崖、陇川、威远、湾甸、镇康、大侯、芒市、景东、者乐甸等傣族土司的上呈文书；另一个名“八百馆”，翻译包括八百、车里、老挝、孟艮等傣族土司的上呈文书。

除了向朝廷行文以外，傣族土司还向直接管辖傣区的云南地方政权机构大量行文，这一点在《明实录》中所收录的云南地方官员上奏文书中多有反映。

作为加强控制傣族地区的措施之一，明朝在傣区推行与内地汉族政权相似的文书处理制度，勘合制即是其中之一。永乐二年，明朝廷制信符和金字红牌颁给云南木邦、八百大甸、缅甸、车里、老挝六宣慰司、干崖、大侯、里麻、茶山四长官司、潞江安抚司及孟艮、孟定、湾甸、镇康等府、州土官。《明实录》说："其制：铜铸信符五面，内阴文者一面，上有'文行忠信'四字，与四面合，及编某字一号至一百号，其字号，如车里以'车'字为号，缅甸以'甸'字为号，阴文信符、勘合百道俱付土官，底簿付云南布政司。"[27]

勘合制度在傣族地区得到了认真推行。《明实录》中多有傣族土司换领信符、勘合的记载。

明朝廷进而提出让傣族土司政权对内地王朝行文时使用汉文文书。《明实录》载："（永乐二年）置云南木邦、孟养、麓川平缅、老挝、缅甸、八百大甸军民宣慰使经历、知事各一员，威远州吏目一员，上以云南各处土官不识中国文字，遇有奏报，不谙礼体，命吏部各置首领官，择能书而练于事者往任之。"[28]

这一措施在傣区推行后显然遭到激烈的抵制，到任的流官后来不得不纷纷裁撤。实际实行的情况是：傣族土司对内地王朝行文仍多用傣文文书，对朝廷上呈文书时，先把傣文文书上呈给明朝的地方抚按官，由抚按官译审后代为进奏。抚按官翻译的文书情节有所未尽时，可将原傣文文书中的文字录入一并向上投进。[29]明代虽有傣族土司政权使用汉文文书的零星记载，[30]但只能视其为个别现象。

清代，特别是雍正年间后，中央王朝在一部分傣族地区改土归流，改流后的傣族地区所用的公务文书即与内地政权所用的公务文书整齐划一。在没有改流的地区，随着清朝对这些地区控制的加强，一部分傣族土司政权对内地王朝的行文也开始使用汉文文书。这一点可以在清初傣族土司任用汉人主办文书事务的情况中得到印证。乾隆六年（公元 1741 年），云南永北镇总兵马化正奏称："滇南土司主文，多系外省流民，假行商名色，出于夷方，巧言煽惑，一经延作主文，遂任其指使；及酿成事变，则脱然远飏……"[31]

这种情况历民国时期，一直延续到新中国成立后的民主改革以前。如民国年间，德宏地区土司政权对内地各级政权的行文一概使用汉文，司署中的"师爷"及"汉文秘书"都是从内地请来的文化水平较高的汉人。

至于西双版纳等地，元、明、清时期土司政权中自始至终没有请内地汉人作其文书人员，但司署内有懂汉文的官员。[32]清代中叶召片领就曾对属境内的汉人颁过汉文文书。[33]因此，清代西双版纳等地的傣族土司政权对内地王朝的行文也应有汉文文书。

清代傣族土司政权向内地王朝行汉文文书的同时也行少量的傣文文书。明代“四夷馆”到清代改为“四译馆”，光绪二十九年（1903）始废。四译馆的规模已很小，人数也较少。[34]

傣族土司政权对内地王朝所呈的文书都是上行文，根据其内容可分类如下：

（1）土司政权在认纳钱粮、征调打仗及安抚土人等方面的上呈文书。土司政权作为中央王朝的一种特殊的地方政权组织，其职责主要表现为认纳钱粮、征调打仗及安抚土人等方面，在履行这些职责的过程中，土司政权对内地王朝上呈一定数量的文书。

（2）土司政权上呈的有关边防事务的文书。傣族居住在祖国西南的边疆地带，他们和东南亚各个民族、各个国家在长期历史发展中有着多方面的友好关系。然而，正是由于傣族所处的这种特殊的地理位置，傣族地区又成为外来侵略势力经常染指的地方。自13世纪末至19世纪中叶，傣族地区曾经长期遭到外族入侵。其中蒲甘、洞吾、木疏王朝凡九次入侵，戛于腊凡两次入侵。西方殖民者在东南亚、南亚扩张其侵略势力时也向我国傣族地区渗透。在傣族人民长期的反抗外来侵略的过程中，傣族土司政权往往是一些具体事件的当事者、处理者。作为中央王朝的边地政权组织，傣族土司政权必须就边防事务向中央王朝请示或报告，从而形成有关这方面内容的上呈文书。

（3）土司上呈的袭职文书。土司一经除授，即可世袭，故封建中央有“既是土官，准他袭”之语。[35]为预防争袭事件的发生，中央王朝对土官的承袭作了许多手续上的规定，其中之一便是土司必须上呈袭职所用的各种文书。

《明会典·吏部五》卷六载：“洪武二十六年定，湖广、四川、云南、广西土官承袭，务要验封司委官体勘，别无争袭之人，明白取具宗支图本，并官吏人等结状，呈部具奏，照例承袭。”

为了弥补宗支图本的不足和预防贪官从中渔利，明政府又规定：“土官在任，先具应袭子侄姓名，开报合干上司。侯之故，照名起送承袭。”[36]

清代土司的承袭办法基本上沿袭自明代，但在具体的手续上较明代严密。如宗支图本已不单独成文，而需补人土司亲供、土司管辖的人口、土司辖境的四至范围等，形成反映该土司各方面综合情况的袭职清册。再如土司承袭时，应袭人之直系亲属（母或祖母）、全司各族头目及四邻各土司都应具保结，证明此人确系应袭土司之人，族中对此人袭职并无争执异议，人民一致拥戴。

归纳言之，傣族土司承袭时所上呈的文书主要有：预先呈报的应袭子孙名册、宗支图本（清代为袭职清册）、相关人员出具的保结等。

参考文献

[1] 梁河县县志编纂委员会：《傣族社会历史调查材料》（西双版纳之九），云南人民出版社 1988 年版，第 95 页。

[2]、[3] 梁河县县志编纂委员会：《德宏史志资料》（第十集），德宏州民族出版社 1987 年版，第 211 页。

[4] 这两则材料为笔者 1990 年 4 月在西双版纳勐海县调查时，景龙村的康朗庄所讲述。

[5] 在西双版纳，召龙欠起草的公文要经召景哈（议事庭长）等开会通过方有效。参见《傣族社会历史调查材料》（西双版纳之九），云南人民出版社 1988 年版，第 95 页。

[6] 云南省少数民族古籍整理出版规划办公室：《云南少数民族官印集》，云南民族出版社 1989 年版。

[7] 梁河县县志编纂委员会：《梁河县文史资料选编 · 第八辑》，云南民族出版社 1984 年版，第 23 页。

[8] 梁河县县志编纂委员会：《傣族社会历史调查材料》（西双版纳之二），云南民族出版社 1983 年版。

[9] 这两则材料为笔者 1990 年 4 月在西双版纳勐海县调查时，景龙村的康朗庄所讲述。

[10] 梁河县县志编纂委员会：《西双版纳（车里宣慰使）及其权力机构系统》，《傣族社会历史调查材料》（西双版纳之九），云南民族出版社 1988 年版。

[11] 梁河县县志编纂委员会：《傣族社会历史调查材料》（西双版纳之三），云南人民出版社 1983 年版，97 页。梁河县县志编纂委员会：《傣族社会历史调查》（西双版纳之三），云南民族出版社 1983 年版，第 48 页。

[12] 梁河县县志编纂委员会：《傣族社会历史调查材料》（西双版纳之三），云南民族出版社 1983 年版，第 97 页。

[13] 西双版纳傣族土司政权中的“波朗”为土司对基层政权进行统治的代理人，土司、议事庭与基层政权间信息的沟通亦多由其口传。在德宏地区的土司政权中

也有类似的官员“召朗”。

［14］梁河县县志编纂委员会：《傣族社会历史调查材料》（西双版纳之九），云南民族出版社 1988 年版，第 162—163 页。

［15］梁河县县志编纂委员会：《傣族社会历史调查材料》（西双版纳之九），云南民族出版社 1988 年版，第 87 页。

［16］梁河县县志编纂委员会：《傣族社会历史调查材料》（西双版纳之三），云南民族出版社 1983 年版。

［17］梁河县县志编纂委员会：《梁河县文史资料选编·第九辑》，云南民族出版社 1984 年版，第 9—14 页。

［18］张锡盛、徐中起、张晓辉：《云南德宏傣族的封建法律》，《思想战线》1990 年第 4 期。

［19］梁河县县志编纂委员会：《西双版纳勐景洪的灌溉系统及其管理和官田分布》，载《傣族社会历史调查材料》（西双版纳之三），云南民族出版社 1983 年版。

［20］张公瑾：《傣族文化研究》，云南民族出版社 1988 年版，第 221 页。

［21］梁河县县志编纂委员会：《傣族社会历史调查材料》（西双版纳之九），云南人民出版社 1988 年版，第 95 页。

［22］梁河县县志编纂委员会：《傣族社会历史调查材料》（西双版纳之三），云南人民出版社 1983 年版，第 57 页。

［23］西双版纳等地傣族把写有宣誓文的纸烧成灰置于水里饮下，因此通常称宣誓文为“饮誓水文”。

［24］梁河县县志编纂委员会：《傣族社会历史调查材料》（西双版纳之三），云南人民出版社 1983 年版，第 75 页。

［25］梁河县县志编纂委员会：《德宏史志资料》（第十一集），德宏民族出版社 1988 年版，第 207 页。

［26］傅于尧：《盈江民族历史文物考察》（下），《民族调查研究》1986 年第 2 期。

［27］、［28］《明实录·太宗实录》卷三十一，第 6—8 页上。

［29］《明实录·神宗万历实录》卷二百二十二，第 65 页。

［30］《明实录·孝宗弘治实录》卷一百五十四，载弘治十三年有臣僚上疏云：“观其（孟养土司）所行文书，俱用汉字。”

［31］《清实录·高宗实录》卷一三五，第 12 页。

［32］西双版纳宣慰使司署议事庭中设“波勐贺”一官，其职掌为接待内地朝廷的宾客。见《傣族社会历史调查材料》（西双版纳之九），第 96 页。

［33］梁河县县志编纂委员会：《傣族社会历史调查材料》（西双版纳之三），云南人民出版社 1983 年版，第 76—77 页。

[34]《清史稿》卷一百十四，中华书局 1976 年版，第 3283—3284 页。

[35]《土官底簿》，卷下，云南“通安州同知”等条。

[36]《明会典·吏部五》卷六。

发展民族档案事业刍议

陈文娟

民族档案堪称档案园地中绚丽的奇葩，引来中外档案界越来越多探寻的目光。我国民族档案事业发展至今，既奠定了一定基础，又显示了广阔的开拓空间，理当在创新中寻得大的突破和发展。

一　回顾与反思

纵观悠远的中国行政史，无论是历代中原王朝还是边裔民族政权，利用档案治国经邦的记载均不绝于史乘。但民族档案事业的真正起步，却是在新中国成立之后。1960 年，成立仅 6 年的国家档案局在内蒙古召开全国少数民族地区档案工作会议，指出少数民族地区的历史档案和历史资料，是我国全部档案及资料的重要组成部分，并进一步提出了对其开展收集、整理、保管、翻译、提供利用等工作的原则和方法。[1]此次会议虽未确言“民族档案”这一概念，但足以视为国家有组织开展民族档案事业的肇始。正是基于国家档案局的指导地位，本次会议的精神得以切实贯彻，许多民族自治地方政府下发了调查收集民族档案资料的通知，一批珍贵的民族档案被收集入馆。

“文化大革命”开始后，包括汉族在内的各民族形成的档案材料（尤其是历史档案）遭到严重破坏，处于初始状态的民族档案理论研究和工作实践迅速陷于停顿。

“文化大革命”结束以后，随着我国经济社会的发展日趋走上正轨，民族档案事业重获生机。民族地区的许多档案馆对当地的民族档案展开了新一轮的收集，相应的整理、翻译、出版等工作也有了较大地进展。中国第一历史档案馆则对馆藏的满文、蒙文历史档案进行了颇有成效的发掘整理。与此同时，民族档案及民族档案工作日益成为中国档案学界探讨的重要课题，专题文章屡见于学术刊物，举办了专门的研讨会，并积极开展了对外学术交流。迄于今日，国内档案界在两个基本范畴上已取得较为一致的意见。其一，民族档案通常即为少数民族档案，是反映少数民族自古至今各种社会生活的原始记录，既产生于少数民族内部，又包含其他民族（主要是汉族）形成的此类资料。在无法判明是否原件或原件已不存在的情况下，应将一些珍贵的少数民族历史文献列为收藏范围。其二，民族档案工作即是以少数民族档案（含部分非原件资料）为特殊客体，包括从搜集到提供利用一系列环节的工作领域。

我国民族档案事业走过了曲折历程，奠定了基础，积累了经验，但也面临一些亟待解决的问题。主要的表现：一是文化功能不显。虽然《档案法》已明确档案馆为文化事业机构，但受传统运作模式的影响，国内档案藏所的文化功能普遍较弱。[2]对民族档案事业而言，不能充分发挥文化功能，就意味着失去了核心竞争力，开拓发展就会受到致命制约。二是投入机制不活。包括人、财、物等工作资源的注入，基本是靠行政手段来安排的，缺乏适宜机制来配置此类资源，尤其是缺乏有效的筹融资手段，致使事业基础依然脆弱。三是工作客体范围过窄。馆藏的民族档案基本上产生于政务活动，即使是民族地区的档案机构，源于民族民间的档案所占比例也甚小，且大多为零散的、“珍贵”的历史档案及资料，不足以反映少数民族社会生活的变迁特别是丰富的现实生活状貌。四是开放意识不强。过分囿于机关式、本系统式的做法，没有把事业的根基深植于民族社区，少数民族公众了解不多，参与更少；与相关的文化、博物、图书等部门界线分明，合作不够；游离于相关产业的成长之外，未与开发民族档案资源的现实需求相对接。五是队伍结构不适应需要。既有层次结构的问题，更主要的是知识和技能结构不合理，缺民族学、公关策划、项目管理、信息等方面的人才，尤缺复合型人才。六是研究的针对性不突出。20世纪80年代一度对民族档案工作基本理论、工作范式研究较多，此后相关的研究多重于对古代民族档案史料进行评述，对现实工作的理论指导相对减弱。凡此种种，均使我国民族档案事业的发展近年来出现了新的徘徊，远未发挥相应的作用，没有形成应有的格局。

二 关于发展机遇及条件的分析

当今，我国民族档案事业发展的环境正在发生深刻的变化，从中不难寻见新的发展机遇及条件。

（1）世界范围内日益重视保持民族文化的多样性。人类越进步，现代化进程越加快，人们对保持民族文化多样性的需求便越显理智和紧迫。联合国教科文组织1998年“文化政策促进发展”政府间会议指出：“文化的创造性是人类进步的源泉。文化的多样性是人类最宝贵的财富，对发展至关重要。”这一价值取向及由此衍生的需求，自然能与民族档案事业传承民族文化的作用紧密连接在一起。

（2）我国全面推进小康社会建设需要繁荣民族文化事业。党的十六大强调要深刻认识文化建设的战略意义，并把“文化更加繁荣”作为了全面建设小康社会的重要内容之一。中华民族文化自古以来呈多元一统之格局，推动社会主义文化的发展繁荣，需要继承和弘扬各民族优秀的传统文化。十六大报告同时提出，要“扶持对重要文化遗产和优秀民间艺术的保护工作，扶持老少边穷地区和中西部地区的文化发展”，这无疑为新世纪新阶段我国民族档案事业的发展提供了重大契机。

（3）民族文化的资源禀赋在西部大开发中迅速凸现。我国西部地区少数民族种类占国内民族的80%以上，同时集中了我国大部分贫困人口，由于产业基础、交通环境等条件的限制，市场环境的变化，以及西部生态环境保护和全国生态效益的需要，西部地区的大开发无法照搬东部沿海地区的发展路子。充分发掘和开发民族文化资源，发展旅游及文化产业，则可形成重要的经济增长点。对此，西部省区已有充分的认识并积极付诸行动。如拥有26个民族的云南省，就明确提出了建设民族文化大省的战略目标，经过实施已取得明显成效。有关专家预测，文化产业将成为西部投资的热点，前景广阔。档案是文化资源的富集载体，民族档案事业在西部大开发中定能发挥大的作用。

（4）对外交流的开展带来现实的借鉴。推进民族档案事业并非仅为国内档案界的主张和行动，据笔者了解，在美国、加拿大、澳大利亚等多民族国家，这项事业均有不同程度的发展。以美国为例，早在1978年，被称为“非主流”的各民族社团所建档案机构已达800多个[3]，政府系统、大学、研究机构中的许多“主流”档案馆也纷纷实施了民族档案项目。目前至少在美国文献界，“民族档案馆”（Ethnic Archives）和“民族档案工作者”（Ethnic Archivist）已是较为通用的术语。[4]近年来，国内外档案界同行就这一共同关心的课题展开了交流，可以预见的是，此方面的交流与合作会更加频繁地展开。国内发展民族档案事业虽不能套用国外的做法，但其一些成功经验确实弥足珍贵，堪以为鉴。

（5）现代科技的加速进步提供了更加便利的操作条件。当前，以信息技术为代表的高新技术突飞猛进，推广迅速，影响越来越广泛。就民族档案事业的成长而言，不断推进科技进步，尤其是加快信息化步伐，就能够办成一些过去虽想未决或决而未果之事，实现工作方式的创新。

通过上述分析，我们当有理由以乐观的眼光，前瞻民族档案事业的发展。但任何机遇都有纵之则失的一面，会带来相应的挑战，需要我们进一步增强新形势下抓机遇的紧迫感、开拓事业的责任感，以创新的精神和积极的作为，实现徘徊中的超越。

三　关于发展思路和主要对策的建议

根据需要与可能，推进民族档案事业创新发展应有的基本思路是延展功能定位，扩大业务空间，以规划为先导，以项目为牵引，改善支撑条件，增强拓展活力，逐步形成继长增高的工作局面。基于这一思路，建议主要着力于以下诸方面：

（1）突出相关档案藏所的文化功能。民族地区档案藏所在发挥现有作用的同时，应高度重视突出其文化功能。简而言之，至少应明确四个方面的功能定位，即民族文化资源库、民族文化传习地、民族文化产业孵化平台、民族文化准研究机构。

（2）做好规划的制定和实施。为促进民族档案事业的有序、持续、健康发展，相关的档案业务指导机构有能力也有必要编制民族档案事业发展的总体规划，有条件的地方应制定开展民族档案工作的专题规划。在明确统一目标及分工协作的前提下，应借鉴国外同行的成功做法，以突出特色为导向，制定各民族档案藏所的发展规划。同时，应维护规划的严肃性，做好组织、协调，确保其贯彻实施。

（3）以项目牵动资金筹措。有了发展规划，设计并实施好民族档案工作项目就显得十分重要。在发达国家，“项目”是其民族档案事业的生命线，馆室建设、专题收藏、人员培训、合作交流等，都以争取和实施项目的形式来操作。针对国内实际，从长远看，这是获取文化发展基金、企业和个人捐助的最有效手段；就近期而言，基于争取社会力量投入较为困难，设计好这类工作项目，则可以在财政正常经费投入外，更多地争取政府相关渠道的投入，从而为事业的扩展创造更好的物质条件。

（4）加快学科和队伍建设。发展民族档案事业，涉及的方面较多，相关理论研究应有系统性，突出针对性，并应适当超前，有必要在交叉基础上形成学科研究。对此，国内外档案界均有呼吁，应切实加以推进。同时，适应事业发展需要，通过教育、培训乃至引进及合作等方式，突破人才“瓶颈”制约，改善队伍结构。

（5）优化相关档案藏所结构。目前国内开展民族档案工作的档案机构存在两个明显的缺陷，即基本上没有专题的民族文化资源档案馆室；尚未在民族基层社区建立档案藏所。而这两个缺陷，正是民族档案事业最有希望的发展点。在西部大开发战略的实施过程中，许多民族地方都在积极致力于加强民族文化基础设施建设，如加强乡（镇）文化站建设、构建民族文化生态村等。档案界以此为契机，找准结合点，应有条件弥补这两个缺陷，并通过馆室增量的添加，带动已有相关档案馆调整工作方向，进而实现民族档案工作藏所整体的优化。

（6）尽可能地与相关馆室开展合作。抢救、保护和开发利用民族文化资源，不仅是民族地区档案藏所的责任，同时还涉及文化、图书、博物、群艺等馆室的工作范围。各种民族文化资源藏所应尽量突破长期以来形成的政出多门、条块分割的格局，加强沟通与协作。可以说，越是在基层，民族档案藏所与其他相关馆室的合作越是重要。较为合理的方式，是通过这些藏所力量的整合，在适宜的地方共同建设民族文化资源的综合场所。这样做既节约投入，又有利于提供利用，是扩大藏所影响、获取公众支持的现实选择。

（7）改进收集和提供利用方式。抓工作方式的创新，主要应“抓两头、带中间”，即突出做好收集及提供利用工作，带动其他环节的跟进。收集对象应视专题需要，不限官方民间，包罗不同载体，涵括古今档案。

对散存于民间的档案材料，应主要通过国外较通行的“田野收集”方法开展，即档案工作者走出馆室，探寻民间组织、家庭及个人等潜在的档案源，按照一定的步骤，完成从访问、谈判到收集档案材料进馆室的一系列工作。在利用环节，主要应在提供参考服务的深度上下工夫，并高度重视构建数字化档案资源平台，力求形成方便利用的信息网络。

（8）创造良好的法制环境。发展民族档案事业，行政手段、业务指导等固然重要，但法律保障也是坚实的支撑。当前，国家及地方高度重视立法保护民族文化。档案界应积极行动，结合《档案法》在各地的实施，参与制定有关的地方法规、政府规章等，依法拓展民族档案事业。

参考文献

[1] 曾三：《加强少数民族地区的档案工作》，《档案工作》1960 年第 9 期。

[2] 于桂兰：《塑造档案馆的文化事业机构形象》，《档案学通讯》1997 年第 2 期。

[3] Lubomyr Wynar, Lois Buttler. *Ethnic Museums, Libraries, and Archives in the United States* [M]. Kent, OH: Kent State University Press, 1978.

[4] Joel Wurl. Recovering the American Mosaic: Ethnic Archives—Past, Present, and Future [J]. *Westword*, 1993 (3).

云南档案高等教育的回顾与展望

王灿平

云南档案高等教育，是在党的十一届三中全会以后开始，并伴随着我国改革开放的步伐逐步发展的，迄今已走过了12个年头。在即将迈向21世纪之际，回顾云南档案高等教育的历程，探讨新形势下云南档案高等教育的发展方向，有利于迈出新的步伐，培养出更多更好的档案高级专门人才。

一　云南档案高等教育的历史回顾

1982年国家档案局在北京召开的全国档案工作会议形成的《1983年至1990年全国档案事业发展规划》中，正式把云南大学列为应设档案学系或档案学专业的高等院校之一。1984年2月国家教育部批准云南大学增设档案学专业。1984年3月，云南省教育厅同意在当年招收档案学专业学生。根据国家教育部和云南省教育厅的指示精神，云南大学在历史系组建档案学专业，并从1984年秋季开始招收档案学专业本科生，同时从历史系82级和83级历史专业学生中各分出27人，转学档案学专业，成为云南档案高等教育的起点。为了适应云南省档案事业发展的需要，1988年8月，云南省教育厅批准云南大学建立档案学系，标志着云南档案高等教育进入了新的重要的历史时期。在国家教委、国家档案局、省教委、省档案局、云南大学的领导和关心支持下，通过档案高等教育者们的共同努力，开拓进取、艰苦奋斗，云南省档案高等教育取得了显著的成绩。

1. 为档案事业培养和输送了一大批高级专业人才

截至 1997 年 10 月，云南大学档案学系共招收博士生、硕士生和本专科学生 1057 人，已毕业分配学生 756 人，其中博士生 8 人，硕士生 8 人，本科生 535 人，专科生 205 人。历届毕业生广泛分布于北京、江苏、广东、山东、广西、青海、贵州、江西、湖南、湖北、云南等省（市）自治区各级各类党政机关、高等院校、科研院所、大中型企业从事档案管理、图书管理、行政管理、教学、科研、经济管理、信息管理等工作。绝大多数毕业生已成为档案战线的骨干力量，为云南档案事业的建设和发展发挥着重要的作用。现有在校学生 301 人，其中博士生 5 人、硕士生 7 人、本专科生 289 人，还有省办研究生班 23 人。

2. 建立了一支比较稳定、结构合理、具有良好政治业务素质的师资队伍

档案学系建系之初，全系仅有教师 16 人，在年龄结构上，绝大多数教师的年龄在 20—30 岁之间；在职称结构上，仅有教授、副教授各 1 人，讲师 2 人；在学历结构上，仅有硕士 1 人，其他都是本科学历。建系后，在学校领导及有关部门的关心支持下，经过近十年的努力，已建成一支专业、学位、专业技术职务及年龄结构都日趋合理的师资队伍，截至 1997 年年底，档案系有职工 32 人，其中教师 25 人，占教职工总数的 78%；教授 5 人，占教师总数的 20%，硕士 2 人，占教师总人数的 8%。教师的平均年龄 36 岁，形成了文理兼备，本校毕业与外校毕业相结合、校内与校外相结合的师资队伍。从文理综合情况看，教师文科、理科毕业的比例为 19∶6，理科占 24%，构成了包括历史、档案、图书、信息、计算机、数学、物理、化学、生物等专业人才在内的文理综合的人才群体。在师资来源上，本校与外校毕业教师的比例为 19∶6，外校毕业教师占 24%，构成了由云南大学、四川大学等高校的有关专业毕业人才组成的教师队伍。为满足专业教学的需要，还聘请云南省档案局、档案馆、图书馆、新华书店、科技情报所、社科院等单位具有高级职称的专家 13 人，聘请本校具有高级职称的教师 6 人到档案系讲授有关专业课和其他课程，形成了内外结合、专业与社会结合的教师队伍。

3. 根据云南省经济社会发展的需要设置专业，形成了比较完备的课程体系，教学工作成效显著

云南大学档案学系设档案学（含行政信息管理与企业信息管理两个

专业方向）、图书馆学、信息学三个专业。具有中国民族史（含民族档案史料方向）的博士、硕士授予权。能招收博士生、硕士生、本科生、专科生等多层次的学生。设有档案学、文秘、图书馆学、信息学、民族史、理科等六个教研室，开课62门。除去学校公共课，为档案学本科生开课42门，2295学时；其中必修课20门，1395学时；限选课8门，378学时，任选课14门，558学时；为专科班开出必修课21门，1206学时。已建成主干“档案学概论”“文书学”“古代档案文选”等三门，后两门被评为云南大学优秀主干课程，在建主干课“档案保护技术学”“档案现代化管理”两门。有两位教师获省级教学优秀成果奖，11位教师获云南大学优秀成果奖。1位教师被选为“云南省中青年学术和技术带头人后备人才”。张鑫昌教授被国家教育部聘请为全国档案学科教学指导委员会副主任。

为促进教学与实践相结合，档案学系十分重视实验室建设，设有档案图书信息保护技术、档案与文件管理、图书管理、信息管理、中外文打字、微机房等6个实验室，总面积300平方米，并以云南大学档案馆、图书馆及省内外档案、图书、信息机构和有关国家机关、企事业单位为实习基地，建立了较完备的实习实验条件。档案学系共投入资金30万元，用于实验室装修和购置实验设备。为拓展师生的视野，增加知识信息量，档案学系比较注重图书资料的建设，设有一个图书情报资料室，面积80平方米，投资近10万元，藏书约2万册，拥有比较完备的档案学、图书馆学、信息学专业方面的书籍和期刊，还拥有一定数量的历史学、计算机、管理学、物理、化学等方面的书籍和期刊，订有各重点大学学报和有关报刊。档案学系始终坚持社会主义办学方向，把德育放在首位，同时严格教学目标、教学计划、教学秩序和考试制度的管理，形成了严谨的教学风格。在课程内容结构上，强调基础性、专业性和运用性相结合，注意拓宽专业口径和增强专业的适用性。在人才培养上，注重基本理论、基本知识和基本技能的培养与训练，加强对学生各种能力的培养，提高其整体素质，使之基础扎实，知识面广，有较强的组织管理能力和社会活动能力，毕业学生普遍受到社会的好评和欢迎。

4. 科学研究取得了丰硕的成果，学术带头人和骨干教师队伍不断发展

档案学系一贯坚持教学与科研并重，理论与实践结合的原则，在科学

研究方面取得了丰硕的成果，已出版专著与教材 18 部，发表论文 126 篇，承担国家与省部委级课题 6 项。中国少数民族史已列为重点学科，民族档案学已列为云南大学科研支撑点。初步形成了自己的学术特色和优良的学风。为开阔科研领域，加强学术交流活动，主办“全国高校档案保护技术研讨会”“全国高校档案学理论研讨会”以及“全国档案系（专业）系主任联席会议”等，连续出席六届“全国档案系（专业）系主任联席会议”，多次派人出席全国性或地方性的学术研讨会。在尤中教授、张鑫昌教授的培养和带动下，一批学术带头人和科研骨干成长起来。

5. 国际合作与交流不断扩大

档案学系先后邀请美国西蒙斯大学教授、美国图书馆常务理事林瑟菲博士、日本上智大学教授、民族学会常务理事白鸟芳郎教授、日本国立民族博物馆名誉教授、岐阜教育大学外国语学部君岛久子教授、印度尼赫鲁大学唐忠教授、香港亚太 21 世纪学会会长黄枝连教授、台湾文化研究会台湾文化工作室主任杨玮、美国欧柏林大学档案馆馆长包曼·罗兰教授等来访讲学。尤中教授、张鑫昌教授分别到菲律宾、缅甸、日本、美国讲学和考察；万永林教授、郑文副教授到泰国作学术研究；刘云明副教授到美国密歇根大学档案馆作学术研究。与泰国清迈大学，美国欧柏林大学、密歇根大学建立了档案学、图书馆学的学术研究与交流的合作关系。

6. 党的建设和思想政治工作出现了可喜的局面

档案学系建立以来，坚持不懈抓党的建设和思想政治工作，充分发挥党总支的政治核心作用、党支部的战斗堡垒作用和党员的先锋模范作用，坚持社会主义办学方向，用马列主义、毛泽东思想和邓小平理论武装干部、党员和师生，提高师生的思想道德素质，保证了各项工作得以顺利开展并沿着健康的轨道前进。有 334 名学生、9 位教师向党组织递交了入党申请书，共发展新党员 118 人。教工党支部连年被评为先进党支部。教师 8 人次获省级奖励，28 位教师获学校奖励，其中 2 位教师分别被评为省级优秀教育工作者和省级优秀党务工作者，4 位教师被评为优秀共产党员。学生获国家级奖励 9 项、8 人次，其中 90 级档案专业被评为全国先进班集体，博士生杨正权被评为全国优秀学生干部标兵（全国仅有 3 名）、全国十佳大学生、获首届胡楚南奖学金、中国跨世纪发展奖学金、全国第四届大学生“挑战杯”一等奖、被授予“云南省十杰大学生”称号。学生获省级奖励 29 项，获云南大学集体奖 15 项，个人奖 8 项 285 人次，其中

206 人获云南大学“三好学生”和“优秀学生干部”称号。

二 面向 21 世纪的云南档案高等教育

回顾云南档案高等教育发展的历程，我们看到档案高等教育已基本上满足了云南档案事业建设与发展的需要，培养了大批人才，作出了重要贡献。然而，当我们即将步入 21 世纪的时候，不得不思考这样一个问题：云南档案高等教育怎样面向 21 世纪？云南档案高等教育如何适应社会主义市场经济体制的建立和社会经济飞速发展新形势下档案事业的需要？在世纪之交，云南档案高等教育面临着新的挑战，也充满了机遇，我们必须抓住机遇，深化改革，迎接挑战，为 21 世纪社会的发展与进步，为档案事业作出新的贡献。

1. 加快跨世纪高级档案专门人才培养的重要性

21 世纪是信息时代，档案事业要发展，要跟上时代的潮流，要在社会发展和进步中有所作为，面临的形势是严峻的。随着我国改革开放事业的不断发展和经济体制发展的日益深入，档案事业发展与社会主义市场经济体制的建立和社会经济发展的要求不相适应，主要表现在几个方面：一是档案学理论研究滞后；二是新技术革命给档案工作带来了一些新的问题；三是高级档案专业人才匮乏；四是重大科研成果较少；五是档案管理现代化水平低等。国家档案局对全国 5 万余名专职档案人员的调查统计，研究馆员仅占 0.3%，副研究馆员占 3.0%，馆员占 23.5%。云南省 1540 名专职档案人员中，副研究员有 27 人，占 1.75%，馆员 331 人，占 21.4%。至今全省 27 个县级档案馆无馆员职称的人。从全国看，一些具有高级职称的档案工作者面临退休。全国大专以上文化程度的档案专职人员只占 43%，云南省大专以上文化程度的档案专职人员占 46%。知识老化现象也十分严重。这种状况难以跟上新技术、新知识、新设备不断涌现的现代化进程。要使档案事业跟上时代的步伐，达到社会发展的要求，解决发展中遇到的问题，关键是要从人才培养入手，必须加快培养跨世纪高级档案专门人才的进程。

跨世纪高级人才的培养是科教兴国的战略任务之一。国家档案局早在“九五”档案事业发展规划和档案教育发展“九五”计划中就对培养跨世纪档案专业人才提出了明确的任务、目标和措施，表明国家对培养跨世纪档案专门人才的高度重视。我们要从关系“科教兴国”战略的实施，对21世纪我国档案事业发展将产生重要影响的高度来认识培养跨世纪高级档案专门人才的工作。省档案行政管理部门，应高度加强对档案高等教育工作的组织领导，加大对档案高等教育的投入和各方面的支持力度。承担高级档案专业人才培养的高等学校应认真贯彻落实国家档案局和省档案局的教育培养计划，真抓实干，加快培养跨世纪高级档案专门人才的进程，为国家、为云南省培养出一大批德智体全面发展的高级档案专门人才。

2. 档案高等教有的培养目标

江泽民同志在党的十五大报告中强调要“加快高等教育管理体制改革步伐，合理配置教育资源，提高教学质量和办学效益，认真贯彻党的教育方针，重视受教育者素质的提高，培养德智体等全面发展的社会主义事业的建设者和接班人”。这一论述，为高等教育指明了目标和方向。从未来的中国看高等教育，高校只有培养综合素质好、能力强的人，才能适应市场经济和社会发展的需要。高校贯彻落实党的十五大情神，关键是要培养知识面宽，基本功扎实，思想道德素质、业务素质、心理和身体素质高，自学能力、开拓创新能力、理论联系实际能力强的优秀人才适应新世纪的需要。要达到这个目标，就要确立新的人才培养模式。在知识方面，要实现由单一的专业知识教育向相邻、相关和文理交叉知识教育的转变；在素质教育方面，要由专业素质教育向综合素质教育转变；在能力方面，要由侧重获取知识的教育向增强创造性的教育转变。根据这一总模式的要求，结合档案事业不断发展的实际，档案高等教育的培养目标可以这样来考虑：培养能够从事档案与文件业务及行政管理、科学研究和教学等工作的，具有较高的思想道德素质、较深厚的文化基础和扎实的专业基础知识，具有信息管理和档案管理的基本理论和基本技能的高级专门人才。

3. 高级档案专门人才培养的思路和对策

国家教育部对普通高等学校学科专业目录进行了调整，档案学已成为一级学科。档案学地位的提高令人振奋，作为承担云南档案高等教育的云南大学档案学系应抓住契机加强档案专业教育，本着“宽口径、厚基础、高素质、重应用”的原则，进一步探索符合新形势要求的人才培养思路和对策，培养素质高、能力强、适用面广的高级档案专门人才。

第一，转变教育观念，强化现代教育意识。首先，要确立社会进步要求人才素质全面提高的观念。由注重档案高等教育外延发展转向重视其内涵发展，从素质和技能两个层面上对学生进行全面教育。其次，要确立科学技术发展和社会主义市场经济的建立，要求学科的发展具有适应社会、为实现现代化服务的观念。档案学发展方向不仅为历史研究服务，更要立足于现实要求，将档案当作一种信息资源来研究和管理，为我国的改革开放和现代化建设提供利用。再次，要确立高科技的兴起，要求人才具有多学科知识的综合基础和掌握现代技术的能力的观念。在广泛应用新技术的情况下，档案的形成、积累以及档案的管理、利用都将发生巨大的变化，作为信息产业组成部分的档案工作，应适应这种变化，积极引进和掌握先进的技术手段，把传统管理与现代化有机地结合起来，最终实现档案管理现代化。这就要求学生具备这方面的知识。最后，还要确立参与国际档案学术交流的观念。我国与世界各国档案界的交流与合作不断加强，国外有很多值得学习和借鉴的档案学研究和管理的经验。学生必须对世界档案事业的发展和成就有深入的了解和批判地吸收。

第二，加强教学内容和课程体系的改革，大力提高人才的培养质量。档案高等教育虽然是改革开放以来恢复和发展起来的新兴应用学科，但是，也存在教学内容和课程体系与当代社会政治、科技、经济和档案事业不相适应，难以培养适应21世纪需要的人才的问题。因此必须面对21世纪科技、文化、政治、经济以及档案事业发展的趋势和特点，面对我国社会主义现代化建设和社会主义市场经济体制建立的要求改革教学内容和课程体系，压缩传统学科内容，开创新型的综合性课程和高新技术基础课程，扩充当代科学技术前沿知识，使学生掌握最新科学技术知识，并具有获取新鲜知识的能力，以适应社会主义现代化建设的需要。为此，应对已确定的《文书学》《档案管理学》《科技档案管理学》《档案文献编纂学》《档案保护技术学》《中国档案事业史》《档案学概论》《档案计算机管理》等八门主干课程的内容进行全面的审核和修订，删除陈旧的内容，吸收新成果，体现基础性、系统性、实用性和先进性。要组织攻关，积极吸纳国际上有关电子文件研究的最新成果，结合全国和云南的实际，丰富和完善《档案计算机管理》课程。专业调整后，档案学属于管理学门类的一级学科，因此，应增设适当的管理学类课程。针对目前大学生写作水平、计算机运用、外语水平较低的实际和新世纪的要求，要加强公文写作、计算机、外语教学。同时还要适当增加社会主义市场经济和现代科技的课程。结合云南民族众多的特点，还要突出少数民族档案的教学特色。

第三，注重对大学生的全面素质教育。素质教育已成为党中央关注、教育界认同的教育思想，21世纪将是教育更加注重质量和人才素质的世纪。要从面向21世纪人才培养的目标出发，注重大学生思想道德素质、科学文化素质、业务素质、心理和身体素质的教育和培养，把知识、能力、素质的教育有机地结合起来。在思想道德方面，作为档案高级专门人才，要有更高的要求，教育学生努力学习马列主义、毛泽东思想及邓小平理论，坚定正确的政治方向，树立正确的世界观、人生观、价值观，有全心全意为人民服务的思想和为民族振兴而奋斗不息的远大抱负，有爱岗敬业、默默奉献的事业心和强烈的社会责任感，有高尚的精神追求，高雅的生活情趣，良好的道德风貌和文明的行为举止。在知识方面，作为跨世纪的高级档案专门人才，应该具有广博的文、史、哲等社会科学和自然科学知识，努力成为现代型、复合型的档案高级专门人才。在能力方面，培养学生有较强的理论思维能力，能用辩证的观点和系统的观点分析和处理问题的能力；有较强的口头和文字表达能力；有正确区分是与非、真与假、善与恶、美与丑的能力；能正确处理人际关系；有较强的心理承受能力、能经受困难和挫折、坚韧不拔、奋发向上；有较强的动手能力。通过实施全面素质教育，提高学生综合素质，促进学生全面发展。

第四，进一步加强师资队伍的建设，提高教师的素质。教师是教学活动的主导，建设一支相对稳定、结构合理、具有良好政治业务素质的教师队伍，是搞好教学工作、培养跨世纪档案高级专门人才的根本保证。因此，一是针对目前教师相对短缺、负荷过重、教师的业务水平和思想素质有待于进一步提高等问题，采取切实有效的措施，如引进硕士、博士人才，通过学校内部培养、提高等加以解决。二是更新教师自身原有的知识结构。要传授给学生新知识、新理论、新技术，必须首先解决知识结构老化，不适应新形势的状况，通过自学和到外校或国外交流、培养等方式尽快建立起新的知识结构。三是加强师德建设。通过建立教师职业道德规范和行为准则，促进教师树文明形象，创良好教风，从而以更好的道德风尚和人品去感染学生，教育学生。四是加强对中青年骨干教师的培养。教育、培养他们热爱教师工作，牢固树立起教师职业的神圣感和敬业奉献精神。努力提高他们的科研水平和素质，创造条件使他们在本学科科研领域迅速成长。通过理论和实践培养及教学工作压担子、严格要求等措施，使他们在树立优良的师德、更新和拓展知识及提高教学水平等方面得到全面锻炼和提高。

第五，大力加强教材建设。一是抓好主干课教材的建设。在国家教育部和档案学科教学指导委员会的指导下，积极争取承担和参加编写新教材。二是云南大学档案学系与省档案局联合起来，综合双方优势，编写一套既能反映国内外档案学理论和实践重大问题，又能适应跨世纪发展需要的，具有新体系、新知识合理实用的档案专业系列教材。三是编写填补档案学空白，反映云南档案事业特色的教材。四是多渠道争取和筹集资金，为教材建设奠定物质基础。

第六，强化科研工作，以科研促教学。在科学技术日新月异的今天，只有实行科研与人才培养相结合，才能使我们的高等教育适应现代化建设的需要，培养出符合时代要求的人才。一是努力研究和解决档案事业发展中的重大理论问题和实践问题，为促进档案事业的建设和发展作出贡献。二是加强基础性研究。瞄准重要科技前沿，抓住对经济、社会发展有重要带动作用的基础理论和基础技术问题，确定有限目标，争取重大突破。三是鼓励教师投身经济建设主战场，直接为经济发展和社会进步作贡献。围绕经济、社会发展中急需解决的难点、热点和重点问题选择课题，积极争取参与科技攻关，在更高层次、更大范围上发挥作用。四是必须坚持科学研究与人才培养相结合。科研与教学之间存在着内在联系，两者相辅相成。没有科研，教学水平和教师水平都难以提高，在以教学为中心工作的同时，必须把科研工作放在重要地位。要鼓励和支持广大教师结合教学开展科学研究，除了将科研成果引入教学环节外，特别应加强人才培养模式、教学内容和课程体系、教学方法的研究，以促进教学改革，提高教育质量，真正做到教研相长，相互促进，共同发展。

第七，争取创办档案学硕士点，培养更高层次的档案人才。迄今，云南省还没有档案学硕士点，全省档案专职人员中，有硕士学位的仅有4人，占0.26%，这与云南省档案事业的发展和21世纪云南档案事业的要求很不相称。云南大学要利用现有的条件发展综合大学的优势，积极申报档案学硕士授予权，建立云南档案专业硕士人才培养基地，培养较多的更高层次的档案专门人才。

第八，结合云南实际，利用优势，形成特色。云南是一个多民族的边疆省份，有25个少数民族，各民族在其发展过程中，创造和形成了有特色的科技与文化，有着极其丰富的、独具特色的档案类型和载体。要充分发挥重点学科中国民族史、校科研支撑点民族档案史料学的优势，结合云南多民族的特点，对少数民族档案的抢救、开发、整理、保护、利用等方面作深入的调查研究，为云南各民族社会经济、文化的发展作出贡献。云南“一山分四季，十里不同天”的独特的气候和地理环境，能供种类繁多的有害微生物繁衍，这在给档案保护工作带来困难的同时又给档案保护技术的研究提供了天然的条件。要积极争取国家档案局和省档案局的支持，利用立体气候的优势，建立“全国档案保护技术研究中心”，在档案保护技术方面取得突破性的成果。

第九，抓住学校管理体制改革的机遇，努力发展自己。为了适应学科专业综合化发展趋势和新型人才培养的要求，云南大学深化内部管理体制改革，实行校、院、系三级管理，档案系隶属于云南大学人文学院。在这种新体制下，各系是学校实施教学活动的基层组织，主要抓好具体教学工作的执行并开展教研活动和组织科学研究。档案系要抓住这个机遇，一是尽快完成从旧体制向新体制的转变，把主要工作集中到教学和科研上来，充分利用管理体制改革后的优势，按照学校的要求，拟定出新的工作思路、工作目标，在教学和科研方面有新的突破。二是重点抓好学生全面学分制的实施。新的全面学分制是云南大学教学管理制度的重大改革，旨在构建新的人才培养模式，促进学生综合素质的提高，培养和造就跨世纪的复合型人才。学校从97级学生起就开始试行全面学分制，经过探索和完善，并于2000年起正式实行。档案系要围绕全面学分制的推行，结合本系的实际，制定一系列相应的配套措施和管理办法，更好地调动教与学双方的积极性，并根据社会发展和学生的不同要求，实现因材施教和对跨学科、多规格人才的培养，以适应社会主义市场经济体制建立对人才培养提出的新要求。

"本原"视觉下的档案学

郑　文　关素芳

"本原"是一个哲学范畴，在希腊文中的原义是开始，又译为始基。亚里士多德认为，一切存在物都由本原构成，一切存在物最初都从其中产生，最后又复归为它。[1]近年来，随着档案学研究的不断深化，已有一些学者从档案学的逻辑起点上来探索档案学的本原问题，并发表了不少文章，这些文章或以档案作为逻辑起点，或以文件作为逻辑起点进行论述，从不同角度给我们以启迪。正是在这样一个基础之上，本文将从另一个角度提出看法，以期对档案学研究中的"正本清源"问题有所裨益。

一　档案学本原的定位

要认识档案学的本原，首先要对其进行合理定位。根据现有研究成果有学者以档案学研究的核心对象——档案为本原，如天津师范大学的冯湘君和刘新安教授认为，档案物质实体的双重构成（即文件实体集合与档案历史联系的记录）是档案学理论的逻辑起点[2]；还有学者以档案的前身——文件为本原，如中国人民大学的胡鸿杰教授认为，档案学是以"文件的归宿为逻辑起点的科学"[3]。此外，档案学界颇有影响的文件生命周期理论显然也是以文件作为其研究的逻辑起点。本文则将档案学的本原定位为管理，之所以作这样的定位，主要基于以下几点考虑：

（一）档案学生成发展环境和条件的定位

系统论认为，任何系统都是在一定环境和条件下生成的，离开其生成的环境和条件，系统就无法构成。而当环境和条件发生变化时，系统也应随之进行应变，否则系统将被淘汰。依照系统论的观点，我们可以得出这样的结论：档案学作为一种科学系统，它不可能自我生成，它必须基于某种环境的需要才能生成，而这一环境就是管理。当然，管理也是一个系统，也有其生成的环境和条件，但这不是我们需要在这里讨论的问题。管理系统在其运行的过程中，根据其运行需要，催生出档案管理子系统，这就使档案管理子系统不可避免地带有其母体的某些"基因"，而这些"基因"也就成为我们诠释档案学"为何而来"的必然依据。另外，管理系统的不断优化和发展，也在不断地促成档案管理系统的优化和发展。如在奴隶社会和封建社会条件下，管理主要体现为权力管理，与其相适应，档案管理也主要体现为对帝王和官府档案的管理，档案的利用范围也被局限于官方查证和官方编史修志。而在社会进一步发展以后，管理表现为科学管理和民主管理，管理的范围和内容不断多元化和丰富化，这种优化和发展直接作用于档案工作的结果就是在档案管理范围上，突破了单一管理官方档案的格局，把科技档案和各种专门档案也作为重要的管理对象；在档案利用上则体现出为政治、经济、科技、文化甚至休闲等各种需要服务的态势。这些都是档案学理论得以不断丰富和发展的直接原因，也是我们从本原上诠释档案学"怎样形成"和"如何发展"的必然依据。

总之，要从根本上回答档案学"为何形成""怎样形成"和"如何发展"等基本问题，就应从其形成环境和条件入手，对其进行追根寻源。档案学的本原问题搞清楚了，档案学中的一系列根本问题也就迎刃而解了。

（二）档案运动规律的定位

从事物周期性运动的规律来看，档案肯定是在周期性地运动着的，但问题是其运动周期如何划定，才能更准确地体现出档案学的本原？我们可以通过下述三种模式进行比较：

（1）档案自身运动周期的划分。它以档案进入档案馆（室）后的运动过程为周期进行划分，主要解决了档案管理机构如何对档案进行收集、整理、鉴定、保管、统计、检索、编研和利用的业务循环周期问题，这是传统档案学的本原定位，这种定位使档案学研究长期处于重实务而轻理论的态势之下而成为一种“经验科学”。另外，这种自我封闭的定位也使档案管理工作处于为管理档案而管理档案的被动局面下，使档案学成为“纯粹档案学”。要把档案学做大做强，使其学科体系更加全面完善，就必须从更高层和更本质的角度对其进行本原定位。

（2）文件与档案运动周期的划分。这种划分模式的典型表现即文件生命周期理论，它把档案的运动周期还原和放大到了与档案密不可分的文件阶段，认为“文件从其形成到最后销毁或作为档案永久保存，是一个完整的生命过程，在这个生命过程中，文件因先后表现出不同的作用和价值，使其生命周期可以划分为不同的运动阶段”。[4]把文件和档案的运动作为一个完整的生命过程来研究，使档案学的研究上升一个更大的平台之上，有效地丰富和完善了档案学的研究体系，“它不仅扩展了档案学的研究对象——从‘历史档案’扩展为‘现代文件’，而且改进了档案学的研究方法——从简单、静止的方法变成系统、动态的方法”[5]。但文件生命周期理论所展示的现行期—半现行期—非现行期的周期运动态势尚不是一个完整的循环体，虽然有学者在此基础上作了补充，提出了现行期—半现行期—非现行期—现行期—半现行期—非现行期的循环运动模型[6]，但仍然没有从基本动因上说明问题。

（3）管理、文件与档案运动周期的划分。如果我们更进一步把档案的运动周期还原放大到管理上，则可构成一个更加完整的循环运动体系，即管理—文件—档案—管理。下面，我们可以从三个不同的视角上进行证实。一是从线性循环的视角看，该模型为我们展示了这样的一个运动过程：由于管理工作的某种需要而形成了文件；同样由于管理工作的某种需要，又要把某些文件转化为档案；文件和档案既源于管理，是管理的派生物，同时它们又要作用于管理，回归于管理。二是从螺旋循环的视角看，管理是其螺旋原点，文件和档案必须围绕管理进行循环运动，离开管理而进行的文件与档案循环常常是无效循环，不可能产生螺旋上升功能。三是从立体循环的视角看，管理既从纵向上把文件与档案贯穿起来，又从横向上规定和制约着文件与档案管理的运动方式和工作内容。

（三）档案学学科属性上的定位

对档案学的本原问题，档案学界曾经从其学科属性上做过探讨，并出现过多种说法，吴宝康教授对其中的一些比较有代表性的说法还做过比较研究，并将档案学定位于社会科学。[7]说档案学是社会科学显然是对的，因为以自然属性和社会属性为标准来划分，档案学当然属于社会科学；说档案学是综合性、交叉性或边缘性学科也没错，因为这是以学科内容的单一或综合、学科构成的单纯或复杂、学科地位的主要或次要为标准来划定的。标准不同，结果自然不同。但是这并没有真正解决档案学的学科归属问题，因为社会科学说的界定标准过于宏观和普遍；而综合性交叉性和边缘性学科说的界定标准虽然相对具体，但却流于一般。这就要求我们寻找一个特定的，能够从本质特征上真正体现档案学本原特征的标准来对之进行本原定位。于是，按照“一切存在物最初都从其中产生，最后又复归为它”[8]，即档案学从何而来，又将从何而去的本原规定，把档案学归属于管理学就成为必然。

把档案学归属于管理学，既解决了档案学自身的合理归属问题，也解决了与其相邻学科的学科群构建和学位点建设问题。从学科群的构建上看，档案学与图书馆学和情报学同源不同流的本质关系，使它们既作为相对独立的学科各自发展着；又作为管理学中知识管理或信息管理性学科而紧密相连，从而构成一个相互依存、协同发展的学科群。从学科学位点建设上看，档案学、图书馆学和情报学的管理性本原回归，使它们在学科学位点管理中，变分散为集中，以其集合性优势争得了一级学科学位点的应有地位。

二　档案学研究的本原透视

对档案学进行理性回归后，当我们从管理视觉上来探视档案学研究中的种种问题时，常常能够得出更加清晰和规律化的认识。

（一）档案学基本理论的本原透视

1. 全宗理论的本原透视

全宗理论形成之前，人们在无视档案形成本原的情况下，搬用了图书馆中的“事由原则”对档案进行分类整理，当人们把按此整理出来的档案作用于管理活动时，才发现它与管理活动的实际需要并不吻合。于是，人们不得不回过头来重新寻求切合档案特点的分类整理方法。按照档案源于管理，是管理中负有相应职责的组织或个人在履行职责过程中直接形成的，并主要用来印证其形成组织和个人活动情况的文件转化物的本原特征，人们终于概括出了划时代的档案学核心理论—全宗理论。再进一步从最能反映全宗理论本质的来源原则来看，“来源”就是对本原的一种直接描述和真实写照。可见，当我们游离本原去探索问题时，必然会误入歧途；当我们立足本原，回归本原时，就能够准确把握事物的脉络，得出正确的认识。

2. 文件生命周期理论的本原透视

首先，从文件生命周期理论形成的背景上看，它是在管理工作日益复杂化、多元化和规范化的基础之上，为了解决文件的科学化管理，而按照管理工作对文件的利用需求特点和过程进行阶段划分后提出来的。没有管理工作的实际需要和具体规定，就不会形成生命周期理论。

其次，从文件生命周期理论三个生命运动阶段划分的理论依据来看，它体现了管理学中管理幅度与管理层次相协调的原则，即当管理幅度过宽而导致管理困难时，就需要增加管理层次来缩小管理幅度。也就是说，为了解决文件数量剧增而带来的文件管理幅度过宽的问题，人们在原有文件运动的现行文件—非现行文件（档案）的管理模式之间，增加了一个过渡性或中介性的管理层次—半现行文件，变两级管理为三级管理。这一变化既有效解决了管理幅度过宽的问题，又把原来相互分离的文件与档案贯穿了起来，构成了一个连续统一、前后衔接的运动体系。

3. 档案鉴定理论的本原透视

要合理鉴别和判定档案的价值，关键在于能否准确把握档案的价值。而把握点不同，得出的鉴别和判定标准常常也不同，这就是档案学界能够形成众多鉴定理论的根本原因。如果我们按照“本原是第一性的东西，所有的存在物都由它派生出来，是第二性的东西”[9]的本原解释，把档案的价值划分为本原价值和派生价值，并以之来分析各种档案价值鉴定理论时，问题就变得简单和清晰起来。

档案的本原价值即机关（单位）的管理价值，它通过机关（单位）履行管理职能的需要得以体现；档案的派生价值即社会管理价值，它通过社会各方面对档案的利用需要得以体现。档案的本原价值和派生价值是两个不同管理层面上的价值表现，是一个相辅相成、协调统一的价值评判体系。档案的本原价值是促使档案得以形成并由其形成机关（单位）首先进行保管和利用的根源所在；档案的派生价值是促使档案得以长远流传并由档案馆进行保管和面向社会广泛提供利用的根源所在。由此可见，在不同档案鉴定理论中所提出的“来源价值”“行政官员决定论”“职能鉴定论”“第一价值”“机构职能分析”等鉴定标准，主要是以档案的本原价值为基点来体现其价值取向；而“年龄鉴定论”“第二价值”“利用决定论”“社会分析”“文献战略”等鉴定标准，则主要是以档案的派生价值为基点来体现其价值取向。而当某种鉴定理论能够把档案的本原价值和派生价值有机结合起来时，它的科学性也就随之得到全面展现。这就是为什么谢伦伯格的“文件双重价值理论”有较高的公认度，而一些单一强调某方面价值的鉴定理论在经过理性反思后，也开始注意另外价值的根本原因。

（二）档案学研究热点的本原透视

1. 电子文件研究的本原透视

自电子文件出现以来，就一直是档案学界研究的一个热点。究其根源，它是各种机关单位在其管理工作中为了提高工作效率而使用现代化技术，尤其是电子计算机的必然结果，因此，对电子文件的特征、管理要求等的认识和把握，就必须建立在管理工作的基础之上。管理工作中的电子化办公模式，决定了电子文件与纸质文件在档案管理上的根本差异。

2. 文件归档整理研究的本原透视

在管理工作中，文件本来就是以“件”为单位形成的，但是在手工管理条件下，如果不在“类”与“件”之间设置“案卷”这样一个虚拟化的过渡管理层次，要直接对类内数量巨大的文件个体进行控制，显然是十分困难的事情。然而，在计算机管理条件下，管理幅度得到了极大地扩展，就可以减少管理层次，变高架结构为扁平结构，对类内文件实施直接管理。因此，新的归档文件整理规则，既体现了管理幅度的基本原则，又体现了以管理活动中直接形成和使用的文件为最基本的归档整理单元的本原回归。

3. 档案信息资源开发利用研究的本原透视

首先，管理工作的发展状况，直接规定和制约着档案信息资源的开发利用状况。如传统管理的封闭格局使档案利用功能受到严重压抑，档案工作处于“看门守摊”和“一把锁”的状态之下；而现代管理的开放性特质，则有效激活了档案的利用功能，使档案信息资源的开发利用成为倍受人们关注的重要问题。

其次，作为管理工作直接伴生物的档案，也因其与管理工作密不可分的关系，而在开发利用上具有明显不同于图书资料的特有方式和特点。

本原问题虽然是一个古老的哲学命题，但是它所蕴含的科学哲理却是永恒的。要有效把握档案学知识和理论产生的规律和特点，就要从本原入手，对其进行追根溯源，档案学的源搞清楚了，档案学的流自然也就易于解释了。

参考文献

[1]、[8]《中国大百科全书·哲学卷》，中国大百科全书出版社 1987 年版，第 35 页。

[2] 冯湘君、刘新安：《现代档案学理论的逻辑起点——档案物质实体的双重构成》，《浙江档案》2005 年第 7 期。

[3] 胡鸿杰：《论档案学的逻辑起点》，《档案学通讯》2001 年第 3 期。

[4] 何嘉荪、傅荣校：《文件运动规律研究》，中国档案出版社 1999 年版。

[5] 冯惠玲、张辑哲：《档案学概论》，中国人民大学出版社 2001 年版，第 210 页。

[6] 郭建平：《文件的复式线性运动》，《档案学通讯》2005 年第 3 期。

[7] 吴宝康：《档案学概论》，中国人民大学出版社 1988 年版，第 204—243 页。

[9] 邢贲思：《哲学小百科》，中国青年出版社 1986 年版，第 513 页。

略论“大文件学科”

张昌山

一　问题的提出

文书学、档案学、科技文件学等学科都已走过一段或长或短的发展道路，取得了丰硕的成果。但这些学科在建设与发展过程中也有过一些缺憾，例如，由于对各种类型和各个运动阶段的文书、科技文件及档案的综合研究不够，对其本质特征及运动规律的认识不甚深刻，都缺乏共同的、科学的和完整的理论基础，因此，这些学科的发展前景、学术研究的深度和广度都受到一定的影响。又如，学科家园的建设工作虽然早已开始，但思路往往局限于某些具体学科上，综合性的、科学的学科体系迟迟未能形成，其整体性优势没有充分地体现出来；有的学科由于定位不准，关系不清，仍处于游离、徘徊状态。再如，对文书、公文、文件及档案等基本概念的理解和使用尚未真正达到科学的共识。

实践中也出现过一些弊端。比如，文书工作与档案工作之间相互联系与制约的机制不很健全，文书数量与质量失控，文书转化受阻，立卷质量与效率得不到保障等，其结果既不利于文书工作的顺利开展，又使档案部门长期处于比较被动的境地。

上述这些问题，既有中国式的，也有国际性的，中外学者及有关专业工作人员都在努力探索新的理论及对策，以求妥善地解决这些问题，并促进学术研究及整个文件与档案事业健康、有序地向前发展。

早在 20 世纪中叶，为了对“文件雪崩”进行控制，首先在北美出现了文件管理机构（如美国的文件中心）和文件管理专业。1950 年召开的第一届国际档案大会上学者们便讨论了文件管理问题。从1979年开始，国际档案理事会与联合国教科文组织合作开展名为“文件与档案管理规划”的调研活动，其成果已在世界上产生了广泛的影响。文件管理与档案管理一体化已成为一种国际潮流。在中国，20世纪30年代就有人提出推行“文书档案连锁法”，虽然受其政权性质等因素的制约，没有产生较大的成效，但它毕竟是解决问题的一种思路。近些年人们又提出建立机关文件与档案管理一体化体制，从一些单位的实施情况看，收效良好，机关文件工作和档案工作的质量与效率都有大幅度地提高，并且为全面实现文件与档案一体化管理提供了有益的经验，奠定了重要的基础。

理论研究方面亦有重大突破。新的文件理论中最值得注意的有两种：一是国外学者提出的“文件生命周期理论”，它将文件从形成到最后的销毁或作为档案永久保存视为一个完整的运动过程，这一过程中的文件按其功能可划分为现行、半现行和非现行三个阶段，应根据不同阶段文件的特点，采取适当的存放和管理方式。该理论还要求重视文件价值与文件运动之间的关系。二是国内学者提出的“文件论”。“文件论”是对“文件生命周期理论”的进一步丰富和发展。综合起来看，“文件论”既从纵向描述了文件运动的过程性、阶段性及互动性，也从横向考察了文件现象的多样性、多元性和普遍性；既从表层肯定了文件存续所必需的体式与程序，也从深层揭示了文件的基本属性和价值规律。

这些新的文件理论的提出及文件与档案一体化管理活动的开展，具有划时代意义。阿根廷档案学者曼努埃尔·巴斯克斯就曾指出，文件生命周期理论是现代档案理论成熟的一个里程碑。当然，全面系统地评述新的文件理论及“一体化”实践并非本文的主旨，我们在这里想说的是，新的文件理论及“一体化”实践并不只是档案学或文书学或科技文件学或其他某一具体学科所特有的，而是所有这些文件学科共同拥有的理论与实践基础。而且，由于这些理论是对一切文件现象的描述、抽象和概括，“一体化”实践是对处于运动过程中各阶段的文件所实施的规范及相应的行为，因此具有普遍的针对性，能够而且也必然为各个具体的文件学科的建设和发展服务。不过，更为重要的乃是它们已为建立一个宏大的、综合性的文件学体系奠定了必要的理论基础和实践基础，我们将这个文件学体系称为“大文件学科”。

二　大文件学科

（一）何谓大文件学科

大文件学科，是以一切领域、一切类型和一切阶段的文件为研究对象，探求文件现象的本质特征及文件运动规律，并综合各个具体的文件学科目而形成的一个学科体系。这时需要阐明三个基本点：

其一，大文件学科以“文件”作为中心概念及定义各类具体文件概念的属概念。这里所说的文件是指组织或个人为处理事务而直接形成的各种信息记录材料。很显然，与“红头文件”“文书”“公文”“科技文件”及历史文件等相比较，文件的含义都更广泛，也更具有包容性和概括力。文件的种类繁多。从记录方式上看，既包括书面文件，也包括图示文件，还包括录音文件、录像文件、照片文件、影片文件和机读文件等。从性质上看，既包括公共文件，也包括私人文件。从作用领域看，既包括通用文件，还包括专用文件。从运动过程看，既包括现行文件，也包括半现行文件，还包括非现行文件。大文件学科将这些内容有别、形态各异，而本质属性和基本的矛盾运动规律相同的文件作为对象进行考察和研究。

其二，大文件学科是各个具体的文件学科目的组合体。已经形成和将要创立的具体的文件学科目，在科学、创新和优化原则的指导下，有机地组合成为大文件学科。各个具体的文件学科目就成为该学科体系中的子学科，而大文件学科又是这些子学科的家园与归宿，每个子学科都将被科学地定位并有序地生存和运作。

其三，大文件学科以科学的文件理论和合理的文件实践活动为基础。科学的文件理论是指那些从实践中总结出来又经过实践检验被证明是正确的文件学说。“文件生命周期理论”及“文件论”，都是数十年来逐渐形成的科学的文件理论，它们是大文件学科理论基础的核心部分，可以说正是由于这些理论的提出，才有可能建立大文件学科。但仅此又是不够的，作为大文件学科的理论基础应包括古今中外各种正确的文件学说。合理的文件实践活动，是指那些符合文件运动规律和特征，并能够获得最佳绩效的组织、控制、管理和利用文件的行为。文件与档案管理一体化实践活动，体现了文件从产生到转化为档案乃至消亡的运动规律，反映了各个阶段文件的特征及其内在联系。“一体化”活动的实际效果也说明了这是一种合理而且切实的文件行为。大文件学科即以文件与档案一体化管理行为作为最基本的实践基础。当然，文件实践活动是十分广泛的，无论是过去、现在及将来的文件工作，也无论是宏观的立法、中观的管理和微观的操作行为，凡是合理和切实的文件实践活动，都应作为大文件学科的实践基础。

（二）大文件学科体系

大文件学科是由若干子学科所构成的一个综合性的学科体系，大致可分为三个层次，如图 1 所示。

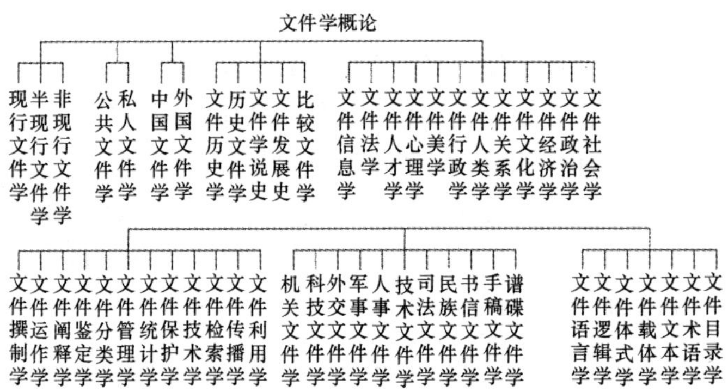

图 1　大文件学科体系

第一层次的“文件学概论”，亦可称为“文件学原理”，是在辩证唯物主义和历史唯物主义的指导下，对文件现象及其本质属性、文件价值及其表现形态、文件运动过程及其规律和特征等进行准确描述和高度概括，同时阐明文件学的基本范畴、研究对象、内容、意义、方法及学科属性等问题。“文件学概论”是文件思辨与文件分析的高度统一，也是文件理论与文件实践的高度统一，对整个大文件学科起着“总纲”与“指南”的重要作用。

第二层次的学科科目，着重研究文件的基本类型、主要关系及发展历程等。这一层的学科科目分为五组：第一组在对文件过程进行总体把握的基础上，分别研究现行、半现行和非现行文件；第二组从性质上将文件分为公与私两大类进行考察；第三组从国别上将文件分为中外两大部类进行考察；第四组考察文件及其学说的演变历程和发展趋势，并进行比较文件学研究；第五组考察重要的文件关系及文件现象的各主要方面。

第三层次的学科科目，着重研究具体的文件行为与类型等。分为三组：第一组考察具体的文件行为，对文件过程中的每个环节、每项活动进行全面和深入的分析，使文件理论与文件实践的结合在此得到最充分的体现；第二组考察具体的文件种类；第三组考察具体的文件要素。

当然，上述的大文件学科体系只是一个“示意图”，学科的层次、门类及名称等也仅仅是初步构想，还有待于进一步地改进和发展。

（三）大文件学科的特征

整体与开放的统一。大文件学科是由许多要素组合而成的学科整体。从研究内容看，它将一切方面的文件都纳入自己的研究范围；从学科体系看，它囊括了各个具体的文件学科目。由此而形成了大文件学科的“多元一体”格局。整体化的大文件学科又是一个开放的系统，随着科学研究的发展，新出现的文件学科目将适时地加入进来，新的学术理论和研究方法也将被广泛地吸收和利用，以不断增强大文件学科的生机与活力。

继承与创新的统一。大文件学科并不是凭空构造的，而是以档案学、文书学、科技文件学等固有的科目为基础，全面地继承这些科目的研究成果、科学方法、学术规范及学科建设经验而建立起来的。同时在学术思路、研究角度及学科建构等诸多方面又都有所创新。

稳定与适应的统一。大文件学科体系一旦形成，在一般情况下须保持相对稳定状态，为文件学研究、教学及学科功能的发挥提供必要的条件。但文件及文件学所处的生态环境又总是变化的，新材料、新方法和新理论也不时涌现，因此对该学科进行相应的调整则是十分必要的。

历史与逻辑的统一。文件及文件学经历了一个由“小”到“大”、由简单到复杂、由不成熟到成熟的演化过程，大文件学科的建立是文件及文件学历史发展的必然结果。不仅如此，大文件学科的建立也符合科学发展的逻辑。文件学科曾经历过文件与档案不分、档案与图书不分的朴素整体论阶段，后又经历了文件与档案分开、档案与图书分离的分析论阶段，现在则又进入文件与档案一体化管理的系统综合论阶段。大文件学科的建立就是文件学研究进入后一个阶段的重要标志。

（四）大文件学科的功能

大文件学科有多种功能，其中主要是聚集、转化及释放等方面的功能。

聚集功能。大文件学科将相对分散的文件学科目、学术能量、知识信息乃至相关的人、财、物等因素加以聚集汇合，形成大学科的整体优势，有利于发挥其综合效能。

转化功能。在大文件学科的建设和发展过程中，由于对所聚集的文件学科目及其构成要素进行分解、调整和重构，实现优化组合，并转化为新的功能和能量。这些新的功能和能量主要包括：全面、系统地研究文件现象及其实质，深刻、准确地揭示文件过程及其运动规律，健全和完善文件学的理论体系等。

释放功能。大文件学科通过一定的途径，如学术传播与交流、专业教育与培训、决策咨询与参谋、业务指导与评估等，将经过聚集和转化的大学科功能，包括“文件生命周期理论”和“文件论”在内的学术理论的能量以及文件与档案一体化管理的行为能量，充分地释放出来，这对于繁荣文件学，巩固它在学术丛林中的地位，提高文件工作水平等都会起到极大的推动作用。

三 建设大文件学科

建立大文件学科不仅必要和可行，而且时机已基本成熟，应有计划、有步骤地开展建设工作，下面仅就建设工作中的几个问题略陈己见。

第一，树立新观念，探讨更广和更深的问题，建立牢固的学科基础。

建立大文件学科，首先要解决的是对行动起支配作用的观念问题，即要树立种种新的观念。（1）“大文件”观：文件是一种普遍的社会现象；文件是一个集合名词，包括一切具有文件属性的信息记录材料；文件是大文件学科的核心范畴。（2）大学科观：由若干子学科所构成的大文件学科，具有大学科的共性和优势；大文件学科是一门科学，虽然其中包含不少经验性的东西，但它毕竟超越了经验层次，具备了必要的理论基础和科学属性。（3）方法多元观：大文件学科的研究方法是具体的，也是多元的，既包括历史考察、比较研究等传统方法，也包括系统分析、科学预测、生态研究等现代方法，既有定性分析的方法，也有定量分析的方法。为了得出科学结论，各种研究方法都不妨一试。（4）综合研究观：对于大文件学科而言，单个科目和个别问题的研究固不可少，但目前需要强化的则是对文件现象和文件行为进行综合性探讨，以解决一些关乎大文件学科全局的基础性问题。

在大文件学科的建设中，为了使其理论基础更为牢固，还必须做出更大的努力。一方面要继续开拓新的研究领域，如文件生态、文件发展、文件文化、文件阐释、文件心理、文件美学及文件人类学等方面的研究工作应早出成果，以丰富原有的文件学理论。另一方面应进一步探讨一些重大问题，如文件信息系统及其控制，文件价值及其变化，文件秩序的健全和完善，文件运动的目的，手段及能量，文件分类与管理，文件与社会记忆，文件的形成和转化，信息时代的文件和文件工作，文件学的逻辑起点与基本问题，这些方面的研究力争有新的进展，使文件学的研究不断深化。

第二，发挥实际效用，接受实践检验，完善学科体系。

建设大文件学科不仅应注重探讨文件理论，也需要深入实际，调查研究文件工作中的种种现实课题。例如，档案及文秘等专业结构的改造与优化、复合型文件人才的培养、全面实现文件与档案一体化管理的道路、半现行文件管理模式、综合性的文件与档案行政管理机构的建设、文件立法、文件工作与两个文明建设等等，对于这些问题，大文件学科应努力作出科学的回答，并以自身的力量促使这些问题得以有效解决。当然，这个调研和发挥实效的过程，实际上也就是大文件学科及文件学说接受实践检验的过程，也是进一步总结文件工作经验并使之升华为文件理论的过程。在这一过程中，大文件学科的实践基础将更为坚实，学科体系也将逐步趋于完善。

第三，积极创造条件，促进学科向前发展。

就当前而言，一是要认真总结学术成果，加强学术交流。回顾和总结学术历程是学科发展的前奏。今日的一个重要任务即是全面系统地总结中外学者提出的各种文件理论，努力建设文件学说史科目，为大文件学科的迅速发展找准起点和积蓄充足的学术能量。同时开展广泛而深入的学术交流活动，争取让学术界在大文件学科的建设和发展以及其他的一些学术问题上早日达成共识。二是在此基础上组织力量编写和出版教材及专著，系统介绍和普及大文件学科的知识，实现理论与实践的有机结合。三是培养和造就一批高水平的大文件学科教学与研究人才，并在适当的时候建立相应的学术组织和研究机构，作为建设和发展大文件学科的重要基地。

参考文献

[1] 陈兆祦：《档案管理理论与实践·序》，高等教育出版社 1991 年版。

[2] 韩玉梅：《外国现代档案管理教程》，中国人民大学出版社 1995 年版。

[3] 中国档案学会外国档案学术委员会：《〈文件与档案管理规划〉报告选编》，中国档案出版社 1990 年版。

[4] 彼得·瓦尔纳：《现代档案与文件管理必读》，中国档案出版社 1992 年版。

[5] 陈兆祦：《文件论与档案管理》，中国档案出版社 1993 年版。

[6] 陈兆祦：《文件》，《档案学通讯》1991 年第 4 期。

论电子政务与电子文件的保护

罗茂斌

从世界范围来看，推进政府部门办公自动化、网络化、电子化、全面信息共享已是大势所趋。电子政务、电子商务、远程教育、远程医疗、电子娱乐是世界各国积极倡导的“信息高速公路”的几个主要应用领域，其中电子政务被列为首位。

我国许多城市已制定了在电子政务建设方面的规划。电子政务正在全国范围内进入一个新的发展阶段。在“十五”计划中已将信息化的位置提升到“以信息化带动工业化”，实现生产力跨越式发展的国策高度。随着我国企业上网、家庭上网、个人上网的普及，网络应用环境逐步成熟，政府的信息化、网络化将受到更多用户的关注。

电子政务最重要的内涵是运用信息及通信技术打破行政机关的组织界限，构建一个电子化的虚拟机关，使人们可以从不同的渠道获得政府的信息及服务，打破以往要经过层层书面审核的作业方式，使政府机关之间及政府与社会各界之间，也是经由各种电子化渠道进行相互沟通。

电子政务涉及技术、政策、组织和制度等层面的问题，决定了发展电子政务必然是一项复杂的系统工程。电子政务本身充满了各种矛盾：它能够显著提高党政部门的工作效率，但同时又在客观上形成了公职人员对于机器的依赖；电子政务能够大幅度降低政务活动的成本，但是电子政务系统本身的造价却又十分昂贵；它能够大大加快文件的处理速度，但同时也使这些文件面临新的安全威胁。其中，电子文件的安全问题是电子政务系统的核心问题。

电子政务系统因其涉及面广，系统本身也存在较多的技术上的安全弱点，它可能会受到各方面的威胁。非授权用户利用这些系统上的安全弱点，可以对系统进行非法访问，这种非法访问会使系统内存储的文件的完整性、真实性受到威胁，也可能使电子文件遭到破坏而不能继续使用。另外，各种误操作也会破坏系统内存储的文件。目前，我国电子政务系统安全防护能力还很弱。随着电子政务建设的迅速发展，电子政务的安全与保护问题也将日渐突出，稍有不慎就会引发灾难性后果。

电子政务系统涉及的安全问题是多方面的，未知的安全问题也有不少。从已发现的安全问题来看，造成电子政务系统安全隐患日渐突出的主要原因，既有思想认识方面的原因，又有管理体制方面的原因，还有技术方面的原因。

人们在电子政务问题上，对电子化的政务信息——电子文件的安全保护意识仍有待提高，许多人没有意识到电子政务系统的易受攻击性，盲目相信或使用国外的加密软件，这样的系统一旦受到攻击将十分脆弱，电子文件会得不到应有的保护。受我国计算机行业的主体水平条件所限，具有自主知识产权的信息设备、技术、产品较少，我国目前还不能生产许多电脑核心部件，如计算机芯片、骨干路由器和微机主板等，都主要依赖进口。在自主研制信息技术和安全产品上投入不足，性能和水平较低。在软件上面临着国外市场垄断，如在我国市场占据主导地位的微软的操作系统。把电子政务全部托付给这些外来硬件和软件并不是完全安全可靠的。例如前段时间闹得沸沸扬扬的 Intel 公司的奔腾Ⅲ的“序列号”功能，其初衷是为了对用户身份提供唯一的识别，但实际上却可能导致用户信息在用户毫不知情的情况下被窃取。还有微软已经承认其在 Windows 中存在两个外部接入密匙，类似的密匙对电子文件的安全同样构成了潜在的威胁。

电子文件是通过计算机进行操作、存储、传递的数码序列，其管理主要是通过控制虚拟文件库中有关文件属性信息及其利用的方法来确保电子文件的保存、处理和利用，用户可通过网络实现授权管理下的远程实时查阅。因此，在电子政务系统中，现行实体文件安全管理模式已经无法适应电子文件的保护，电子文件的保护亟须与之相适应的新的安全管理模式。电子文件对安全方面的要求比一般实体文件更为严格。而目前的电子政务系统的安全管理体制尚不健全，系统安全组织的结构、任务、职能等均还有不够明确的地方。

一 从技术方面看，在电子政务系统中，对电子文件的长久性、完整性和真实性造成威胁的原因

（1）资源共享性。电子政务系统是一种计算机网络系统，计算机网络最有吸引力的功能是资源共享。网络中各地的资源互通有无，用户能在自己的位置上部分或全部地使用网络中的软件、硬件或数据。因此，网络终端的用户比单个计算机的用户多，并且电子政务系统中的访问针对的可能是多个系统，这样，为保护电子文件而设置的适用于一个系统的访问控制，在网络环境中的有效性可能会大大降低。

（2）操作系统的复杂性。操作系统能为电子文件的安全提供基本保障，能支持许多编程概念，允许多道编程和资源共享，对程序的行为实施控制。由于操作系统具有这些功能，所以操作系统会成为攻击目标，操作系统的防御被攻破，电子文件的安全性就会受到影响。操作系统是一个复杂的软件，对其采取严格的安全确认，目前是非常困难的。而对于通用操作系统，因为没有针对安全性进行特殊设计，安全确认就更为困难，电子文件的安全性就更低。同时，一个网络可能组合两个以上具有主机间连接机制的不同操作系统，这使得网络的操作系统比单个计算机系统的操作系统更复杂，安全确认的难度进一步增加了，这意味着电子文件在电子政务系统中比在单个的计算机系统中更容易遭到破坏。

（3）用户无法控制。电子政务系统中电子文件的安全问题主要来自网络用户。一个主机可以是两个或两个以上不同网络的结点，因而一个网络的资源可以被其他网络的用户访问，使得很多结点和用户都可能对计算机系统进行访问。一个网络中的主机用户可能不知道其他网络用户的潜在连接，这对电子文件的安全来说是一大隐患。网络系统可通过增加新的结点加以扩充，伴随着网络结点的增加，这种潜在的隐患会进一步加重。

（4）可攻击点多。网络主机中存储的电子文件远离用户，电子文件到达用户有可能要经过其他主机。每一个网络结点都必须响应网络中新出现的主机，在一台主机上强行实施的电子文件保护措施，在网络中的其他主机上可能发挥不了作用。用户只能信任网络中所有主机上实施的各种访

问控制机制，这会给不良用户创造较多的攻击电子文件的机会。

（5）电子文件到达用户的路由难控制。网络中的电子文件从一台主机到另一台主机可能存在许多路径，网络用户很少能控制他们的电子文件的路由。由于不是所有的主机都是可以信赖的，使得电子文件的完整性和真实性在传输过程中难以完全保证。

二 电子文件的保护

由于思想认识管理体制及网络特有的资源共享性、操作系统复杂性、多路由性、多结点性和多用户性，电子政务系统中电子文件被修改、增添、伪造、删除、重新排序等的可能性很高。如果不采取有效的安全防范措施，电子文件的长久性、完整性和真实性将受到很大威胁。针对电子政务系统中电子文件存在的主要安全问题，应从以下几个方面加以解决：

（1）提高电子政务工作人员的安全意识。电子政务工作人员常常不完全是计算机专业人员，对网络的安全性问题了解不多，应通过有效途径使他们了解电子政务系统在安全上的弱点和特殊之处，克服麻痹思想，健全制度，严格管理，要尽可能使用具有自主知识产权的信息技术产品，避免经历了重大损失的事件之后才建立和强化安全意识。由于人们对安全问题在一段时间以后可能会有所放松，隐秘性安全技术方法也会逐渐显现，攻击者经验会不断积累，技术也在不断发展，所以，对电子政务工作人员要定期进行安全教育和新技术、新工作方法的培训，以强化他们的安全意识，不断提高他们的工作水平。

（2）建立健全安全管理机构。电子文件安全与否，与电子政务系统是否有健全的安全管理机构密切相关。当前人们普遍认为，信息安全主要是防范黑客攻击和病毒破坏。可是，中国国家信息安全测评认证中心专家提供的调查结果显示，现实的威胁首先来自系统的缺陷，其次是内部人员犯罪，然后才是病毒和黑客。这表明电子文件的安全不是简单的技术问题，如果不落实到管理，再好的技术、再好的设备都是徒劳。因此，在防范病毒和黑客破坏电子文件的同时，更应该重视管理。为保证电子文件的安全，要建立健全安全管理机构，加强机房、软件、操作和监督管理。机房要严格按制度运行，认真登记日志，做好人员变动交接记录。所用软件要统一制作和配发，不得私自使用可疑或来历不明的软件。对安全管理人员、安全审计人员、系统开发人员和系统操作人员等，要制订出相应的职责范围和操作规程，决不允许超出自己的责任范围去做本不该他做的事情，也不允许违反操作规程。例如，不允许操作员和系统工程人员之外的其他人员编制和修改程序。各负其责，照章办事，就能相互制约，达到安全保护电子文件的目的。安全管理机构要经常对系统运行情况进行检查，分析攻击行为，加强操作密码、口令的更换管理体制。

（3）在软件上采取必要的安全保护机制。电子政务系统是一个开放系统，为了实现开放环境下电子文件的安全，应通过访问控制、数据完整性控制、路由控制和防火墙等措施，为电子文件的安全提供保证。访问控制是电子文件保护的前沿屏障，可防止未经授权的用户破坏电子文件，它是按照事先确定的访问点保护规则或网络结点鉴别规则，决定主体对客体的访问是否合法，当一个用户试图非法使用一个未经授权的资源时，访问控制功能将拒绝这一企图，并可附带报告这一事件审计跟踪系统，审计跟踪系统产生一个报警或形成部分追踪审计。完整性涉及数据的正确存储和传输，数据完整性控制，可以通过一些能检测出复制的信息、删除的段、失序的段、被修改的段落的协议，来防止非法用户对正常进行数据交换的数据进行修改、插入，以及在数据交换过程中数据丢失等。也可以通过密码校验和数字签名等手段来反抗篡改电子文件。在一个大型的网络中，从源节点到目的节点可能有多条线路可以到达，由于网络中有许多节点，并不是所有的节点都是诚实的、可信的，所以有些网络可能是安全的，而另一些网络是不安全的，安全管理人员通过采用网络中的主动路由控制机制，选择安全的网络路由申请，以保证电子文件的安全。防火墙能通过基于网络安全层的数据包过滤技术和基于用户认证机制的代理技术，在不安全的网际之间构造一个相对安全的子网环境，通过代理服务与数据包过滤的结合使用，可以使电子文件的安全性达到较高程度。

（4）注意实体的安全。电子政务系统实际上是计算机硬件系统、软件系统和数据库系统三大基本资源的集合。因此，硬件实体的安全同样与电子文件的安全密切相关。与实体安全有关的因素包括计算机设备的安装位置、物理访问控制、对自然灾害的防护等。计算机设备应安装在专用计算机房或专为计算机改建的地方，并注意远离易燃易爆场所，这样硬件被破坏的危险会因计算机的合理放置而减少；要在计算机系统中心设备外设立多层安全防护圈，以防非法的暴力入侵；计算机中心设备所在的建筑物应具有抵御各种自然灾害或人为灾害的设施，并建立健全安全管理制度；机房内要有防火器材与设备，如手提式灭火器、消防栓、烟感探测器等。为了保持电源的可靠性，应当采用稳压器、不间断电源或备用发电机组。

（5）进行硬件级备份。从安全和长久保管的角度考虑，依靠硬件备份能防止电子文件的物理性损坏，也可防止因黑客攻击、软件或误操作造成电子文件的损坏，从而对电子文件构成多级防护。人们不能回避这样一个现实，即我们的计算机系统受到病毒、黑客的攻击而造成文件被修改，甚至造成系统崩溃的情况时有发生，这说明现阶段从软件方面所采取的保护措施还难以安全保证电子文件的完整性、真实性和可靠性，还难以保证计算机网络的绝对安全。即使今后软件保护技术有了提高，这一情况也仍将存在，因为病毒破坏能力、黑客技术不会裹足不前。而将重要的电子文件通过硬件备份到可脱机保存的存储介质上，既能避免黑客修改电子文件，又能解决联机数据库由于计算机网络突然瘫痪或被毁而导致电子文件同时消失的灾难性问题。硬件级备份可采用硬盘镜像和双机容错，其特点是可防硬件故障，但无法对付因软件或误操作造成数据的逻辑性损坏。由于光盘可以脱机保存，只写一次式光盘上的数据不能改动，将电子文件刻录在只写一次式光盘上，既可防止物理性损坏，又能防止逻辑性损坏。所以，从安全方面看，光盘刻录是较理想的硬件备份方法。

总之，电子政务系统涉及的安全问题量多面广，这些安全问题不可能仅在局部或个别系统的基础上得到根本解决，真正有效的办法是从安全意识、人员管理、制度规范、系统设计和技术手段等方面进行综合保障。

网络时代档案检索学科创新问题摭探

周 铭 康 蠡 赵德美

创新是时代发展的动力，是科学进步的灵魂。信息技术的迅速发展及其在档案事业中的广泛应用，使得档案检索的实践和环境发生了历史性、革命性的变革，档案检索学科必须不断更新研究视角，扩展研究内容，进行新的理论阐释与构建，才能跟上网络时代对学科提出的各种要求，为档案检索工作和新型档案人才的培养提供科学指导。网络时代档案检索学科的创新牵涉诸多因素，笔者在此仅就学科创新的动因、内涵及具体对策略陈管见，以就教于方家。

一 网络时代档案检索学科创新的动因

网络环境下，信息技术的飞速发展，社会的巨大变革，档案学教育形势的快速变化，档案检索工作的历史性转型，学科之间交叉、融合的日益深入以及档案学学科边界的不断拓展，成为档案检索学科必须创新的直接动因。

（1）档案检索学科创新是档案学整体发展的客观需要。

当前，在广大档案学人的集体努力下，档案学及其分支学科中的部分学科正迎着社会网络化、信息化的大潮高歌猛进。档案管理学、电子档案管理学、科技档案管理学、企业档案管理学、档案心理学等学科正在根据网络时代的变化及其特征，不断调整、丰富和构造着自己的理论内涵和学科体系，并取得了令人瞩目的成绩。档案学学科群研究边界的拓展，研究内容的深化，要求档案检索学科必须与时俱进，在理论上有更高层次的建树，与档案学其他学科一样，为档案学在网络环境下的整体繁荣作出应有的贡献。

（2）档案检索学科创新是该学科自身提升的内在要求。

从近年来档案检索学科涉及的领域来看，其关注的焦点主要集中于传统的档案检索工具、档案著录标引、档案检索语言等方面，而对网络环境下的档案检索（查检）方法、资源共享中的档案检索、网络环境下的档案检索、国外档案检索等问题的研究则相对薄弱甚至处于空白状态，导致现有的档案学科体系远远落后于网路时代档案事业的发展和档案检索实践的变迁，亟需档案学界创造从网络时代的这一视角来解释和研究各种档案检索现象的新理论、新方法。

（3）档案检索学科创新是信息技术进步的必然结果。

信息技术的快速发展及其与档案工作的紧密结合，使得档案检索工作发生了新的巨大变化，呈现出一系列全新的特征，直接规定了档案检索学科研究中心的转移、研究新课题的提出以及新理论的发现，要求档案检索学科迅速转换研究视角，更新研究范式，促成学科体系不断丰富，学科内容持续更新。

二 网络时代档案检索学科创新的内涵

档案检索学科的内涵相当丰富，涉及学科的结构、性质、内容、渊源、对象、地位及任务等。概而言之，其在网络时代的创新主要应包括以下几个方面：

（一）方法创新

方法是学科研究的工具和桥梁，科学的方法能给学科发展带来事半功倍的效果。考察不同的研究对象时，必须通过一定的方法来达到或完成研究目的。正如毛泽东所说："我们不但要突出任务，而且要解决完成任务的方法问题。我们的任务是过河，但是没有桥或没有船就不能过。不解决桥或船的问题，过河就是一句空话。不解决方法问题，任务也只是瞎说一顿。"[1]方法创新是档案检索学科创新和发展过程中关键性的问题，其重要意义不言而喻。遗憾的是，档案学界至今尚未明确提出对档案检索学科研究具有普遍指导意义的科学方法，这是档案检索学科研究落后的一个重要原因，必须尽快加以解决。笔者认为，在以后的档案检索学科研究中，以下几种研究方法应明确提出或加以强化：（1）马克思主义的唯物辩证法、辩证唯物主义和唯物史观等，这是档案检索学科研究的哲学方法和基本原则，将为档案检索学科创新和进一步发展提供方法论和认识论意义上的指导。（2）系统研究法。例如，在档案检索学科研究涉及的诸元素中，档案、档案检索人员、档案用户及其他相关学科是密切联系的有机体，彼此相互依存、不可分割。因此，在进行档案检索学科研究时，应将其作为一个完整的系统对待，努力促进各元素的相互协同、统一，才能促进档案检索学科的和谐发展。（3）参照比较法。在遵循可比性原则的前提上，从时间、空间维度，对学科自身不同时期的理论发展进行科学总结和纵向比较，同时与其他相关学科理论研究进行横向比较，通过比较发现差距、弥补不足。（4）分析研究法。坚持定量分析（如用于档案检索效率分析及档案检索用户分析）、定性分析与结构分析（如档案检索语言的功能结构分析）的结合。（5）逻辑学思维方法。即形象思维、逻辑思维和创造性思维的统一，尤其要注意创造性思维的运用。（6）学科交融法。即要加强对其他相关学科尤其是图书馆学、情报学中情报语言学、目录学以及信息学、计算机科学等学科理论的科学借鉴、汲取和融合，在与它们的相互交融、发展中完善自己。

（二）体系创新

学科体系通常指学科内容及学科分支之间优化组织、搭配而形成的有机整体，它规定了学科研究的方向、范围和深度。成熟、完整的档案检索学科体系应由以下三个部分构成：（1）基础理论，即研究档案检索实践及学科本质、普遍规律和基本原理的知识体系，在档案检索学科中处于基础地位，其科学水平直接决定着档案检索学科的发展，具有高度的抽象性、概括性和基础性。（2）应用理论，主要是处理关于档案检索工作的具体环节，应遵循的方法、原理、原则及程序等问题的知识体系，它是档案检索基础理论在档案检索实践中的具体体现，通过对档案检索应用理论的研究，可以使档案检索基础理论与档案检索工作实现更紧密的结合。

（3）检索技术，主要研究与档案检索工作相关的技术方法，立足于与档案检索相关技术的催生、应用与展望，比档案检索应用理论的研究更加具体，其与档案检索实践的联系更为密切。以上三大内容彼此独立却又紧密联系，缺一不可。但经过观察，我们发现现有的档案检索学科的研究及成果主要集中于应用理论方面，总体上是对档案检索具体方法的介绍和总结，基础理论和检索技术则鲜有论及，在体系上坚持的主要是“一个模块”，因此显得十分单薄。这种只关注档案检索的具体方法和手段的单一理论体系，总体上给人以画地为牢、封闭孤立之感，缺乏开放性和包容性，难以很好地与外界进行沟通和互动，无法或很难从体系外部吸收其他学科理论的先进成果。一个理论体系要想实现更高层次的发展，必须是一个开放的、动态的系统，这样才能够充分吸收外界的能量和信息来完善自我。因此，有必要对现有的档案检索学科体系进行新的扩展，着重加强对基础理论、应用技术的探究。

（三）内容创新

内容创新是档案检索学科创新的根本，离开内容创新来谈方法和体系的改变是没有意义的，很难对档案检索学科创新起到真正的促进作用。与其方法、体系一样，档案检索学科研究的内容也存在急需创新的问题。目前的档案检索学科明显存在着研究范围过窄、研究深度表浅、研究方向不够明确等问题。虽然经过多年的发展与实践，我国档案检索学科迄今已大体形成了具有自身特色的研究方法、指导思想、理论体系和学科框架，在档案检索基础问题、档案检索语言、档案著录与标引、档案检索工具、档案检索技术与检索方法、档案检索工作及其组织等方面取得了一系列显著的成果。然而必须指出的是，我国社会和档案事业正处于一个快速的转型时期，档案信息作为社会信息系统的一个重要组成部分，在社会建设和发展中起着越来越重要的作用，其工作的发展和理论的深化与社会各种因素息息相关。因此，必须将档案检索学科放在整个社会发展和信息资源开发利用的大背景下去考虑，审视其与社会经济、历史、文化及其他学科理论的呼应和互动。如果只是就档案检索而论档案检索，就会给人一叶障目、只见树木不见森林的感觉。因此，除需继续开展对前述问题的深入研究外，档案检索学科在以后的发展中还应特别加强对以下内容的探讨：(1) 档案检索学科研究的对象、内容、方法和指导原则；(2) 档案检索学科的性质、地位、作用及档案检索的基本概念和原理；(3) 档案检索学科和工作的作用、意义及其产生与发展的历史规律；(4) 档案检索学科与信息组织、信息检索、目录学等相关学科的关系；(5) 档案检索语言尤其是分类、主题一体化和自然语言在档案检索中的运用；(6) 档案检索环境和档案用户（包括用户类型、用户需求特征及检索行为等）问题研究；(7) 信息资源共享中的档案检索问题（如建设联合目录中心和目录数据库、全文数据库所需的有关档案信息处理的信息标准化、界面标准化和档案信息检索的描述标准化、检索语言标准化、载体标准化等)；(8) 网络环境下的档案检索（网络环境下档案检索的特点、实质，其与传统档案检索的差异及对档案事业未来的冲击等）以及档案检索技术（如计算机技术、网络技术、数据库技术、搜索引擎技术、人工智能技术以及自动标引技术等)； (9) 国外电子档案著录标准以及元数据 (EAD、DC、TEI、MARC) 研究，尤其要加强档案描述编码格式 (EAD) 的应用及其与其他元数据的映射与互操作研究（到目前为止，图书情报界的元数据 MARC 已经出现了 20 多年并在全世界得到了广泛应用，而国内档案界对 EAD 的研究还只停留在简单的介绍阶段，实际运用很少展开)。这样不但可以弥补档案检索学科技术研究、基础研究的不足，还能从技术层面和理论层面更好地架构起档案检索学科与相邻学科沟通的桥梁，有利于彼此间的呼应、借鉴和融合。

（四）范式创新

所谓研究范式，按照美国科学史专家库恩的定义，是指在某一时间段内，对于科学共同体而言，拥有研究所要解决的问题及解答问题的范例。一门科学成熟与否的一个重要衡量标准，从哲学意义上讲主要看它是否形成比较合理的，同时又极具解释力的理论范式[2]。

近年来，档案学界对范式的关注不断上升，已开始尝试在档案管理领域和档案学术研究领域运用范式来解决具体的问题，但在已出现的各种文章和专著中，至今尚未见诸对档案检索学科研究范式进行阐述的论点。结合库恩的“范式”定义，笔者认为，档案检索学科研究范式是指在一定时间内，档案学界广泛认同的档案检索问题及解决问题的共同价值取向、思维模式、概念体系和技术手段等。传统的档案检索学科研究以档案和档案检索系统为中心，只注重档案信息资源的开发和检索系统的完善，认为只要提供优质的档案信息资源和良好的检索系统，就会不断取得档案用户对档案检索服务的满意。这样的研究范式忽略了用户在档案检索过程和系统中的作用，很容易忽视用户的内心感知和个性化需求。事实上，根据研究和实践，在网络背景下的档案检索过程中，用户的性格、心理、所处的环境及其信息能力的高低，往往成为影响档案检索成效的重要因素。用户对档案信息的需求及满足不但与档案信息资源及检索系统等要素密切相关，其对档案信息、自身信息素养等因素的情感认知和体验亦至关重要。当前，档案界正大力提倡档案为广大的社会公众服务，却很少针对档案用户展开深入具体的研究，对用户的心理、类型、需求表达等问题反应相当欠缺。如要真正做到为全社会公众提供方便、快捷、高效的档案信息服务，就不能不转换视角，改变传统的重系统、重资源而忽视用户的研究范式，实现向以用户为中心的范式的转变，对用户在档案检索中出现的相关问题给予更多关注。

三　网络时代档案检索学科创新的对策

自从 20 世纪 30 年代档案学界开始对档案编目等内容进行初步探讨以来，我国档案检索研究至今已有 70 多年的历程，这为档案检索学科的创新、发展奠定了良好的基础，但也应注意，在新的环境下，档案检索学科创新还存在不少制约因素：一是档案学界对档案检索学科创新的认识不够，创新的动力不足；二是档案检索学科研究的力量过于分散，后备人才缺乏，创新工作难以形成集群效益；三是档案检索学科与其他相关学科理论的交融、互动不够深入、全面；四是档案检索学科研究与检索实践严重脱节。为促进档案检索学科创新尽快取得实质性成效，笔者提出以下建议：

（一）提高认识，高举创新大旗

创新是档案检索学科发展和进步的灵魂。档案学界要进一步强化危机意识，认识到网络时代是一个快速变革、新事物层出不穷的时代，档案检索学科创新是档案学乃至其自身发展的迫切需要，更是档案检索实践和时代变化的客观要求。广大档案学者应以“时不我待”的紧迫感和使命感，高举理论创新的大旗，大力发扬敢于创新、勇于创造的精神，积极探索新形势下档案检索工作出现的新问题、新情况，努力总结档案检索学科发展的内在规律，强化学科创新研究，明确学科创新的目标、含义、方向和路径，在尊重学科发展的客观规律和特点的基础上，充分利用内外部提供的各种机遇，厚积薄发，为档案检索学科的创新积累条件，一旦时机成熟，就大胆的进行突破，实现理论上的飞跃。

（二）整合力量，形成集群效应

经过几十年的发展，档案学界至今已汇聚了一支人数可观的研究团队，但各学者和工作人员对档案检索问题的研究大多处于自发状态。各自在相关的研究领域皓首穷经、埋头苦干却少有协调与合作，没有实现智力资源的优势互补和共享，这极大地限制了集体智慧的发挥。在网络环境下，随着档案开发利用实践的深入及信息技术的广泛运用，档案检索学科创新日益成为一个复杂的体系，既涉及传统的档案检索理论与实践，同时又牵涉到多种信息技术、理论和方法的运用。这单凭一个人或某几个人、单靠一个单位或几个学术团体的努力都是不够的，必须实现不同组织机构、不同地区乃至不同国家档案检索研究主体之间的合作，优化、整合包括档案检索教学部门和业务部门在内的所有力量，大家齐心协力，密切合作，集体协同攻关，坚持长期不懈的努力，才能取得成功。就像尼葛洛庞帝所说：“数字化生存的和谐效应已经变得很明显了，过去泾渭分明的学科和你争我斗的企业都开始以合作取代竞争。”[3]在这里，我们强调档案检索学科创新需要档案学界的集体努力，形成集群效益，并非要抹杀“百花齐放、百家争鸣”的竞争格局；相反，在学科内部及学科之间应大力支持形成不同的学术流派和学科带头人，宽容并鼓励不同的学术观点和学科理论的有益争鸣。在网络时代档案检索学科的创新过程中，我们不仅要反对少数学术权威垄断学术话语权的霸权行为，同时也应避免学派林立、分散出击的无序状态。

（三）科学借鉴，吸收相关成果

在网络时代，科学知识的广泛、快速传播使学科之间的交叉、融合、渗透成为学科发展的重要趋势，交叉研究逐渐成为学科研究的新视角。档案检索学科的创新既是对原有理论的创造性突破和历史性超越，离不开对其他学科的借鉴和学习，适当借鉴其他学科的理论成果和研究方法，既可以为档案检索学科注入新的活力，也是缩短其与其他相邻学科发展差距的重要途径。档案检索学科与图书馆学、情报学、目录学、信息学、计算机科学等相关学科有着本质的不同，同时又有千丝万缕的密切联系，彼此之间存在许多共通之处。近年来，这些学科在相关领域取得了令人瞩目的成就，对档案检索学科的发展大有裨益。档案学界在进行档案检索学科理论的突破时，应充分利用信息网络的便捷、快速之优势，加强对以上学科的跟踪研究，采取“拿来主义”的态度，科学借鉴、引进其先进的理论成果，创造性地为我所用，以加速该学科的快速提升与深化。当然，这里提倡的借鉴、学习，并不是对档案检索学科的妄自菲薄和看低，而是要在坚持其核心地位的前提下实施对其他学科的兼收并蓄、融会贯通。

（四）加强跟踪，紧随实践发展

档案检索学科创新不是凭空想象出来的，而是社会发展尤其是档案检索实践发展的产物。紧密结合实际，在档案检索工作中发现问题、解决问题才能带动理论的发展与进步，脱离档案检索工作发展变化的具体实际和时代格局，来谈档案检索学科的创新，无异于缘木求鱼，势必不能取得成功。档案学界要扭转档案检索学科发展落后的不利局面，就必须时刻留意时代发展的趋势和档案检索工作的动向，大力加强对网络时代的档案信息共享、档案的网络检索、各种形式档案的数字化组织、档案检索语言在网络环境下的发展、档案检索技术的应用、网络化档案检索用户等问题的跟踪、研究，通过对这些热点现象的把握、提炼和抽象来有力地拓展档案检索学科研究的空间。如目前我国已经建立了全国民国档案资料目录中心、全国明清档案资料目录中心及全国革命历史档案资料目录中心，这些目录中心的建立在档案数据标准、系统标准、界面标准、安全保障等方面为档案信息共享提供了很好的实践参照，但与网络时代全社会对档案信息共享的要求比起来还远远不够，因此有待于进一步的探索与建设。从长远来看，这必将成为新的学科理论增长点。

参考文献

[1]《毛泽东选集》第1卷，人民出版社1991年版，第139页。

[2] 柯青等：《以用户为中心的研究范式——理论起源》，《情报资料工作》2008年第4期，第51—55页。

[3]［美］尼葛洛庞帝：《数字化生存》，海南出版社1997年版，第271页。

从《中国档案主题词表》的体系结构看查表选词的途径及其适用性

戴　挺

概念转换是主题标引的关键环节，要做好这一工作，标引人员必须在熟悉《中国档案主题词表》（以下简称《中词表》）体系结构的基础上，了解查表选词的规律性。本文试就此问题谈些肤浅认识，以期能对推动主题检索语言在档案界的普及运用有所裨益。

一

《中词表》是按照国家标准《汉语叙词表编制规则》的有关规定，参考《汉语主题词表》的经典模式并结合档案自身特点编制的一部大型综合性档案主题词表。其体系结构主要由三个部分所构成。

1. 主表

这是《中词表》的正文部分，由附表以外每个词目为核心的主题词款目（简称词款目）组成，依同音同形集中，按音序笔画编排。

主表实质上是普通主题词字顺表，它由25891个词款目组成，每一词款目至少包括汉语拼音、款目主题词（简称款目词）、范畴号，有的还包括限定注释、词义注释、参照系统。

（1）汉语拼音。即款目词的汉语拼音符号。有了拼音，便于按音排序，也便于按音查词。

（2）款目词。即在主表中占据一个款目的主题词，它是词款目的中心，以黑体形式置于汉语拼音下方。款目词分为正式主题词和非正式主题词两种。前者是一种规范化的用于标引和检索档案的词或词组，称为标引词；后者是前者的同义词或准同义词，只作指引词，不能用于标引和检索档案。

（3）限定注释。它是对多义词、多指词保持词义单一专指采取的一种处置方法，以加圆括弧形式置于款目词右侧。限定注释是词目的组成部分，在标引和检索提问的时候都不能省略。

（4）范畴号。它是范畴类目的代号，表示并固定款目词在范畴索引中的位置。在主表中每个款目词都有一个（或两个、三个）范畴号，在范畴索引中每个范畴号下都聚集着一定数量的主题词。范畴号以加方括弧形式置于款目词右侧，以表示该词所属类别，并用以衔接主表与范畴索引。

（5）词义注释。它是除限定注释以外其他有关款目词特定含义或政治倾向等方面的说明文字，加圆括弧置于款目词下方。词义注释不是词目的组成部分，在标引和检索提问的时候不必带入。

（6）参照系统。它将与款目词具有等同关系、属分关系、相关关系的主题词，依照 Y、D、F、S、Z、C 的顺序列于款目词下，用以表达、规范款目词的含义，并便于在标引或检索时选择与档案内容或利用者提问概念更贴切的主题词，以提高检索效率。实际上是在词款目中设置的一种“隐蔽分类体系”。

为方便标引和检索人员从拼音音节或笔画笔顺入手查找主表中的主题词，主表前还附有主表拼音音节索引、词目首字笔画检字表。

主表的功用可以概括为：一是供标引和检索人员直接从概念名称的字面形式出发，按字顺迅速查找所需普通主题词；二是可通过参照系统，获知与所查词有密切关系的词；三是可以通过其标注的范畴号和族首词，比较容易地进入范畴索引和词族索引。

2. 附表

附表就是专有主题词字顺表，它是由一些特殊领域的众多专有名词单独抽出后，另行按字顺编排的词汇表。设置附表的目的一是控制主表的词量，避免主表过于臃肿；二是方便利用者查找人物和机构方面的专有主题词。《中词表》目前共设有两个附表。

（1）人名表。该表收录了明清以来中央党政机关档案中叙述到的人名 11771 位。

人名表词款目的结构与主表大体相同，由汉语拼音、款目词（人名）、注释、参照系统（主要是 YD 项）构成。注释项包括人的生卒年月和籍贯，YD 项以从政名或通用名为正式主题词（标引词），其他为非正式主题词（指引词）。

为便于查找人名表中的主题词，该表前附有人名姓氏笔画检字表。

（2）机构名表。该表收录了明清以来中央党、政、军、群、企事业机构名称共 1900 个。词表除对有繁简称的机构作规范化处理，即以通用简称作正式主题词外，其余没有参照系统的都属正式主题词。

机构名表词款目的结构也基本上与主表相同，由汉语拼音、款目词（机构名）、参照系统构成。

为便于查找机构名表中的主题词，该表前附有机构名首字笔划检字表。

3. 辅助索引

相对于参照系统而言，辅助索引可以看作是一种公开的分类方法。《中词表》目前共设有两种辅助索引。

（1）范畴索引。它是主表主题词分类查找辅助工具。即将主表中的全部主题词按照既定类目分类排列形成的一个类似体系分类表的概念分类系统。该索引的类目是按职能分工为主、词义为辅的原则设置的，其体系与《中国档案分类法》的体系大体一致。

范畴索引的功用，是为方便从职能分工角度选用主题词，满足标引和检索人员按类查词的要求。范畴索引中的词目，是非正式主题词的，一律以 Y 指引与之相应的正式主题词；是族首词的，一律缀以“*”号。

为便于查找范畴索引中的主题词，该索引前附有范畴类目索引。

（2）词族索引。它是主表主题词等级查找辅助工具。即将主表中具有属分关系的全部正式主题词集中一起，以其中概念最大的上位词为族首词，按概念的层次分别将全部下位词罗列于后而形成的索引。词族索引的功用是可以从一族中外延最广的主题词（即族首词）出发，找到其全部同族词，并且可以明确它们之间的层层隶属关系，从而弥补主表族性检索功能差的缺点。在计检系统中是实现自动扩检、缩检及上位词登录的重要手段。

词族索引共确定族首词 1233 个，入族主题词 11398 条。同一词族的词在索引中用缩格的形式显示其等级关系，其中概念外延最广的，即只有分项“F”，没有属项“S”的一个主题词称为族首词，其右上角缀以“*”号，在词族索引中作排检款目词列在一族之首。族首词之间依汉语拼音音序排列。从最上位词（族首词）到最下位词的层次数称为词族的等级数。在词族索引中词族的等级数有一定控制。族首词下分的主题词用点的数目表示其等级。族首词为一级词，其下分词每置一个点为二级词，两个点为三级词，三个点为四级词，依此类推。

为便于查找词族索引中的主题词，该索引前附有族首词目录。

上述各个部分中，主表和附表属于词表的字顺系统，辅助索引则属于词表的逻辑系统；主表与范畴索引之间的联系，是通过款目词的范畴号和汉语拼音实现的。主表与词族索引之间的联系，则是通过缀以“*”的族首词和汉语拼音实现的。但附表既不与主表发生联系，也不与辅助索引发生联系。如果说主表和附表是词表的词汇存储库的话，那么主表拼音音节索引、词目首字笔画检字表、人名姓氏笔画检字表、机构名首字笔画检字表、范畴索引、词族索引就是词表的查词工具。

二

结构决定功能。《中词表》的完备体系结构，为词表使用者提供了以下三条不同的查词途径。

1. 主表或附表的途径

这是《中词表》的主要查词途径。应该选择或配合使用主表或附表查词途径的情形主要是：

（1）直接按字顺查款目词。即当主题分析得出的主题概念或主题概念中分解出的概念因素比较常见，而且能够用比较定型的自然语词表达时，可以从主表前附设的主表拼音音节索引，或主表、附表前分别附设的词目首字笔画检字表、人名姓氏笔画检字表、机构名首字笔画检字表入手，查到所需主题词的字顺页码，然后转查主表或附表，直至找到相对应的主题词。

（2）利用参照系统查词。即当从某个主题概念的自然语词查到某个款目词后，首先要看它是正式主题词还是非正式主题词，如果是非正式主题词，应根据“Y”参照转查正式主题词；如果是正式主题词，则应看其下的参照项提供的主题词是否更合适。必要时可转查上位词、下位词、相关词，甚至词族索引。

（3）利用款目词后的范畴号扩大查词。即当查到某一款目词时，为确认其表达待标概念的准确性，或者为查找该概念因素所在主题概念的其他概念因素主题词，可以根据款目词后的范畴号转查范畴索引。

（4）主表提供中间或最终查词途径。指先从各辅助索引查词的情形下，必要时需回到主表查词，以提供从其它辅助索引查词线索，或者最终确认从辅助索引查获的主题词。

运用主表或附表途径进行查表选词时，应注意以下问题：一是要根据主题概念的性质特征，分别在主表中查找普通主题词，在人名表中查找人名主题词，在机构名表中查找机构名主题词；二是所预想的语词必须与词表用词一致或尽量接近；三是在查不到预想的词时，可以尝试用同义词、近义词，甚至上位概念进行查找。

2. 范畴索引的途径

范畴索引除了用于配合主表查词（即先查主表，再查范畴索引）之外，在三种情形下，可以首先提供查词途径：

（1）主题分析得出的主题概念的职能属性明确，而语词形式一时无法确定。此时，可以在范畴类目索引中找到相应范畴，然后浏览范畴索引内的词。

（2）某些档案涉及的多个主题概念或概念因素集中于某一职能范畴。此时，为了提高查词速度，可以通过范畴类目索引的指引，在范畴索引中搜寻属于同一范畴的一系列主题词。

（3）当在主表中找不到表达主题概念的贴切主题词，需采用近义词标引时，可以通过范畴类目索引的指引，在范畴索引中查找大致对应的主题词。

运用范畴索引途径进行查表选词时，应注意以下问题：一是对主题概念的范畴类别一定要判断准确，否则就查不到所需的主题词；二是由于范畴索引中的每一类目所集中的主题词都是按汉语拼音字顺排列的，如果不精于汉语拼音，就要从第一个主题词逐一查找，直至发现所需的主题词为止，而且不能急躁、跳跃式地查找，否则会造成漏检的情况；三是由于范畴索引中的主题词之间既没有属分关系和相关关系的显示，也没有语义含义注释的控制，不易判断所查主题词是否恰当，因此在范畴索引中查到了主题词之后，还必须再转查主表进行校验。

3. 词族索引的途径

它主要在两种情形下采用：

（1）在一个主题概念或几个概念因素的语词形式不明确，但它或它们的最上位概念词比较肯定时，可以通过族首词目录的指引，在词族索引中查找到相应主题词。

（2）当对选用的主题词的专指度把握不大时，可以通过族首词目录的指引，在词族索引中借助上位词、下位词和同位词来明确词义。

运用词族索引途径进行查表选词时，应注意以下问题：一是由于词族索引是按族首词的字顺排列的，因此只有在查出族首词之后才能使用；二是在利用词族索引查到某一主题词之后，同样也要回查主表，根据该词的语义关系进行校验，以免造成误差。

结束语

总之，《中词表》的“一主表二附表二辅助索引”的编表模式，使其同时具备了多种查词途径，并且它们各自的适用性是不同的。只要我们掌握了《中词表》体系结构的这些特点，就不难在查表选词时根据具体情况选择最有效的查词途径，从而迅速、准确地查到所需的主题词。

参考文献

[1] 周铭、肖祖厚：《档案标引的几个基本问题》，《西安档案》2001 年第 1 期。

[2] 中国档案主题词表编委会：《中国档案主题词表》（第 2 版），中国档案出版社 1995 年版。

[3] 冯惠玲：《档案文献检索》，高等教育出版社 1999 年版。

[4] 曹树金、罗春荣：《信息组织的分类法与主题法》，北京图书馆出版社 2000 年版。

办公自动化应用中的问题和对策探析

陈云山　杨恒芬

一　信息社会的发展要求实现办公自动化

国家机关充分运用现代管理科学和信息技术，实现行政管理活动的科学化、标准化、自动化，提高工作效率，实现决策管理，这就是办公自动化（Office Automation，简称 OA）。在信息社会里，办公室信息的数量不断增加、种类日趋丰富、应用范围越来越广，这些信息是进行管理决策的基本依据。如果不能快速准确有效地进行信息的收集、加工处理，则会使管理决策缺乏科学的基础，从而影响决策的正确性、科学性、合理性。我国在党的十一届三中全会以后，实行经济体制改革，机关简政放权，大力加强了经济监督和经济研究，强调宏观经济调控和经济杠杆的作用，加强对政府机关和企业的决策服务。这就要求办公人员不能只停留在看文件、听汇报、参加会议、作批示等工作上，而要把精力更多地放在决策和分析上。并且，一项计划的实施，特别是综合性的系统可能涉及几百个单位、几百万人以及数量巨大的资金、物资，组织和协调工作的复杂性和时效性的高要求，远远超出了传统方式的处理能力。同时，在行政管理系统中，有些要素及相互关系的变化具有不可预见性，因此，计划与实施之间可能会出现偏差，如果不能及时、有效地控制，计划就不能顺利地进行。而传统的管理方式，由于信息处理的手段和工具落后，致使管理机构信息不灵，决策不科学。科学的决策来源于对信息的采集、加工和处理，这就要求国家管理实现信息化。通过 OA，才能保证高质量的工作、科学的管理和准确的决策。

总的来说，应用 OA 的意义在于：

第一，提高了工作效率和工作质量。OA 使诸如计算、统计报表、会议组织、文件起草、编辑、领导日程安排、文件传输等日常性工作变得有序、标准和高效。

第二，实现了高效率的公文办理。现行的公文办理，除了传递上的低效率外，主要是不利于决策及信息反馈不灵。通过 OA，可缩短公文办理时间、减少差错，不受人员不在、地理位置远近的限制，多人可以同时办理文件；具有对文件办理过程的跟踪和检索，从而具有很好的信息反馈，可全面了解下属人员的工作水平和质量；有利于领导人员决策水平的提高。

第三，提高了经济效益。办公室是使用、处理和创造信息的地方，在办公室里使用、处理然后创造出具有更高价值的信息。但不能用传统的投入/产出的效率指标来衡量，所以 OA 的经济效益有直接经济效益，而更多的是间接经济效益。它使办公室各类人员从烦琐的事务工作中解脱出来，专心于分析、判断和决策这些创造性的劳动。使决策变得准确、迅速、及时，所造成的巨大的经济效益是隐形的、间接的，往往无法估量。

第四，对社会产生巨大的影响，即对组织、人员、社会的影响。通过对 OA，对组织产生了影响，即设计系统时，要充分考虑到现有机构的体制，要支持组织的各项功能，但不应是被动的，对于那些不适合于系统的组织机构，要适当地调整；系统对各类人员的素质提出了更高的要求，OA 节省了大量的人力，给管理工作带来了新的内容，因此要求各类人员再学习、再培训，掌握先进的科学知识和技术；系统对社会的影响是巨大的，它把各个孤立的办公室连成一体，加强了人与人、组织与组织之间的联系，使整个社会跨越了时间和空间的界限，成为一个密切联系的整体。

因此，实现 OA，“充分利用最新科技成果，实现办公活动的科学、自动化，最大限度提高办公效率和改进办公质量，改善办公环境和条件，辅助决策，减少和避免各种差错和弊端，缩短办公周期，用科学的方法，借助于各种先进技术，提高管理和决策水平”，也就成为我国行政管理事业发展的必然趋势。

二 我国办公自动化应用的现状

我国的 OA 起步于 20 世纪 80 年代，经历了起步、发展、成熟几个阶段。初期主要是进行汉字处理技术、设备引进、生产等基础工作。至 1985 年 8 月，“全国办公自动化规划讨论会”召开以后，OA 的应用开始逐步展开。1987 年，国家有关部委如外交部、电子部、邮电部、中科院等开发了自己的管理信息系统。其中有些系统已延伸至各省、市、自治区。到 20 世纪 90 年代，我国 OA 应用有了长足的发展。在国家一系列政策和“金”字系列工程实施推动下，已形成了一定规模，达到了一定水平，取得了不少成功经验。在中央、国务院的管理系统经过近十年的应用和完善，已成为一个功能较强、技术先进、覆盖面广、稳定可靠的 OA 系统；中纪委开发的纪检监察系统、民政部开发的公文生成与管理系统、国家档案局开发的 slws 文书与档案综合管理系统等一大批全国性 OA 系统，正陆续投入使用；在地方，省、市、县三级 OA 系统开始在一些发达地区投入使用，如上海市的政务信息管理系统等；在一些特殊部门和行业，如海关、电子、金融等较成熟的全国性办公自动化网络已经开始形成，如中国工商银行的金融业务网络于 1990 年 10 月正式投入运行，覆盖全国 44 个省市分行，330 个地市支行，成为我国目前正在使用的较大规模的网络系统。

总的来看，我国 OA 应用具有以下特点：

（1）OA 应用发展迅速。据统计，我国 1995 年计算机销量达 160 万台，较 1994 年增长 30%，计算机及相关设备的总销量达 615 亿元，较 1994 年增长 51%，根据抽样调查，国家行政机关系统购机约为 16 万—17 万台（套），占总销量的 10% 左右。从中央到地方，OA 系统应用的普及率不断提高。同时各级国家机关如北京、上海、云南等已把使用计算机作为干部任职、公务员上岗的必备条件和必需技能，并进行培训和考核。

（2）OA 应用系统的应用和开发、全国性的网络已形成一定规模，并初具雏形。

（3）与我国行政管理活动的多样性相适应。OA 系统具有四种不同的功能模式：第一，基本 OA 系统，它是单机办公事务处理系统，主要用于文字处理、财务管理、统计报表等，常见于各业务部门办公室，是目前应用范围最广、数量最大的 OA 系统。第二，分布式 OA 系统（distributed OA 简称 doa)，即是具备网络功能，支持一个机构内各办公室之间的联机处理和通讯的 OA 系统。主要用于电子行文办理、电子邮件等，常见于一些部门的分支机构，也是应用较广的 OA 系统。第三，OA 系统（OA system 简称 oas)，即不仅支持各种办公事务处理，而且具有管理信息系统（management information system，简称 mis）功能的系统。它通过对信息的收集、处理、存储、传输等加工处理，辅助管理人员，科学地进行人、财、物、机构、制度、信息的管理，保证本部门各项工作的正常运转。主要用于部门的中高层管理机构，是目前发展较快的 OA 系统。第四，综合 OA 系统（internet oa，简称 ioa)，这是 OA 系统的最高层次，即除具备上述功能外，还包括了决策支持功能。决策支持系统（decision support system，简称 dss）是“在半结构化和非结构化决策活动过程中，通过人—机对话，向决策者提供信息，协助决策者发现和分析，探索决策方案，评价、预测和选择方案，以提高决策有效性的一种以计算机为手段的信息系统”，主要用于高级别决策部门，是 OA 系统发展的主要方向。

（4）OA 系统应用整体水平不高，发展不平衡。具体表现在：大多数系统处于单机使用状态，少数联网使用；大多数系统在本单位内部联网，少数跨部门、跨地区、跨行业联网；大多数系统达到 DOA、OAS 水平，少数达到 IOA 水平；少数发达地区发展迅速，大部分地区发展较慢。

三　我国行政管理办公自动化开发的问题和对策分析

虽然我国 OA 的应用已经有了较大的发展，但仍有不少问题存在，从而影响了 OA 的发展，主要为：

（1）OA 系统质量不高。重复开发、盲目投资现象突出；通用性、可扩展性、适应性差，系统与环境、使用者、管理体制等存在差距；没有一定的技术标准和质量标准以及部门、行业标准，开发的系统信息无法共享。

（2）OA 系统开发没有相应的物质基础。人、财、物的投入得不到保障，使得系统先天不足，无法进一步开发和升级。

（3）大多数系统应用水平不高。在实际应用中，大部分处于 DOA 水平，少数为 OAS 水平，极少部分达到 IOA 水平。

（4）OA 系统的服务业工作跟不上。如软件维护、硬件维修、信息服务等工作较差。之所以出现这些问题，原因是多方面的。首先是 OA 的社会环境制约了其发展。整个社会的信息化物质基础较差，不仅对 OA，对整个社会的信息化发展，国家都缺乏整体规划和配套措施以及标准化的建设。信息化的规划、组织是一项长期、复杂、涉及面广的基础工作，需要大量的投入，这绝非一个地区、部门或行业所能做到的，离开了国家对信息化的计划和有效协调，OA 的发展就会受到影响。并且与 OA 直接联系的时候信息服务系统尚处于发展时期，公用数据库严重不足；文献型多事实型少；目录、文摘、指南多，全文库少；信息质量不高，来源单一，信息资源的开发利用不足。全国两万余家信息企业，98% 左右从事信息中介，有能力进行信息开发的很少。没有大量的高质量的信息支持，OA 尤其是 DSS 的功能是很难实现的。其次，从 OA 的六大要素（办公人员、机构、制度、信息、工具、环境）来看，办公人员，即 OA 的用户。包括最高决策人、中层管理人员、企业办公人员、一般工作人员。OA 毕竟是在人的使用、控制下，如果没有领导的支持，所需的人、财、物就无法保证。一个 OA 系统的开发和利用，要求各级人员提高其业务水平，并进行再学习、再培训，以适应 OA 带来的大量硬件和软件，可见领导支持不够、人员素质较差是 OA 发展较慢的重要原因；机构和功能的关键，目前我国机构设置不合理、管理层次过多，另外办公信息的质量差、办公工具落后等问题都直接影响 OA 的开发应用。

鉴于此，我们认为 OA 应用中一系列问题的出现，是多种系统因素综合作用的结果。要解决好这些问题，就要求我们从系统的角度出发，既考虑 OA 自身的构成要素，用发展的、联系的、辩证的方法，遵循系统工程的客观规律，去寻找一个系统来解决问题的方案。

具体来说就是如下对策：立足我国行政管理实际，以提高行政效率、信息资源共享为基本目标；严格执行有关标准；在深入地调查、分析基础上，运用现代系统开发方法，从长远、发展的角度考虑，兼顾功能与经济，制定科学的整体规划，有计划分步骤地建设符合我国行政管理需要的技术先进、功能完备、适应性强的高水平办公自动化系统。同时加强办公自动化服务业；加强人才培养，强调横向统一发展。

在方案的实施过程中，重点应注意以下几个方面：

（1）立足我国行政管理实际。目前来讲，我国行政管理的最大实际就是进行以精简机构、体制改革为主要内容的政治体制改革。改革的具体目标就是建立科学行政管理体制，提高行政效率，这与OA应用的目标是一致的。因此，OA的应用要同政治体制改革相配合，互相协调和促进，共同实现行政管理体制合理化、管理方式有效化、管理工作制度化、管理效果最优化的目标。在这一过程中，还要解决人的问题。通过积极广泛的宣传，帮助办公人员改变对OA的不正确认识，争取领导支持。同时，加强与办公人员的协调和沟通，提高他们应用OA的意识和能力，让他们接受OA，成为OA的主角。

（2）以提高行政效率、实现资源共享为基本目标。之所以把这两点作为基本目标，是因为这两点既是最急需实现，又是具备成熟实现条件的目标。

（3）严格执行有关标准。注意是“物理环境标准（通信设备、网络设备、传输媒体），网络环境标准（总体标准、基础标准、功能标准、一致性测试标准和典型网络标准），应用环境标准（电子数据交换、办公自动化、计算机图形），公共部分标准（系统管理、安全机制、中文平台）”。在标准的具体执行上，有国家标准的执行国家标准，没有的，应尽可能采用国际通用标准。

（4）OA开发的计划性。首先，国家应尽早出台信息化的整体规划。其次，各系统、行业、部门应尽快提出自己的OA长期目标和规划，以指导OA的开发。

（5）兼顾功能与经济。在系统总体设计时要考虑功能实现技术上的可能性和经济上的可行性，注重技术的成熟性，然后在保证技术先进和可靠的基础上，兼顾其经济性，寻求最佳的价格功能比。

（6）运用现代系统开发方法，从长远、发展的角度考虑，制订科学的总体规划，有计划、分步骤地实施。综合运用增长法和原型法进行系统的规划、设计、开发。系统整体设计时，应充分考虑总体框架，确定整个系统的目标服务、各子系统间的信息联系，然后按计划开发各子系统。暂时不开发或开发条件不成熟的子系统，先当作“黑箱”处理。对于马上要开发的部分，则运用原型法进行开发。先根据用户要求，开发一个原型，在运行原型的过程中，通过与办公人员密切合作，不断评价和改进，使之逐步完善。这样，在系统的总体框架下，随着一个个子系统的完成，系统不断增长，功能不断提高，最终形成一个功能完备的OA系统。原型法和增长法结合使用，符合事物逐步发展、螺旋式上升的规律。开发过程具体，易为被用户接受。同时系统有较强的灵活性，可以根据实际需要与可能逐步增长，投资可分期投入，既集中了有限资源，又确保了系统的整体功能，较好地适应了我国行政体制变革条件下OA应用开发的特殊要求。

（7）在OA项目开展的同时，要加强其服务业。这不仅限于计算机技术，而且包括通讯、信息服务等方面，开展好这项工作，是发展我国OA技术的一个重要环节。

（8）加强人才培养，强调横向统一发展。总之，办公自动化是我国行政管理发展的必由之路。在其发展过程中，必然会碰到各种问题。随着OA理论研究的深入和实践经验的积累我们一定能够很好地解决这些问题，从而推动我国办公自动化的发展。

参考文献：

［1］朱继生、汤惠平、钱南恺：《办公自动化》，北京科技出版社1988年版。

［2］汪星明、朱福东：《企业管理信息系统——开发、运行、发展》，中国人民大学出版社1993年版。

［3］乔红：《中国工商信息化工作的现状与机遇》，《计算机世界》1996年第11期。

［4］乔红：《“三金”工程标准化》，《中国计算机用户》1995年第1期。

数字档案的长期安全保存策略

吕榜珍

随着档案信息化进程的加快，档案信息的数字化和网络化利用将更广泛、更深入，社会各界人士对数字网络、数字音频和数字视频越来越多地给予关注和研究。同时数字档案管理所具备的信息存储、传播、检索的强大功能，将为知识经济发展提供有效的工具和手段，然而人们在得益于信息革命带来的巨大机遇的同时不得不面对信息长期安全保存问题的严峻考验。本文通过对数字档案长期安全保存中面临的难题的分析，提出数字档案安全管理的解决方案。

一　数字档案长期安全保存中面临的难题

网络、计算机、存储器和信息系统是数字档案生存的基础，也是引发安全问题的风险基地，目前数字档案在长期安全保存中面临的主要难题有：

1. 计算机系统的不安全性问题

计算机系统信息技术，尽管功能强大、技术先进，但仍有很多缺陷，特别是现代网络环境下的信息系统集通信、计算机和信息处理于一体，所采用的通信介质多种多样，网络组织繁杂，信息处理既有集中式，又有分布式，信息出入众多，而且分布面广。信息系统环境的复杂性使数字档案信息安全问题的内容涉及面广、复杂性大。首先，计算机系统是由许多部分组成，每个部分都有薄弱环节，极易遭到攻击或破坏，如数据输入易被篡改、软件易被修改或破坏，安全存取的控制功能也较薄弱等。其次，计算机系统的自身安全和自我保护功能非常薄弱，网络系统的安全技术尚在建立和完善之中，信息易泄露或被窃取、非法增删改等。最后，计算机系统不安全的另一个主要方面就是计算机病毒和危害，它是一段可执行的程序，具有广泛的传染性、潜伏性、破坏性以及攻击的主动性、针对性、衍生性等，攻击的速度极快，而且可在任何一个层面上完成攻击，危害极大。国外有人估计，现在计算机病毒的传染每两个月增加一倍，网络病毒的泛滥已对计算机系统构成了严重的威胁。

2. 数字档案的长期安全存取问题

一方面现代介质的存储设备还不可能解决计算机长期存储问题，一般而言，磁带的寿命是3—5年，光盘也不过30年，与能保存千年以上的纸质载体相比其寿命相差甚远，而且它还要受温度、磁场、记录存储格式，硬件配置等多方面的影响。另一方面计算机语言平均每三个月就会问世一种，而语言之间的互换大部分存在问题，很难想象，若干年后，我们用现行的机器语言描述的数据，还能百分之百地还原。另外数字档案必须依赖计算机设备才能读出，这个特征给数字档案长期安全存取带来很多问题，如设备发生故障、系统瘫痪，数字档案就读不出来，不同软件环境形成的数字档案存储在载体上，有时难以互换，技术设备更新时不及时解决格式转换总是也无法读取等。

3. 数字档案的真实性问题

纸质档案数字化的主要方式是扫描加工，而目前研制出的OCR扫描输出技术，其平均识别率是95%，这对追求最大程度真实性的档案来讲无疑是致命的弱点。在扫描加工过程造成数字档案失真的原因主要有：技术参数选择不当、工作失误、格式转换过程失真等。而电子档案的形成、处理、收集、积累、整理、分类保管和利用等各个环节都有信息更改、丢失的可能性。另外，在数据迁移过程中也存在致命的弱点，就是每次迁移总会丢失一定的相关信息，这些丢失的信息积累起来会造成数字档案信息无法准确恢复原貌。

4. 安全技术滞后的问题

网络与应用技术的发展很快，一方面新的技术不断推动新的应用，另一方面，因为安全技术是一种对抗中发展的技术，不断出现的应用安全问题是安全技术发展的促进力，在这个意义上安全技术总是滞后的，这种滞后带来了巨大的安全脆弱性。另外，虽然在解决安全方面也开发了一系列新技术，如身份认定、信息隐蔽、数字水印、电子签名、信息加密等，其中很多技术有创新性，但这些技术的应用难度大，都有不容易解决的问题。

5. 安全管理滞后的问题

传统档案之所以具有凭证价值，在一定程度上取决于严格的管理制度。而目前，档案数字化过程及从电子文件的生成到归档都缺乏十分规范的程度化管理，缺乏严格而科学的标准体系和业务管理制度。另外，现代信息环境是一种交互式环境，是动态发展变化的，安全与效率在本质上是矛盾的，安全常增加各种限制，而人的天性常常是突破这种限制以追求效率，在这个过程中管理就显得特别重要，又特别难以达成。传统的安全管理是制度管理、规范管理，在今天高度分散、高度复杂的信息环境中，已变得力不从心，我们需要构建一种技术管理与制度、法规管理相结合的新的管理模式。

二　数字档案长期安全保存策略

1. 安全管理策略

各种技术保障措施固然可以为网络、计算机、存储设备、系统服务、应用程序等软硬件系统建立防护体系，但要使它们真正起作用，关键是要建立一整套科学、合理、严格的安全管理制度，从每一个环节堵塞数字档案信息安全的漏洞，这些环节包括数字档案的形成、处理、传输、积累、整理、组织、归档、保管存储、提供利用等全过程，任何一个环节疏于管理，都有可能导致数字档案的丢失或失真。具体管理措施包括：建立档案信息网络和信息安全管理制度、建立数字档案管理人员的管理制度、建立科学的归档制度、建立严格的保管及存储制度、建立提供利用管理制度、建立机房安全管理制度、建立服务器和工作站安全管理制度、建立数字档案应用系统的安全操作制度、建立数据库日常维护制度、建立数据备份制度、建立网络安全保密制度及建立数字档案管理记录系统等。

2. 物理安全策略

物理安全策略的目的是保护计算机系统、网络服务器、打印机等硬件实体和通信链路免受自然灾害、人为破坏或搭线攻击；验证用户的身份和权限、防止用户越权操作；抑制和防止电磁泄漏，确保计算机系统有一个良好的电磁兼容工作环境；根据安全管理制度，防止非法进入计算机控制室和避免各种偷窃、破坏活动的发生。抑制和防止电磁泄漏是物理安全策略的一个主要问题，目前主要防护措施有两类：一类是对传导辐射的防护；另一类是对干扰的防护。

3. 访问控制策略

访问控制策略是网络安全防范和保护的主要策略，访问控制技术是要确定合法用户对计算机系统资源所享有的权限，以防止非法用户的入侵和合法用户使用非权限内资源，它的主要任务是保证数字档案不被非法使用、不被非法破坏、敏感数字档案不被窃取，它是维护网络安全、保护数字档案信息安全的重要手段。访问控制技术包括网络的访问控制技术、主机的访问控制技术、微型机的访问控制技术和文件的访问控制技术。因此，访问控制策略应包括：入网访问控制、网络的权限控制、目录级安全控制、属性安全控制、网络服务器安全控制、网络监测和锁定控制、网络端口和结点的安全控制等。

4. 防火墙控制策略

防火墙是近期发展起来的一种保护计算机网络的技术性措施，它是一个阻止网络中的黑客非法访问某个网络的屏障，也可称之为控制进、出这两方面通信的门槛，它对两个或多个网络之间传输的数据包和链接方式按照一定的安全策略对其进行检查，来决定网络之间的通信是否被允许，并监视网络运行状态。它既可以阻止对本机构信息资源的非法访问，又可阻止机要信息、专利信息从该机构的网络上非法输出。防火墙的安全策略有两条：一是“凡是未被准许的就是禁止的”，防火墙先是封闭所有信息流，然后审查要求通过的信息，符合条件的就让通过；二是“未被禁止的就是允许的”，防火墙先是转发所有的信息，然后再逐项剔除有害的内容，被禁止的内容越多，防火墙的作用就越大。目前常用的防火墙主要有数据包过滤防火墙、代理防火墙、状态监测防火墙等三种类型。

5. 信息加密策略

信息加密被认为是最可靠的安全保障形式，它可以从根本上满足信息完整性的要求，是一种主动安全防范策略。信息加密的目的是保护网内的数据、文件、口令和控制信息的安全，确保不宜公开的数字档案的非公开性，在多数情况下信息加密是保证数字档案机密性的唯一方法。对数字档案加密的方式有很多种：一是端到端加密，为数据从一端到另一端提供的加密方式，以保护数字档案在传输过程的安全；二是采用链路加密，以保护网络结点之间链路信息的安全；三是采用结点加密技术，对存储在结点内的文件和数据库信息进行加密保护。与数字档案信息处理有关的加密算法有：对称型加密、非对称型加密和不可逆加密。

6. 信息载体安全策略

与纸质档案载体相比，数字档案的载体寿命要短得多，最长也不过三十年，所以在考虑数字档案长期保存的问题时，必须考虑数字信息载体的合理选择和科学保护。目前数字档案记录载体有磁性、光学性、磁光性等几种类型。一般而言，禁止使用软磁盘作为数字档案长期保存的载体。对于办公自动化形成的电子档案宜选择只读式或一次写入式光盘或磁带；对于电子计算机辅助设计（CAD）、辅助制造的产品（CAM），可存储在一次写入光盘上；对需要永久保存的特殊珍贵的数字档案，应拷贝至纸张或缩微胶片上，以便长期保存和利用。对数字档案载体的保护主要是防磁、防尘、防有害气体、防高温和防高湿等。由于数字档案载体极易受到环境的影响，因此对保存的数字档案载体必须进行定期检测和拷贝，对磁性载体每两年检测一次，光盘四年检测一次；磁性载体上的数字档案四年转存一次，光盘上数字档案十年转录一次。

7. 防病毒策略

网络病毒是一种具有破坏性的程序，它通过复制自身以传染更多计算机，网络病毒感染一般是从用户工作站开始，而网络服务器是病毒潜在的攻击目标，也是网络病毒潜藏的重要场所。网络服务器在网络病毒事件中起着两种作用：它可能被感染，造成服务器瘫痪；也可以成为病毒传播的代理人，在工作站之间迅速传播与蔓延病毒。病毒防范策略可从以下几个方面入手：第一，制定适合本系统的反病毒策略；第二，部署多层防御战略，在尽可能多的“点”采取病毒防护措施；第三，定期更新定义文件和引擎；第四，动态更新网络系统、桌面型计算机中的反病毒软件；第五，定期备份文件，定期检查从备份中恢复的数据；第六，预订电子邮件病毒警报服务，保证整个网络信息系统运行机制安全可控。为了保护数字档案的安全，数字档案馆使用网络病毒软件可以从两方面入手：一是工作站，二是服务器。工作站是病毒进入网络的主要途径，为了防止病毒从工作站侵入，可以采用无盘工作站、带防病毒芯片的网卡、单机防病毒卡或网络防病毒软件。大多数防毒软件运行在文件服务器上，它可以同时检查服务器和工作站上的病毒。另外还可以在内部网与外部网的网关安装防毒软件，进行多层次的主动防御。

8. 档案数据备份与恢复策略

这是一种防止数字档案信息丢失和失真的补救措施，由于数字信息对设备、系统的依赖和不稳定性、易更改性，网络的不安全性，给信息安全带来严重威胁。尽管可以采取各种各样的技术和方法来保证网络的安全，但任何安全措施都无法确保万无一失，绝对安全的防范措施是很难实现的。为了保障数字档案的安全，必须建立备份与恢复系统，备份与恢复是指利用技术手段以及相关资源确保既定的关键数据、关键信息处理系统和关键业务在灾难发生后可以恢复的过程。一个完整的备份与恢复系统主要由数据备份系统、备份数据处理系统和完善的灾难恢复计划组成。数字档案馆的备份与恢复系统应该采用静态备份和同步备份相结合的方式。静态备份用于离线异地保存历史记录，以保证历史信息的完整；同步备份用于灾难数据恢复，包括硬盘数据恢复、网络数据恢复、数据库修复和恢复等，以保护当前系统的所有数据。

参考文献

［1］崔波等:《电子商务网络信息安全问题》,《图书馆学、信息学、资料工作》2003 年第 7 期。

［2］刘东斌:《数字档案馆建设面临的难题》,《档案学》2004 年第 1 期。

［3］武丽:《影响数字档案信息安全的因素》,《档案管理》2002 年第 4 期。

［4］肖文建:《论网络环境下电子文档信息的安全》,《档案学》2003 年第 3 期。

［5］陈永生:《数字化档案信息的安全保障体系研究》,《档案学通讯》2005 年第 4 期。

［6］连成叶:《论数字信息档案长期安全保存策略》,《档案学通讯》2004 年第 3 期。

［7］王秀华:《电子档案信息安全管理和技术措施》,《档案学》2004 年第 2 期。

［8］谢海洋:《数字档案馆网络安全技术初探》,《档案学研究》2005 年第 3 期。

［9］孙熙:《浅谈电子档案信息的安全保障》,《档案与建设》2005 年第 1 期。

多媒体技术及其在档案数字化建设中的应用

侯明昌

档案数字化建设中涉及很多计算机技术，而多媒体技术作为当今应用最广泛的计算机技术在档案数字化建设工作中占有重要地位。早在1992年档案部门就已开始进行多媒体技术的应用研究[1]，但局限于当时不完善的硬件及软件技术条件，多媒体技术在档案部门没有得到广泛应用，认识与探讨多媒体及其技术的内涵以及在档案数字化管理中的应用对实现档案数字化及档案现代化管理有较好的现实意义。

一　多媒体、多媒体技术与多媒体档案

随着计算机技术的迅猛发展，计算机在档案工作中得到迅速应用和普及，解决了档案管理中许多迫切需要解决而用传统手段又难以解决的问题，而且其应用范围正逐步扩大，几乎覆盖了档案管理的全过程和大部分工作环节，其发展的目标就是档案数字化建设（即数字档案馆）。我国许多省市“十五”期间的档案信息化建设规划都把档案数字化工作放在首位，而且有许多单位已取得了可喜的成就，如深圳、北京、上海、浙江等省市档案馆都已实施数字档案馆建设工程。

1. 多媒体

所谓多媒体，通常是指在计算机中文本、声音、图形、图像和动画等信息载体中的多个组合，即两个或两个以上的媒体信息组合，是融合两种以上媒体的人—机交互式信息交流和传播媒体，以数字的形式而不是以模拟信号的形式存储和传输。

多媒体的本质仍然是计算机信息、数字信息，这是它与普通纸张、录音机、电影胶片、录像带上的信息（模拟信息）的根本区别。

2. 多媒体技术

多媒体计算机技术指运用计算机进行综合处理多媒体信息的技术，包括给各种信息建立逻辑连接，进而集成为一个具有交互性的系统等。通常简称多媒体技术。

多媒体技术极大地改变了我们使用计算机的方式，它使人们可以以更自然的方式进行信息交流，使长期以来各自独立的电子设备与计算机结合起来成为新型的媒体。多媒体计算机具有处理声音、文字、图形、动画以及电视图像等的能力，可以把文字、音乐、语言、彩色图像及动画结合在一起显示，在计算机内储存，并实现输入/输出方式的多元化，使表现的信息图、文、声并茂。因此多媒体技术是计算机集成、音频视频处理集成、图像处理与压缩技术、文字处理和网络通信等多种技术的完美结合。

多媒体技术的产生始于 20 世纪 80 年代，此后在工业、农业、商业、金融、教育、娱乐、旅游导览、房地产开发等各行各业中，尤其在信息查询、产品展示、广告宣传等方面有着非常广泛的应用，人们应用多媒体技术开发出许多多媒体系统，如多媒体档案管理系统、名片管理系统、图书资料检索系统、多媒体产品广告系统、证券交易咨询系统、交通枢纽信息系统等，产生了巨大的经济效益和社会效益。多媒体技术所涉及的内容，如图像和声音的数字化技术、高分辨率图像技术、高性能大容量数据存储技术、多媒体数据压缩与还原技术、多媒体数据库技术和图像、语音、文字的识别技术等等，在档案数字化建设中都有着举足轻重的作用，因而我们对之进行深入探讨研究不仅有助于开拓档案管理学科的理论研究领域，而且还具有现实利用价值，可直接应用于档案管理工作之中，从而促进档案数字化建设。

3. 多媒体档案与电子文件、电子档案

关于电子文件与电子档案的概念，档案界有不同看法，本文不过多讨论，这里只引述国家标准《CAD 电子文件光盘存储、归档与档案管理要求》中采用的定义来进行说明：

电子文件（electronic records）是指能被计算机系统识别、处理，按一定格式存储在磁带、磁盘或光盘等介质上，并可在网络上传送的数字代码序列。

电子档案（electronic archives）是指具有保存价值的已归档的电子文件及相应的支持软件产品和软、硬件说明。

从以上定义可大致看出，电子档案由电子文件转化（归档）而来，两者的共同之处是它们都是数字化信息，即各种形式的计算机文件。

本文所称的多媒体档案是指具有多媒体特征的电子档案，是电子档案中的一种。需要说明的是，“多媒体档案”这一名称的提出，只是为了强调多媒体技术在档案工作中的特殊性、重要性。

那么什么是电子档案的多媒体特征呢？计算机技术领域中的多媒体有多方面特征，最突出的特征就是其集成性。

多媒体集成性包括两个方面：一方面是多种信息的集成处理，即利用多媒体技术将各种不同的媒体信息有机地进行同步组合成为一个有机整体；另一方面是处理设备的集成，即把不同功能、种类的媒体设备集成在一起，形成多媒体系统。[2]这就要求在硬件上，应具有能够处理多媒体信息的高速并行处理机系统、大容量的存储、适合多媒体、多通道的输入输出能力及外设、宽带的通信网络接口等。在软件上，有集成一体化的多媒体操作系统，适合多媒体信息管理和使用的软件系统、创作工具和高效的应用软件等。[3]

多媒体的另一重要特征是交互性。

在多媒体系统中，除了操作上控制自如之外，在媒体综合处理上也可以随心所欲，即使用者不仅可以控制多媒体信息和设备的运行，还可以控制和干预信息的处理。[4]这是人们获取信息和使用信息变被动为主动的最为重要的特征。

因此，电子档案包含所有已归档的电子文件及其相应的支持软件、参数和其他相关数据，范围十分广泛，从媒体特征上来说，这些归档的电子文件既包含文本文件（文字、数字、符号等信息）、静态图形图像文件（各种静态形式的图形图像信息）、音频文件（声音或音乐信息）、动画与视频文件（动画或视频影像信息，即活动影像信息），也包含有结合以上两种独立信息的多媒体文件，如一份电子文件，可能同时包含有文字、图形图像、声音及动画等多种信息形式在内，在现今的计算机技术条件下，这已经是很普通、很容易就能做到的，而且这种形式正在变得越来越普遍，不可能把这种形式排除在电子文件/电子档案的范围之外。多媒体档案指的就是这一类具有多媒体特征的电子档案/电子文件，判别一份电子文件/电子档案是否是多媒体档案，主要就是看其是否包含了两种以上的媒体信息，即依据其多媒体集成特征。

就目前多数档案部门的电子文件/电子档案形式来说，单一媒体形式（只包含一种媒体信息）是主流，尤其是文本电子文件（只表现其文字、数字、符号信息）占了绝大部分，真正意义上的多媒体文件/档案还很少，这其中的原因，据笔者分析，主要有以下几个方面：

首先，我国的档案数字化工作起步较晚，数字档案馆的理论研究及系统建设（技术操作）都还处于探索阶段，档案数字化的数据准备工作也还只是起步，许多档案部门的电子文件/电子档案还主要停留在文件目录或摘要信息层次上，全文性的电子文件/电子档案还不是很多，文本型的电子文件/电子档案因工作量相对要小些，又容易操作（录入），就自然成为当前电子文件/电子档案的主要形式。另外还有相当数量的照片/图片档案被数字化/电子化，但这也只是单一媒体形式的档案信息。

其次，档案工作者的计算机技术知识和操作应用技能还不高。由于各种原因，计算机专业技术人员在档案部门中所占的比例在逐年降低，大多数的档案工作者都只受过一些计算机技术普及教育，对计算机的操作应用技能普遍停留在简单的办公文档处理及网络应用操作方面，甚至还有一部分人对这些简单操作也是知之甚少，更不用说复杂的多媒体技术了。这种状况使得档案部门不能充分发挥各种软硬件的作用，制约了档案数字化建设的发展。

最后，档案数字化的许多技术标准还没有完善，档案信息数字化处理的规范化、标准化问题还没有得到很好解决，不同地区、不同系统的档案部门在档案数字化建设工作中大多只从自身的实际情况及对档案数字化处理的不同理解出发，各自开发、建设只适用于本部门的档案数字化系统，从而产生了各种不同格式的电子文件，相互之间很难共通共享。这些格式中只有文本型电子文件易于相互转换从而实现资源共享，所以文本型文件（文字信息）因其在各种计算机系统中都易于识别、转换，也就成为当前档案数字化的主要部分。

随着多媒体技术的日益普及以及档案工作的向前发展，多媒体技术将如同其他计算机技术一样渗透到档案工作的各个方面，而档案工作也将越来越广泛地应用到多媒体技术，从而使具有多媒体特征的档案/文件越来越多。

二 档案数字化的内涵特征

提到档案的数字化，很多人首先想到的就是把馆藏档案输入到计算机中，把传统的档案形式转变为计算机中的数字信息。应该指出，这种认识是片面的，在信息技术已经渗透到社会生活的每个角落，在数字图书馆、数字档案馆的建设已经引起全社会高度重视并取得可喜成就的今天，档案数字化具有了更丰富、更深刻的内涵，它并不是简单地指馆藏档案的数字化，而是指借助于各种数字技术，全面实现档案部门的馆务工作和馆藏资源的数字化，从而最大限度地体现、发挥档案的信息资源价值属性。它的出现给现有的档案工作带来了新的挑战和机遇，代表了信息时代档案工作的新模式。

首先，从档案部门馆务工作数字化来看，档案数字化使馆务工作成为一个动态的过程，使档案信息网络成为一个开放的系统。

从国内外有关情况及发展趋势看，数字化建设是一项社会性的工作，并不只是图书馆、档案馆等信息服务部门专有，在政府行政管理、社会公共服务、生产经营等各个领域都得到广泛应用，尤其是近年来，国家和社会信息化程度不断提高，国家信息化领导小组提出了以政府信息化带动全面信息化发展的战略，从中央到地方各级政府和有关部门都在积极建设、实施电子政务或办公自动化（无纸化办公或网络办公），这就使得档案信息网络不再是封闭的，而是包含在办公自动化系统、计算机辅助设计和管理系统、公共信息数据管理系统等更为广阔的大系统之中，成为政府信息系统或机构（部门）信息系统的一个重要组成部分。这就要求档案部门的馆务工作也要跟上社会工作数字化的发展，逐步由档案部门传统手工工作过渡到整体职能工作的数字化、信息化。

其次，档案资源的数字化是目前档案数字化建设工作的基础、关键，也是目前大多数地区、部门进行档案数字化建设的“瓶颈”。

档案数字化数据来源大体来说有两类，一是现有馆藏档案的数字化，二是电子文件的接收。

在现阶段，我国档案数字化建设正处于起步阶段，馆藏的数字化仍是数字档案馆的主要数据来源，是档案数字化所要解决的主要问题。

馆藏档案数字化首先面临的是原有的大量馆藏档案如何全部数字化。少量的档案实现数字化不是问题，无论是纸质档案，或是声像档案，都有办法实现数字化，技术上（软件、硬件）应该是可以解决的。但当要进行数字化的档案数量剧增时，大多数的档案部门都深感棘手。就我国目前档案部门的普遍情况看，在人力、财力、硬件设备及技术等方面都存在着不足，要实现全部馆藏档案的数字化是非常困难的，需要付出艰苦的劳动和大量的工作，因此要在短时间内实现全部馆藏档案的数字化是不可能的。

馆藏数字化不仅仅是简单的扫描工作，需要考虑到数字档案的存储格式、压缩算法、检索方法及安全保密机制等等问题。在这方面，尽管全国上下都在进行档案数字化工作，但却还没有形成一致的标准，都只是各自按本部门、本系统或本地区的情况自行规定，或者只是很笼统、含糊地给出一些规定，不够明确，甚至有些连格式规定都没有，只要录入、扫描入计算机就行。从长远的、系统的角度看，这是非常不利的。电子档案具有非人工识读性以及对设备系统有很强的依赖性等特点[5]，不仅有本身的原始信息，还有其他一些隐含信息，如 Word 文件中的字体字号、排版格式等信息，网页文件（超文本）中包含的标识和链接信息等等，所有这些信息以特定的编码方式记录，必须依赖于特定的计算机程序进行正确解码后，才能直接识读。而在信息技术的发展过程中，新的编码方式不断出现，旧的编码方式逐渐被淘汰，这样，新的计算机系统就可能无法识别出过去的编码形式信息，使过去保存的电子档案的信息无法识别。

同时，各地各部门采用不同的档案数字化格式也会造成信息交流与共享的困难，为此，必须要有一个全国通行的档案数字技术标准，国家档案局颁布的《全国档案信息化建设实施纲要》中提出要在 2003 年完成《纸质档案数字化技术规范》《缩微影像数字化转换技术规范》，2004 年完成《照片档案数字化技术规范》《录音档案数字化技术规范》《录像档案数字化技术规范》。相信这些档案数字化技术规范的制定、实施将有助于解决当前格式混乱的问题。[6]

至于电子文件的接收，则必须依赖于馆务工作的数字化，当馆务工作实现真正的数字化、网络化之后，大量、实时的电子文件接收才有可能，并得到充分利用，否则电子文件的接收将局限于磁盘报送方式。

因此，非数字化档案与数字化档案并存的情况还将在很长一段时间内存在，各档案部门应共同联合，更新观念，在依据各自馆情的基础上，以实现档案信息资源共享为目标和原则，合理确定馆藏数字化范围，制定整体规划，分阶段按照不同的方式实施。同时，电子文件的归档要大力积极地推动，使各种电子文件能得到及时的保存利用。

三 多媒体技术在档案数字化建设中的应用

多媒体技术包括的内容涉及当前的档案数字化建设中的方方面面，具有重要的作用。

1. 利用多媒体技术进行原始馆藏档案的数字化转换

馆藏档案数量庞大，种类繁多，一直以来是档案部门进行档案数字化建设最头疼的问题，但却也是进行档案数字化建设不得不必须完成的艰苦任务。国家档案局颁布的《全国档案信息化建设实施纲要》中明确指出，要“积极推进档案数字化进程，加强对珍贵、重要档案的保护，提高档案利用的效率和水平。以现实需要为前提，分阶段、分步骤实施。首先在中央档案馆、中国第一历史档案馆、中国第二历史档案馆，以及北京、天津、辽宁、上海、江苏、安徽、广东、重庆、陕西、青岛、杭州等省、市档案馆开展档案数字化工作试点，实现馆藏重要全宗纸质档案和照片、录音、录像档案的数字化……”[7]如何实现这一要求？这里有很多因素需要考虑，其中很重要的一点就是各档案部门必须自己要掌握档案数字化的实现技术。

国家档案局颁布的《全国档案信息化建设实施纲要》中计划要完成的《纸质档案数字化技术规范》《缩微影像数字化转换技术规范》，《照片档案数字化技术规范》《录音档案数字化技术规范》《录像档案数字化技术规范》等档案数字化技术规范，所涉及的基本上都是多媒体技术的内容，因此，各地各部门在遵照这些数字化技术规范的要求进行馆藏数字化转换时，也就是在利用多媒体技术手段来进行馆藏档案数字化。

2. 利用多媒体技术解决电子档案的大容量存储问题

档案数字化有两个很重要的目的，一是要解决传统档案的存储问题，二是要提供更大范围内的利用（网上利用）。

传统档案的存储需要占用大量库房空间，同时也不便于查找利用，随着时间的推移，其占用的空间在不断急剧增加，如何解决档案库房空间的问题，各档案部门都在绞尽脑汁，档案数字化存储方式也就引起了人们的重视。应用光盘、硬盘等数字化存储设备作为载体，将电子文件、电子档案存放到数字化存储设备上，建立电子档案数字化存储数据库，是解决档案资料存放空间不足，提高档案利用率和档案管理水平的重要途径之一。与纸质档案载体相比，光盘、硬盘等数字化存储设备具有存储量大、易于保管、便于检索浏览等特点。

近年来，电子档案中多媒体数据文件呈逐渐上升的趋势。多媒体技术是所有计算机领域中信息量最大的领域，多媒体数据中的声音、动画、视频、高分辨率图像等，在未压缩的情况下，其数据量十分庞大，例如，一张普通的 5 寸照片，以 300dpi（每英寸像素点）分辨率和 24 位真彩色扫描存储，需占据约 4M 存储空间；而视频数据量则更大，PAL 制式的视频未经压缩时每秒钟的数据量约为 30M。因此，多媒体数据又称为海量数据，对多媒体数据进行压缩是十分必要的。

多媒体数据压缩技术主要涉及适用于音频、静态及带有伴音运动图像的压缩和解压缩算法和软、硬件实现技术。依靠这些压缩技术，海量的多媒体数据可以得到大幅度的压缩。如果说光盘等电子载体使传统档案的存储空间得以缓解，那么，多媒体压缩技术则进一步减少其数据量，降低占用空间。

很显然，经过压缩的数字化档案更利于网上传输。

3. 利用多媒体技术建设、提升档案数据库系统、档案管理信息系统

传统的数据库模型主要处理的是整数、实数、定长字符等规范数据，随着图像、声音、视频等多媒体数据不断增加，档案数据库系统中必然也需要加入这些内容，但多媒体数据的信息范围大大扩展，同时又不规则，没有一致的取值范围，没有相同的数据量级，也没有相似的属性集，因此，传统的数据库系统面临着新的问题。

多媒体数据库是数据库家庭中的新成员，其主要特征是可存储、管理两种以上的多媒体数据，例如包括文字、图像、声音、视频动画等形式的数据，如果只包含两种以下的数据，则统称其为专门的，如图文数据库、图像数据库、文本数据库等专门数据库。[8]

而对管理信息系统（MIS）和办公自动化系统（OA）来说，多媒体使之档次得以提高。它能综合处理、存储多媒体信息，同时使人机界面大

为改善。过去许多 MIS 或 OA 之所以建立之后却没有得到很好应用，常常是因为人机界面不佳，而大多数用户都不是计算机专家，因而对使用这样的计算机系统而感到麻烦，甚至产生畏难情绪而不愿意使用。现在采用多媒体之后，使人机界面图、文、声并茂，直观明了，使用起来非常容易。显然，若再把它与计算机视频会议系统结合起来，系统的水平将上升到一个新高度。

4. 利用多媒体技术开展数字化档案信息服务

过去，传统的档案信息服务一般只能用文字和图表来展示，现在则可以把图形、图像、动画、音频、视频等结合进去，实现多元一体化服务，满足数字化环境下用户的信息需求，并能使观众有身临其境的感觉，生动有趣，效果良好。其表现形式主要有多媒体网页（网站）、多媒体档案展示系统、多媒体档案电子出版物（多媒体光盘）等。

此外，多媒体技术在视频点播、计算机视频会议及讲演辅助等方面的优势也可应用于档案工作之中。

四　结束语

现代高新信息技术已经融入了社会生活的方方面面，并产生了巨大的影响，档案专业领域也愈来愈深刻地感受到了信息技术革命的强烈冲击，档案管理者要勇于面对信息技术的挑战，积极进行对策研究，主动了解、学习信息技术，探索信息技术与档案学的融合、应用，加强现代高新信息技术在档案领域中的应用研究，变挑战为机遇，为发展档案管理作出我们的贡献。

参考文献

［1］邱晓威、孙淑扬：《我国档案计算机管理的发展历程与前景分析》，《档案学通讯》1999 年第 5 期。

［2］赵子江编著：《多媒体技术应用教程》，机械工业出版社 2001 年出版。

［3］、［4］、［8］陈明编著：《多媒体技术及应用》，清华大学出版社 2001 出版。

［5］冯惠玲主编：《电子文件管理教程》，中国人民大学出版社 2001 年出版。

［6］、［7］《全国档案信息化建设实施纲要》，《中国档案》2003 年第 3 期。

近年来我国农业科技档案研究述评

陈海玉

当前发展我国农村经济，解决农业、农村、农民的“三农”问题是党和国家工作的重中之重。档案工作作为农村建设的基础工作，其发展的水平和健全的程度直接关系到农村社会的发展与进步。其中的农业科技档案，是农业生产活动的真实记录，反映了农业生产在不同阶段的情况。科学地管理和利用农业科技档案，满足农户的需求，为农业的科学研究及其科研成果的推广利用提供了宝贵资料，更为社会主义新农村建设提供了不可缺少的重要条件。

一

近年来，随着我国农村经济的不断发展和国家各项政策在农村的落实，我国农业科技档案工作已取得了一定成绩，特别是学术界针对农业科技档案进行的深入全面的探讨研究所取得的成果，对农村档案工作的理论研究和实践指导都富于意义。现将近年来农业科技档案的研究现状综述如下：

（一）农业科技档案的定义、种类与特点

有关农业科技档案的含义，有几种代表性的观点。如巩文红、仇贵生认为：农业科技档案是指农业科研单位在科学研究、生产技术、基本建设、管理工作等活动中形成的应当归档保存的图纸、图表、文字材料、计

算材料、照片、录像等科技文件材料。[1]汤晓昀认为：农业科技档案是指农、林、牧、副、渔、水利、电力、气象、环保、土地、土肥等涉农部门和个人，在生产活动、经营活动和科研活动中直接形成、应归档保存的具有查考价值的文字、图表、声像、电子等载体的文件材料。它是农业科学技术活动的真实记录，是重要的农业科技信息资源，是单位的科技储备和宝贵财富。[2]兰前、魏小红认为：农业科技档案是指农业、林业、畜牧业、渔业、土地等国家机构、社会组织和个人从事农业生产、科研、农林水利建设等科技活动中形成的对国家和社会具有保存价值的应当归档保存的文字、图表、声像等不同形式和载体的科技文件材料。[3]

在农业科技档案的范围和分类认识问题上，一些学者深入实际作了细致分析归纳。如林虎凯认为：建立农业科技档案，要明确和掌握农业科技档案的收集范围。其中包括：农业拖拉机站的档案材料（机车及大型农具的保养、使用说明书，装配图、零件图等；拖拉机和定期检修材料、重大事故的记录、拖拉机保养检修记录、驾驶员变更情况、机车及农具的管理材料、行车日记、作业验收单等）；农业技术推广站的档案材料（土壤普查材料、农业生产规划、技术措施材料，各种实验记录、数据报告；新技术推广材料、总结典型经验材料）；水利站的档案材料有（各项水利工程的竣工图纸、土质材料、构筑物工程、桥涵、堤坝、电站、泵站等设备档案材料、水利规划方案等）；林业站的档案材料（林业生产规划：包括规划图，各种林木图表、林木生产调查材料、林业科研材料）；畜牧站的档案材料（畜牧生产规划、种畜档案、牧畜数量统计表及其他材料、牲畜改良材料、科研材料等）；气象档案材料（气象记录材料、历年气象统计表、历年气温对照材料、气象图等）。[4]李家云认为：农业科技档案主要包括种子档案、植物保护档案、林业档案、畜牧档案、水产档案、农业生态环境和农业区划档案。[5]

此外，很多学者也对农业科技档案的特点进行了总结。如宫玉英认为：农业科技档案具有综合性强、外业形成量大、地域性强的特点，研究把握好这些特点，才能做好农业科技档案工作。[6]张佳红、李影认为：农业科技档案的特点是种类繁多，主要有自然资源、农业区划、农作物栽培、水产、畜牧、农业气象、农业科研等类别；外业工作量大即大量的农业科技档案是在野外、田间形成的；具有较强的地域性；农业科技档案内容丰富全面，详细地记录了每个时期的科研项目、科技成果。[7]宋艳萍、吴冰玉：认为农业科技档案伴随着农业生产实践和科学研究活动而产生，具有许多不同于其他档案的特点：一是农业科技档案的综合性；二是农业科技档案的系统性和连续性；三是农业科技档案的地域性和季节性；四是农业科技档案与自然条件联系的密切性。[8]

（二）农业科技档案的作用

巩文红、仇贵生认为：农业科技档案的作用有三点：一是农业科技档案工作是现代农业科技进步的重要保障。现代农业的发展以农业科技进步为先导，也是工业、服务业等其他行业发展的基础，是我国实现强国之路的首要条件。二是农业科技档案工作是现代农业科研成果转化和推广的重要纽带。科技档案资料的完整、准确、系统是批量生产的依据；批量生产的全套产品、工艺档案是推广技术成果和技术转让的依据。三是农业科技档案工作有利于保护农业知识产权，促进我国农业经济可持续发展科技档案管理和知识产权保护是相辅相成的，管理好科技档案有利于保护知识产权，保护好知识产权有利于科技档案的收集、整理和利用。[9]

马凯、岳春玉认为：农业科技档案的地位和作用包括三个方面：第一，为质量效益型农业科研提供基础和条件。第二，为质量效益型农业生产提供知识、技术、经验和依据。第三，为质量效益型农业决策提供依据和参考。在此基础上才能制定出正确的、符合客观实际的、切实可行的农业政策和管理措施。上述情况只有依据农业科技档案，才是真实可靠的。[10]

（三）农业科技档案的管理

魏祯认为：目前农业科技档案管理存在着三个问题：一是农业科技档案管理体制落后。农业科技档案管理体制不规范，各地区、各行业没有统一的规范化的管理模式。二是社会利用科技档案的意识差，“重藏轻用”“坐守阵地”“等客上门”等被动意识占主导地位。三是科技档案管理人员工作效率和工作质量较低，与市场需求不适应。[11]郑莉提出，目前农业科技档案工作在两个方面存在不足：一是档案材料不完整、不规范。农业科研档案常处于分散状态，缺乏连续性和完整性。二是农业科技档案管理的硬件条件差，缺乏现代化的技术设备，管理方法和手段落后。[12]以上这些观点，反映出当前农业科技档案管理工作中存在的基本问题。

针对现实工作中存在的情况，一些学者进行了思考并提出管理建议。如司啸宏、刘紫霞认为：（1）档案管理思路要创新，要从“伸手派”变先行官、创造者；（2）档案管理机制要创新，要建立与此相应的创新激励机制；（3）档案管理模式要创新，要通过借助计算机来提高管理效率和管理水平；（4）档案人员主体要创新；（5）收集工作要创新；（6）档案服务方式要创新；（7）检索技术要创新。[13]巩文红、仇贵生认为：农业科技档案的规范化管理包括科技档案本身的规范化和科技档案管理工作的规范化。[14]

宫玉英认为：要“加强农业科技档案的规范化管理”“在收集和整理档案过程中要严格组卷、归档制度，切实做到统一管理人员、统一规划计划、统一检查指导和统一培训交流，建立健全各种规章制度，如立卷归档保管制度、保管利用制度、保密制度等等。形成档案内容规范化，要求文字书写整齐、清洁，坚决杜绝复印制件及圆珠笔形成的资料在卷中出现”[15]。柳建新提出：要“加强和完善农业科技档案工作”，首先，档案行政管理部门要依据国家的有关法律、法规，对农业科技档案管理实行有效监督和指导；其次，各级档案部门应根据实际，制定适合本单位农业科技档案管理的规章制度和措施；最后，农业科技档案部门、科技档案管理人员要依据《档案法》《科学技术档案工作条例》《科学技术研究档案管理暂行规定》，对农业科技档案资料的形成、积累、整理、立卷、归档进行规范化管理，使农业科技档案工作纳入依法管理运行的轨道。[16]陈娴认为：编制好农业科技档案目录，就是要分门别类、归档编制、有序排列。如农业科学类，在其下一级编制中，再加细化，农业科学类又分为农业工程、植物保护、畜牧等依次类推，做到编制有序、一目了然、查找方便。同时要编制好专题目录。对每一个完整的农业科研项目，以每一个农业科研课题的名称、鉴定年度排序进行专题编录。从选题到开题、项目试验研究进展情况到项目验收整个过程，包括：选题论证报告、本研究机构初审意见，专家组评审意见，上级管理部门审核意见、科研活动计划书、科研计划任务书、年度实施计划、课题调查记载原始记录，实验分析统计资料、观察记录统计资料、实验记录、会议记录、相关的论文报告，课题结束时所产生的各种数据及文字总结材料，课题效益测算及论证材料，课题验收相关文件资料等，归齐这些资料整理并入各课题专题目录。编制成的科技成果档案可以使农业科技工作者方便快捷地了解每项科技成果的信息。[17]

（四）农业科技档案的开发与利用

开发利用农业科技档案是实践工作者和理论研究者关注的热点。许多人员结合本地区农业科技档案的需求和开发经验，针对农业科技档案开发利用存在的问题提出了思路和对策。

如汤晓昀提出：一是农业科技档案质量不高，缺乏完整性；二是农业科技档案管理不到位，执行力度不够；三是农业科技档案编研工作缺失，开发利用不足。对于农业科技档案中开发利用的建议，汤晓昀提出：从基础抓起，提高档案质量。第一，明确收集范围，掌握收集重点；第二，注重各种载体档案材料的收集；第三，做到“四同步”，即每个科研阶段的任务与形成的文件材料归档同步，以避免因时间久远造成材料的遗漏和缺失。[18]陈文英、张令宏提出：要努力建立科技档案资源体系，立足于“科教兴农”，利用计算机网络技术建立科技档案资源体系，如科技基础数据库、科技成果数据库、农产品质量安全标准数据库等。还可以充分利用一些新型传播媒介，为农业科技档案的发展提供更好的平台。如卫星广播、有线电视、电子传媒、网络、手机等提高农业科技传播的空间。[19]兰前、魏小红认为：开发利用农业科技档案要“配合科技成果转化、示范推广、科技下乡等活动开展信息咨询服务，举办科技讲座、科技画展等一系列宣传工作”，同时，还可以“建立农村专业户、科技示范的产业机构档案”，并“利用计算机网络技术将采集加工的农业科技成果、实用技术及先进的管理经验进行及时有效的传播，快速应用到农业生产中”[20]。马凯、岳春玉提出农业科技档案开发利用的两个步骤：第一，以丰富馆藏为目的的收集开发；第二，以建立检索工具为内容的加工开发。[21]韦风珍提出开发利用农业科技档案的措施：（1）预测需求，变被动服务为主动提供利用。农业科技档案的利用工作，必须做到主动，不违农时，要注意预测需求，把握需要，抓住农时季节。（2）通过举办技术讲座、建立档案利用联系户制、参与技术市场度、建立网络中心等方式开展灵活多样的农业科技档案利用工作。（3）搞好农业科技档案信息的编研工作。[22]司啸宏认为：（1）编研成果要令人耳目一新。编研成果包括公开出版物和内部参考，是档案部门开展信息资源开发利用的一条重要途径。（2）下乡送农业科技档案信息。（3）联合当地农业科研院（所）举办技术咨询中心或与当地电台、电视台举办《农业科技档案信息》专栏，拍摄农业电视专题片等。（4）建立示范基地，在实地现场展示新成果、新技术。（5）建立“三级农科”档案信息网络，架起信息服务的桥梁。（6）加大在现行文件服务中心的科技档案信息展示力度。[23]董榕认为：“要整合资源，创新服务方式”“一是做好农业科技档案，提高农业生产水平。在推进科技兴农、传播农村科学技术上，发挥档案的作用。二是建立农业特色档案，为农民致富服务。档案工作要在建立专业特色档案上下工夫，主动搞好服务。三是建立农户信用档案，为农民致富提供资金保障”。[24]宫清提出：农业科技档案的开发利用，要建立以市农业中心档案室为信息主站，各乡镇档案室为信息支站，以各村档案室和科技示范户为信息点的三级农业科技档案网络，将农业新品种、新技术、新产品、新销路通过各种渠道送到农民手中，以解决农民“缺思路、愁销路、想技术、盼服务”的问题。[25]翟恒生提出：（1）配合科研、生产、推广部门，利用农业科研成果档案资源为全省农业产业结构调整服务。（2）协助农业科技成果管理部门举办成果展览、现场成果展示会、媒体报道等，对农业科技成果进行宣传推广。（3）配合农业科技信息咨询部门，做好档案信息、科技情报的咨询服务工作。（4）配合、协助科技人员，为开发、推广农业科技成果提供所需的档案成果资料。（5）积极开发农业科研成果档案信息资源，为“科技扶贫”提供动力。（6）充分发挥和依靠科技副县长的桥梁纽带作用，积极转化科研成果，探索科技成果档案服务农村的新路子[26]。

二

科学技术是第一生产力。农业科技是发展农村经济、促进农业科技现代化的重要力量。目前，深化科技改革，加强农业科技信息的推广和创新，迫切需要深入开展农业科技档案的研究工作，其意义重大。

（一）农业科技档案研究夯实了农业科技发展的基础

农业科技工作与农业科技档案研究有着十分密切的关系，农业科技档案在农业科技发展中的地位和作用尤为重要。首先，农业科技档案是农业科技发展的必要条件。农业科技者开展农业活动，必须依靠必要的档案文献资料。而农业科技档案汇集了农、林、牧、渔各业生产技术活动中形成的资料，是农业科技工作开展的基础。农业科技档案积累得越多，就越利于科技发展。科技人员查阅利用得越充分，科学研究的层次就越高，取得的社会经济效益就越显著。借助农业科技档案可避免重复劳动，节约人力、物力、财力和时间。可见，农业科技档案研究内容要从农民最关心、要求最急迫、受益最直接的事情做起，深入实地进行调查研究，要针对当前发展现代农业及农村社会中出现和急需解决的实际问题进行研究，只有这样，才能真正发挥档案为农业科技服务的作用。其次，农业科技档案是推广农业科研成果和先进技术、经验的重要手段。现代农业的发展，要求农民在农业生产中必须依靠农业科技知识，并不断加以总结、交流、推广，才能不断提高生产力，获得更大的效益，而这些知识的获得，离不开农业科技档案。

（二）农业科技档案研究推进了社会主义新农村建设

社会主义新农村建设是当前我国社会生活的重要课题，也是关系到我国农业科技发展和社会和谐的重要内容。其中，发展农村经济是新农村建设的关键一环。为了保障农业生产的高产和优质，农村经济实现产业化目标，因此在农业生产过程中需要有科学的决策和管理手段。农业科技档案记载了第一手的农业生产信息资源，它是农业生产的重要参考和凭证。同时，通过农业科技档案信息资源的开发利用，可以直接转化为农业发展的生产力。我们必须加强农业科技档案工作，明确在其开发与利用中存在的问题、原因及相关对策措施，促进农业科技成果的转化，发挥档案价值，推动我国社会主义新农村建设的步伐，创造社会主义和谐社会。

（三）农业科技档案研究是科技档案研究领域的重要部分

农业是自然生产和经济再生产相结合的物质生产部门；农业科学是一个综合性很强、涉及范围很广的科学体系，包括天文、气象、水文、地理以及生物和人类活动的各个方面。因此在生产技术各行业中产生形成的农业科技档案是一种种类繁多、综合性较强的科技档案。农业科技档案是科技档案家族中一个重要的组成部分。作为一门独立的学科，科技档案学的研究在我国已有几十年的历史了，其研究的成果为各种科技档案的管理和利用提供了丰富的理论、原则和方法方面的指导。与此同时，农业科技档案的研究也必将夯实科技档案学学科的研究基础，并对科技档案学的学科拓展作出贡献。

三

近年来，农业科技档案已引起了各级政府有关部门的重视，收集、整理、利用农业科技档案工作得到了进一步加强。与此同时，有关人员对农业科技档案的研究也不断深化，研究队伍日益壮大，取得的成果令人瞩目。在社会主义新农村建设和农业科技发展背景下，农业科技档案工作如何适应新形势发展要求，为各地区农业生产服务，是当前我们面临的新课题。为此，笔者认为农业科技档案的研究还要重视以下几个方面：

（一）农业科技档案的管理工作研究

一直以来，农业科技档案管理工作的研究浮于一般问题的探讨，缺乏对各地区众多实践经验的整合和理论层面的概括，特别在新农村建设中如何建立创新的工作机制还有待深入研究探索。按照当前国家档案局精神，今后农业科技档案创新工作机制的研究应关注以下几个方面：一是如何完善和巩固农业科技档案管理机构的工作机制。即要加强相关机构的监督、检查和指导工作，创造农业科技档案管理工作条件，建立完善相关制度。二是如何建立典型档案、重点特色科技档案机制。即在现有农业科技档案建设的基础上，针对未来农业发展趋势和各地区农业发展特色，构建灵活多样的农业科技档案信息资源，服务于农业生产。三是如何把农业科技档案工作纳入总体考核机制。四是如何建立完善有效的农业科技档案执法监督机制和保障措施。五是建立和改善农业科技档案的服务机制。即要求档案工作者具备与新时代发展步伐相一致的信息意识、市场意识和现代化意识，打破过去服务对象的局限性和单一性，本着“用户至上”的原则，尊重农户，创新服务的内容、方式和手段，使农业科技档案在建设现代化农业方面充分发挥其参考凭证作用。

（二）农业科技档案信息资源的开发利用和信息化建设研究

我国新农村建设档案工作的首要任务，是要建立一个适应新农村建设需要的档案资源体系，为“三农”提供服务。因此，有关学者应该加强研究农业科技档案信息资源的开发利用，研究其可行途径和方法，探索并逐步建立农业科技档案信息转化和推广模式，加大信息化建设研究力度，逐步促进农业科技档案信息数字化，实现网上检索和利用，最终达到信息共享，以有效满足农民群众日益增长的档案利用需要。

（三）农业科技档案的制度建设研究

农业科技档案工作管理除了依据《档案法》的有关规定外，还要考虑农村工作的特点，因地制宜。至今尚无有关农业科技档案管理的具体实施办法和规章，尤其是未制订村级农业科技档案管理所需的标准规范。由于标准不统一，各地对农业科技档案工作指导时，只好参照机关事业单位的标准，工作中难以把握，给档案管理带来很大困难。因此，各部门和有关学者应该加大对农业科技档案管理制度的研究力度，根据各地区乡镇村的具体情况，总结经验，突出特点，形成科学的理论成果，有效指导有关部门制定农业科技档案管理的标准。

（四）农业科技档案的专门人才培养研究

做好农业科技档案工作，乡镇村档案人才的作用至关重要。如何建设一支适应农业科技档案工作发展需要的专门人才队伍已成为当务之急。当前我国从事农业科技档案工作的专门人才十分缺乏，体现在：一是人员不稳，乡村两级档案人员绝大多数为兼职，人员流动频繁；二是水平不高，农业科技档案人员对档案工作的基础知识、基本要求、基本技能不熟悉，工作水平很难提高。由于面向农业科技档案的信息服务和业务指导、技术培训的力量严重不足，影响了当前及未来我国农业科技档案工作的顺利开展，因此，研究农业科技档案专门人才的培养问题显得尤为迫切。

（五）农业科技档案的保护研究

我国各地乡镇村发展不平衡，一些地区经济相对发达，农业科技档案工作起步早，工作体系和管理条件也较完备；但还有相当一部分经济欠发达地区，这些地区建档的任务十分艰巨，有的甚至连档案保管的基本条件都还不具备，干部和群众的档案意识还很薄弱，许多珍贵的农业科技档案得不到及时、有效的收集整理和保护，损坏流失现象严重，制约着社会主义新农村建设档案工作的发展。可见，对农业科技档案的保护研究势在必行。

参考文献

[1] 巩文红、仇贵生：《农业科技档案与现代农业》，《农业科技管理》2008 年第 6 期。

[2] 汤晓昀：《浅谈农业科技档案的开发利用》，《新疆农垦科技》2011 年第 5 期。

[3] 兰前、魏小红：《加强农业科技档案管理服务新农村建设》，《闽东农业科技》2009 年第 2 期。

[4] 林虎凯：《如何建立农业科技档案》，《中国档案》1981 年第 3 期。

[5] 李家云：《浅谈农业科技档案的管理》，《农业装备技术》2006 年第 10 期。

[6] 宫玉英：《加强农业科技档案工作促进农业技术推广》，《办公室业务》2012 年第 7 期。

[7] 张佳红、李影：《开发农业科技档案推进农业科技进步》，《吉林农业》2007 年第 8 期。

[8] 宋艳萍、吴冰玉：《利用农业科技档案为发展农业经济服务》，《黑龙江档案》2005 年第 3 期。

[9] 巩文红、仇贵生：《农业科技档案与现代农业》，《农业科技管理》2008 年第 6 期。

[10] 马凯、岳春玉：《开发利用农业科技档案为质量效益型农业服务》，《中国农垦经济》2001 年第 2 期。

[11] 魏祯：《加强农业科技档案为科技创新服务》，《农业科技与信息》2009 年第 6 期。

[12] 郑莉：《农业科技档案工作存在的问题与对策》，《农技服务》2009 年第

8 期。

［13］司啸宏、刘紫霞：《农业科技档案工作的创新与发展》，《现代农业科技》2007 年第 22 期。

［14］巩文红、仇贵生：《农业科技档案与现代农业》，《农业科技管理》2008 年第 6 期。

［15］宫玉英：《加强农业科技档案工作促进农业技术推广》，《办公室业务》2012 年第 7 期。

［16］柳建新：《加强农业科技档案管理为农业技术创新服务》，《黑龙江档案》2006 年第 4 期。

［17］陈娴：《农业科技档案的管理与利用略论》，《湖南农业大学学报》2007 年第 8 期。

［18］汤晓昀：《浅谈农业科技档案的开发利用》，《新疆农垦科技》2011 年第 5 期。

［19］陈文英、张令宏：《关于提升农业科技档案服务“三农”水平的思考》，《现代农业科技》2010 年第 19 期。

［20］兰前、魏小红：《加强农业科技档案管理服务新农村建设》，《闽东农业科技》2009 年第 2 期。

［21］马凯、岳春玉：《开发利用农业科技档案为质量效益型农业服务》，《中国农垦经济》2001 年第 2 期。

［22］韦风珍：《开发利用农业科技档案资源的思考》，《濮阳职业技术学院学报》2006 年第 2 期。

［23］司啸宏：《开发利用农业科技档案服务农村经济发展》，《兰台世界》2006 年第 12 期。

［24］董榕：《立足档案事业有效服务“三农”建设》，《云南档案》2009 年第 11 期。

［25］宫清：《利用农业科技档案信息为农民增收增效服务》，《兰台世界》2011 年第 5 期。

［26］翟恒生：《农业科技成果档案为新农村建设服务探索》，《云南档案》2007 年第 5 期。

［27］钱绍仙：《浅谈农业科技档案的特点》，《云南农业科技》2003 年第 6 期。

［28］赵伟霞：《浅谈农业科技档案的特点及利用成果》，《黑龙江史志》2010 年第 1 期。

［29］兰前、魏小红：《加强农业科技档案管理服务新农村建设》，《闽东农业科技》2009 年第 2 期。

［30］马培荣：《做好农业农村档案工作为社会主义新农村建设服务的思考》，

《档案与建设》2007 年第 4 期。

［31］彭秀科：《谈农业科技档案的作用》，《青海农林科技》2000 年第 3 期。

［32］郑莉：《农业科技档案工作存在的问题与对策》，《农技服务》2009 年第 8 期。

［33］吴桂荣、林淑芳、瞿季等：《浅析农业科技档案工作存在的问题与对策》，《农业科技管理》2008 年第 2 期。

［34］张晓峰：《当前农业科技档案开发利用中存在的问题及其对策》，《福建农业科技》2008 年第 3 期。

声像档案管理学发展的历史回顾与展望

王雪飞　胡　莹

声像档案管理学是研究声像档案管理工作理论、方法与技术的一门新兴学科，至今已走过了半个世纪的发展历程，回顾声像档案管理学形成的历史过程，展望声像档案管理学今后的发展方向，对于进一步完善该学科的体系和促进声像档案信息资源的开发利用无疑具有十分重要的理论价值和现实意义。

一　声像档案管理学发展的历史回顾

（一）萌芽阶段（20 世纪 50—60 年代）

我国声像档案管理学的研究，始于建国后的 20 世纪 50—60 年代。当时并没有“声像档案管理学”这一正式学科名称，仅仅存在一些声像档案的具体类型，如影片档案、照片档案等管理方法，由中国人民大学档案系以周解和于彤为代表一批学者牵头，根据苏联及其他国家影片、照片、录音录像档案等管理理论的译作，结合了我国相关工作的长期调研情况编写而得，其中较有代表性的著作是《影片档案工作管理与组织》（1959 年）、《影片档案管理专题讲稿》（1961—1962 年）等。

（二）发展阶段（20 世纪 80 年代）

进入 20 世纪 80 年代之后，经由中国人民大学档案系学者们的努力，声像档案管理学在此阶段呈现出积极的发展态势，期间，一批具有较高质量的论文及著作出版，如《照片录音档案管理参考资料》（1982 年）、《照片录音档案管理译文选编》（1982 年）、《影片档案管理的理论与方法（上、下）》（1983 年）等，展示了当时声像档案管理领域虽然零散，却又蕴涵巨大活力的发展状况。

（三）繁荣阶段（20 世纪 90 年代至今）

经过了前几十年的能量积蓄，声像档案管理学领域终于迎来了百花齐放、繁荣昌盛的局面，各类专门著作、论文及相关著作中的章节都对声像档案的管理进行了积极的研究，为日后声像档案管理学体系的独立形成打下了坚实的基础。

1. 专门著作

1991 年由中国广播电视出版社出版发行了刘国强的《音像档案管理概论》一书，该书总揽多家之言，立足于音像档案整体之上，不再局限于具体种类的管理方法，有别于传统的研究方式，从一门系统性的学科角度出发，探讨了音像档案的内涵；音像档案的收集、整理、鉴定及提供利用工作；音像档案的维护以及音像档案工作现代化走向等问题。具体贡献如下：

首先，正式提出了音像档案（音像档案是声像档案众多提法之一）的概念，书中指出，“音像档案是机关、社会组织和个人在社会活动中形成的，经过专业人员收集、整理，作为原始记录保存起来以备查考的音像制品及其所附的文字、封面设计等材料”；其次，另辟蹊径，脱离了以往音像档案（声像档案）管理的专题性研究，在一个综合层面上对音像档案（声像档案）的工作环节做了详细而周密的介绍；最后，因著者的专业原因，该书体现了浓厚的技术色彩，更多地从保护角度来探讨音像档案（声像档案）的管理工作。

《音像档案管理概论》一书是研究音像档案（声像档案）管理领域新的风向标，掀起了一轮研究热潮。1993 年，刘家真的《声像档案管理与保护》一书出版，在该书中，作者较之刘国强的《音像档案管理概论》在技术层面上的研究更进了一步，其综合了声像档案管理及声像档案保护两大块内容。在总述声像档案的管理及保护的基础上，就声像档案的具体类型——照片档案、影片档案、录音录像档案及光盘档案等保护方法和管理手段进行了详细的介绍，包括各自载体的演变过程，影响其保管寿命的因素及如何防范这些因素等，同时涉及物理、化学、计算机及管理学等领域的知识，从广度和深度两个方面对声像档案管理学的体系构建起到了重要支撑作用，是研究声像档案管理学的阶段性成果。

此后相继出版了张秀华、张生及张贵轩的《音像档案管理工作实践》（1994 年），刘家真的《照片档案修复》（1996 年），华林的《声像档案管理学》（1997 年版），赵童生的《电影档案概论》（2005 年），王恩汉的《声像档案管理概论》（2009 年）等著作，为声像档案管理领域注入了新鲜的血液。

2. 相关著作中的章节

在陈兆祦等主编的《档案管理学基础》一书中，单列了“音像档案和机读档案的管理”一章，将音像档案与机读档案并列一章，初步显示了两者的密切联系；由邓绍兴等主编的《档案管理学》一书，也单列一章“声像档案”简单地讨论了其中最主要的两大类别照片档案和录音、录像档案的管理方法；在洪漪编著的《档案管理原理与方法》一书中第八章“特种档案管理”下单列一节“声像档案的管理”中，先介绍了声像档案整理、鉴定及保管等环节，再就每个环节之内容，以具体的声像档案种类为单位进行了讲解；由郑文主编的《档案管理学原理》中第六编“专门档案管理”中也单列“音像档案和电子档案的管理”一章，从声像档案的各个类别出发分别对其收集、整理、保管及保护问题做了简单的介绍。除此之外，在涉及专业领域的档案管理中，也提到了其中的声像档案一块，诸如宫晓东主编的《企业档案管理学》中第十章“企业特殊载体档案管理”下第二节“企业声像档案的管理”中，就企业范围内磁带录音、录像档案及照片档案的管理方法进行了介绍；刘巨普编著的《城建档案管理现代化》中第十四章“城建档案管理现代化”下第六节“城建声像档案的分类与管理”中对于城建声像档案，尤其是城建照片档案的分类一块做了详细的列表和阐述。

3. 相关论文

在声像档案管理学著作大量出版的同时，有关该领域的论文也呈现井喷的趋势，据相关统计数据表明：从 1998 年到 2007 年十年间，有关声像档案管理学的研究论文达到 626 篇之多（以研究性学术性较强的专业论文作为统计对象），切实体现了档案学界对声像档案管理学领域的重视。

综上所述，半个世纪以来，声像档案管理学领域的研究取得了一定的成果：首先，声像档案管理学从档案管理学中分化出来，成为后者独立的下位学科，将声像档案管理的全过程，即声像档案的收集、整理、鉴定、保管及利用等环节借鉴档案管理学已有的成熟体系加以系统的研究探讨；其次，声像档案因其载体的特殊性而区分为不同的具体类型，在每一类型当中，对其不同的管理方法也做到了相当深入的研究，使各种类型声像档案的管理工作都能做到“有法可依”；再次，根据声像档案有别于其他档案的特殊载体问题，将声像档案的保护环节单独抽出来深入研究，最大限度地延长声像档案的寿命；最后，在数字技术迅速发展的大背景下，不仅研究了传统载体声像档案的数字化及此后的管理问题，同时也逐渐意识到从一产生即为数字形式的新型载体声像档案的管理问题等，既重传统管理方式，又不忽视新形势下的新情况，自此可言，声像档案管理学已经形成了自己独立的研究体系，在档案学丛林中占据了一席之地。

二　声像档案管理学发展的展望

由上观之，声像档案管理学在半个多世纪的发展中取得了一定的成果，但同时也凸显出很多的不足，主要表现在：一是研究力量过于分散，研究方向重复交叉，各研究主体尚处于一种自发态势，难以形成集群效应；二是研究内容不平衡，对具体声像档案种类的管理环节、声像档案的保护保管等方面的研究成果较多，而对数字背景下新型声像档案的管理、声像档案资源的网络共享等问题探讨较少；三是对电子档案管理、文献影像技术、多媒体技术、网络技术等相邻学科尤其是国外的相关研究成果借鉴利用不够。有鉴于此，笔者提出以下几点建议，希望有助于这一学科的健康发展。

（1）整合资源集体攻关。目前，声像档案管理学领域已经成长起一批具有较强研究能力的研究学者，如武汉大学的刘家真，云南大学的华林，解放军南京政治学院上海分院的卫奕等。这些学者长期在各自的研究领域里埋头苦干，形成了自己鲜明的学术特色，并取得了不菲的研究成果，为声像档案管理学的形成与发展作出了重要贡献。但通过前述的回顾可以明显看出，这些学者总体上呈现出彼此之间各自为战的状态，缺乏严格意义上的合作与协调，因而导致同一研究内容上呈现出较大的重复性局面，并没有形成完善全面的研究范式，这大大制约了声像档案管理学体系的进一步完善。因此，有必要有效整合业内分散的智力资源，积聚国内所有相关的研究力量，扬长避短，攻克一些长久被忽视的学科难题及新形势下出现的管理理论重构问题。

（2）及时调整学科研究的主要内容。作为档案管理学的下位学科，声像档案管理学一直将具体的类别，如照片档案、影片档案、唱片档案、录音录像档案等的管理环节作为重点研究内容，这一点在当时的环境下无可厚非，但随着数字技术的极强发展，网络环境的全球展开，应着重加强对以下几个方面内容的深入探索：一是数字化背景下声像档案载体汇合及重构趋势的研究；二是声像档案在数字环境下如何保管保护问题的研究；三是网络环境下如何满足声像档案用户资源共享的需要。这些内容是当下该研究领域的薄弱及迫切之处，如不加以重视，势必严重影响声像档案管理学的健康发展。

（3）充分借鉴相关成果。声像档案管理学从形成之初就受到档案学、管理学、文献影像技术等相关学科的影响，近几十年来，多媒体技术、网络技术加入声像档案管理学的影响队伍中来，为其发展壮大开辟了一条崭新的道路，对声像档案的管理方式方法提出来了新的挑战，同时也成为声像档案管理学领域的发展契机。如能抓住这一机会，不仅能丰富声像档案管理学已有的学科内容，也能加速声像档案管理学未来的发展步伐。

参考文献

［1］卫奕：《我国声像档案管理研究综述》，《档案学通讯》2003 年第 2 期。

［2］刘国强：《音像档案管理概论》，中国广播电视出版社 1991 年版，第 1 页。

［3］刘家真、王大军、韩庆云：《声像档案管理与保护》，武汉大学出版社 1993 年版。

［4］张秀华、张生、张贵轩：《音像档案管理工作实践》，沈阳市档案局 1994 年。

［5］刘家真：《照片档案修复》，武汉大学出版社 1996 年版。

［6］华林：《声像档案管理学》，云南大学出版社 1997 年版。

［7］赵童生：《电影档案概论》，中国广播电视出版社 2005 年版。

［8］王恩汉：《声像档案管理概论》，中国档案出版社 2009 年版。

[9] 陈兆祦、和宝荣:《档案管理学基础》，中国人民大学出版社 1986 年、1996 年（2 版），2005 年（3 版）。

[10] 邓绍兴、陈智为:《档案管理学》，中国人民大学出版社 1986 年、1996 年（2 版），2008 年（3 版）。

[11] 洪漪:《档案管理原理与方法》，武汉大学出版社 1996 年版。

[12] 郑文:《档案管理学原理》，云南科技出版社 1999 年版。

[13] 宫晓东:《企业档案管理学》，高等教育出版社 1999 年版。

[14] 刘巨普:《城建档案管理现代化》，中国档案出版社 1994 年版。

[15] 王雪飞:《1998 ~ 2007 年我国声像档案研究论文的统计分析》，《云南档案》2009 年第 5 期。

浅谈档案数字化建设中多媒体技术的应用

王　蓉

随着信息技术的迅猛发展，计算机的应用领域不断拓展，计算机软硬件都得到了较大发展，从而促进了多媒体技术的应用与发展，随着国际互联网的兴起，多媒体技术也渗透到国际互联网中，并逐步实现了将计算机技术、通讯传播技术相融合，推动了人们之间的信息交流与合作。本文就多媒体技术在档案数字化建设中的应用作一些探讨与研究。

一　多媒体技术在档案数字化建设中的意义

社会的巨大变革，给档案事业的建设与发展带来了新的挑战，使得档案在种类、载体、管理技术和方法以及档案的利用上都发生了变化，除原有的档案外，新增加了大量中外合资、个体、私营企业的档案，甚至还有非政府机构以及社会中介组织形成的大量档案。由于信息量的急剧膨胀，传统的信息收集、整理加工、传播途径都不能满足人们日益增长的需求。档案信息化建设、数字档案馆的出现已成为档案事业发展的必然趋势，并引起档案界的普遍关注。同时由于多媒体技术具有较强的直观性、信息量大、易于接受和传播迅速等特点，其技术得以在档案工作中运用并且不断扩展。多媒体技术在档案管理中的应用，将为档案信息提供现代科学技术（通信技术、计算机信息处理等）手段，以提高人们管理、开发、利用档案信息资源的能力，发挥档案信息的最大价值，推动档案管理理论、档案管理技术及方法的变革，它标志着档案事业进入了一个崭新的历史阶段，具有较大的现实意义。

（1）档案数字化管理，提高工作效率。

将档案管理人员从繁重的手工操作中解脱出来，全部档案信息实现计算机管理，大大节省了时间。

（2）信息价值增值，改善服务质量。

档案信息是国家历史记忆的传承和延续，是社会活动最可靠、最系统、最有价值的记录，档案信息的管理水平及其提供服务的程度，关系着一个国家社会秩序的安定、经济的繁荣，面对庞大繁杂的档案信息以及对档案信息利用等问题，要想提高管理与服务质量，必须运用多媒体技术，充分发挥计算机网络技术的特点，加速信息传递，提高自动程度，达到信息资源共享的目的，发掘档案信息的潜在价值。

（3）改善了档案工作管理手段和信息环境。

数字档案馆将以新的技术与手段改变文件写作、传输、接收、存储、检索、拷贝、加工控制等，利用多媒体技术在档案馆、室内建立局域网，使其与各部互联网相连接，为馆藏档案进行数字转化提供高速、便利的信息通道，实现跨越时间与地域获取资料。

二 多媒体技术在档案数字化建设中的应用

多媒体技术是信息技术、网络技术的产物，是社会需求的必然结果。所谓多媒体技术就是利用计算机对档案资料中的文字、图形、图像、动画及音频、视频等信息进行加工、存储、恢复和传输处理，建立人机交互关系，把档案信息转换为二进制代码，通过计算机及其网络对档案进行整理、检索、利用及维护等工作。多媒体技术包含媒介、媒体两种形式，媒体是指存储信息的实体，如光盘、磁盘、磁带等；媒介是指传播信息的电缆、电磁波。我们现在所说的多媒体技术，侧重于前者，而将后者作为必要条件。该技术使档案全部信息实现计算机管理。档案信息数字化使档案馆摆脱了库房式管理方式，其排列方式不再像传统档案有序排列，而是按设定程序排列，同时改变了陈旧的重管轻用、封闭式的管理模式，而代之以重用促管、开放式的管理机制和方法。因此，实现档案信息馆藏数字化、信息共享化和网络服务化，应做好以下工作：

1. 建立档案信息库

在原有档案馆馆藏基础上，通过计算机用二进制编码的数字形式对档案信息加以存储、处理。在建立档案信息库之前要进行档案信息数字化前准备，同时构建多媒体平台软件，通过处理前准备子系统、数字化处理子系统、数据存储子系统和数字化信息输出子系统建构一套完整的档案信息数字化处理系统对档案信息进行加工、制作，并相互联结，形成一个系统的工作流程，使之有条不紊地开展管理，从而控制信息的启动、运行、停止；协调各媒体间发生的时间顺序，进行同步或时序控制；该软件系统提供操作界面的生成，添加交互控制、数据库管理等，支持各应用系统的运行并提供高效的运行环境。另外，对要进行数字化处理的档案信息分门别类，并针对不同需要对档案实体采取相应处理方式，避免资源浪费，从而提高信息存储及信息传输的效率，满足用户对信息管理及数据使用的不同要求，同时对环境资源以及多媒体系统资源进行监测和管理。

2. 编制检索程序

目录信息数字化是档案信息数字化的前提，只有建立档案目录数据库，才能将数量庞大的数字化档案资源管理得井井有条，发挥计算机强大的检索功能。

首先，要正确划分所需处理档案信息的种类，并对不同类型的信息分类数字化处理，建立强大的检索查询系统，以保证能迅速、快捷、准确、全面、系统地提供档案信息，实现档案数字化的目的。

其次，档案著录标引及档案机读目录的建立。通过档案著录来揭示其主题内容、载体的物质形态、参考价值，并注明档案来源、出处、管理状况，在完成档案编目的同时对档案特征进行分析、选择、登录，既便于档案管理人员进行有序管理，也便于用户对档案的查找与利用，从而适应科学管理档案和档案数字化处理技术的需要；机读目录的建立实现了计算机检索，所著录的条目信息被有序存入数据库中，按一定的数据模型将相互关联的档案信息以特定的方式组织起来，构成数据集合，给档案目录数据的管理提供了技术条件。

3. 档案全文信息的数字化

档案信息数字化，其真正目的是将档案全文信息公布网上，发挥档案信息网络的现实意义，排除地域界限，使用户足不出户就能借助网络查阅档案，获得信息。

在实现档案信息数字化时，对传统载体的档案进行数字化转换有多种方式，一种是使用扫描录入方式将其文字或图像逐页扫描存储，并编制目录索引；一种是采用文本形式存储，辅之以全文检索数据库；还有一种存储方式是将上述两种方式相结合，用户可对文本存储的档案全文库进行全文检索。对于电子文档，只需将其数据转换为规范格式，按一定组织方式存入档案全文库，建立全文检索系统。我国已开发有 IM SWeb、T RS、XdocM an、T B S/ GBS/IBS、DataT rans-1500、T H-AMS 2000、KD3.0/KW3.0、I FMI S 等的全文信息管理系统，但由于全文信息库中的信息庞杂、类型众多加之格式多样，使得提高档案全文库的检索效率问题成为各系统开发商的技术关键。

三 多媒体档案信息处理中存在的问题

（1）利用多媒体技术对档案信息进行处理时要注意规范性问题，尽可能采用通用标准，便于网上档案信息的传递与利用，避免资源浪费，提高信息存储传输的效率。

（2）经费投入不足问题，在档案馆实现数字化转化过程中需要添置大量的设备，包括录入、设备等，而在经费投入上则出现严重不足，因此在购置设备时应拟定最佳方案。

我国数字档案馆建设还处于起步阶段，许多技术问题仍在研究与探讨中并将在其发展中不断得以完善，它将以崭新的技术思路和技术手段对电子文件信息进行管理与服务，并确保社会记忆的知识化、有序化。

参考文献

[1] 孙淑扬、邱晓威：《档案计算机管理教程》，中国人民大学出版社 1999 年版。

[2] 张照余：《档案信息网络化建设研究》，中国档案出版社 2001 年版。

[3] 冯惠玲：《电子文件管理教程》，中国人民大学出版社 2001 年版。

[4] 赵子江：《多媒体技术应用》，机械工业出版社 2002 年版。

诉讼档案管理之我见

马志宇

诉讼档案是人民法院审判活动的历史记录，它是由诉讼文书转化而成的，反映一个具体案件审理过程的真实情况的文件材料。诉讼档案是国家重要的专业档案之一，是人民法院最核心的业务档案。截至1991年底，全国法院档案部门入库保管的各种门类和载体的档案已达5000多万卷，相当于全国各级各类档案馆馆藏档案总数的48%，档案数量居全国各个系统之首位。在这5000多万卷档案中，诉讼档案为4850多万卷，占档案总数的97%，近年来，每年又以280万—300万卷的数量递增。为了使数量如此众多的诉讼档案得到科学的管理，以便更好地发挥其特殊的参考依据作用，从而推动法院审判工作的顺利开展，就必须对诉讼档案管理的理论与实践问题进行必要的探讨和研究。

一 人民法院档案的形成及其特点

人民法院在审判工作中，产生了大量的各种门类和载体的档案。这些档案根据来源、内容和形式上的异同分为：诉讼档案、文书档案、声像档案、法医鉴定档案、会计档案、干部人事档案、基建档案等。诉讼档案是法院全宗内最重要的类别，它是法院审判活动的真实记录，且数量众多。它们全面记录了人民法院审判工作的真实情况和活动历程，是党和国家宝贵的档案财富。

但是，法院诉讼档案的管理由于历史的原因存在着诸多问题，主要表现在整理和鉴定工作中。这些问题直接影响了诉讼档案的提供利用和法院审判工作的正常开展。

一般来说，基层法院诉讼档案的特点是：数量众多、增长速度快、案件情节较轻，案由种类较多、孤本手抄本多、调阅频繁、利用率高，这些特点要求诉讼档案有序、优化的程度比较高。

二 诉讼档案的分类方法

诉讼档案的分类，对于整个诉讼档案整理工作的组织有着重要意义。何鲁成先生说，“分类为档案管理诸程序之中心”，合理的分类方法，可为诉讼档案的全面管理创造有利条件。根据诉讼档案的特点，在法院原有的分类基础（“年度—问题”分类法）上，从便于保管和利用的角度出发，可采用“年度—问题—案由—保管期限”分类法。

首先，根据案件的收集时间将不同年度的案卷分开。

其次，对上一层次进行具体划分，根据案卷反映的问题不同，将分开年度的案卷分为刑事、民事、经济、行政诉讼档案。

再次，对上一层次再进行细分，根据案由（案件性质）不同，将上述四类诉讼档案分为若干类别。刑事诉讼档案分为反革命、危害公共安全、破坏社会主义经济秩序等；民事诉讼档案分为离婚、继承、赡养等民事纠纷档案；经济诉讼档案分为购销、承包、借贷等经济纠纷档案；行政诉讼档案分为行政处罚、行政赔偿等。

最后，进行第四个层次的划分，根据鉴定结果在每一种案由下面分永久、长期、短期三种保管期限。

实践证明，采用“年度—问题—案由—保管期限”分类法有以下优点：第一，分类体现了法院全宗内诉讼档案的特点，反映了立档单位的性质及其活动状况，并且注重了类别之间的逻辑联系，使分类体系层次分明，结构严密；第二，便于鉴定工作的开展；第三，便于档号的编制；第四，便于档案的保管；第五，便于编制检索工具，实现多途径检索；第六，便于用母盒为单位保管、排列案卷，便于母盒标题的拟写。

三 诉讼档案的立卷方法、案卷的排列和案卷目录的编制

诉讼档案立卷严格按照“问题—年度—审级——案一号”的原则进行。首先，将不同性质的案件按反映的问题划分为刑事、民事、经济、行政类；其次，将同一案件的诉讼文书放在一起，按“年度—审级—案号”的顺序编制案卷字号，根据案号进行立卷；第三，同一案件由于审级改变和其他原因，会形成多个案号的案卷，在重新整理时，应当合并保管，只编一个档号；第四，短期保管的诉讼档案，保管期限满 30 年后，应当销毁，并按年度顺序分类登记在《销毁清册》上，判决书、调解书等文件留为永久保存，与《销毁清册》复制件装订在一起，按“年度—问题—案由”立卷。

诉讼档案经分类、立卷以后，须进行案卷的排列。诉讼档案的排列可按“保管期限—问题—年度—目录号—案卷号”的层次来进行。首先，将不同保管期限的档案按永久、长期、短期的顺序分开；其次，在每一种保管期限下，案卷按刑事、民事、经济、行政诉讼案卷的顺序排列；第三，各类别之间按年度的先后排序；第四，年度下按目录号的顺序，目录号下按案卷号的顺序排列。

诉讼档案经分类、立卷、排列后，应将案卷逐个登记在登记簿上。登记簿是诉讼档案的名册，是著录案卷内容和成分并按一定秩序编排的一览表。它对于固定诉讼档案的分类体系和案卷排列顺序，查找、利用、统计、检查档案具有重要作用。登记簿的内容包括：年度、原告、被告、案由、案卷字号、保管期限、案卷号、备注共 8 项。编制时，应按诉讼档案分类的四种类别结合保管期限各编制若干本登记簿，每本登记簿与目录号相对应，当案卷号达 3000 号左右时，换用下一个目录号，编制新的登记簿，每本登记簿在 150 页左右。

四　诉讼档案档号编制法

档号即指在对诉讼档案进行实体管理过程中所形成的对档案的编号，分为四个层次：全宗号、目录号、案卷号、页号。

第一，全宗号的编制。全宗号是档号中最高层次的号码。一个法院的全部档案属一个全宗，由相应的档案馆统一编给一个全宗号。

第二，目录号的编制。目录号是全宗内案卷目录号的简称，它的编制最为关键。根据分类方案和鉴定规律，可按“保管期限—问题”两个层次进行编制，并结合使用“空号法”。首先，将诉讼档案按保管期限永久、长期、短期的顺序分开，每一种保管期限下都按刑事、民事、经济、行政类的顺序排列，并在总体上以年度为序。其次，进行目录号的编制。例如，永久刑事卷为1—5号目录，永久民事卷为6—10号目录，永久经济卷为11—13号目录，永久行政卷为14号目录，长期刑事卷为15—20号目录，长期民事卷为21—25号目录，长期经济卷为26—28号目录，长期行政卷为29号目录，短期刑事卷为30—34号目录，短期民事卷为35—44号目录，短期经济卷为45—49号目录，短期行政卷为50号目录。以上目录号若干年后如不敷使用，可按上述方法用51—100目录再分别给出，依此类推。

第三，案卷号的编制。每本目录中的案卷顺序号称案卷号，其编制方法为：在每个目录号下从1开始顺编流水号，约编至3000个案卷号时，换用下一个目录号，再从1开始编流水号，即1个目录号可控制3000个案卷。

第四，页号。页号是卷内文件的顺序号，用号码机或手工编制。

五　诉讼档案鉴定的基本方法

由于诉讼档案专业性强、孤本多，法律的参考凭证作用突出，所以对诉讼档案的鉴定必须采取直接鉴定法。鉴定以《人民法院诉讼档案保管期限的规定》为标准，以案卷为单位逐页审查文件，准确划定其保管期限，不能只根据案由来判定其价值。划分期限应以案件性质为主，综合考虑刑期、当事人身份、案件的影响程度等因素，取其中最长的保管期限。保存30年可以销毁的短期档案，应将其登记在《销毁清册》上，并和判决书、调解书等文件装订在一起立卷归档，永久保存。对于反映特定历史时期和时代特点的诉讼档案，鉴定时应充分考虑其历史价值。如我党在“左”倾时期，一些仅有不满言论的当事人也被判了较重的徒刑，这虽是认识上的偏差，但也是特定历史时期的真实记录，反映了时代特征，鉴定时，可提高档次，继续保存。

总之，鉴定工作既要严格，又要灵活，切忌机械照搬，注意具体问题具体分析。

六　诉讼档案整理与鉴定的特点

文书档案的整理，按年度、组织机构、问题或联合分类法进行分类，诉讼档案则可按“年度—问题—案由—保管期限”分类法分类，不同种类的档案，分类法不尽相同。文书档案的立卷，可灵活运用文件的六个特征，诉讼档案则根据刑事、民事、经济、行政等案件类别，按年度、审级、一案一号的原则，单独立卷。文书档案的排列，可按案卷所反映的工作上的联系、案卷内容所反映的一定问题、案卷所属的起止日期等方法单独或结合使用来排列，诉讼档案则可按“期限—问题—年度—目录号—案卷号”的层次来排列。所以，文书档案的分类、立卷、排列，与诉讼档案既有相同之处，又有不同之处，应根据各自的特点，采用不同的方法，不能照搬理论。

从鉴定结果来看，刑事诉讼档案中，长期保存卷最多，其次为短期卷，永久卷最少。民事诉讼档案中，短期保存卷最多，永久卷其次，长期卷最少。经济诉讼档案中，短期保存卷最多，长期卷其次，永久卷最少。这一规律反映了基层法院的基本特点。诉讼档案是历史的真实记录，它反映了一定历史时期的基本特点。

总之，同文书档案一样，整理和鉴定工作，是诉讼档案管理工作中的重要内容，做好这两项工作，对于带动各个环节工作的开展具有重要作用。

参考文献

[1] 邓绍兴、和宝荣:《档案管理学》，中国人民大学出版社 1989 年版。

[2] 法（办）发，最高人民法院文件，1991 年，第 46 页。

人事档案的价值构成与双元价值观研究

黄艳敏

整个档案学研究和档案工作实践的目的就是为了科学地管理档案，为人类主体利用档案服务，充分实现档案的价值。人事档案管理工作同其他众多的档案管理工作一样，其根本目的就是实现档案这一客体对主体的意义——档案价值。在当今社会，面对人事档案的封闭管理和现代化进程缓慢与人才信息资源需求迫切这一突出矛盾，人事档案管理改革迫在眉睫。怎样有效发挥人事档案的作用？怎样提升社会大众的人事档案意识？怎样迎合社会的发展，实现人才资源的优化配置等等这一系列的问题，不得不让我们回过头来重新思考人事档案的价值问题。

一 人事档案的价值构成

任何档案的管理皆以价值的实现为最终目的，这是毋庸置疑的，人事档案的管理也不例外。因此，对人事档案的价值进行全面、正确、合理、符合实际的理解和掌握是实现人事档案有效或高效管理的关键。

1. 什么是人事档案的价值

人事档案的价值，是指人事档案客体对于主体（人）的各种有用程度，即人事档案这一客观事物的存在和属性，具有满足主体需要的功能。档案客体满足主体需要程度和利益的多少，是衡量其价值大小的尺度。因此，档案客体本身的属性和主体及其需要是构成价值的因素。

2. 人事档案价值的构成因素

由人事档案的价值论述可以看出决定人事档案价值的两大因素——客

体因素和主体因素。谈到人事档案价值的构成，还得立足于这两大因素。在此提到人事档案价值的构成问题，是试图对人事档案双元价值观的确立进行一些可行性论证。

首先，人事档案价值的客体因素。人事档案的价值及其大小，是由本身所具有的属性决定的，它如实记录和反映了员工个人经历和德才表现，无论从形式到内容都表现出原始性的特征，具有不可辩驳的历史真实性，故人事档案历来是国家、社会及个人进行管理、维护、控制的工具。此外，人事档案记载的古往今来各种人物的生平事迹，是人类实践活动的再现，包含着大量的情报信息，是学术研究的珍贵材料。人事档案记录和反映了员工各时期的经历和德才表现等个人材料，且呈现出现实性、动态性、连续性等特点，是用人单位知人善任的第一依据。不置可否，人事档案在一定的社会活动中具备相当大的信息价值。由于人事档案客体的属性与人们的需要相吻合时，能够发生相应的作用，因此就构成了人事档案价值的关系，而其中最明显的就是人事档案的工具价值和信息价值这对基本价值关系。

其次，人事档案价值的主体因素。档案价值的客体因素，只是产生价值关系的客观前提，离开了主体（人）的需求，还是非价值形态，构不成价值关系。人事档案也是如此，只有其价值的客体因素并不能构成价值关系，还必须与其主体因素相联系，人事档案才能是一种价值形态。随着古代人事制度的确立和选官用人的需要而形成的人事档案，其属性与人的需求发生了联系，人们开始对人事档案及其属性的需要及作用的大小，进行客观的预测、评价和测量，人事档案进入价值化的过程，正式构成价值关系。由于人事档案从产生就是为了满足政府机构用人的需要，相对应地，人事档案体现出的是其真实性、权威性、机密性等属性，两者的呼应导致了各级组织以及人事、劳动部门等国家政府机构在人事活动中进行管理控制的工具和手段，因此各政府机构成为了人事档案利用主体中的主体，这决定了人事档案优先的工具价值。然而，随着信息时代的发展，人事档案作为一种人才信息资源，社会大众对它日益扩大化的需求让其信息价值越来越明显。因为，从决定人事档案价值的主体因素来看，人事档案的工具价值和信息价值这一对价值关系不失为最基本的价值关系。

二 人事档案的双元价值观

1. 构建新型的人事档案双元价值观的必要性

人事档案由于自身的属性，可以满足主体的多种需要，在价值形态上呈现出多维性的特点。要想对人事档案的价值进行全面地认识，我们有必要对人事档案的价值形态从不同的角度加以区分。但是，要想对现代人事档案的价值问题作更全面、更准确的理解，要想推进人事档案管理由传统向现代化的转型，创建人事档案的高效管理机制，要想以原始的人事档案信息为基础资源，通过创新改革以及各项技术支持，实现人才资源的优化配置，以最大化实现人事档案的价值，笔者认为，结合人事档案双元价值观确立的可行性论证，可以借助于覃兆刿先生在《中国档案事业的传统与现代化——兼论过渡时期的档案思想》一书中提到的“档案双元价值观”作为理论基点，以人事档案的价值构成因素为突破口，来构架确立人事档案的新型价值观。

2. 人事档案的双元价值观

档案的双元价值观点，是覃兆刿先生在《中国档案事业的传统与现代化——兼论过渡时期的档案思想》一书中提出的。在此基础上，我们可以试着构建人事档案的双元价值观。

首先，人事档案具有双重属性，也就是说光有工具价值的人事档案是不存在的，光有信息价值的人事档案也是不存在的，人事档案是工具价值和信息价值的双元结合体，即人事档案的控制功能所赋予的工具价值和其对象实体自身的信息价值是人事档案价值的集中体现。如果我们能从人事档案作为方式的社会属性和它作为实态的自然属性出发，就能对其作为控制工具和内在记录信息两个方面的价值属性加以考察。人事档案强效的管理控制功能决定了人事档案必然具有参与国家管理及社会实践的工具价值；作为一种文献信息的归宿，人事档案价值和人事档案事业的最终目标又体现为信息的含量和社会人力资源共享的理念。只有从这两个方面入手，我们才能科学地评估人事档案的管理传统、测度人事档案方式的现实功能、设计人事档案管理的现代化目标。

其次，人事档案应首先视为一种具有普遍意义的社会现象。人事档案作为档案的一种，是人类为了克服大脑记忆局限并作为诚信的控制依据和契约关系载体而诞生的，是人类对于信用控制所选择的理想型模。从这个意义上讲，档案的工具价值是先于信息价值的。依此类推，人事档案的工具价值也可视为先于信息价值。以社会学家和管理学家的观点来看，通过记录和文档来实现控制是社会进入文明的重要标志。人事档案的出现，尤其是作为一种国际管理维护控制的工具得到重视，无疑进一步推进了社会文明，同时也体现出了强效的工具价值。因此，对人事档案的考察不能仅仅局限于实态的物质特征，更要将它视为一种行为方式，即首先考虑人事档案的工具价值。

再次，人事档案具有突显的信息价值。之所以人事档案具有突显的信息价值，是因为“从信息的角度看待档案，档案的本质就是信息”。人事档案作为信息主要有两个最根本的特点：一是人事档案的本源性。人事档案的真实性、机密性、权威性等属性决定了人事档案作为信息具有本源性的特点。人事档案形成于人事管理活动中，经权威认可，并进行机密保管，无论是在国家人事管理中，还是在人才资源信息库的设计等一系列活动中，都是属于比较真实可靠的第一手材料，这充分证实了人事档案作为信息的本源性特点。二是人事档案的再生性。人事档案之所以作为档案保存是因为其记载的内容或者反映的内容为人们所需要，具有再使用的可能性，蕴含着一定的使用价值。人事档案的保存除源于它作为国家进行人事管理控制的有效工具外，还源于人事档案的再生性价值。可见，由以个人为单位的单分人事档案资源组合而成的整个社会人事档案信息资源无疑具有无穷的、潜在的、长远的信息特征，而且随着社会文明的进步、国家人事制度的改革，人事档案的这些信息特征将会越来越突显。

3. 双元价值观于人事档案的意义

引入覃兆刿先生在《中国档案事业的传统与现代化——兼论过渡时期的档案》一书中提到的“档案双元价值观”，来认识和理解人事档案及其管理具有较强的学术意义和现实指导意义：首先，档案的双元价值观点可以说是人事档案价值的一种新的理论基点，把它引入借鉴到人事档案的管理研究中，无疑丰富了人事档案的研究理论。其次，运用档案的双元价值观点，并结合决定人事档案价值的因素及时代特征，有利于我们无论从理论还是现实的角度，都能更准确、更有效地把握人事档案价值的构成；再次，顺应社会发展，在准确、有效地把握人事档案价值构成的基础上确立人事档案的双元价值观，有利于我们从一个崭新的、更贴近实际管理的、更大气的角度，来重新认识和理解人事档案管理中存在的诸多问题。同时，可以有效总结传统人事档案管理中对价值的局限认识所在，为现代人事档案属性价值的分析提供一种新的思维方式。最后，把人事档案问题纳入双元价值观的视野，使我们对人事档案现象的解释，特别是对传统与现代化问题的认识拓展出一条新的思路，“档案的双元价值观”无疑为推进人事档案管理由传统向现代化的转型提供了较强的理论依据，为实现人事档案的高效管理提供了一条新的思路。

从某种意义上讲，档案工作的实践和档案学的研究就是围绕档案价值问题进行的，围绕着如何认识和探究档案价值、如何充分实现档案价值等问题展开的。笔者在此提出人事档案的价值问题，并借鉴一种全新的档案价值观点——双元价值观，只是想让研究者以及社会大众以一种全新的视角去认识和理解人事档案对于社会发展的普遍意义和现实意义。希望本文对关于人事档案价值的论述，能够对人事档案的管理改革有可借鉴之处。

参考文献

［1］覃兆刿：《双元价值观的视野：中国档案事业的传统与现代化——兼论过渡时期的档案思想》，中国档案出版社 2003 年版。

［2］邓绍兴：《人事档案学》，中国青年出版社 1990 年版。

［3］周晓英：《档案信息论》，中国人民大学出版社 2000 年版。

［4］黄存勋、张丽：《对中国档案事业的全新双元审视—读覃兆刿著〈双元价值观的视野：中国档案事业的传统与现代化——兼论过渡时期的档案思想〉札记》，《档案学研究》2002 年第 2 期。

［5］蒋卫荣：《创新档案学发展的源泉——读覃兆刿〈中国档案事业的传统与现代化〉》，《档案与建设》2004 年第 5 期。

［6］王英玮：《信息时代的人事档案管理——理论·实践·方法·技术》，中国党史出版社 2004 年版。

［7］张斌：《档案价值论》，中央文献出版社 2000 年版。

档案馆社会化初探

王旭东

随着社会的发展，档案馆传统的管理模式已不能适应新形势的需要，我们必须对档案馆工作进行创新和变革，逐步建立馆藏信息丰富、服务形式多样、现代化管理、公共形象良好、为全社会服务的社会化档案馆，这不仅出于现实的需要，更是档案馆自身生存发展的出路所在。可以说由"国家模式"转变到"社会模式"将是我国21世纪档案馆发展、建设的主要趋势。以下，笔者将对"社会化"的含义及其内容进行讨论。

一　档案馆社会化的含义

档案产生于社会，反映着社会生活的方方面面，它具有广泛的社会性是必然的。档案馆是为保存社会历史记录而存在的专门机构，收藏来自不同社会领域的档案，并通过各种手段使档案信息为全社会服务，其社会性同样显而易见，社会化是档案馆社会性的体现。近10年来，档案馆的社会化工作取得了一定成绩，但我们目前对档案馆社会化的理解往往还局限在简单的档案开放与档案馆开放，档案馆社会化程度明显偏低。事实上，档案馆的社会化是一个以法律为原则，以丰富馆藏为基础，以现代化管理和服务为条件，以转变思想为关键，以现实发展为导向，以社会需求为动力的多层次系统工程。"社会化"不仅仅是对档案馆现行管理技术和管理制度的改革，而且是在拓展档案馆职能的基础上，通过充分实现文化价值与社会价值来获得社会的认可与接受，从而使档案馆全面融入社会并最终成为大众生活中不可或缺的组成部分。

在此前提下，笔者认为档案馆社会化的内涵是指：档案馆是由国家设立，依据法律和国家政策，为政府、公民和社会组织收藏、管理档案并负责向全社会提供档案利用的独立存在的公共信息服务部门。档案馆应把全社会的档案集中控制起来，使这些档案和信息得到国家集中统一管理，从而最大限度地在法律允许的范围内，向社会各方面、各阶层提供这些档案和档案信息，帮助利用者找到所需的文件或是提供查找途径，并保证记录社会活动中的有历史价值的档案实体能得到永久、准确、全面、可靠的保管，形成一个涉及社会各个方面的开放服务系统，维护历史真实面貌，为现实的社会主义建设和历史的服务。

而档案馆社会化的外延则是指：档案馆在搞好收集、管理全社会档案并提供利用的基础上，进一步拓展职能，向社会提供更高层次的服务，在繁荣国家文化事业、促进社会进步和社会创新、发展经济和精神文明建设中发挥重要作用。包括：对全社会档案进行宏观管理，如对社会档案的产生、保管、利用、转移等情况进行监督指导；成为全社会的信息处理、咨询中心；成为科技创新的咨询、服务中心；成为对全国人民进行爱国主义和精神文明建设的教育基地，成为充分体现地方文化特色的文化部门，成为吸引休闲、旅游者的文化场所。

二　档案馆社会化的内容

档案馆社会化的内容主要包括：

第一，对档案馆管理加以改革与创新。

打破重藏轻用、求稳怕乱的思想束缚，建立用户至上、服务第一的管理观念，主动寻求参与现实、融入社会的途径，确实树立“为人民服务”的管理精神，在实践中强化信息资源化观念、两个效益观念、竞争观念，特别对“科学文化事业”加深理解，将档案馆真正作为社会事业来经营管理。档案馆的体制改革是与社会大环境密切联系的。今后，逐渐淡化行政色彩的档案馆必须建立起社会化工作体制，建设完备的社会化档案管理与服务运行机制，档案直接为社会服务。档案馆管理应充分考虑利用者的需求，并注意提高管理者的学习与创新能力，通过知识管理将繁杂的信息加工转化为值得社会利用、传播和记忆的知识，在档案馆管理中强调成本管理、效益管理，追求档案馆的科学经营，还要加强与不同社会部门的合作，积极推进档案馆信息化管理水平，提高信息服务能力。

第二，丰富优化馆藏结构。

重视社会普通公民和非政府机构的档案利用需求，注意收集与民生、普通公众利益密切相关的档案，如公证、合同、婚姻家族历史等档案，从而使馆藏能够全面反映社会生活，充分满足社会利用。

第三，彰显档案馆的文化精神、文化气质与文化水平。

档案馆是法定的社会文化机构，但长期以来，档案馆的表现更像是一个官僚机构，始终没有体现出应有的社会文化价值和文化服务能力。档案馆的双重文化价值取向将是档案馆社会化的重要内容。一方面，档案馆应当继续保持为国家、为民族编史修志的重要文化职能，服务于学术，服务于阳春白雪；另一方面，档案馆作为社会文化机构也必须关注普通公众的文化需求，提供通俗的、科普的、知识性的文化服务与产品，丰富社会文化生活，教育社会公众。在社会化改革与发展中，文化应当成为档案馆的旗帜，通过具有高度文化内涵的馆藏吸引用户；凭借良好的文化服务成为主要的社会文化中心；依靠优秀的文化产品服务于构建和谐社会；秉持优雅的文化观念参与社会精神文明建设；继承中华民族的文化遗产与文化精神来保存社会文化结晶；发展新文化促进社会文化健康发展。

第四，在政府信息公开的大背景下，档案馆应积极开展政府信息公开与提供利用。

要使作为被管理者的各种社会组织和广大公民有权了解政府管理信息，从而知晓行政机关的管理目标、管理过程和管理结果，并对其进行评价和监督。一方面，公众了解行政机关信息能够帮助公众更好地规划、设计自己的工作与生活，高效地解决所面对的问题；另一方面，没有监督的权力必然产生腐败，信息知情权是公众的重要权利之一，公众了解政府机关信息有助于防止权力滥用和腐败的发生。打破行政管理者与被管理者之间的信息极端不平衡状态。

第五，档案馆应尽可能扩大服务范围，由以服务官方为主转变为以服务民间为主。

使每一位公民都可能成为档案馆的潜在用户，尊重并实现公众的信息知情权。通过宏观管理与微观管理结合、一般服务与个性服务结合、信息服务与知识服务结合、实体服务与信息化服务结合的服务方式来争取用户。为此应对档案馆工作者进行职业化培训与教育，明确档案馆工作人员的社会分工与社会角色，进一步凸显其服务职能。

第六，信息化将是档案馆社会化的最大助力。

在信息社会的潮流中，我们应认真分析当前社会信息环境的特点和社会信息需求的新变化，不断学习和掌握有关新技能与新知识，适时引进新设备与新技术，充分运用已有硬软件，突破传统的利用服务工作领域，努力提高利用工作的效率与服务水平，让档案为社会创造新价值，体现档案馆的存在价值。

三 档案馆社会化的实现途径

1. 立法

现代社会中，最高的约束力量来自国家立法活动，来自一个凭借法制维护秩序的权威机构。因此，要规范档案馆的社会活动，推进档案馆社会化进程，立法是必由之路。我国应当完善《档案法》，根据《档案法》和《实施条例》，配合《保密法》《政府信息公开条例》等法律法规，增加和完善明确档案馆组织原则、设置目的、职能及相关职权等条款，其中必须强调档案馆的社会性质；增加有关非官方档案的收集、接收条款，明确档案馆和档案形成者、物权人之间的义务和权利；围绕修改后的《档案法》，制定深入、细致的配套法规，以确保档案馆的社会性能得到体现，档案馆社会化改革能得到法律保障。此外还应当尽快着手制定《信息公开法》《信息资源法》以及其他保障公民信息权力的法律文件，用以规范档案馆的政务信息公开，规范公民的信息获得、利用行为，规范信息市场的运转。

2. 丰富馆藏

坚持馆藏来源多元化原则，各地档案馆应以本地、本级为主要收藏范围，强化档案价值鉴定工作，控制官方公务活动文件进馆数量，突出特色，积极收集。抢救高龄档案和珍稀档案。收集着重突出公众性、体现公共利益的档案，如反映本辖区内公民的身份、资历、权属、社交以及生平的主要轨迹；反映本行政区内的党政机构、组织、团体主要职能活动，社会地位和影响，基本的历史面貌；反映当地历史上重大社会实践、自然变故、民风习俗、文化特色、资源开发、科技发明、建设成就、创举建树等事实记录的材料。

3. 增强社会档案意识

我国薄弱的社会档案意识是社会化工作的难点，虽然档案馆多年来不懈努力，但至今仍未像图书馆、博物馆那样作为独立的文化事业机构被社会认同，故今后档案馆应当重视社会公关，积极利用各种贴近公众的渠道进行宣传，提高社会对档案馆的认识水平，建立良好亲切的社会形象，主动面向社会传授实用的档案知识与技能，培养用户，帮助用户消除、接受和利用档案信息的障碍；加强与相关文化事业机构的合作，共同开发，资源共享。

4. 增加服务手段，提高服务质量

档案馆可以通过进行用户需求调研与分析、建立服务信息反馈渠道、开展委托代理代管服务、编制公共目录等手段来增强服务的针对性和预测性，从而与用户建立长期稳定的合作关系，开辟服务市场。在条件允许的情况下，档案馆应当开展诸如信息报导、信息咨询、信息调研分析等深层次服务，使社会服务能力取得较大突破。

《政府信息公开条例》赋予了档案馆作为进行政府信息公开与利用主要场所的职能，档案馆应当充分把握这个机遇，通过此项工作的开展带动与促进档案馆整体职能的社会化转向。

社会化的档案馆应当充分体现文化性质，从馆址环境选择到建筑风格，都可以成为本地域的文化标志。馆内服务设施应符合人性化要求：美化馆内环境，营造文化气氛；提供舒适的服务设备，提供方便快捷的检索、查询、问询系统；保持公用信息设备良好运转；增设展厅、演播厅等文化活动场所；从用户的角度调整工作时间……

5. 改善人员结构，提高人员素质

21 世纪的档案馆员不仅仅是单纯、可靠的档案实体管理者，而是社会信息资源的管理者，信息资源的分析与整合者，社会信息的传播与提供者，信息资本的营运者。就目前而言，培养和引进新型档案人才、提高馆员综合素质是实现档案馆社会化的关键之一。

档案馆在各种人才的使用中，可以通过改革聘任方式来跨越人事制度障碍，利用兼职、课题招标、工程外包等多种方式使得人才既能够不占用编制，又能为档案馆所用。档案馆员应当得到经常的培训，着重加强他们对信息技术的了解和对信息设备的使用能力，强调馆员对于相关学科基础理论和最新理论动向的学习理解，并将这种培训作为重要的工作效能考核指标。坚持进行思想政治教育，坚持人民与国家利益高于一切，切实树立服务社会的思想，形成公共事业机构应有的工作作风和氛围，群策群力地推进档案馆社会化事业的发展。

档案馆实施社会化改革是大势所趋，但值得指出的是，社会化工作必须立足于档案管理和档案馆建设本身，毕竟这才是档案馆的生存之本，因此，我们仍然要严格执行集中统一管理原则，处理好保密与开放的关系，否则将会舍本逐末，造成损失。社会化对应的是档案馆获取信息、存储信息、处理信息、传播信息的能力，如果没有相应的管理水平和信息能力保障，社会化将只是无谓的炒作，因此档案馆应根据自身情况，从当地社会、经济发展水平出发，采取积极完善、主动推进、逐步完成的方法来搞好社会化建设。

参考文献

［1］李国庆：《综合档案馆的价值取向》，《中国档案》2001 年第 1 期。

我国档案学核心期刊上网的调查分析

王　晋

随着网络的普及、网络信息的剧增，越来越多的科学研究人员开始利用网络来进行学术研究，网络的快速、便捷使其成为学术研究资料的重要传播渠道。作为学术研究重要资料来源的学术期刊，尤其是各种专业核心期刊的上网问题，也就得到了越来越多人的关注。目前，我国已有不少科技期刊建起了自己的网站，有些学科期刊甚至还通过网站走向了世界，实现了全球化办刊模式。

档案学期刊上网有利于加快档案学学术资源的传播利用，增进编者与读者之间的交流，从而促进档案学研究的进展。本文拟通过对我国档案学核心期刊的上网情况的调查，分析期刊网站在栏目设置、内容上网程度、网站更新速度等方面目前存在的问题，并针对这些问题提出笔者个人的几点浅见，以期能对促进我国档案学期刊网站建设有所裨益。

需要指出的是，本文所指的期刊上网，不是指通过中国学术期刊网、维普资讯或者万方数据等形式上网，而是指通过建立自己的网站上网。目前，我国档案学核心期刊主要通过主办机构的网站上网。

一　调查样本的选择

一份专业的学术期刊是考察该专业学术研究状况的一个重要的参数和依据，其中该专业的核心期刊更是反映了本专业学术研究的进展和现状。本文在选择研究样本的时候，主要是选择了我国档案学的核心期刊。

根据 2004 年《中文核心期刊目录总览》（第四版）的排列顺序，

档案学的核心期刊为13种，分别为：《档案学通讯》《中国档案》《档案学研究》《档案与建设》《浙江档案》《档案管理》（原《河南档案》）《兰台世界》（《原辽宁档案》）《山西档案》《档案》《北京档案》《上海档案》《四川档案》《档案时空》（原《湖南档案》）。笔者通过使用Google和百度两大搜索引擎对这13种期刊的上网情况进行了调查，为了排除网络互联因素的影响，笔者分别在不同时段进行搜索和调查，最后实际查得共有9种期刊上网，占档案学核心期刊总数的62%（见表1）。

表1　　我国档案学核心期刊上网情况

期刊名称	刊期	期刊网址
档案学通讯	双月刊	http：//www. irm. cn/second/rsrc_ magazine. asp
《中国档案》	月刊	http：//www. saac. gov. cn/yqlj/txt/2005 －05/25/content_ 79313. htm
《档案学研究》	季刊	未上网
《档案与建设》	月刊	http：//www. dajs. gov. cn/col7/col49/index. html？ id =49
《浙江档案》	月刊	http：//www. zjda. gov. cn/show_ hdr. php？ xname = CP0GHU0&dname = A87CIV0&xpos =0
《档案管理》	双月刊	未上网
《兰台世界》	半月刊	http：//www. lndangan. gov. cn/ltsj_ index. asp
《山西档案》	双月刊	http：//www. sxda. com
《档案》	双月刊	未上网
《北京档案》	月刊	http：//www. bjma. org. cn/dafw/skcb. ycs
《上海档案》	双月刊	http：//www. archives. sh. cn/dawk/default. htm
四川档案	双月刊	http：//www. scsdaj. gov. cn/first/dazw_ index1024. asp？ bmbh = 16&bmmc =四川档案杂志社
档案时空	月刊	未上网

注：数据采集时间：2006 －12 －07。

从表1可以看出，除了《山西档案》外，其他的档案学核心期刊均没有申请自己的二级域名或域名转向，全都使用期刊主办单位网站所在的服务器的链接地址，很长的链接地址对网站访问者来说极为不便。

二　我国档案学核心期刊上网情况的对比分析

在选定了期刊网站的研究样本之后，本文从期刊栏目设置、期刊网站内容上网程度、期刊网站更新速度三个方面对它们进行比较分析，以了解目前我国档案学核心期刊的网站建设现状。

（一）期刊网站栏目设置分析

笔者根据档案学上网核心期刊栏目的设置情况从期刊介绍、期刊内容（指是否提供期刊内容包括目录、全文等信息）、过刊查询、投稿指南、稿约讯息、编读往来六个方面对它们进行比较（见表2）。

表2　　期刊网站栏目设置情况

期刊名称	期刊介绍	期刊内容	过刊查询	投稿指南	稿约讯息	编读往来
《档案学通讯》	有	有	有	无	无	无
《中国档案》	有	无	无	无	无	无
《档案与建设》	有	有	有	无	无	无
《浙江档案》	有	有	有	有	无	有
《兰台世界》	有	有	无	无	无	无
《山西档案》	有	有	有	有	无	有
《北京档案》	有	有	有	有	无	有
《上海档案》	有	有	有	无	无	无
《四川档案》	有	无	无	无	无	无

注：数据采集时间：2006－04－27。

从表2可以看出，在网站栏目设置上，不同期刊之间存在着较大的差别，这种差别从一个侧面反映了期刊网站的服务水平和建站目的的差异。表2中大多数期刊都设立了期刊介绍和期刊内容这两个栏目。

从表2可以看出只有6个期刊（占上网期刊总数的67%）设立了过刊查询的栏目，显然这个情况是不容乐观的，然而更让人失望的是设立投稿指南、稿约讯息、编读往来栏目的期刊数量就更少了，尤其是稿约讯息栏目几乎所有期刊都没有设立这一栏目。

除此之外，我们可以清楚地看到，由国家档案局主办的《中国档案》在其网站上只对期刊进行了介绍，其他栏目均没有设置。而由中国档案学会主办的《档案学研究》在网上无法找到其网页，而这两个期刊却都是排名在前三位的档案学核心期刊。

以上这些反映了我国档案学核心期刊的上网水平还停留在简单的期刊介绍和宣传上，没有真正把它作为一个档案学在网上的学习和交流的空间。

（二）期刊网站内容上网程度分析

从表2还可以看出，有一半以上的期刊网站都提供了期刊内容上网以及过刊查询的功能。那么这些期刊内容上网的程度如何呢？笔者按提供期刊内容的不同程度从目录、文摘、全文三个层次进行分析比较（见表3）。

表3　　期刊内容上网程度

期刊名称	目录	文摘	全文
《档案学通讯》	有	有	有
《档案与建设》	有	无	无
《浙江档案》	有	无	无
《兰台世界》	有	无	无
《山西档案》	有	无	无
《北京档案》	有	有	有（部分）
《上海档案》	有	无	无

注：数据采集时间：2006－12－07。

从表3中可以看出所有提供内容上网的档案学核心期刊都将目录信息上网，其中只有29%的期刊将文摘上网，只有排名第一位的《档案学通讯》把全文上网，《北京档案》仅把部分文章上网。然而提供了全文上网的期刊都存在全文更新不及时的现象，这是值得重视的问题。

（三）期刊网站更新速度分析

一个网站的建设是一个动态的需要持续关注和建设的工程。因此，对一个网站的更新速度进行考查，有利于我们了解该网站的发展状况，还能为访问者和建设者提供借鉴和参考。

笔者把更新速度划分为三个档次，分别为滞后（超过两年未更新）、一般（超过一年未更新）、及时（更新及时的），以此来考查我国档案学核心期刊上网信息的更新速度（见表4）。

表4　　　　期刊网站更新速度

期刊名称	滞后	一般	及时	期刊名称	滞后	一般	及时
《档案学通讯》		√		《山西档案》			√
《中国档案》	√			《北京档案》			√
《档案与建设》	√			《上海档案》			√
《浙江档案》			√	《四川档案》	√		
《兰台世界》		√					

注：数据采集时间：2006－12－07。

表4中显示了期刊的更新速度，这里的更新速度指期刊本身和期刊内容信息的更新速度，不包括留言板和BBS的数据更新，其中有4个期刊的上网内容（占上网期刊总数的36%）更新及时，也就是说它们都在2005年进行了相应的更新。有2个期刊的上网内容（占上网期刊总数的18%）更新一般，即《档案学通讯》更新到了2004年第6期，《兰台世界》更新到了2004年第11期。然而让人遗憾的是有3个期刊的上网内容（占上网期刊总数的33%）更新滞后：《中国档案》、《四川档案》在其主办机构网站上就只有一个期刊简介，期刊内容并没有上网，笔者认为其内容更新滞后，《档案与建设》只更新到了2003年第3期。

综上所述，不难看出我国档案学核心期刊上网已经取得了一定的成绩（已经有9种核心期刊上网），同时也存在查找不方便、栏目设置不完善、期刊内容上网水平低、更新不及时等问题。笔者将针对这些问题，对我国档案学核心期刊网站建设提几点浅见。

三　对我国档案学核心期刊网站建设的几点浅见

在核心期刊网站建设方面，与档案学同在图书馆、情报与文献学一级学科之下的图书情报学走在了档案学的前面，由于学科的相通性，图书情报学的核心期刊网站建设很多地方是值得档案学借鉴的，因此，笔者在下文中将举很多图书情报学核心期刊的例子以供借鉴。

（一）重视服务器和域名的选择，方便用户查找网站

网站服务器和域名的选择，属于网站建设的前期准备工作。一个稳定、快速的服务器是网站及时、有效地满足访问者需求的最基本保障，而一个易记的域名则可以更多地吸引和方便访问者的使用。

我国档案学核心期刊除《档案学通讯》是由高校主办外，其他都是由各省（市）档案局和各级档案学会主办的，无论是高校还是档案机构，目前这些机构都已经建立了自己的网站，因此档案学的期刊网站也直接链接到这些网站里提供服务。根据对网站的实际访问，这些网站大多数的访问速度和响应时间还是不错的，但在域名的选择上除了《山西档案》有自己的域名以外，其他期刊网站都没有申请自己的二级域名或域名转向，从而给访问者带来了不便，通过域名访问可以有效地避免因服务器 IP 地址更改或者网站目录结构变动造成访问者无法访问或者无法找到相关资源的问题。例如，图书馆情报学的核心期刊《图书馆情报工作》的网站以前一直使用 http：//159. 226. 100. 20/lis 的 Web 地址，访问者很容易忘记这个 IP 地址，后来使用了域名 http：//www. lis. ac. cn，这样即使服务器地址改变也不影响用户访问。还有图书馆情报学的核心期刊《现代图书情报技术》的网站以前使用 http：//159. 226. 100. 20/jishu，现在使用了域名 http：//www. infotech. ac. cn，方便了访问者。因此，笔者认为我国档案学核心期刊迫切需要申请自己的二级域名或域名转向。

另外，图书情报学核心期刊《图书馆杂志》除申请了自己的域名 http：//www. library journal. com. cn 外，还在其主页提供了《图书馆杂志》中文域名上网软件的下载，该软件是由信息产业部授权的我国域名注册管

理机构中国互联网络信息中心推出，实现中文域名和通用网址访问功能。通用网址是一种新兴的网络名称地址资源，用户在浏览器地址栏中输入 www. 图书馆杂志 . com 就可以直达图书馆杂志网站，浏览网站中内容及服务的网页。这将更加方便读者，笔者认为档案学核心期刊也可以申请通用网址，更加方便档案学期刊的读者浏览。

除此之外，档案学核心期刊有了自己的域名之后还应该及时到各大中文搜索引擎上注册、登记，以便使读者、作者能够在网上快速地检索到，从而达到扩大影响的目的。

（二）期刊内容上网程度的探讨

在前文中，笔者调查了档案学核心期刊的内容上网程度，发现大多数期刊在网上都只提供目录，只有《档案学通讯》提供全文和《北京档案》提供部分文章。即使提供了全文的期刊更新也比较滞后，不能满足用户的需求。笔者认为，这除了对期刊电子化的认识不足之外，更多的是由于版权的问题。

目前，开放获取已经成为图书情报界的研究热点，开放获取（Open Access，OA）是在网络环境下学术界传播信息及出版学术信息的一种新方式，其意在于允许人们通过公共网络自由获取网上的学术文献和科学信息，可进行浏览、下载、拷贝、传播、检索等处理。它包含两层含义：第一是指学术信息免费向公众开放；第二是指学术信息的可获得性。其意义在于学术成果可以在任何地点和不受经济状况的影响，平等免费获取和使用科学成果。目前，其版权采取 Creative Commons 标准，与博客（Blog）普遍采取的版权声明是一样的，Creative Commons 的核心在于赋予作者灵活定义自己需要的版权，可以保留部分自己需要的（如署名权），而放弃其他不需要的（如转载、复制等）。Creative Commons 组织会根据世界各国法律的不同专门组织专业人员书写版权条款，Creative Commons 目前有专门针对中国的版本。

在开放获取运动的影响下，我国图书情报学的一些核心期刊已经在其主页提供了及时的全文上网服务，如中国“图书馆、情报与档案管理”一级学科综合性学术期刊《图书情报知识》在其主页提供了期刊全文上网，核心期刊《大学图书馆学报》在其网站提供了全文 PDF 格式供下载，并且与印刷版的期刊保持同步，大大方便了读者。笔者认为，档案学核心期刊也应该在保留部分版权的前提下，提供开放资源获取，在其主页上提供及时、准确的全文上网服务，这样可以大大加快档案学的学术资源的传播和利用。

（三）及时更新网站内容

网页内容要及时更新，以保持其新颖性及准确性，否则将影响其作用的发挥。在前文中笔者调查了我国档案学核心期刊的内容更新速度，笔者对更新及时的定义只是在一年以内，即便这样也只有 36% 的期刊更新及时。图书情报学的很多核心期刊如《图书情报工作》《现代图书情报技术》《图书馆杂志》《大学图书馆学报》和《图书情报知识》等上网内容的更新与其印刷版的期刊保持同步，并且来稿信息几乎每天都在更新，这是我国档案学核心期刊网站建设应该引起足够注意的问题。期刊本身就讲究时效性，网上信息尤为需要时效性，而网上的期刊信息就更加需要更新及时了，如果期刊上网内容更新速度跟不上将会失去期刊上网的意义。

（四）建立网站投稿、编辑系统

从表 2 中可以看出，我国大多数档案学期刊网站都没有设立投稿指南、稿约讯息和编读往来栏目，笔者认为解决这一问题的途径是借鉴一些图书情报学核心期刊网站的做法：建立网站投稿、编辑系统。如《图书馆杂志》网络编辑管理系统于 2005 年 5 月 25 日正式开通。作者注册并认可以后，将能够在网上向该刊投稿，并可随时进入网络系统，了解本人稿件在编辑部处理过程中的动态信息，通过点击“查看操作历史”链接，可以看到编辑部工作人员对该稿件的各种操作，这样每次作者登录后都知道稿件处于何种状态，而不必再通过电话或电子邮件的方式询问。同时，该系统有一个“交流园地”，作者（包括注册用户）都能够通过这一网上平台与编辑人员进行直接、快速的沟通。

另外，《图书情报工作》还建立了自己的在线办公系统，这个系统除具有作者投稿和作者查稿功能外，还具备专家审稿、编辑办公、主编办公等功能。这个系统不但方便了作者投稿，也方便了编辑部工作人员，为编辑部的审稿专家和编辑部工作人员提供了一个网上办公的平台。

我国档案学的核心期刊如果能建立这样的具有网上投稿、查稿、交流和编辑功能的管理系统，不仅可以解决期刊栏目设置不完善的问题，还将大大方便作者、编辑和审稿专家。

（五）运用网络新技术，提供个性化服务

目前我国的档案学核心期刊网站绝大多数还停留在传统的静态网页的基础上，不仅更新维护不方便，而且也不利于和读者的互动和交流。笔者认为档案学核心期刊网站的建设应该根据网站内容、栏目以及形式的需要合理利用 Java、XML、ASP、PHP 等网络技术建立动态的友好的界面，方便用户浏览。

笔者认为，档案学期刊网站还应该应用 RSS（Really Simple Syndication）技术，RSS 是某一站点用来和其他站点之间共享内容的一种简易方式，也叫聚合内容。网络用户可以在客户端借助于支持 RSS 的新闻聚合工具软件在不打开网站内容页面的情况下阅读支持 RSS 输出的网站内容。RSS 技术主要是有利于让用户发现网站内容的更新。通过应用 RSS 定制技术，可以方便用户及时地发现档案学期刊网站的更新。

另外，笔者还认为，作为我国档案学核心期刊排名前三位的《档案学通讯》《档案学研究》《中国档案》，应该在期刊上网方面做出相应的表率和示范作用，因为无论从人才、技术还是资金方面，三者都有其他档案专业期刊不可比拟的优势。这三种期刊分别代表了学术性、综合性、实务性三种不同的办刊宗旨，而地方档案期刊则往往兼具这三种功能，因此，它们在实施期刊上网的过程中，一方面要借鉴《档案学通讯》《档案学研究》《中国档案》的有益经验，同时还应该根据各自的实际有所变通。

参考文献

[1] 孙红娣:《开放存取——网络时代学术信息交流的新模式》,《情报资料工作》2005 年第 5 期，第 46—49 页。

[2] 傅荣校、解俞:《十年来（1995—2004）档案学热点问题分布——基于〈档案学研究〉〈档案学通讯〉〈中国档案〉论文分析》,《档案学通讯》2006 年第 6 期，

第 29—32 页。

［3］ http：//www. baidu. com。

［4］ http：//www. google. com。

［5］ http：//www. irm. cn/second/rsrc_ magazine. asp。

［6］ http：//www. saac. gov. cn/yqlj/txt/2005 －05/25/content_ 79313. htm。

［7］ http：//www. dajs. gov. cn/col7/col49/index. html？ id =49。

［8］ http：//www. zjda. gov. cn/show _ hdr. php？ xname = CP0GHU0&dname = A87CIV0&xpos =0。

［9］ http：//www. lndangan. gov. cn/ltsj_ index. asp。

［10］ http：//www. sxda. com。

［11］ http：//www. bjma. org. cn/dafw/skcb. ycs。

［12］ http：//www. archives. sh. cn/dawk/default. htm。

［13］ http：//www. scsdaj. gov. cn/first/dazw_ index1024. asp？ bmbh = 16&bmmc = 四川档案杂志社。

［14］ http：//www. lis. ac. cn。

［15］ http：//www. infotech. ac. cn。

［16］ http：//www. lib. pku. edu. cn/xuebao/index. htm。

［17］ http：//www. dik. whu. edu. cn。

［18］ http：//www. libraryjournal. com. cn。

［19］ http：//www. creativecommons. org。

［20］ 钱国富、涂颖哲：《我国图书情报学核心期刊网站建设研究》，《图书情报工作》2004 年第 4 期，第 94—97 页。

［21］ 陈晓毅、穆丽红、焦志芬：《图书情报学核心期刊网站建设进展的调查分析》，《现代情报》2006 年第 2 期，第 146—148 页。

［22］ 孙海东：《中国高科技资源“闲”得可怕》，《北京晚报》2003 年 7 月 24 日。

云南高校图书馆文献信息资源共建共享的现状与对策研究

万永林

一　云南高校图书馆文献信息资源共建共享的有利条件

（一）CALIS持续建设，为高校图书馆文献信息资源共享提供了一个较为稳定的平台

20世纪90年代中期以来，我国图书馆联盟建设加快，结合“211工程”建设，教育部出巨资建成了“中国高等教育文献保障系统（CALLS）”。通过共享信息资源与环境平台的建设，采取“整体规划、合理布局、相对集中、联合保障”的建设方针，管理中心设在北京大学图书馆，建有全国文理文献信息中心、清华大学图书馆全国工程文献信息中心、北京大学医学图书馆全国医学文献信息中心、中国农业大学图书馆全国农林文献信息中心4个全国学科中心，南京大学图书馆、上海交通大学图书馆、武汉大学图书馆、中山大学图书馆、西安交通大学图书馆、四川大学图书馆、吉林大学图书馆等7个地区中心，东北地区国防信息中心——哈尔滨工业大学图书馆，形成“全国中心—地区中心—高校图书馆”的三级保障结构，经过“九五”建设，目前已有500多家高校图书馆加入成为会员馆，自行开发了公共服务软件系统，以中国教育与科研网（CERNET）为依托，通过文献信息服务网络和文献信息资源的数字化建设，

初步实现系统的公共检索、馆际互借、文献传递、协调采购、联机联合编目等共建共享服务。

另外，依托 CAHS 平台，2004 年 3 月 15 日教育部又建成了“中国高校人文社会科学文献中心（CASHL）”，以北京大学图书馆、复旦大学图书馆为南北两个全国中心，以武汉大学、吉林大学、中山大学、南京大学、四川大学等大学图书馆为五个区域中心，以北京师范大学、东北师范大学、华东师范大学、兰州大学、南开大学、山东大学、清华大学、厦门大学、浙江大学、中国人民大学等高校图书馆为学科中心的三级服务体系，系统地整体引进国外人文社会科学印本期刊和电子文献资源，进行人文社会科学外文期刊、外文图书联合目录检索与浏览、原文传递、电子资源检索和下载、国外人文社会核心期刊总览、重点期刊订购推荐、专家咨询等服务。截至 2006 年 12 月，成员单位已达 163 个，个人用户达 12947 个，比 2004 年翻了 4 倍；文献传递请求已突破 14 万篇，满足率突破 80%；检索请求达 1136 万次，是 2004 年的 5.22 倍，平均每种期刊被使用 2.332 次。云南大学开户 76 人，发出请求 830 篇，文献传递费 5446.25 元。

（二）NSTL 建成，为高校图书馆与科技界合作，更好满足读者，扩大联合与共建共享创造了条件

NSTL 即国家科技图书文献中心，是由科技部牵头，选择了中国科技信息研究所、中国科学院图书馆、中国农业科学院农业信息研究所、中国医科院图书馆、中国化工信息中心、机械工业信息研究院、冶金工业信息研究院、中国标准研究中心等 8 家理工医农类的信息机构于 2000 年 6 月正式成立，根据“集中采购、分别加工、联合上网、资源共享”的原则，各参建单位按照统一的标准进行书刊资料的加工，并将数据集中到统一的中心网站，向全国提供文献检索和全文服务。中科院云南分院、云南科技情报所等单位已成为该系统的成员，且已与云南高校有了不同层次的横向联系，成为云南高校信息共建共享的重要平台与伙伴。

（三）全国文化信息资源共享工程及“135”计划的实施，为高校与公共图书馆合作共享搭建了平台

从2001年起，财政部和地方财政为该工程拨了专项资金，成立了领导小组和专家咨询委员会。在国家图书馆建立全国文化信息资源共享工程国家中心，以各级公共图书馆为实施主体，实现网络联网的“135计划”，即实现一个国家中心，30个以上省级分中心和5000个以上县、乡、街道和社区基层网点的联网，对中国各地包括图书馆、博物馆、美术馆、艺术院团、研究机构等现有的文化信息资源按“统一领导，统筹规划，分级管理，分级负责”的原则进行数字化和加工整合，以期建成中文信息海量数据库的最大提供者，现已形成了三级管理架构。高校图书馆可与该工程云南分中心及其下属网点联合，利用该平台，实现文献信息资源的共建共享。

（四）国内先进省区地区性文献资源共建共享体系建设，为我们提供了宝贵的经验与借鉴

国内很多省市地方的图书馆和文献信息单位进行了各种模式、规模的文献资源共建共享的尝试，积累了宝贵的经验，归结起来主要有以下几种合作模式。

1. 共建共享式

上海市文献资源共建共享协作网和江苏省高校文献资源保障体系，都和CALIS类似，遵循文献资源共建、共知、共享的原则，通过对地区范围文献资源的重点、范围、类型、时间和数量分布进行统筹规划．协调建设，使分散、无序的文献资源构成一个有机整体，来充分保障地区高校及社会的文献需求。这种模式对地区资源的优化组合、协调互补及各成员馆的要求较高，需要共同克服决策、经费、组织等方面的障碍，才能渐进地实现共建共享目标。

2. 会员制

上海教育网络图书馆采用数字图书馆的形式，依托网络化、数字化的统一服务平台，通过数字化手段整合地区教育信息资源，实行会员制，教育系统的任何单位，通过签订《信息服务协议书》，每年缴纳适量的信息

费就可成为网络图书馆的会员，网络图书根据会员提供的 IP 地址范围开展数据库的服务，会员单位的读者直接上网访问共享数据库和有关的信息服务。此种合作模式较为灵活松散。会员单位间依靠协议书进行约束，比较适合地区间的馆际文献资源在虚拟空间的利用和传播。

3. 联合办馆式

1994 年广州石牌地区六所高校联合办学，促成这六所高校图书馆组成协作组。采取联合办馆的方式，在联合借阅，协调订购贵重文献、书刊，情报信息的交流和交换，现代技术及学术研讨等方面进行全面的合作。

此种模式的特点是成员馆间合作较为密切。事涉文献资源及更为复杂的人事、岗位、经费管理等方面，只能是小区域、小范围，有整合为一馆之趋势，笔者认为不太适合中国之国情，尤其不适应云南之省情。

（五）呈贡雨花片区大学城建设，为高校图书馆资源共建共享创造了较好的地理空间条件

根据省市政府规划，从 2007—2008 年开始，先后将有云南师范大学、昆明理工大学、云南民族大学、昆明医学院、云南艺术学院、云南中医学院、云南广播电视大学、云南交通职业技术学院、云南大学、昆明学院等高校入驻办学，都集中在方圆 68686 亩的范围内，便于校园网络的基础设施建设，为各高校文献资源共建共享提供了较好的地理空间条件。

（六）云南高校已开始了文献信息资源共建共享的尝试，积累了一定的经验

近年来，在省教育厅、财政厅的支持下，云南各高校间以云南省高校图书情报工作委员会为纽带，开始了文献信息资源共建共享的尝试。

1. 开始了电子资源的集团联合采购

一是在省财政厅的支持下，每年划拨 100 万元购买 ProQuest、Gale 等外文数据库；二是云南大学图书馆等参与 CALIS 联合购买了 SDOS、Kluwer、OCLC first search、APS、JOHNWILER、ACS、RSC、BEISTEIN/GMELIN 等外文数据库；三是各高校开始成功地实现了网上报告厅、

国研数据、清华同方《中国期刊全文数据库》、超星电子图书及《读秀知识平台》的联合采购，降低了成本，联合采购的积极性日益高涨。

2. 各高校通过各种协议，开展了馆际互借、文献传递等互通有无、优势互补的活动

如云南大学图书馆与昆明理工大学、云南财经大学、云南师范大学等图书馆间达成了书面或口头双向协议，师生间可以免费进入对方图书馆查阅所需资料，发生费用，由读者自付；云南大学还通过 CASHL 或 CALLS 平台，与北京大学、清华大学、复旦大学等高校图书馆间实现了文献传递。

3. 开始了共建特色数据库的探索

当然，云南高校图书馆之间文献信息资源的共建共享工作还处于起步阶段，还如同一个蹒跚学步的幼儿，不能适应形势需要与世界潮流。

二　云南高校图书馆文献信息资源共建共享的不利条件与制约因素

1. 自我封闭的传统观念仍有市场

一是高校图书馆之间横向联系量少质低，各自为政的现象突出。追求大而全，各馆都建数字图书馆，买相同的数据库，买相同的文献，重复投资与浪费惊人。

二是高校图书馆与科学院系统信息资源机构、公共图书馆、社会科学院图书馆间交流与合作不多、不深，更谈不上深层次的合作与资源整合。

三是由于各高校图书馆不具备法人资格，与政府信息产业办、政府公网管理机构等缺乏沟通与对话，不了解上位政策与工作规划及工程计划与进展，因而无法主动依靠与对接。

四是文献信息资源的共建共享未能引起省内高层领导的重视与支持。科委系统、文化系统、教育系统条块分割严重，没有领导与机构来协调，以整合资源，建立统一的资源建设、中转、存储与传输平台，使得有限的经费因各自为政而使用效率递减。

五是高校校级领导间缺乏沟通，对图书馆及图书馆间合作的重要性缺

乏认识，更谈不上重视。

2. 政府扶持微乎其微

云南高校除经云师大副校长邹平同志争取到省财政厅每年 100 万元的数据库购置费（尚未形成定制）外，未见像样的支持。而江苏省高校文献资源保障体系（JAUS）项目经费由省专款拨款，每年 500 万元，5 年来已累计拨款 2500 万元。两相比较，令人汗颜又寒心。

3. 缺乏完善的法规制度

中国有档案法，云南有档案工作条例，但既不见图书馆法，云南也未见图书馆工作条例，而信息资源共建共享事涉版权保护等问题，著作权法中未能给予图书馆特别优惠，如保存复制或替换复制数字形式作品，扩大“合理使用”范围等。以致各馆在 CALIS 等的建设中，就需取得授权和支付相应的报酬，从而加重了图书馆的负担，消极地说，不做比做好。因为做了就要贴钱，做得越多，贴得也越多，甚至还要吃官司。

4. 馆员素质尚待提高

一方面信息技术日新月异，计算机与网络技术飞速发展；另一方面是馆员知识老化，学校甚至将图书馆作为解决教学科研骨干及干部家属工作的丢包袱的地方，加之各馆经费有限，未能采取强有力的馆员继续教育的措施，馆员知识老化，素质提高慢，难以适应图书馆提高服务层次等的需要。

三　云南高校图书馆文献信息资源共建共享体系建设的对策建议

结合前文分析的情况，本文认为应从以下几个方面来加以建设。

（一）建设目标

结合云南文献信息资源共建共享的实际，并考虑该项工作的可持续发展与长期效益，笔者认为可采取前文所述的“共建共享式”与“会员制”相结合的模式，整合云南全省至少是高校图书馆的文献信息资源，视情况实现下述目标。

（1）建成云南数字图书馆。

这是上策，即由省级领导牵头，由省信息办等单位组织实施，提供统一的整理加工、存储、传输与服务平台，有效地整合云南省科委、文化、教育等部门的文献信息资源，建成云南数字图书馆，将现在分散由各文献信息资源管理单位建设、购置的信息资源集中采购，用买断的方式购买，再通过有偿服务的方式，将各单位建设或购置数字资源的费用收回，根据各成员馆的 IP 地址进行服务，并根据各单位使用情况收费，形成良性循环。同时鼓励各馆自建特色数据库，以便不断丰富云南数字图书馆的内涵。

（2）建成云南高等教育数字图书馆。

这是退而求其次的方案，即上一个目标无法实现时，由主管云南教育的省级领导牵头，由教育厅组织实施，按前述模式整合云南高校图书馆现有资源。

（3）建成云南大学城数字图书馆。

（4）维持现状，由高校图工委牵头，加强高校图书馆间的合作，加大共建共享的规模范围与力度。

（二）几点建议

（1）为了引起云南高层和相关机构对云南文献信息资源共建共享的重视，建议由云南省图书馆学会、云南省高校图书馆情报工作委员会及相关文献信息资源管理组织以联合报告的形式向云南省信息化领导小组提出关于文献信息资源共建共享的思路与方案，围绕建立云南数字图书馆提出我们的诉求，以期将这项工作纳入云南“十一五”社会经济发展规划和云南信息化建设方案。

（2）以召开座谈会等方式，争取图书情报界的社会贤达如省政协委员、人大代表等参会，听取我们的方案与诉求，进而能以政协或人大提案的方式，引起有关领导和部门的重视。

（3）加强公共馆、高校馆、科研院所馆之间的横向联系，对三者之间资源共建共享的现状进行调研分析，提出强化措施与对策，进而向三个系统的主管领导与部门汇报，最终形成这三大系统之间文献信息资源共建共享的方案与协议（最好以《宣言》的方式），逐步实现由初级到高级的共建共享。

（4）上述三大系统之间充分利用现有条件，先在本系统内实现最大限度的共建共享，同时注意与其他两个系统的主动对接，最终促成三大系统间横向共建共享平台的形成，走由下而上的“农村包围城市”或者下级促使上级建成云南省文献信息共建共享系统之路。

（5）建立三大系统之间共建共享工作通报机制，以便各系统之间及时了解对方所做工作与项目，进而进行有效的主动的配合与协调，夯实共建共享工作的基础。

数字时代大学生的信息素质教育

——基于知识结构优化的思考

杨 勇

一 引言——一项学生作业引发的思考

在笔者所承担的“信息服务与用户”课程教学中，曾向学生布置了一项作业：云南某大学图书馆各类文献资源数据库服务及利用情况调查分析。作业要求学生以3—5人为一组，自由组成调查小组，对选定的云南某大学图书馆的各类文献资源数据库服务及利用情况开展用户调查。该项作业先后在2004—2006级的授课班级中进行，三个年级先后共有119名同学组成32个小组分别对不同学科、专业的1282名大学生用户进行了调查分析。大多数调查小组都设计了一些基本问题：你对本校图书馆的文献资源数据库是否了解？本校文献资源数据库有哪些种类？你平时是否利用这些文献资源数据库？你会使用文献资源数据库吗？你平时获取信息主要通过什么渠道？调查显示大约74%的同学不了解或说不清什么是文献资源数据库；约78%的同学不知道本校图书馆有哪些文献数据库可使用，少数同学能点出一些数据库的名称，但从没用过；约79%的同学主要通过搜索引擎浏览信息；约76%的同学从未使用过文献资源数据库，也不知如何使用；69%的同学不知道用什么方法获取文献资源最有效。这些问题看似是大学生在利用文献资源数据库方面出现了问题，实际却反映了许多大学生存在着严重的信息素养缺失，也从一定程度上反映出大学生信息素质教育方面存在的问题。如：缺乏基本的信息意识、信息观念、信息觉悟；对数字时代信息获取的渠道和方式缺少基本的认知常识；不能有效地发现自身的信息需求，并主动寻找信息；缺少与数字时代相适应的有效获取和利用信息的能力等。正是鉴于该项作业所反映的问题，笔者认为有必要重新审视大学生的信息素质教育问题，尤其是数字时代大学生的信息素质教育问题。

关于信息素质教育问题，国内外在理论和实践方面都取得了许多重大进展。理论上重点讨论了信息素质的概念、内涵，信息素质教育的内容、方法、评价标准等；实践中则开展了广泛的信息获取和利用的意识培养、技能训练和道德教育。绝大多数高校都将文献检索课作为大学生的重要素质课程，图书馆还以开展各种讲座、培训班、宣传栏、网络在线教育等形式加强对大学生信息素质的培养。但从整体上看，人们对信息素质教育的认识还不充分，信息素质教育的效果也不理想，需要有所突破。本文试图从分析人的信息素质与知识结构的关系入手，将数字时代的信息素质教育纳入到大学生整体知识结构的建构中加以讨论，为人们从另一视角认识信息素质教育，创新并构建新型信息素质教育体系提供参考。

二 信息素质与知识结构

（一）信息素质的内涵

国际上将信息素质（Information Literacy）也称为信息素养或信息能力，其概念最早由美国信息产业协会（AIIL）主席 Paul Zurkowski 于 1974 年在给美国图书馆与信息科学委员会（NCLIS）的一份报告中提出：具有信息素质的人，是那些经过训练，掌握了利用大量信息工具及主要信息源的技术与技能，并能将其用于解决实际问题的人[1]。Paul 的表述不是给信息素质下定义，但传达了一个基本的思想：信息素质是利用大量信息工具及主要信息源来解决实际问题的技术与技能。这一基本思想一直影响着人们对于信息素质的研究，人们认同信息素质是信息用户根据学习、工作、生活的需求，为解决实际问题对信息获取、处理和利用的技能。

随着信息化社会的发展以及研究的深入，人们对信息素质有了更深刻的认识："信息素质既是一种能力素质，更是一种基础素质，信息素质有其自身的内容结构，包括：信息意识素质、信息能力素质、信息道德素质”[2]。这一认识成为国内研究信息素质内涵的基本框架。近几年的研究中，信息素质的内涵被进一步挖掘，有学者将信息素质的内涵做了更广义的理解：信息素质是“信息化社会中个体成员所具有的各种信息品质，包括信息智慧（涉及信息知识与技能）、信息道德、信息意识、信息觉悟、信息观念、信息潜能、信息心理等”[3]。“a. 信息素养不但包括信息获取、管理的技能，而且包括了独立学习的态度和方法，将已获得的信息用于信息问题解决、进行创新性思维的综合信息能力。b. 完整的信息素质应该包括信息意识、信息知识、信息技能、信息道德四个层面，四个方面相辅相成，缺一不可。c. 信息素质是一种高级的技能，它同批判性思维、解决问题的能力一起构成了学生进行知识创新和学会如何学习的基础”[4]。

对信息素质内涵的认识是随着社会发展而不断发展的。2003 年 9 月联合国教科文组织（UNESCO）、美国图书馆与信息科学委员会（NCLIS）、国家信息论坛（NFIL）在布拉格召开了信息能力专家会议，讨论并发表了《迎接有信息素养的社会》的布拉格宣言认为：“信息素养包括人对信息重要性和需要的知识，以及为解决面临的问题确定、查询、评价、组织和有效生产、使用与交流信息的能力，这是有效进入信息社会的前提条件，是终身学习的基本人权的一部分”[5]。这是一个值得人们关注的信息素质的描述，它向我们传达了关于信息素质更为深刻的内涵，即对信息素质的理解已不仅是人所具备的信息意识、信息知识、信息技能和信息道德等，而且是人（即信息主体）所拥有的进入信息社会所应当具备的前提条件。

结合国内外学者的论述，笔者认为信息素质本身也是一种知识体系，我们可将这一认识纳入人的知识结构中加以理解：

（1）信息素质是人（信息主体）具备的关于信息的认知，是人对信息意识、信息观念、信息觉悟以及对信息重要性等的认知，是关于信息的智慧和潜能。这种认知本身就是一种知识，是构成人的整体知识和素养的有机组成部分。信息知识是信息素质的基础，有了信息的知识，才能适应信息社会发展而实现自我发展，才能更自觉地增强信息能力，将信息能力作为终身具备的一种能力。

（2）信息素质是人对信息需求的认知。人的信息需求从潜在到被认知和被表达是一个复杂的过程。如何认识信息需求，将潜在的客观的信息需求变为被认知和被表达的信息需求，是人对信息需求的能动的反映，也是人对信息不断认知的过程，需要人已具备的知识共同作用。在这一过程中人们对于信息、信息源、信息工具的知识不断积累，同时也不断转化为人的知识体系的一个组成部分。

（3）信息素质是人获取并处理信息的能力。能力是人的信息知识体系的另一面，是知识的外化形态，当人们对于信息以及信息需求的认知内化为自身的知识时，其获取并处理信息的能力就会得到更好的体现；继而在人们获取和处理信息的能力不断提高的过程中，人关于信息的知识也会得到增长，人们知识结构中有关信息的知识含量将进一步提高。

将信息素质作为一种知识体系，纳入人的知识结构中加以理解，对信息素质的认识更为深刻，也更能说明信息对于一个人的发展的重要性，信息素质是人着眼于未来的重要的基本的知识和能力体系。

（二）信息素质与知识结构的关系

关于人的知识结构的研究由来已久，目前尚未看到具有权威性的定义。有人认为知识结构主要是指人所拥有的“知识单元的数量、质量、类别及其相互联系和功能，是指知识体系在求知者头脑中的内化，也是客观知识世界经过求知者的输入、储存、加工，而在头脑中形成的由智力联系起来的多要素、多系列、多层次的动态综合体”[6]。这一描述不仅指出了人的知识结构是什么，而且指出了人的知识结构形成的过程：知识结构是求知者将客观世界中的知识内化后形成的自身的知识体系，这些知识是相互联系的动态综合体。这一概念有一定的科学性、合理性和可取性。有人认为“知识、能力与素质是人才成长中最关键的三大要素”[7]，我们可引申认为，这三大要素也是人才知识结构的三大要素。信息素质的基本知识体系实质上是信息知识、能力和素质的有机集合体，在知识结构中既是知识的一部分，也是能力的一部分，同时还是推动知识、能力不断优化的力量。根据以上概念以及对信息素质内涵的理解，我们可以对信息素质与知识结构的关系做如下解释：（1）作为一种知识体系，信息素质是人们知识结构中不可或缺的重要组成部分；信息素质加入人们的知识结构中，将会丰富和完善人们的知识结构，更好地体现人才知识结构的三大要素。(2) 作为携带着信息技能的知识体系，信息素质在人们的知识结构形成中起着重要作用。知识结构的形成需要不断地有效获取和利用知识、信息，具备较高信息素质的人往往能够较好完成这一过程。(3) 信息社会中人们对知识更新及知识结构优化的要求迅速提高，人们的信息素质与已有的知识不断相互作用，能起到更新知识、优化知识结构的作用。

基于知识结构来讨论信息素质的问题，为信息素质赋予了三重内涵：(1) 信息素质是知识结构中的重要知识体系；(2) 信息素质是知识结构形成的重要技能；(3) 信息素质有着知识更新、知识结构优化的重要功能。更为重要的是，当信息素质真正成为人的一种基本素质的话，其潜在的推动知识创新、推动人的发展的内动力是不可估量的，而这种内动力的形成仅有信息意识和信息技能、信息道德是不可能形成的，必须要与信息知识、技能、素质及已有的内在的知识共同作用。在整个人的知识结构形成和发展过程中，有了信息素质的参与将会大大提高效率和效益。

大学是人们知识结构形成最重要的时期。知识结构的形成是吸收外界客观知识，并发展和丰富自身的知识系统的过程。与中学时代不同，大学生的知识结构中不仅应当有一定数量、质量的社会、自然及人文方面的基本知识，并且由于进入了专业学习，还应当具备专门的学科、专业知识以及将各种知识构建为知识体系的能力；更重要的是大学生还应当具有一定的不断输入、储存、加工及吸收、更新、内化客观知识，在头脑中形成由智力联系起来的多要素、多系列、多层次的知识结构的智慧和潜能。知识结构的形成，离不开对信息的认知、对信息需求的认知和对信息获取与处理的认知，信息认知的这些内容正是信息素质的核心内容，也正是这些核心内容促成大学生知识结构的形成和优化。因而，在大学生信息素质教育中引入知识结构建构的理论、方法，创新信息素质教育，将信息素质内化为大学生知识结构中的重要组成部分，对于大学生提高信息素质、优化知识结构、在数字时代更好地发展将起到重要的作用。

三 数字时代大学生的信息素质教育

（一）数字时代的信息素质与知识结构

信息素质与社会信息环境息息相关。社会信息环境是由信息资源环境、信息需求环境、信息技术环境、信息服务环境等构成的密切相关的综合体。当社会信息环境发展到数字时代，对于信息素质的要求将会有新的诠释。

数字时代的信息素质是人所拥有的关于信息的特有的综合知识体系，这一体系应当包含与这个时代密切相关的一系列信息知识、信息能力等。具备数字时代的信息素质的人，应当拥有：

（1）数字时代的基本知识以及对数字社会本质特征的认知；

（2）数字时代的基本信息知识、信息意识、信息觉悟和信息道德；

（3）数字时代的信息需求认知以及与之相适应的信息行为能力；

（4）数字时代各种信息资源、信息工具的特点及使用方法的认知；

（5）数字时代各种信息获取、利用、交流的基本能力和基本知识；

（6）数字时代各种信息检索、研究、评价、利用的基本技能和知识；

（7）数字时代管理信息资源的能力。

这是一种包含了知识、能力、素质的综合性知识体系，是生存于数字时代的人所具备的基本素质之一，对于数字时代的人的知识结构起着重要的丰富、形成、更新和优化的作用。数字时代信息知识体系的内容比以往任何一个时代都更加丰富，将其内化为人的知识结构中的一部分，对于人的一生具有不可或缺的重要意义：一方面可使人的知识结构更适应现代社会的需要，使人在获取利用知识、信息时更具内动力；另一方面信息素质所独有的知识和技能也将为人的发展提供终身获益的知识和能力。

（二）数字时代大学生的信息素质教育

在不同的信息环境下，信息素质教育有不同的内涵；对于信息素质不同的认识也会对信息素质教育提出不同的要求。人们认为信息素质是一种获取信息的能力，而信息素质教育主要侧重于信息技能的培养。当人们认为信息素质是信息意识、信息能力、信息道德、信息觉悟时，信息素质教育突破了单一性技能教育和“授技性”教育的局限，形成了较为综合的信息素质教育体系。如果我们对于信息素质的认识扩展为对知识体系的认识，那么在大学生的教育中构建学生的信息知识体系，优化学生的知识结构，以知识结构的内动力推动和提高大学生的信息能力就成了信息素质教育的重点。数字时代的教育是一个启迪智慧、培养技能、提高素质、讲求优化知识结构、提升终身受益潜能的教育，因而数字时代大学生的信息素质教育至少应当从以下几方面加以考虑：

（1）适应数字时代对大学生知识结构的基本要求，将构建信息素质知识体系始终作为信息素质教育的重要指导思想，并将其纳入大学生知识结构建构中。

（2）适应数字时代大学生知识结构内涵发展的要求，增强大学生信息知识和信息能力，以形成知识结构更新与优化的内动力为主要目标，构建信息素质教育的基本内容体系。

（3）适应数字时代大学生知识结构形成的规律，从认知规律方面策划信息素质教育的方法体系。

（4）将信息素质教育纳入大学生知识结构建构体系中，形成相关教育管理、信息服务、专业教学等部门与学生互动的共同教育机制，以此构建大学生信息素质的教育、教学组织、管理与实施制度。

（5）形成与数字时代相匹配的信息素质教育评价机制，检验信息素质教育效果，推动大学生信息素质在知识结构中的内化。

数字时代大学生的信息素质教育有相对的复杂性，将信息素质教育纳入构建知识结构的任务中则更为艰难，与以往信息素质教育有着不同的内涵与特点。

四　基于知识结构优化的大学生信息素质教育创新

（一）基于知识结构优化的信息素质教育思想创新

将信息素质教育纳入知识结构建构中讨论，涉及信息素质教育思想的转变以及思维方式的创新。如前所述，大学生的知识结构更为重要的是应当具有一定的不断输入、储存、加工及吸收、更新、内化客观知识，在头脑中形成由智力联系起来的多要素、多系列、多层次的知识结构的智慧和潜能，这种智慧和潜能的形成正是信息素质这样的知识体系所能给予的。有了这种知识体系，才能促使人们创新知识、发展自我，使个体的知识结构更为优化，也能更好地适应数字时代的要求，并产生持续的终身受益的效果。

将信息素质教育纳入知识结构优化的体系中，需要引入新的理念，创新思维。最近几年已有学者利用建构主义理念对信息素质教育问题进行探讨，对我们今天要讨论的问题很有启发。“建构主义是由认知主义发展而来的哲学理念。建构主义认为，人们在与周围环境相互作用的过程中，逐渐构建起了关于外部世界的知识，从而使自身认知结构得到发展”[8]。利用建构主义的理念，我们可以对纳入知识结构优化教育中的信息素质教育做如下思考：学生的学习是为了建立起对客观知识的认知体系，形成相应的知识结构，并发展自身知识结构，优化自身知识结构。而这种认知体系“并不是简单地把知识从外界搬到记忆中，而是以已有的经验为基础通过与外界的相互作用来获取、建构新知识”[9]。大学生的信息素质教育即是培养学生将外界知识内化为自身智能的知识和能力教育。在这个过程中，学生是外界知识与信息智能的接受者，也是自身知识的建构者，更强调学习的主动性。只有通过学生主动的、自觉的、创造性的心理过程，知识才可能内化为自身的知识，建构起自身的知识结构。

建构主义理念无疑对信息素质教育提出了新的思考，即在信息素质教育中需要注重个性化、互动式、浸润性教育，激发学生为主动构建知识体系而学习的热情，促使学生增强对外界知识内化的智能。建构主义理念帮助我们更进一步明确了信息素质教育的目的和目标，从而成为我们创新信息素质教育思想的重要理念，与本文提出的将信息素质教育纳入知识结构建构的思想不谋而合。有了这样一种理念，教育者在信息素质教育中更应当注重从学生的特点出发，研究大学生吸收知识的心理过程，启发大学生构建知识体系的意识，创新信息素质教育的内容、方法，为大学生优化知识结构做好引路人；在整个信息素质的教育过程中“以学生为中心”实施教育，体现学生的主体作用。

（二）基于知识结构优化的信息素质教育实践创新

基于大学生知识结构优化的信息素质教育有着广阔的实践空间；将建构主义的理念引入信息素质的教育中需要教学内容、方法的创新。

信息环境在不断变化，信息素质教育将随之不断创新。数字时代的信息素质教育应当与数字时代的要求相吻合，教学内容首先应当体现数字时代信息知识体系的内容；其次，应当自始至终体现数字时代的信息素质是知识体系的一部分，将信息素质教育作为知识教育的重要组成部分；最后，应当体现出数字时代信息素质的智能要求，同时应当尽量与大学生知识结构的优化联系起来加以考虑。大学生的知识结构有一个不断积累和不断深化的过程，信息素质教育的内容也应当随着学生不同阶段的知识状况进行创新。应当在教学内容上设计不同的知识体系，体现不同的层次结构，适应不同专业与不同学习阶段的学生的需要。应用建构主义理念来策划大学生的信息素质教育内容，可分为三个层次来构成符合学生学习特点的循序渐进的知识体系。

初级层次：建构学生基本的信息意识、信息利用意识和基本的利用信息检索工具及数字信息工具的能力。要让大学生懂得作为一个数字时代的人，不能仅满足于课堂教学内容，更应当学会如何具备使自己走出校门后仍能继续发展的知识和能力；要让大学生懂得系统掌握了信息知识和技能，将其内化为知识发展的潜能，就能终身获益；要从培养学生基本的信息意识入手，达到调动学生自觉培养信息素质的积极性的目的。

中级层次：结合专业学习，建构专业与信息素质相结合的信息知识体系。通过信息素质教育使学生理解信息与专业发展的关系，形成对本学科专业信息、信息源、信息工具等的认知体系，具备结合本专业开展信息检索、识别、综合、分析、评价、交流等工作的能力。

高级层次：综合性信息知识体系构建。在前两个层次的基础上，这一层次将实现信息知识的整体构建和信息知识体系的内化。学生在这一层次能够将对信息的认知理解以及对信息技能的应用，潜移默化为知识结构的一部分，在工作学习中体现为一种自觉应用的行为。在这一层次上，学生应当能够对本专业的信息需求准确认识和准确表达，对信息内容准确获取和准确判断，对信息进行有效评价和利用，并对已有的信息和知识进行自觉、有效的管理。由于这一层次的信息素质教育更多体现的是一个将信息知识内化为自身知识结构的一部分，因而更应注重学生在知识建构过程中的主动性、自觉性。

以上各层次的信息素质教育都应辅以相应的教学方法。在建构主义理念指导下，信息素质的教育方法应当体现学生的主动性、自觉性，需要教师的积极引导。首先，应当引导学生参与到与信息活动有关的学习活动中，在教学中不断地设计一些学生关心的信息问题，让学生通过信息活动加以解决，并引导学生逐步进入信息知识体系的学习。久而久之，解决的问题越多，也越能吸引学生，这是一种以实践吸引学生注意力、促成信息知识体系形成的教育。其次，应与学生所学专业结合起来开展教育，结合专业的信息素质教育一方面可提高学生的学习积极性，另一方面可更有效地将信息知识与自身的知识结构联系在一起，促使信息知识内化及学生的知识结构优化。最后，数字时代的信息素质教育应当尽量多地利用现代化手段，尽可能地利用现代信息工具和现代信息资源，以使学生适应新的信息环境的要求。目前流行的在线信息素质教育，以数据库检索为例的教育，以网络数据获取为主的教育不但对学生有很大的吸引力，也能收到较好的教学效果。

（三）基于知识结构优化的信息素质教学机制创新

信息素质教育面对的对象很广泛，然而信息素质教育的机制却显得不够完善。许多学校由图书馆承担该项教育，也有些学校由各学科专业自行安排教学计划；有些学校将其纳入了学校的教学计划，有些学校却将其办成了随心功德的课程。信息素质的提高与专业素质的提高关系密切，相互之间起着相辅相成的作用，需要建构起符合信息素质教育规律的教学运行机制，基于知识结构优化的信息素质教育机制是解决两者相互协调的重要方法。它能够更好地将信息素质与知识结构优化结合在一起，更有利于提高学生对信息知识学习的积极性、主动性和自觉性，使学生的知识结构得到优化，促成信息素质与专业素质的双赢。

基于知识结构优化的信息素质教学机制的创新，首先应当注重观念的创新，应当在教育组织和管理者中形成一种观念：信息素质是大学生必不可少的知识体系，信息素质教育是大学生知识结构形成和优化的重要手段，是人才成长的必备要素。因而在教学管理、教学组织、教学时间和实践条件方面应当给予切实保障，形成良好的教学管理机制。其次，信息素质教育是大学生教育的重要组成部分，需要学校教学管理、各学科专业、图书馆等部门的通力合作，需要专门的机构协调，在教学内容设计、实践教学以及各专业的配合等方面，形成良好的互动机制。最后，应当注重专业教育与信息素质教育的结合，在专业教育中不忽视信息素质培养，在信息素质教育中注意从专业教育方面的引导，使两个方面真正相辅相成，达到大学生知识结构优化的目标。

基于知识结构优化，讨论数字时代大学生的信息素质教育，涉及许多内外因素，还有许多问题需要深入探讨。期待能有更多思考和更好的意见来促进信息素质教育，使大学生真正能够为迈向数字社会做好准备。

参考文献

[1] 周均兵：《信息素质的概念建构》，《图书与情报》2007 年第 2 期，第 67 页。

[2] 邹志仁：《试论大学生的信息素质教育》，《大学图书馆学报》2000 年第 3 期，第 62 页。

[3] 符绍宏：《面向创新教育的信息素质教育》，载沈乃文主编《传薪集——祝贺吴慰慈教授七十华诞文集》，北京图书馆出版社 2007 年第 12 卷，第 113 页。

[4] 赵瑞刚、董晓建、杨璐：《论大学信息素养教育》，《情报教育》2004 年第 5 期，第 86 页。

[5] 袁琳、简文辉：《近年来信息用户与服务研究进展》，载肖希明主编《图书馆学研究进展》，武汉大学出版社 2007 年第 1 卷，第 292 页；原载肖自力《美国的信息素养教育》，《情报资料工作》2005 年第 2 期，第 105—108 页。

[6] 王通：《论知识结构》，北京出版社 1986 年第 5 卷，第 13 页。

[7] 冷斌、涂小华：《目前学生的知识结构及素质现状的分析》，《江西化工》2007 年第 1 期，第 66 页。

[8]、[9] 张宏：《基于建构主义理论的高校信息素质教育》，《大学图书情报学刊》2006 年第 1 期，第 65 页。

论影响书目

胡立耘

书籍，这一人类智慧的结晶，无时不在影响着人类，影响着社会的发展。那么，哪些书籍才是真正具有影响力呢？这正是一种独特的书目类型——影响书目所着力解决的问题。影响书目是用于记录和揭示对某一时间段的历史，或某一特定的群体或个体产生重大影响的文献的目录。尽管在教科书上很少提及，但它的功能、意义和独到之处是不容忽视的。

一　影响书目的内涵

影响书目的影响对象显然是人，可以是特指的个人或群体，也可泛指整个社会，从而形成了两种类型：针对特定群体或个人的影响书目，针对社会、历史的影响书目。

第一种类型的影响书目注重个体及群体的感受，如哈佛大学 113 位教授推荐的最有影响的书[1]，《北京日报》“读书版”于 1987 年 10 月至 1988 年 4 月推出的影响端木蕻良、吴小如、刘绍棠等著名学者作家的书目，反映 31 位学人在各自阅读经历和成长历史中的影响最深的图书《开卷有益：给我影响最大的一本书》[2]等，都是个人影响书目；特定群体的影响书目则是对特定群体产生影响的书目，如《中国教育报》评选的“2010 影响教师的 100 本图书”。

第二种类型的影响书目更注重在特定的时空范围中，是否导致实际的后果，即某一社会事件的发生、社会观念的变革和历史变迁。这类书目可以是通过读者的海选获得，如美国《生活》杂志 1981 年在读者中广泛评选而选出的“人类有史以来的20种最佳书”，其中包括小说12种、剧本2种、历史故事（包括史诗）3种、其他读物3种。[3]再如，1991年初在日本选出的“影响日本近现代文化的100本书”、上海《书城》杂志1999年初评出的“20年来影响最大的20本书”、《出版广角》杂志1999年第8期评出的“感动共和国的50本书”、台湾于1990年以“我们都是看这些书长大的——票选四十年来影响我们最深的书籍”为主题选出的“影响台湾40年的40本书”等，均是其各自的读者群对一定历史范围内的书籍的影响程度进行评判。影响书目也可以由专家或专家组来选定，例如，早在1939年，Malcolm Cowley和Bernard Smith编辑出版了《改变我们思维的书》，介绍了由当时美国知名的教育家、历史学者、文学评论家、讲演家等多名专家选出的对当代美国精神影响最重大的书籍。[4]再如，由美国图书馆学家Robert Bingham Downs出版的《改变历史的书》[5]、《塑造现代文明的110本书》[6]以及《改变美国的书》[7]，Melvyn Bragg出版的《改变世界的12本书》[8]，Andrew Taylor出版的《人类历史上50部最具影响力的书》[9]，Jay Parini主编的《改变美国的13本书》[10]，王余光主编的《影响中国历史的30本书》[11]，苏浙生编著的《影响历史进程的100本书》[12]，张秀平、王晓明主编的《影响中国历史的100本书》[13]，武汉大学出版社1997年出版的《塑造中华文明的200本书》[14]等，都是由专家在各自的研究和理解的基础上选择出来的特定时空范围内的影响书目。

影响书目不仅可以是综合性的，还可以针对某一专门学科或领域，如由中国社会科学院经济研究所、广东经济出版社主办，由数以百计的专家论证的“影响新中国经济建设的10本经济学著作”，从思想史的角度，回顾了新中国近50年的发展历程中中国经济学所起过的积极作用[15]；由中国日报社《21世纪英语教育周刊》和21英语网站（www. i21st. cn）联合举办的“60年60本最具影响力的英语教育出版物”评选活动，旨在梳理新中国成立60年来英语教育出版领域的发展历程。[16]

影响书目是回溯性的，关注的是过去发生的某一时间段（乃至延续至今的时间里）特定的图书所产生的影响。影响是持续的过程，其作用也许在读者阅读时即已初露端倪，但要形成较为明晰的结果，则需时间的检验。

影响书目是总结性、归纳性的。总结、归纳的方式有：（1）内省，即由读者或书目编制者自己评判所读书籍中哪些具有最大的影响。（2）调查与统计，即通过发放调查表或向专家咨询，按被推举次数的多寡排列其影响程度。（3）推理，即通过历史资料，如传记、书信、历史学家的记述、书评等，看该书出版时的反响；该书的观点、理论是否被社会广泛接受；是否得到国际的重视、有无各种外文译本；是否创造独特的形容词或名词如“阿Q精神”、“马克思主义”、“柏拉图式的”等，无论是褒义或贬义，成为某种思想、观念的代名词；凡此种种，借以推断该书曾否深入人心、产生影响。总结、归纳的途径有：综合众人意见，综合个体的生涯，综合一个时代的发展历程。利用上述三种方式，在茫茫书海中区分孰轻孰重。显然，针对两种不同类型的书目所采取的编制方式方法不尽相同。

二 影响书目的外延

首先要解决的是，是否存在影响书目这一书目类型？遍查各类图书情报学、目录学方面的词典、百科全书、教科书，非但未有规范的界定，甚至没有只字论及影响书目。唯有《英俄汉图书情报学词典》中有 influence per publication 词条与其内容有关联。[17]但是，我认为答案是肯定的，因为有实际的书目成果存在，如前所举各例，均以“影响……的书”命名。同时，正如《ALA 图书情报百科全书》所指出的，书目的类型在不断分化。[18]更重要的是，影响书目有不同于其他书目类型的特点。

在王余光主编的《中国读者理想藏书》[19]的实际操作中，影响书目、最佳书目等与导读书目被视为同类。在各类图书情报学词典中及彭斐章等的《目录学》中，导读书目是一种独立的书目类型，又名推荐书目、举要书目、最佳图书目录等，在日本称劝学书目，即与所举的其他书目是等同概念。《中国大百科全书·图书馆学情报学档案学卷》指出，导读书目常见的形式有重要著作选目、读书计划、专业阅读书目等形式[20]，在一定程度上肯定了这些书目形式的不同，并把导读书目作为一个总括概念。郑建明的《当代目录学》也将推荐书目与导读书目作了一定区分。[21]因此，可以认为，影响书目是一种与通常意义上具体的导读书目（即狭义的导读书目）、推荐书目、名著选目、读书计划等并列的，有着独自特点的书目形式。它与狭义的导读书目、推荐书目、名著选目、读书计划等一起，都是属于广义的导读书目。

影响书目不同于狭义的导读书目。不同之处体现在：(1) 导读书目考虑的是将来的读者，具有针对性和导向性；影响书目注重的是过去的读者的反响和后果。(2) 导读书目介绍某学科、某领域最基本最重要的书，考虑学术的渐进性、系统性。一般要选择有代表性的文献，坏书只在必要时被批判性地提出。影响书目选择的是在一定历史背景下发生重大影响的书，可能是好书也可能是坏书。(3) 导读书目注重思想性、学术性，所选的书在一定程度上不能依编制者喜好取舍；而影响书目中的书一般经过编制者仔细审视或背景研究，个人影响书目还恰恰要突出编制者的喜好。(4) 导读书目可针对读者水平选取诠释或普及性的第二手文献；影响历史社会发展的影响书目多强调原创性。当然，二者有交叉，导读书目为影响书目中书的选择提供依据，如《塑造中华文明的200本书》就是"以历代著名的推荐书目为主要依据"；影响书目也为导读书目提供素材，影响书目中的大部分书目及某些提要与评论具有推荐与指导作用。

影响书目不同于畅销书目，前者是读者读过后的反响与后果，后者却是读前的预测与期待。畅销书目多有广告、从众、时尚等因素的影响，影响书目则较为客观、理性、稳定。

影响书目不同于名著书目。影响书目所选之书，可好可坏，可以是经典之作，也可是一时流行。而名著具有共通性、精品性，有着经久不衰的魅力。当然，名著的版次和译本众多，读者众多，故而影响面大，影响时间持久，与影响书目有部分重叠。

影响书目不同于最佳书目。评选最佳的书不仅要强调书在特定文化背景中的作用，而且着重对书本身的内容、技巧、形式等进行权衡。某些在写作技巧上缺乏文学风格的，但却代表着历史革命的新思想，或在感情上具有强烈的吸引力的书无法列入最佳的行列，却是影响书目的组成部分。

三 影响书目的特性

（一）私人性

什么是对个人或社会影响最大的书？这是对个人及某个时间段内的特定群体的成长史、心灵史的拷问。影响书目因编制者的个体差异而显得个人色彩极浓，出自不同的家庭背景，具有不同的专业素养，处在不同的人生阶段，面临不同的自我状态，都会影响人们读什么，更会决定人们从书中获得什么和改变什么。即使有相同的文化背景与时代氛围，各人列出的影响书目的重复率也很低。同一部书对每个人产生影响的方面和强度各不相同，甚至同一部书在一个人生活的不同时期读，也可能产生不同影响。影响书目的私人性除了书目选定者的学养、视野、经验、期待、悟性等素质差异使然，还与个人的性情和气质有着密切关系。让人情有独钟的书自然是富有影响力的书。情感体验是一触即发的，因此在影响书目的编制中常体现出“首因效应”。情感体验是真实的，因此，影响书目所列之书不是使之看起来吻合某人的学术地位和显得有教养，而是实际打动过影响过某人的书。学者专家遴选影响书目可以在一定意义上消除个人经历的强烈背景和特定的情境阅读，但是，学者专家的主观性仍是难以避免的。

（二）争议性

正因为影响书目具有私人性，从而使影响书目具有争议性。如《出版广角》与《书城》分别对新中国成立 50 年及改革开放 20 年出版图书中最有影响的书进行评选，由于其面对的读者群不同，结果只有 3 本书同时列选。同时，不同的文化背景与文化话语中心，不同的国别与民族都有不同的选择标准。因此，Robert Bingham Downs 所著的《改变历史的书》中以是否对历史、经济、文化、文明和科学思想产生全面而深刻的影响为标准，遴选出的从文艺复兴到 20 世纪中叶出版的 16 本社会科学及自然科学书籍，以及 Harace Shipp 列出的十本“震撼世界的书”，即《圣经》、《共和国》、《上帝之城》、《可兰经》、《神曲》、《莎士比亚戏剧集》、《天路历程》、《请愿》、《物种起源》和《资本论》[22]，其中没有一本中国人的著作，让我们觉得不可思议。此外，不同的时代对于同一文献的价值与意义的看法也会不同。一些曾在历史上被忽略、误解或禁止的书在今天可能产生重要影响。反过来，曾经在某个历史时期具有启蒙性、前瞻性和指导性的书可能在今天看来已被超越或需要修正。

（三）社会性

尽管具有私人性及争议性，但是，影响书目是社会的投影，把它放在特定时空，常常能在个体的基础上显示出某种共性特征，体现大众取向、民间智慧及公共知识，折射当时的社会情境和文化特征。影响书目题材广泛，涉及面宽，重视公众舆论作用。常常通过多种媒体结合来进行宣传与推动，追求一定层面上的共鸣、社会反响乃至轰动效应。尤其是票选、个人影响书目征文、专家组评估等形式，可充分调动特定群体的集体回忆，有利于回顾、总结、反思特定时代，并且倡导、带动新的社会环境下的阅读兴趣，并审视在当下阅读或重读这些图书所具有的内涵与意义。

（四）评价性

影响书目的选择过程本身就是一个披沙拣金的评价过程，因此，常常需要在大量图书中通过严肃的商讨论证，形成备选书目，然后通过权衡、讨论或者投票而形成最终的书目。对每一本入选图书进行真实、客观的评价是影响书目必不可少的。评价的方式有加权评价、历史坐标评价、影响效果评价等。在影响书目的提要中，有相当的篇幅用于评论各书的意义与作用。正因为如此，影响书目具有一定的引导性，具体体现在入选理由的陈述，书目宗旨的表达，每种入选图书的点评等。还可通过票选的统计数据、专家组推荐评估的意见等方式来说明入选图书的权重。

（五）时代性

不同的时代产生不同的阅读需求、不同的观念和技术，也产生了不同的书；而书又在特定的时代产生作用。书是时代的镜子，影响书目是时代风尚的一种体现。尽管影响书目中很多书籍的位置正被更新了的研究成果所取代，但是由于在当时产生的划时代意义，或对某一个体产生的转折性意义，它们仍然是人类文明进程中的里程碑或个人成长道路中的路标。影响书目的时代性还体现在时代的发展给予了影响书目的评选以新的取向及特定的内涵。

此外，值得注意的是，不同的影响书目编制主体的视角不同，编制目的不同，会使理解方式、评判方式随之发生变化。影响书目的两种不同类型，即针对特指的人或泛指的社会的影响书目，各自在影响角度、编制方法上都有所不同，在特性上也各有侧重。

四 影响书目的意义

（一）史学上的意义

影响书目反映了特定时间内特定群体或个人的阅读经验，体现了社会风尚的影响，折射着人事的变迁与世事的沧桑。关注大众的取向与经验，可作为公共史学的研究中一个有趣的佐证。考察书目中每种图书在历史上的位置与作用，了解其独创与传承，可为总结历史的发展提供独特的视角，对于社会史、学术史、思想史、文化史、图书史、出版史等有着特殊的借鉴和相互印证的作用。

（二）有利于人物研究

个人影响书目不仅可以透露人物的阅读兴趣、学术修养，而且可以投射出人格的影子，对于研究人物创作风格的形成、学术流派的师承、观念态度的倾向等均有裨益。例如，写作是一种传承与创新交替的活动，在其中可看到特定作品对于某作家的影响，如列夫·托尔斯泰开出的影响书目中，一一罗列其成长历程中具有影响的图书，还以等级标注的方式给出了影响的程度。我们从作家的读书笔记、作品、自传的片言只语中，可追寻到图书的影响力，感受到作者与作者、作品与作品的互文性，体味《一千零一夜》之于博尔赫斯，《红楼梦》之于张爱玲，博尔赫斯的作品之于卡尔维诺，西德尼·谢尔顿的小说之于丹·布朗的意义。再如，新世界出版社出版的余华、莫言、王朔、苏童四位小说家联手推出的“影响我的10部短篇小说”系列图书中，四位作家分别选出了对自己创作影响最大的小说，并从序言中重温了阅读它们的情境和感受，从中可看到几位当代作家的精神乳母和激情源头。更有趣的是，这些选集中，不乏共同的作品或作家，这些不谋而合的选择，体现了这些作家心灵的交集，是开展当代小说家研究的一个十分有价值的研究入口。

（三）对于出版界的意义

影响书目是书业界常常使用的一种书目形式，影响书目有利于发现畅销书并确定其印数，了解读者阅读倾向与需求，开展特定图书的宣传与促销，进行出版选题运作等。同时，影响书目也从独特的视角反映了出版发展史，如从新中国成立到现在，我国出版的图书种类经历了“文化大革命”的萧条、解禁时的文学书籍优势、改革开放初的经济热及现在的多元化等各具特色的时期，而那些相应的影响书目正是对这些特定的时期脱颖而出的图书的一次全方位审视与检阅。出版界发起的影响书目评选的运作方式多为面向读者进行海选，以统计学意义作支持，进而列出某个时间范围内、某地域或某专业范畴中的影响书目。对于出版界而言，影响书目的作用主要体现在：一方面，激励图书的重新发现，推动新一轮促销；另一方面，梳理出版历史与文化，了解社会阅读取向。例如2008年，为重温改革开放30年中国书业和中国国民阅读的重大变迁，由中国出版集团主办，江西出版集团协办，中国图书商报社、中国对外翻译出版公司、江西教育出版社承办了以“改革开放30年最具影响力的300本书”为主题的图书推介活动，同时，出版了“聚焦书业30年”书系——《书之力量：30年中国最具影响力的300本书》[23]、《30年中国人的阅读心灵史》[24]和《30年中国畅销书史》[25]。2009年10月，由《中国图书商报》和中国出版科研所联合主办的“新中国60年中国最具影响力的600本书”，旨在充分体现1949—1978年间中国政治、社会、文化思想和观念的时代特色，也为国民提供了一份值得关注的阅读指引。第九届深圳读书月组委会与深圳报业集团、深圳广电集团在市文化局联合组织评选“30年30本书”与“年度十大好书”，推进了读书节的开展。

（四）对图书馆的意义

影响书目在一定程度上对衡量图书馆文献资源建设水平、指导采访部门补充藏书、开拓参考咨询的范围等有一定的帮助。图书馆在组织影响书目的评选方面也可起到积极的作用，其方法是组织专家和邀请读者进行评选，尽管在备选书目方面可以有专家的预设，但读者的互动参与起着决定性作用。通过影响书目的评选，带动阅读活动，加强读者对图书馆职能的深入认知，以发挥图书馆的资源优势和服务特点，推动书香社会的发展。

（五）目录学、文献学意义

影响书目是一种独特的书目类型，为促使目录学与社会接轨，加强目录学与读者的关系研究，以及开展目录类型的参照与比较研究等方面提供了较为丰富的课题。同时，对影响书目的研究离不开文献研究，不仅要研究文献本身，而且需研究其时代背景及文化学、社会学意义。原始文献与影响书目关系密切，甚至与目录一起刊出，形成文献汇编或组成丛书。可见，对影响书目的研究可丰富目录学、文献学的学科内容。

（六）对读者的意义

影响书目为读者选择图书、发现阅读盲区、获取特定图书的背景资料、仿效著名人物的学习过程等均有帮助。影响书目重视图书对人们成长的影响力，尤其关注图书对青少年的影响，重视图书在人的全面素质发展中的作用，因此，影响书目有利于开阔读者的知识面，引导读者体味由书中体现的世界观、人生态度、社会洞察力、写作技巧等。参与影响书目评选活动则能促使读者回顾自己的阅读历史和成长历程，有利于读者梳理读书经验和心得，权衡阅读得失，明确阅读方向，发现具有共同爱好的“读友”，激发潜在的阅读欲望，提升阅读境界。

五 入选机理

影响书目要回答的是："什么书最具影响力"及"为什么"。在回答这两个问题时，应明确以下几点：

（1）文献与影响力的关系。

文献类型、文献的篇幅、文献的学科性质等和入选与否没有必然的联系。所谓的书，是一个广义的概念，一本小册子、一篇论文、一本连环画也可能具有极大的影响。伟大的书不一定"大"。至于自然科学、社会科学、人文科学中哪种类型的文献更具有影响力，是影响书目编制者十分难以解决的问题。由于文学、宗教、哲学、历史传记、教育等类型的书籍能极大地激发人类丰富的情感体验，故而在很多影响书目中，这类书的比重极大，这从许多个人影响书目及群体读者票选出来的影响书目中可以明显感受到。在梳理对社会历史产生影响的书目时，则依编制者的观点而异，如《美国划时代作品评论集》的作者 Hennig Cohen 就认为，文学既是文学，又是历史。[26] 因此，一般而言，影响书目中的书即使是非文学作品，也多是文笔流畅、语词优美。

（2）读者水平与影响力的关系。

从阐释学、接受学的观点来看，每一个人无论对文本还是人事的看法均受其"先见"或"视域"的影响，这些"先见"、"视域"与个体气质、文化素养、研究视域乃至态度、情感有密切关系。对于读者而言，文献的深浅程度与其影响力也没有必然的联系。如操作行为的研究先驱 B. F. 斯金纳，把中学课本《植物怎样生长：植物学简介》列入影响他的学术形成的重要书籍之一。文献的普及程度、可读性与其影响力也没有必然的联系。有些影响书目的编制者强调的是书对于社会精英或专家学者的影响，关注影响的力度，如《改变历史的书》中所列的"多非易读之书"，要有相当专业素质的人方可读懂；有些则强调对普通大众的影响，关注影响的广度，故而书的版次、印数、译本种数、推举票数等是许多影响书目选择的依据。

（3）书的影响可是多元的。

除了确立术语、开启流派、独创方法、导致变革等可以较为直接测度的影响外，书对个体的影响更加复杂化、综合化。被认为有影响的书也许影响了一个人专业或职业的确立、研究方向的选择、思维方式的顿悟、终极价值的思考、信仰或人生观的变化等各种不同的方面，让人们体会到创造力、良知、激情、智慧、美感、自由、真理等诸多范畴，从而开拓新知、丰富心灵、体验情感、理解生活、了解社会。例如，经济学家把《理智与情感》作为了解英国社会经济结构史的案例来阅读，法学家把《威尼斯商人》从法律研究的意义上来研讨，郑成思将《汤姆·索耶历险记》作为英语学习的源头，充分证明了书的多元影响力。一个人爱书的理由可以很多很多，书的影响无法实际精确测度与比较，需要个人“亲证”，当夜阑人静，扪心自问，哪些是影响过自己最深的书，哪些是人类历史上最有分量的书，人生中被图书照亮的瞬间纷至沓来，需要认真地辨析，艰难地剔抉。这一过程也许会充满悔恨、惘然、愤懑、怀疑、颓唐、激进、顿悟、欢欣、迷狂、感恩、奋发、希冀，是百感交集的回首，是重大而严肃的工作，这就使影响书目有着无限的探索空间，也使影响书目成为富有魅力的课题。

参考文献

[1] [美] 迪瓦恩（Devine，C. M.）等编：《最有影响的书：哈佛大学 113 位教授推荐》，唐润华译，华夏出版社 1990 年版。

[2] 上海教育出版社编：《开卷有益：给我影响最大的一本书》，上海教育出版社 1990 年版。

[3] 据 1981 年 6 月《纽约时报》，1981 年第 5 期《读者文摘》第 18 页。

[4] Malcolm Cowley, *Bernard Smith*, *Books that Changed our Minds.* New York: Doubleday, Doran&Co., 1939.

[5] Robert Bingham Downs, *Books that Changed the World.* Chicago: American Library Association, 1956；彭歌译：《改变历史的书》，纯文学出版社 1973 年版；缨军编译：《影响世界历史的 16 本书》，上海文化出版社 1987 年版。

[6] Robert Bingham Downs, *Famous Books*, *Ancient and Medieval*: *Outlines of* 108 *Great Works that Have Shaped Modern Civilization.* New York: Barnes & Noble, 1964；金文英等译：《塑造现代文明的 110 本书》，天津人民出版社 1991 年版。

[7] Robert Bingham Downs, *Books that Changed America.* New York: MacMillan, 1970；彭歌译：《改变美国的书》，纯文学出版社 1971 年版。

[8] Melvyn Bragg, 12 *Books that Changed the World.* Hodder & Stoughton, 2006；何

湾岚译：《改变世界的 12 本书》，联经出版事业股份有限公司 2008 年版。

[9] Andrew Taylor, *Books That Changed the World: The 50 Most Influential Books in Human History*. Book Sales, Inc., 2008.

[10] Jay Parini, *Romised Land: Thirteen Books that Changed America*. New York: Doubleday, 2008.

[11] 王余光：《影响中国历史的 30 本书》，武汉大学出版社 1989 年版。

[12] 苏浙生编著：《影响历史进程的 100 本书》，文汇出版社 1992 年版。

[13] 张秀平、王晓明主编：《影响中国历史的 100 本书》，广西人民出版社 1993 年版。

[14] 王余光、宁浩主编：《塑造中华文明的 200 本书》，武汉大学出版社 1997 年版。

[15]《影响新中国经济建设的 10 本经济学著作（丛书）》，广东经济出版社 1998 年版。

[16]《60 年 60 本最具影响力的英语教育出版物颁奖》，http://edu.people.com.cn/GB/10745007.html.

[17] 孙瑞年：《英俄汉图书情报学词典》，科学技术文献出版社 1992 年版。

[18] Robert Wedgeworth, *American Library Association. ALA World Encyclopedia of Library and Information Services*. Chicago: American Library Association, 1980.

[19] 王余光：《中国读者理想藏书》，光明出版社 1999 年版。

[20]《中国大百科全书·图书馆学情报学档案学卷》，中国大百科全书出版社 1993 年版。

[21] 郑建明：《当代目录学》，南京大学出版社 1994 年版。

[22] Horace Shipp, *Books that Moved the World: Tales and Studies of the Dynamic Word*, London: EvansBothers, 1945.

[23] 伍旭升、岛石主编：《书之力量：30 年中国最具影响力的 300 本书》，中国对外翻译出版公司、江西教育出版社 2009 年版。

[24] 张维特主编：《30 年中国人的阅读心灵史》，中国对外翻译出版公司、江西教育出版社 2009 年版。

[25] 伍旭升主编：《30 年中国畅销书史》，中国对外翻译出版公司 2008 年版。

[26] 柯恩编：《美国划时代作品评论集》，朱立民等译，新亚出版社 1971 年版。

情报学研究中的全息论

马自坤　黄体杨

一　全息与全息论

1948 年，英国科学家丹尼斯·盖伯发明了全息照相术[1]，用这种全息术拍摄的全息照片，在一定条件下，如果撕裂成为小块，每个小块再现时都能给出整个物体的像，并且随着碎片变小，成像的模糊性就增加，到某一阈值就不能再现整个物体的像。[2]盖伯因此获得了 1971 年的诺贝尔物理学奖。[1]1980 年张颖清在《潜科学》杂志第二期上发表了《生物全息律》一文，发现了“生物全息律”，在此基础上创立了全息生物学。1983 年，王兆强提出的广义全息，王身立倡导的广义全息论引起许多学者的广泛重视。[1]1984 年 1 月，王存臻、严春友发表了《宇宙全息论》的论文，提出宇宙全息律；1988 年，他们又出版了《宇宙全息统一论》与《宇宙统一科学》两部专著，主编了一套“宇宙全息统一论研究与应用丛书”，为全息论提出较为完整的学科体系，引起了学术界的广泛关注。有学者认为“从此在学术界出现了一种比‘老三论’和‘新三论’还要高一个层次的新型哲学理论。”[1]

全息论是研究宇宙全息、现象、统一规律及其本质和机制的科学。[1]在王存臻和严春友看来，全息是指“部分（子系统）与部分、部分与整体之间包含着相同的信息，或部分包含着整体的全部信息。”[3]“事物之间包含的信息相同或者信息相似程度较大。”[3]“宇宙全息统一论要在信息的基础上把整个宇宙统一起来，统一为一个整体。……宇宙全息统一论是研究宇宙各个部分之间、部分与总体之间的全息统一现象、全息统一规律及其本质和机制的宇宙大统一理论。它不仅要一般地揭示一切领域中部分与部分、部分与整体的全息关系，而且还要具体揭示各系统与其子系统、子系统与子系统全息的机制，以便由此建立起全息控制论。宇宙全息论还具有方法论的意义，它强调科学的全息整体性。”[3]

二 全息论在情报学领域的研究现状

2009 年 4 月 15 日，笔者以“中国期刊全文数据库”的“图书情报与数字图书馆”专库为检索工具，以“主题”为检索项，时间设定为“（1911—1979）—2009”，以“全息”为检索词，对其全部数据进行检索，匹配方式为模糊匹配，得出相关文献 48 篇，去除与主题无关的文献后，得出有效文献 14 篇。

（一）文献的基本情况

据检索到的文献，陆正康 1984 年发表在《情报科学》上的《试论“人工终端”》一文是国内最早探讨将全息理论应用到文献情报工作中来的文章。赵建功 1993 年发表在《情报理论与实践》上的《全息情报学浅论》一文首次提出了全息情报学这一概念。从文章发表情况来看，1984 年开始出现，1993—1997 年间发文较多，而且集中讨论“全息情报学”这一命题，之后的讨论文章仅 3 篇，主要是全息检索技术和全息哲学方面的应用，基本淡化了“全息情报学”这一提法。也就是说，关于全息情报学或者全息理论在情报学中的应用研究主要集中在 20 世纪 90 年代，但研究成果极少。

（二）文献主题分析

通过分析，本研究将全息论在情报学研究中的主题分三个方向列出，分别是“全息情报学研究”3 篇；“全息论在情报工作和信息检索中的应用”7 篇；“全息论在图书馆学和期刊研究方面的应用”4 篇。具体分析如下：

其一，从全息情报学的角度研究。赵建功[4]的《全息情报学浅论》(1993）从全息情报学的生长点（建立的必要性、可能性），全息情报学的理论基础、应用理论和实用技术，全息情报学的展望三个方面进行了论述；尤哲智的《全息情报学的逻辑起点》(1995）则从全息论的由来和发展、什么是全息论和全息情报学的逻辑起点三个方面展开论述，认为全息情报学的逻辑起点就是情报全息元；张智雄的《全息学与情报研究》(1996）从全息思潮的兴起、基于情报学的全息研究理论、基于全息学的情报研究方法论三个方面讨论了全息学对于情报学的影响。

其二，全息论在情报工作和信息检索中的应用。如王永成和王晓峰的《国家信息基础结构与全息检索》提出了全息检索的概念，即可从任意角度出发，从存储的多种形式的信息中高速准确地查找，并可以任意要求的信息形式和组织方式输出，也可仅输出人们所需要的一切相关信息的电脑活动。[5]从全息检索的背景、定义、特征和要解决的问题五个方面展开论述；王鹰的《如何开发全息信息》一文提出了全息信息的概念，认为全息信息又叫多位信息或立体信息，这种信息是多渠道、多视角、多侧面收集、编写而成的[6]，并从建立立体型网络、多维式开发和全息信息的开发方法三个角度讨论了如何开发全息信息；北京图书馆光盘信息中心电子图书部和北京书生科技有限公司联合发表的《电子出版物和全息电子出版物》提出了全息电子出版物的概念，认为它“是针对印刷版纸介质的出版物而言的，包括全息电子图书、全息电子报纸和全息电子期刊……全息电子出版物是完全忠实于原始印刷版纸介质出版物风格，保留原纸介质出版物的包括文字、补字、图表、照片、公式、脚注、字体字号、修饰符号、版式位置等全部版面信息，既可以实现出版物全文的快速检索，又可以进行出版物原始版面显示和打印的电子出版物。”[7]刘锦山[8]的《书生全息数字化技术在数字图书馆建设中的应用》一文提出了书生全息数字化技术中“全息”的含义由全部信息、文本排版格式和可供检索 3 个组成部分；任燕燕的《构建数字图书馆信息资源全息存储平台可行性探讨》则从全息存储的角度来展开研究，指出全息存储是根据全息学的原理，将信息以全息照相的方式存储起来，而不是采用直接的照相存储。[9]从全息存储浅释、数字图书馆信息资源存储现状、数字图书馆全息存储系统构建的可行性和全息存储技术的应用和前景展望四个方面展开论述。

其三，全息论在图书馆学和期刊研究方面的应用。陆正康[10]的《试论“人工终端”》一文用“全息理论”来分析“人工终端实际上也就是大系统的一个组成单元”这一论断；李树本[11]的《从信息哲学角度看图书馆——发展的全息境界》提出了图书馆是发展的全息境界这一命题；史平章的《高校图书馆文献资源管理模式初探》“针对目前我国高校图书馆管理模式的一些弊端，利用系统论、全息论的观点，阐述21世纪中国高校图书馆的文献资源管理模式，应是图书馆基础工作服务集中化后的各种不同载体、不同文本、不同语种文献资料的合一，藏、借、阅一体化、专业化、全息化的图书管理模式。”[12]是全息理论指导图书馆工作研究的具体体现；杨来保[13]的《期刊全息律浅析》从期刊全息律等七个方面展开了论述，不过该文的期刊全息律几乎都是借用宇宙全息律的概念。

三　对全息论在情报学领域研究方向的几点思考

根据上文的分析，“全息情报学”这一学科并不成立，因为其不具备独特的研究对象，较为完整的学科体系以及足够的研究成果。而且“全息情报学”的提法并没有得到国内同行的认同，研究者自己也没有针对这一主题进行过更为深入的研究和探讨（没有发文两篇以上的作者），在整个情报学研究中，如果从数量上看其研究成果基本可以忽略不计。既然这样，有没有将全息论引入在情报学领域进行研究的必要呢？其研究有没有价值呢？笔者以为，全息论可作为情报学研究的一种视角，可作为理论基础、信息检索技术和情报研究方法三个方面加以应用。

（一）作为情报学理论基础的全息论

理论就是对所观察到的现象或过程做出解释的概念及原理[14]，而理论基础是指那些不仅本身提供着特定的现象的解释，而且还能指导其他现象的观察和解释，被一个甚至多个学科的研究者用作理论视角或研究框架，并被应用到它的学科领域。其基本作用包括提供概念体系；提供研究框架；提供研究视角；维系本学科与整个知识体系的联系。[14]由此看来，视全息论为情报学研究的理论基础是成立的，理由如下：

其一，全息论是一种哲学理论，它从“全息”的视野来研究和思考事物各部分之间、部分与总体之间的统一现象、规律及其本质与机制，在生物学、易学等学科领域已经被学者选作理论视角。它为情报学研究提供了以“全息”概念为主的一系列的概念体系，如“情报全息元”、“知识全息元”、“全息度”、“全息信息”、“全息检索”、“全息电子出版物”、“全息存储”、“全息不全”等。

其二，全息论为情报学提供了研究框架和研究视角，全息论的引入，是希望能从信息收集、分析的角度构建情报学的学科体系。全息论认为“信息的最根本的性质应当说是它的全息性”[3]，也就是“不完全信息”中包含着“完全信息”，全息论为情报学提供了不完全信息的收集、整理、存储、加工和提供利用的一种研究视角，从不完全信息中得出完全信息的思想，对情报工作尤其是竞争情报工作具有较强的理论指导意义。在这种视域下，情报学研究的核心问题在于如何尽可能全面地收集信息，对其进行科学的分析、评价，为决策提供服务。情报研究的任务在于尽量还原事物的“真实信息”，信息越接近真实，说明其全息度越高；反之亦然。由此观之，信息收集、信息分析的理论与方法构成了情报学研究的核心内容，情报的完整性、真实性和可靠性等都是研究的重点。如在竞争情报收集工作中与所需信息有关的各种数据、资料均值得收集，并需要充分运用各种定性和定量的研究方法，对其进行分析，去伪存真，进而升华得出全息度较高的情报，为特定用户服务。

其三，在维系本学科与整个知识体系的联系方面，这一理论基础可将情报学领域中的全息思想置于全息论这一根基之上。全息论认为，“每一学科都依赖在其他所有学科上面，又为其他学科所依赖，……各门科学实际上属于同一科学整体，它们只是从不同的方面、不同的层次来研究同一整体。”[3]也就是说，无论是情报学、社会学，还是生物学，它们之间都是相通的，具有科学统一性。在全息论中，“信息是宇宙全息统一论体系的全息基元，在信息这个概念中潜含着整个体系的全部信息。”[3]情报学以信息为研究对象，情报学的信息收集与分析理论和方法可以为其他学科所利用。另一方面，其他学科的理论和方法亦可为情报学所利用，如社会研究方法、计算机技术、生物全息学等，如可将全息论在情报学中的应用与生物全息学的应用关联起来，甚至可以应用生物全息学的理论和技术来开展情报工作，可以用全息照相术有意识地开展情报工作等。

（二）作为信息检索的全息论

以全息照相术为基础的全息数字化技术，是信息收集、整理和加工的一种重要的技术手段，对情报学研究和图书情报工作具有重大影响。全息的概念最初由丹尼斯·盖伯发明了全息照相术而来，经由北京图书馆光盘信息中心电子图书部和北京书生科技有限公司联合发表的《电子出版物和全息电子出版物》和刘锦山的《书生全息数字化技术在数字图书馆建设中的应用》的研究，摒弃了传统的图像扫描方式和通过人工录入进行传统文献数字化的缺点，但保留了二者的优点，采用该技术制作的全息电子出版物能完整保留原出版物的全部信息，包括全部文字信息和全部版面信息，同时支持全文检索等多种检索方式，制作过程所需人工工作量也不多。这种技术在如今的信息检索中应用极为广泛，这不失为对情报检索领域的巨大贡献。这是在物理技术视野下，全息论对信息检索的贡献。

同时，在信息检索理论与实践方面，全息论也有贡献。如王永成和王晓峰的《国家信息基础结构与全息检索》提出了全息检索的概念：可从任意角度出发，从存储的多种形式的信息中高速准确地查找，并可以任意要求的信息形式和组织方式输出，也可仅输出人们所需要的一切相关信息的电脑活动。[5]认为全息检索具有能允许人们从任意角度出发进行检索，能存储、检索与输出一切形式的信息，能输出一切有关的信息和仅输出人们所需要的信息四个特征。[5]在当今“信息爆炸”的时代，如何有效、准确获取所需信息一直是信息检索领域研究的重点问题，“全息检索”从全息论的角度思考和研究，并试图解决如何在“信息海洋”中获取有效信息的问题，不能不说是一种全新的视角。事实上，语义网信息组织、基于本体的信息组织与检索、智能信息检索、智能数据挖掘等一直活跃于计算机科学、图书情报学领域的研究热点，均可以从全息论的视角获得灵感。

（三）作为情报研究方法的全息论

“宇宙全息统一论强调科学的全息整体性，这种全息整体观与系统论的整体观有着质的区别。系统论虽然强调整体性，但它割裂了部分与整体的内在有机联系，片面强调整体的整体性，而忽视了部分的整体性。全息整体观则彻底将二者统一起来了。”[3] “宇宙万物构成了一张结构缜密、不可分割的巨网，人们不可能真正把一个部分从宇宙整体中分离出来。”[3]从情报研究的角度来说，社会上整个情报系统同样是一张结构紧密、不可分割的网络，情报工作者需要建立全息意识，具有全息整体观，全方位、多角度地开展情报工作，即所谓的“全息信息”。信息不完全是情报工作者在收集信息过程中遇到的一个普遍难题，比如竞争情报工作者对竞争对手的信息收集、市场信息的把握、政府政策信息等获取均是不完全的。在进行信息的收集与分析过程中，一方面要想法设法获取更多的信息，尽可能得到“全息信息”；另一方面，要从全息论的视角（“宇宙整体中的各个部分都包含着整个宇宙的全部信息”[3]）出发，相信在情报工作中不完全的信息同样包含着整体的全部信息，从不完全信息中获得完全信息。

而如何充分分析、研究现有信息，尽可能再现真实的信息的方法，可以称为全息法。我们认为，全息法是一种以全息论为核心，强调全息整体观，从不完全信息中包含着整体的全部信息的视角出发，从不完全信息中分析出完全信息的方法。它是以物理技术和信息检索技术为技术手段，以推理、逻辑、抽样、定性与定量方法、假设、预测等为方法基础，进而研究情报工作的一种方法视角和方法体系。

这种方法最典型的案例莫过于日本炼油公司探取大庆油田信息的例子了。“1964 年到 1967 年间，日本炼油设备厂商从中国公开出版的报纸、画报上搞清楚了当时还处于严格保密状态的大庆油田的位置、产油量等信息，成功地同中国做了一笔金额巨大的炼油设备生意。”[15]该案例中，《人民日报》“大庆精神大庆人”的字句、铁人王进喜的照片等看似关系不大的信息，事实上却包含了有关大庆油田的重要信息，不完全的信息同样包含着整体的全部信息，只要善于利用科学的分析方法，同样能从不完全的信息中获取完全的信息，这可称为全息法的应用。

四　结束语

全息论在情报学领域可能的应用是广泛的，就目前的研究成果来看，已经在情报学基础理论和信息检索方面有所体现，但研究成果还极少。而在情报研究方法方面的研究，除张智雄先生的文章有所涉及外，尚无深入的研究和探讨，作为情报研究方法的全息论，赵建功和张智雄先生也已经进行了一些探索，但他们没有继续深入下去，导致目前全息论在图书情报领域的研究基本处于停滞状态。文章综述了前人的研究成果，试图从理论基础、检索技术和研究方法三个角度梳理全息论在图书情报领域的可能研究方向，以期能对图书情报领域的研究与实践有所裨益。

参考文献

[1] 尤哲智：《全息情报学的逻辑起点》，《情报杂志》1995 年第 5 期，第 42—43 页。

[2] 张智雄：《全息学与情报研究》，《全息学与情报研究》1996 年第 1 期，第 20—22、25 页。

[3] 王存臻、严春友：《宇宙全息统一论》，山东人民出版社 1988 年 3 月。

[4] 赵建功：《全息情报学浅论》，《情报理论与实践》1993 年第 5 期，第 11—14 页。

[5] 王永成、王晓峰：《国家信息基础结构与全息检索》，《情报学报》1996 年第 1 期，第 62—66 页。

[6] 王鹰：《如何开发全息信息》，《秘书之友》1997 年第 9 期，第 28—29 页。

[7] 北京图书馆光盘信息中心电子图书部、北京书生科技有限公司：《电子出版物和全息电子出版物》，《电子出版》1997 年第 4 期，第 46—48 页。

[8] 刘锦山：《书生全息数字化技术在数字图书馆建设中的应用》，《图书情报工作》2001 年第 9 期，第 66—68 页。

[9] 任燕燕：《构建数字图书馆信息资源全息存储平台可行性探讨》，《图书馆》2006 年第 6 期，第 94—96 页。

[10] 陆正康：《试论"人工终端"》，《情报科学》1984 年第 5 期，第 70—73、58 页。

[11] 李树本：《从信息哲学角度看图书馆——发展的全息境界》，《四川图书馆学报》2008 年第 1 期，第 7—8 页。

[12] 史平章：《高校图书馆文献资源管理模式初探》，《无锡教育学院学报》2001 年第 4 期，第 62—63 页。

[13] 杨来保：《期刊全息律浅析》，《情报杂志》1996 年第 2 期，第 27—28、49 页。

[14] 于良芝：《图书馆学导论》，科学出版社 2003 年 8 月，第 147—148 页。

[15] 肖玲：《论企业竞争情报》，《湖南税务高等专科学校学报》2008 年第 1 期，第 25—27 页。

论高校图书馆在和谐校园建设中的作用

樊泳雪

一　和谐校园建设的现实背景

“和谐”是中国传统文化的重要特征。早在孔孟时期，“和为贵”的理念就已经深入人心，其主要内容是和合、包容、尚德、致中，人们崇尚“天人合一”、“中庸之道”。今天，构建社会主义和谐社会已成为世人的共识，胡锦涛同志指出：“我们要建设的社会主义和谐社会，应该是民主法治、公平正义、诚信友爱、充满活力、安定有序、人与自然和谐相处的社会。”这包括政治、经济、文化、生态环境各个领域的和谐以及社会各组成要素之间的协调发展。

构建社会主义和谐社会必须要着眼于提高全民族的文化素质和道德修养，怎样提高全民族的文化素质和道德修养？高等院校担负着重要使命，因为高校作为专门的教育机构，具有培养高端人才、传承人类文明、传递科技知识、进行科学研究的基本职能，它为社会发展提供智力支撑。因此，大学校园本身就是社会的一个重要组成部分，是直接向社会培养、输送高素质人才的基地，也是促进和谐社会建设的一支重要力量，所以，和谐校园建设应该成为和谐社会建设的重要组成部分。

二　构建和谐校园的三大基本要素

“和谐校园”是指学校内部各组成要素之间相互依存、相互促进，学校外部各相关部门之间相互理解、相互支持，整个学校呈现内和外顺，协调、均衡、有序发展的态势。

构建“和谐校园”是一个复杂的系统工程，可从不同的角度进行探索和实践，但人、物、景应当是和谐校园构建最基本的三大要素。

首先，人的和谐是核心。高等院校的中心工作主要有两个方面，一是教书育人，二是科学研究。学校所有的工作都是围绕着这两个方面的工作进行的。而这些工作又必须靠人去落实、执行，因此，学校的事业要兴旺发达、充满活力与生机，关键在人。校园中主要由教师、科研人员、学生以及管理干部四类人构成，无论是谁都应认真履行自己的职责。教师为人师表，循循善诱，关心学生；科研人员刻苦钻研，严肃认真，勇于创新；学生应遵纪守法，学习勤奋，目的明确，诚实谦虚，团结同学，尊师重教；管理干部应各行其责，深入实际，调查研究，做到按教育规律办学，坚持科学管理，使制度管理与情感管理相结合，并严格制定相关制度，做到事事有章可循，在坚决执行制度的同时，把情感管理作为一件大事，做到以人为本，人性关怀。这样，整个校园就能营造出积极向上、协调、融洽与良好的人际关系，这是“和谐校园”构建的核心。

其次，物的和谐是基础，和谐的人际关系、良好的工作、学习氛围，没有物的和谐肯定是难以为继的。物的和谐既表现为学校教学、科研各项资源、设施配置的和谐，教职员工福利待遇的和谐，也表现为学校规章制度、组织管理的和谐。学校教学、科研设施配置是否和谐，关键看其是否有利于教学、科研活动的有效开展，是否能满足师生学习、生活、工作的需要。而学校各部门规章制度、组织管理的和谐，直接关系到学校各项教学、科研活动组织实施的成效。

再次，景的和谐是校园和谐的外在表现形式，是对和谐校园的感性认识。校园景色的基调应当是洁净、整齐、有序、合理、规范，并且应充满生机与活力，极具特色与表现力。它包括师生良好的精神面貌、行为习惯，生动活泼、内容丰富的各项校园活动，具有特色与个性的建筑物，布局科学合理洁净的校舍，优雅、美丽的生态环境，等等。透过校园景色可以感知校园的文化，感知学校的人文精神。

三　图书馆在构建和谐校园中的作用

图书馆作为高校办学三大支柱之一，肩负着教育和提供信息资源保障两大职能，是大学校园的重要组成要素。教育部《普通高等学校图书馆规程（修订）》对高校图书馆的定义是“高等学校图书馆是学校的文献信息中心，是为教学和科学研究服务的学术性机构，是学校信息化和社会信息化的重要基地。高等学校图书馆的工作是学校教学和科学研究工作的重要组成部分”。所以，图书馆在构建和谐校园中起着重要作用，主要体现在以下几个方面。

（一）以人为本，人性化服务体现“和谐校园”的人之和谐

图书馆作为为教学和科学研究服务的学术性机构，学校信息化和社会信息化的重要基地，服务对象广泛，包括全校教师、学生、科研人员、职工、离退休人员以及部分校外读者等。以云南大学为例，目前有在校本科生 12000 人，研究生 3000 人，而每天进出图书馆达到 6000 人次，几乎占学生人数的一半，此外，还有许多读者是通过网络享受图书馆的服务。可见，图书馆是高校师生主要的活动场所，是建立绿色人际关系的重要基地。构建和谐人际关系首先要处理好管理者、馆员与读者之间的关系，要把相互理解、信任、尊重作为前提。管理者应避免主观随意，高高在上，脱离群众；馆员应尊重读者，关心读者，理解读者，爱护读者。加强对读者信息需求、信息行为、信息心理等多方面内容的研究，为师生提供优质的服务。读者在充分享有自己权利的同时，也不应该忘记自己的责任和义务。其实每个人都是和谐人际关系的创造者，同时也是受益者。因此，图书馆构建和谐人际关系应具体做到：

1. 提高馆员综合素质

图书馆能否为读者提高服务质量是构建和谐人际关系的关键因素。随着高新技术的发展，图书馆的服务方式、服务内容、技术手段和受众范围都与传统意义上的图书馆不同，图书馆已由原来意义上的“文献借阅场所”向“网络、知识、信息集散地”转型，读者服务工作的重点也将从

文献“物的传递”转变为“知识的传递”和“信息的传递”，从提供服务的数量转向提供服务的质量，从被动服务转向主动服务，图书馆每位馆员都应成为信息导航者。这就要求图书馆馆员应具有更高的素质，以适应读者服务工作的需要。所以图书馆需加大引进人才力度，对原有馆员进行在职培训和继续教育，使之具有扎实的专业知识、较强的计算机网络技术应用能力、敏锐的信息意识和综合的信息处理能力、良好的语言文字表达能力。能向读者提供全方位、多层次、个性化、集成化、增值型的知识信息服务。

2. 制定和实施体现人文关怀的规章制度，体现出对读者的尊重和关爱

图书馆工作中的人际关系尽管较为复杂，而从管理的对象看，集中表现为管理者和图书馆人员、图书馆人员和读者的关系，一方面对馆内的管理，应结合馆员的专业知识、业务能力等综合素质，坚持人本原则、民主原则，引入竞争激励机制，制定科学的管理制度，实施合理的、人性化的管理措施，充分发挥馆员的积极性、主动性、创造性，激发馆员的潜能，不断拓展服务功能和服务领域，高效率地完成工作任务。另一方面，要牢固地确立图书馆工作中读者的主体地位，坚持一切以读者为中心，时刻为读者着想，努力形成与读者共同的工作目标和价值取向；要更改以往规章制度中诸如“禁止……不准……严禁……”等生硬语句，代替以温馨、和善的词语；要通过改变借阅方式、延长开馆时间、开展多样化服务等来充分体现图书馆的人性化服务和特色服务。

3. 坚持信息公平

信息公平是指信息主体之间在信息利益关系上处于平等的状态。人与人之间信息利益的平等及其程度，体现了信息社会制度的公正及其程度。信息公平的主要内涵是信息资源配置的公平。而信息资源配置是否公平，主要体现在人们对信息资源的获取机会是否平等。在现实社会中，信息主体要想处于信息获取机会的平等状态，必须首先获得平等获取信息的基本权利。高校图书馆应将所有的信息资料、设备和服务平等地提供给所有读者使用，不因他们的专业、身份、学历层次、地理位置及信息能力不同而区别对待。同时，高校图书馆还应保护每个读者寻求、接受、咨询、借阅、获得和传递信息的隐私权。因此，健全各项规章制度，消除某些人为的不和谐因素，努力维护读者权利和校园内的信息公平十分重要。

（二）图书馆的馆藏资源建设是推动和谐校园发展的重要条件

馆藏资源建设是图书馆所有工作的基础，也是建立图书馆和谐人际关系的物质条件。丰富的馆藏资源是衡量图书馆服务和实力的最重要的标准之一，也是评估学校办学条件及办学能力的重要指标之一，它为教学科研提供信息资源支撑，因此加强馆藏资源建设是校园物质和谐的具体体现。

因此，高校图书馆馆藏资源建设就应侧重从以下四个方面来入手：

（1）根据学科专业的设置，确定馆藏文献资源建设的主要内容。高校图书馆的主要职能是服务于学校的教学和科研，服务对象首先是学校的教师和学生，如果不能满足教学、科研的需要，再丰富的馆藏资源也就没有意义。因此，高校馆藏信息资源建设内容要以学科、专业设置为依据，同时根据本科生、硕士生、教师、科研人员的不同需要，确立馆藏结构，适应不同层次的需求。

（2）进行特色资源建设。在网络环境下，各地方、各类型图书馆被联系起来，互相协作，资源共享，形成一个“大图书馆”，每个图书馆都应是这个“大图书馆”的一个组成部分，而要成为这个组成部分就要找到立足点，建立自己的特色资源，做到“人无我有，人有我精”，这才能使自己的资源成为全球信息资源的一个组成部分，吸引更多的读者，同时也才能更好地为自己的原有的读者和用户服务。高校图书馆馆藏资源建设应在满足专业需求的基础上，依托重点学科、专业的建设形成馆藏特色，同时，加大民族特色、地方特色的建设。如云南大学图书馆依托民族史、生态学等国家级重点学科的建设，形成了生物生态学、历史学、民族学以及地方民族文献的收藏特色，无论在质量上还是数量上都达到了“人无我有，人有我精”的要求，为学校重点学科的长远发展提供了信息资源保障。

（3）开发专题数据库。高校图书馆作为全校师生的活动要地，在教学、科研上起着举足轻重的作用，要充分发挥其职能，必须高度重视数据库的建设。在专题数据库建设过程中，要紧紧围绕特色馆藏建设和本校的重点学科建设，做到有所为、有所不为，充分考虑版权、人力、财力、物力等可持续发展因素，有重点、有选择地进行，同时与国内外相关单位合作，共建共享。如云南大学图书馆先后加入了中国高等教育文献保障系统

（英文简称 CALIS）和中国高校人文社会科学文献中心（英文简称 CASHL），在使用中心文献资源的同时，积极向中心提供自己的文献信息资源。云南大学图书馆先后建设了学位论文数据库、“云南高原山地生物生态专题文献数据库”、“东巴文化研究文献数据库”、“西南少数民族研究专题文献数据库”、“社会学”网络导航数据库等等。

（4）注重虚拟馆藏的建立。在网络环境下，图书馆的馆藏信息资源由现实馆藏（包括印刷型文献、磁带、光盘、软盘等电子文献）和虚拟馆藏（网络信息资源）两部分组成，而虚拟馆藏的信息资源量远远大于现实馆藏。一方面由于任何一个图书馆都无法拥有全部的信息资源，完全满足读者的所有需求；另一方面，图书、期刊的订购费涨幅惊人，任何一个图书馆都面临着经费和空间的压力，而网络资源将丰富我们的馆藏，缓解压力。高校图书馆应注重虚拟馆藏的建设，对网上资源进行选择、加工、组织，以提供给本馆读者使用。

（三）图书馆环境建设是和谐校园最直观、最感性的显示

高校图书馆作为办学的三大支柱之一，其环境的建设自然是校园环境建设的一个重要组成部分。图书馆的建筑不能雷同于公共建筑风格，它应该成为校园一道亮丽的景观，是学校标志性建筑。理想的图书馆建筑格局是“馆中有园，园中有馆”，形成自然环境与人工环境的和谐协调，在馆前馆后广植花木，绿色植物翠绿茂盛、空气清新怡人，读者可在树荫下绿茵上阅读、憩息。读者走进图书馆不仅仅是为了学习和汲取所需知识，也是为了在这里放松身心，享受阅读的快乐。因此，营造一个良好的、充满文化气息的环境，是吸引读者的重要举措之一。美丽而典雅的外形，幽雅和谐的周边环境，富有文化韵味的室内设施，宽敞、明亮、静谧的阅览室，加之图书馆员良好的举止和仪态会潜移默化地感染读者，让学生得到精神享受，使学生养成文明的良好行为习惯，通过环境来育人，这体现了图书馆在和谐校园构建中的独特作用。

参考文献

［1］蒋永福、李京：《信息公平与公共图书馆制度》，《国家图书馆学刊》2006 年第 2 期。

［2］蒋亚琳：《谈构建“和谐校园”与提升高校图书馆“软实力”》，《图书馆学刊》2007 年第 2 期。

［3］赵葵：《在和谐社会中构建高校图书馆人文环境》，《图书馆理论与实践》2006 年第 1 期。

［4］聂江城：《解析图书馆在促进和谐社会发展中的作用》，《图书馆学刊》2007 年第 2 期。

［5］朱立芸：《和谐社会中的图书馆和谐文化》，《图书馆工作与研究》2007 年第 2 期。

农村社区图书馆建设初探

肖　迎　陈昊琳

根据2005年底开展的全国1%人口抽样调查的统计数据显示，2005年11月1日零时，我国大陆31个省、自治区、直辖市和现役军人的总人口为130628万人，其中居住在乡村的人口74471万人，占总人口的57.01%。从上面的统计数据中我们可以看出，我国的大部分人口还是生活在农村，特别是在一些边疆省份农村人口在总人口中所占的比例更大，他们构成了世界上规模最大的农村受教育群体。随着农村经济的不断发展，农民对于文化娱乐活动的需求也不断增加，建设农村社区图书馆是满足农民文化需求的一个有效的方式。通过图书馆，村民可以从多种资源中获得知识和技能，提高自身素质，最终达到农村社区的自我发展和完善。

一　农村社区和农村社区图书馆

农村社区，又称为农村社会区域共同体，是指在特定的自然村落区域内，各种主要从事农业生产活动的密集人口组成的社会。它是具有相同的地缘文化、共同利益的居民的结合，在这个社区中重视人与人之间的交往与互动。

农村社区图书馆是指建立在农村社区之内的，根据社区居民需要，通过对文献信息及其来源进行选择、搜集、加工提供给社区居民使用的社区信息交流中心，它是普及文化知识和提高全民素质的最直接也是最有效的途径之一。就目前来说农村文化站是农村社区图书馆最常见的表现形式之一。

二 农村社区图书馆的发展现状

农村社区图书馆建设真正被重视是在改革开放以后，尤其是在“全面建设小康社会”的构想提出以后，农村社区图书馆建设真正蓬勃开展起来了。但是，由于我国各地经济发展水平不平衡，建设情况也存在着较大的差异。在全国范围内来看，东南沿海地区因为经济基础较好，在农村社区图书馆的建设上无论是图书馆的数量、规模、资金投入，还是藏书量上面都十分正规，大大超前于全国的平均水平，如深圳市，该市福田区皇岗村图书馆的建设投资了800多万元，馆舍800多平方米，藏书15万多册，全市达标的271家农村社区图书馆都安装了先进的图书馆自动化系统，同时还出台了规范全市社区图书管理的《深圳市社区（村）图书馆业务规范》。

但是深圳的例子在全国毕竟是少数中的少数，目前在全国范围内，农村社区图书馆的建设面临着重重的困难。由于经济原因，很多地区特别是在西部地区，大部分农村社区都没有自己的社区图书馆（室），即便是有农村社区图书馆（或文化站），很多也存在着服务设施简陋、房屋年久失修、书籍的更新缓慢等问题。比如，1996年末甘肃省的银川市下设的26个乡镇中，有图书馆的只有5个，其中的一个图书馆十多年未购置一本新书。这种情况在全国同级图书馆中有相当的代表性。

三 建设农村社区图书馆的必要性

从提高农民的素质角度来看，我国的大部分人口在农村，但是相对于城镇人口来说，他们的整体文化程度偏低，在我国的农村人口中文盲所占的比例虽然在逐年下降，但是绝对数仍然很大，要改变这一现状，单纯靠成人教育是很难实现的，必须充分发挥农村图书馆的辅助作用，使农民受到文化的熏陶，使他们养成爱文化的习惯，全面提高农村人口的文化素质。另外，改革开放20多年来，农村社区已经培养了一批有文化、有创新能力的新式农民，但是在农村继续教育还只是电视里的一句口号，他们在学校所学的知识随着时间的久远已经所剩不多了，他们急切需要有图书馆能够更新自己的知识储备，为农业创新提供智力支持。

从经济活动角度看，农村社区的主要经济活动是农业生产，改革开放以来，农村的产业结构做出了相应的调整，在发展种植业的同时，林、牧、副、渔业等也得到了很大的发展。在这个过程中，农民对科技知识的需求不断增加，目前农村文化站现有的图书已经不能满足农民的需求，他们需要及时掌握各种对称信息来进行生产品种和方向的调整。

从农村社区文化生活的角度看，农村社区有着相对封闭性的特点，农民的精神文明消费极少，文化生活也相对单调。在农村社区的一些地方还存在着封建迷信活动、农闲时期的聚众赌博活动，甚至打架斗殴等社会丑恶现象，所以需要大力开展群众性精神文明创建活动，倡导健康而又文明的娱乐生活方式。例如，可以在农村社区图书馆中开展丰富多彩的科普、教育、娱乐活动，丰富农民的业余文化生活。

四 农村社区图书馆建设的构想

（一）目标

农村社区图书馆建设的目标是应该把它当作一种社区必备的公共事业来经营，与农村社区的用电、用水一样成为村民人人用得上、人人用得起的社区必备品。

具体来说，农村社区图书馆应制定“六有”目标：（1）有一定规模的馆舍和设备。（2）有一定数量的图书和期刊，其中与农业生产相关的图书和期刊应该占有相当大的比例，休闲娱乐方面的刊物也要有所收藏，同时注意图书的更新速度。（3）有固定的经费。（4）有比较健全的管理制度。（5）有专人负责管理。这里的专人负责管理是指可以确定一个人固定负责图书馆（室）的总体工作，这样有利于农村社区图书馆管理的有序开展，同时这个人可以不负责图书馆（室）的日常工作，而是把借阅、图书整理等日常工作以义务工的形式交给社区村民轮流承担，这样既可以加强村民们的参与热情，也能保证图书馆（室）的正常开馆。（6）有固定的开放时间。

（二）模式

1. 农村社区图书馆的组建模式

关于农村社区图书馆的模式，很多学者阐述了自己的观点，总结下来有以下两种。一种模式是采用分馆制，即各城市的公共图书馆所在的辖区的各社区设立分馆。这种模式在目前一些经济条件相对较好、与城市距离较近的农村社区应用得比较广泛，也取得了一定的效果。比如，云南省昆明市官渡区图书馆，它在官渡区所辖的各农村社区建立自己的分馆，组织人员定期对这些分馆进行业务指导，并把自己的馆藏共享给这些分馆。这种模式的好处是解决了农村社区图书馆的经费问题和人员的培训问题，但是它的缺点也是明显的，并不是每一个农村社区都位于城市的边缘，很多农村社区地处边远的山区，这种模式显然是不适合它们的。另一种模式是利用农村中小学点多面广，地理位置相对集中的优势，对其进行适当的改造，建成一种“省馆—市馆—县（区）馆—农村中小学图书馆（室）”的模式。这种模式依托于农村的义务教育，把图书馆与终身教育、义务教育、技能培训结合在一起，既解决了农村社区图书馆的馆舍问题，也为社区的义务教育服务。这种模式适用于相对偏远的农村社区，但是这种模式的中间环节很多，在资金支持、馆藏建设方面的协调比较复杂。这两种模式都有自己的优势，我们可以建立一种两条腿走路的方针，一方面在条件较好的农村社区实施分馆制的模式，但是这里设立分馆的图书馆不应该仅限于城市的公共图书馆，高校系统的图书馆（尤其是农业类院校的图书馆）以及科研院所的图书馆，都应该全面支持农村社区图书馆的建设，建立自己的分馆，与公共图书馆相比，这些图书馆在为农民服务的内容和手段上面更加全面，也更有优势。另一方面，在相对偏远的地区，中小学的图书馆（室）与农村社区图书馆合并共建，也是一种行之有效的模式。它相对来讲，所用的资金较少，同时又能使资源得到最大限度的利用。除此之外，在一些少数民族地区，由于具有较强的宗教信仰，因而教会在村民的日常生活中扮演了很重要的角色，这些教会多数都有自己的图书收藏，我们也可以把农村社区图书馆（室）的建设与教会藏书结合起来，借助它们来宣传扩大知识的传播。

2. 资源采集、利用模式

农村社区图书馆的信息资源采集问题历来都是一个老大难问题。由于经费短缺的缘故，很多农村社区图书馆很长时间都不会购买一本新书，社区村民在图书馆里看不到自己需要的书刊。为了缓解这一局面，应该重新构建农村社区图书馆的资源采集和利用模式。

农村社区图书馆的资源收集和利用工作，首先应该确定本馆的收藏原则、收藏范围，对于农村社区图书馆来说，收藏应该少而精，侧重农村生产方面的文献信息资料的收集，同时注意收集一些休闲娱乐方面的资源。其次，关于文献信息资源的来源问题，有条件的农村社区图书馆可以制定自己的采购计划，每年以固定的经费作为购书款，而对于一些经济欠发达的农村社区可以与县（区）级图书馆、地市级图书馆直到省级图书馆等公共图书馆建立联系，形成一个图书馆网络，通过从公共图书馆借调的办法来补充自己的馆藏资源，这种借调应该是一种短期的循环模式，可以是以半个月或一个月为一个周期，把公共图书馆的部分馆藏借到农村社区图书馆，供村民们利用，期限到了还回原处再借新的回来，这样既增加了公共图书馆馆藏的利用率，也解决了社区图书馆的馆藏资源的来源问题。

此外，还有一种行之有效的期刊图书召回分配模式。我国每年要出版发行大量的图书和期刊，但其中有一部分并没有得到切实的利用，而是积压在仓库当中，这种情况尤以期刊为最，因为期刊有一定的时效性，一般情况下过期了就不会有人再去购买。而有些期刊的信息失效期其实没有那么短，因此国家可以建立一种过期期刊召回制度，每月把过期期刊收回，然后把那些与农村社区发展有关的具有实际利用价值的期刊按照一定的配额发给各农村社区图书馆，这对于解决农村社区图书馆馆藏问题和解决期刊发行剩余的问题都不失为一个合理的解决模式。

3. 农村社区图书馆的管理模式

首先，要谈到的是农村社区图书馆的经费来源和管理模式。农村社区图书馆的经费很少，这是一个不争的事实，除了东南沿海经济发达地区的农村社区图书馆可以得到乡镇政府及农村社区委员会的财政拨付以外，其他地方的农村社区图书馆的经济来源十分不固定，大部分要靠农村社区居民自己来解决，而在西部省份的很多农村社区村民们自己的日常生活都已经很困难了，对于农村社区图书馆的经费更是无法负担。在这种情况下，我们可以成立一个全国性慈善基金会，把它作为向全社会为农村社区图书馆筹款的一个平台，通过宣传把它做成类似于“希望工程”一样的社会福利事业，在全社会范围内为农村社区图书馆寻找经费来源。同时可以在社区图书馆运行过程当中，采取提供各种有偿辅助服务的手段扩大图书馆的经费来源范围，另外我们也要提高政府对农村社区图书馆的重视程度，扩大政府对农村社区图书馆的投资。有了经费我们就要更好地管理经费。农村社区图书馆应该制定经费管理使用的章程，可以在农村社区委员会范围内建立一个经费监督组，对于农村社区图书馆的经费使用情况进行监督管理。

其次，是农村社区图书馆的人员及组织结构的管理。农村社区图书馆作为农村社区文化事业的一个重要的组成部分，首先应该是归属社区委员会的直接管理，同时由于它是我国图书馆系统的一个最基层的分支，它在业务上受到公共图书馆的指导。同时在农村社区图书馆管理过程中要充分调动社区村民的参与精神，前面在农村社区图书馆的建设目标当中已经提到了，可以采取出义务工的形式将社区村民纳入图书馆管理过程中来，请公共图书馆的工作人员到社区来为村民们进行简单的业务培训。这种做法对于保证图书馆的正常开馆和提高图书馆的利用率都有帮助。

4. 服务模式

服务是一个图书馆生存和发展的根本。农村社区图书馆的服务工作是整个社区图书馆建设过程当中十分重要的环节。它在建设中应该采取一种提供普遍性服务和特色服务相结合的服务模式。普遍性服务，是指农村社区图书馆提供的流通服务、预约借书等基本服务方式，而特色服务则可以以本地区为基础整合地区的各种地方文献信息资源，向社区居民全面系统地介绍与本社区有关的各种文件、图片、图书等，加强社区村民对农村社区的了解，同时也可以以社区儿童、妇女等为特定的服务对象，有针对性地开展服务，如为儿童开展课后辅导等服务，社区图书馆还可以请农技人员为村民们进行农技培训以及开展其他方面的培训。农村社区图书馆的服务模式是多种多样的，但是有一个要注意的原则就是，服务要密切贴近村民们的真实需要，注意满足他们的需求。

（三）建设规划

对于农村社区图书馆的建设，我们不能急于求成，而是应该有步骤地逐步实现。由于经济的原因，目前在我国每一个农村社区都建立自己的图书室或文化站是很不现实的。因此，我们的工作可以一步一步地进行。

首先，完善县一级的公共图书馆建设。因为这一级图书馆的建设是我们建设农村社区图书馆的基础，无论采取哪种模式建立农村社区图书馆，县级图书馆都要承担着协调资源共享和进行业务培训的任务。而且目前我国的县级图书馆建设还没有得到足够的重视，作为基层图书馆，图书馆面临的问题更多，急切需要我们把它建设好。

其次，在人口相对集中的乡镇建立图书馆或文化站。农村社区的一个显著的特点就是人口密度低，分布较分散。而集镇在农村生活当中占有十分重要的地位，这里相对来说，人口集中，附近的自然村都会到这里来购买生活品，是临近的几个农村社区的经济中心和文化中心。集镇也是农村中小学相对集中的地方，在这里筹建图书馆（室）有很好的群众基础，可以同时覆盖几个社区。在图书馆（室）里可以开展各种农技培训，也可以为中小学生开办课外活动，都会有很多人响应。集中几个社区建社区图书馆也符合规模效应和经济效益。

最后，我们可以在条件较好的单个农村社区建立文化站，把图书阅览作为一种主要的服务方式，同时举办其他形式的文化活动，丰富村民们的精神生活。

五　结束语

建立农村社区图书馆是我国农村社区发展的必然选择，也是我们提高农民素质，进而提高全体人民素质的必然选择。建立适应农村社区图书馆的发展模式，有计划有步骤地逐步建立起农村社区图书馆的网络，解决好各种细化问题是促进农村社区图书馆建设的重点所在。

参考文献

[1] 董瑞敏:《论我国农村社区的图书馆建设》,《图书情报知识》2005年第3期。

[2] 廖腾芳:《乡村社区图书馆构建模式探讨》,《图书馆学刊》2002年第3期。

[3] 王红梅:《谈社区图书馆建设》,《图书馆理论与实践》2001年第3期。

[4] 章俊:《高校图书馆与农村社区的信息服务》,《农业图书情报学刊》2004年第10期。

[5] 王虹:《农村图书馆建设尴尬的背后——高校图书馆对农村图书馆建设摆脱困境的思考》,《图书馆建设》2006年第1期。

关于检索效率

杨恒芬

一 检索语言与检索效率及其间关系

所谓检索语言就是根据文献资料（包括档案图书、情报在内的文献资料，下同）少检索的需要而创制的人工语言，又称情报语言、情报存储与检索语言、文献语言、标引语言等。例如：档案部门制订的国家标准《档案著录规则》、《中国档案分类法》、《档案分类标引规则》等就是检索语言的一个语种。

所谓检索效率简单说来就是对检索效果的一种评价，即是指对计算机的检索结果的好坏和对用户的有用程度。

检索语言和检索效率有着很密切的关系，它在检索过程中所起的作用是极为重要的。

一个电子计算机文献检索系统一般由下列因素构成：简单的手工检索（1）文献信息（如档案著录卡片）；（2）著录标引规则和标引人员；（3）检索语言；（4）检索方式和检索人员；（5）文献信息载体；（6）计算机设备（包括主机和外部设备）；（7）检索软件；（8）通信线路等。对于一个检索系统而言，这些都是必要的基础条件，而基础条件的好坏对检索效率有着不同程度的影响。

文献检索的全过程包括文献信息的存储和检索两个方面。存储是指按照一定的规则（如《档案著录规则》）即利用检索语言对文献内容进行分析、标引、分类并标出著录项目，输入电子计算机的存储设备中，形成文献资料库（如档案案卷目录库、卷内目录库等）。需要时可以从各种不同的角度对档案信息进行检索或编目等并打印出检索结果，形成各种检索工具（如案卷目录表等）。检索就是首先根据用户（利用者）的提问要求，利用检索语言，借助于主题词表，从中选定适当的主题词，采用布尔代数的逻辑运算式（“与”、“或”、“非”）编成检索式或逻辑提问式，然后计算机按照检索式的要求，在文献资料库中进行比较查找，再通过显示设备或打印装置给予答复。

在检索过程中，检索语言起着语言保障的作用，可以说是沟通文献信息的存储和检索两个过程、标引人员和检索人员彼此思想的桥梁。

检索语言质量的高低直接影响着检索效率，决定检索效率的三个环节是：检索语言质量，标引质量，检索质量。如果没有检索语言作为标引人员的共同语言，就很难使标引人员对文献内容的表达和检索人员对相同内容的检索用语取得一致，文献检索也就难以实现，更不用说提高检索效率了。如果检索语言的质量高，标引人员水平高，对检索语言使用正确，标引质量好，检索式（检索策略）周密，选择的检索标识准确无误，检索效果就好。若标引人员水平低，对检索语言使用不当，标引质量差，就得不到很好的检索效果。所以，重要的是提高标引人员水平，提高标引质量，从而提高检索效率，如果检索语言质量低，无论标引人员和检索人员的质量好与否，检索效果也不会好。

可见，检索语言与检索效率有着密切的关系，现在检索语言的主要研究目标就是如何提高检索效率，尤其是提高查全率和查准率以及文献检索计算机化程度。

二　检索效率的两个重要衡量指标——查全率和查准率

检查效率是由许多因素构成的，衡量检查效率，广义地说，归纳为全（查全率）、准（查准率）、快（检索速度）、便（检索方便性）、省（检查成本）五项。

人们在对文献进行检索的时候，总是希望把所需要的文献资料无遗漏地找出来，这就是查全的要求。另外，不符合自己要求的不检出，检索出来的文献资料又都是需要的，这就是查准的要求。对于用户来说，最理想的检索效率是：需要的文献资料都被检索出来，而被检索出来的文献资料又都是需要的。但这是很不容易做到的，因此就会出现漏检和误检，即需要的文献没有被检索出来，而不需要的文献却被检索出来了。所谓查全率、查准率、漏检率、误检率就是查全、查准、漏检、误检的程度。而查全率和漏检率是说明同一问题的两个相对的概念，即知道了查全率也就知道了漏检率，反之亦然。同样，查准率和误检率也是如此。所以，对于文献检索而言，查全率和查准率是一对很重要的衡量指标，一般应该做到：保证较高的查全率和查准率。查全率和查准率的具体概念可表示如下：

$$\text{查全率 } R=\frac{\text{命中的有关文献量}}{\text{存入的有关全部文献量}}=\frac{a}{a+c}$$

$$\text{查准率 } P=\frac{\text{命中的有关文献量}}{\text{查出的有关文献量}}=\frac{a}{a+b}$$

其中，a、b、c 的意义见表 1：

表 1

相关状态 \ 命中状态	相关文献	无关文献
命中文献	a	b
未命中文献	c	d

上述对于查全率 R、查准率 P 的定义虽然可以应用于评价试验，但实际上却很难进行十分精确的计算。因为在检索过程中，对于用户的检索要求而言，有关的文献量是一个模糊的概念，由此而导致了这对衡量指标的局限性。目前，查全率和查准率作为评价检索系统效用的主要指标是以相关性为基础的。因此，要计算这两个指标，首先得弄清相关性的含义；其次要决定由什么人判断的相关性。现行的检索系统评价模式是：系统向用户提供输出文献，用户将文献相关性判断的结果回送系统，系统基于此数据计算平均查全率和平均查准率，最后用这对指标的实际值反映检索效率。而依据用户对文献相关性判断的结果并以此作为评价系统好坏的标准是不全面的、不客观的。而且，相关性具有一定的模糊性，但在上述指标中却没有反映出来，而是把文献集合严格地划分为相关集和不相关集。这对全面评价一个系统也是不够的。另外，这对指标的一个严重缺点还在于其在实际评价中的可应用性，主要是

查全率。因为，为要得到系统文献资料库中相关文献的总数而把整个文献资料库一一过目显然是不可能也不必要的，除非总文献量非常小。虽然有不少人提出了一些估算查全率值的方法，但这对反映系统性能是不够全面的。作者认为，在讨论相关性判断是否可靠以至查全率、查准率是否可靠的问题时，应充分利用国外学者的研究成果，并在他们研究的基础上作进一步的深入研究，避免不必要的重复。下面简略地介绍一个实验。

为了校验相关性判断以至查全率 R 和查准率 P 的可靠性，美国情报检索专家 G. Salton 在著名的 SMART 系统上做了这样的实验：由八个图书情报专业的人员组成一个实验小组，每人分别编写六个提问式，然后把这四十八个提问式在 SMART 系统上的检索结果交给小组人员进行相关性判断，每个判断是在小组人员之间互相独立的条件下进行的。实验结果表明：虽然不同的人对同一检索效果所作的相关性判断有较大差异，原因是不同的人在掌握相关性的“尺寸”上会有所不同，但不同的人对一批文献的相关程度次序的评价却不会有很大的差异。对大多数相关性强的文献，一般不会有不同看法，只是对一些相关性不太强的“边界”上的文献的判断会有较大的不同。但这少量的差异不会引起 R 值和 P 值大小的差异，而且 R 值和 P 值是对一批检索提问结果所取的平均值，不是由一个提问式的检索结果所决定的，因此取平均的结果把这些“干扰”因素过滤掉了。而在实际评价一个检索系统的效率时，也正是根据对多次检索结果取平均值来衡量的。这一实验结果现已被普遍接受。据资料介绍，目前，国外文献资料界在讨论检索质量时，一般仍把 R 值和 P 值作为衡量指标。

三　查全率 R 的一般估算

在应用 R 和 P 的实际过程中，首先碰到的问题就是：如何确定文献资料库中的相关文献数 $a+c$ 呢？其中，命中的相关文献 a 值可以通过对查出的文献中的相关文献的判断而得，而未命中的相关文献 c 值却不那么容易得到。那么在解决实际问题时，相关文献数 $a+c$ 值如何确定呢？下面是几种国外常用方法：

（1）借助于其他辅助工具，通常是印刷本的二次文献，用各种索引一次或多次地并行检索，并配以检索者的判断来近似估计 $a+c$ 值。这是国外常用的一种手工方法，显然，这一方法不适用于估计计算机检索的 a + c 值。

（2）以一个有代表性的局部代替全部。即在整个资料库中选出一部分文献作为一个子文档，检索结束后，对子文档中的每篇文献一一进行相关性分析，求出子文档的查全率并把它作为整个资料库的近似查全率。这种方法的缺点是：这一子文档的代表性是否典型，从而影响查全率的准确性。

（3）针对文档中某篇文献的主题编一提问式，把被该文献引用并在该文档中收集着的参考文献作为考察对象，看这个提问式能检索出其中多少篇文献，并把这个检出率作为该文献的近似查全率。此法的缺点是被引文献与原文献之间的相关程度将直接影响计算结果的准确性。

（4）以费用函数方式来确定查全率 R 和查准率 P。设 K_1 是检索不相关资料的费用（单价），K_2 是未检出的相关文献的“机遇费用”（opportunity cost）这些费用都是用户自己需要支付的，不包括使用系统应支付的费用，假定目前使用系统免费等条件，则通过综合分析、推导得到结论：单价比 K_1/K_2 与查全率 R 和查准率 P 之间的关系（见图 1）

$$R = \frac{B}{2}\frac{K_2}{K_1} \qquad P = 2\frac{K_1}{K_2}$$

其中：$\frac{B}{2} \leqslant \frac{K_1}{K_2} \leqslant \frac{1}{2} \quad O \leqslant P，R、B \leqslant 1$。

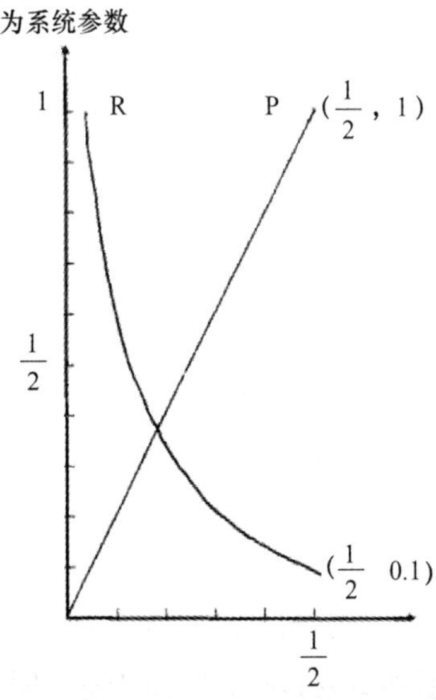

图 1　作为单价比率 K_1/K_2 函数的查全率 R 和查准率 P 的最佳值间的关系

查准率的最佳值随着增加阅读文献费用而增大；查全率则随着阅读文献费用的增加而减小，反之亦然。

（5）若要考察文档 A1 的查全率，则选一个与文档 A1 相互独立的文档 A2，把同样的提问运用于这两个文档。例如，若在文档 A2 上检索后得到 14 篇文献，其中 12 篇被判定为相关文献，这 12 篇文献中又有 10 篇是文档 A1 中所收集着的，而在文档 A1 的检索效果中包含这 10 篇文献中的 7 篇，我们就认为文档 A1 的近似查全率为 70%。此法的缺点是由于所取的文档 A2 的不同，可能会出现较大差异。

另外，还有通过对比实验，用相对查全率代替真实查全率，通过随机抽样确定 a + c 值等方法，读者可参照有关文献。

四　查全率和查准率的互逆关系

在查全率和查准率之间存在着互相制约的现象，即提高查全率会使查准率下降，提高查准率也会导致查全率下降——这就是查全率和查准率之间的互逆关系。例如，我们可以通过检索式（标引）的网罗度而扩大检索提问式的范围，以达到提高查全率的目的，但同时就可能检出一些与用户要求不相关的文献，从而降低了查准率。反之，如果通过检索词的专指性而达到提高查准率之目的，则查全率就会相应降低。

如果用公式表示查全率和查准率，则可以表示为 P = B/R，其中 B 为“系统参数”（见图 2）。

通过这一参数的调整，可以同时改进查全率和查准率。

如果此关系同上面公式所假定那样，则此比值可以等于 1，在这种情况下，查全率增加的百分数正好对应着查准率缩小的百分数；如果这一比值大于 1（这只是指在很小范围内），那么查全率增加一个小的百分数将意味着查准率减小（略微）一个稍大一点的百分数——并且查准率增加的多（少），查全率便减小的少（多），可见，这个比值反映了检索方法的基本性质。

总之，检索效率是由多方面的因素决定的。查全率与查准率虽被公认为衡量检查系统的质量的重要指标，但由于这一对数量指标是以相关性为基础的，并且相互间又存在着某种互逆关系。因此使得实际应用中很难评

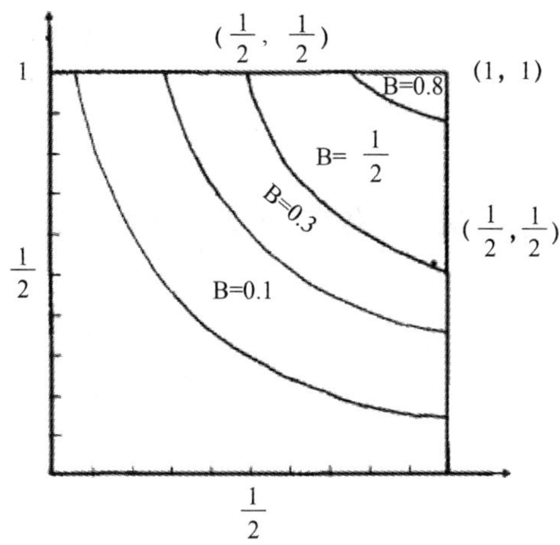

图 2　查全率 R 和查准率 P 的倒数关系（互逆关系）P = B/R（Bε（0，1））

价一个检索系统的效率以及比较几种检索方法的效果。尽管如此，目前仍未找到一种取代查全率和查准率指标的衡量方法。因此，我国文献资料界应结合检索工作实际，对这两个衡量指标进行深入研究，导出更加精确的计算方法，寻找完善的评价判断方法，以指导实际工作。

参考文献

［1］张琪玉:《情报检索语言》，武汉大学出版社 1985 年版。

［2］邱黎雯:《关于查全率和查准率问题研究概况》，《情报科学》1984 年第 5 期。

［3］黄祥喜:《关于情报检索中的相关性问题的研究》，《情报科学》1984 年第 5 期。

网络环境下的信息检索

——几种常见搜索引擎的比较

刘　悦

一　前言

计算机网络 Internet 的迅速发展，为我们提供了大量的信息资源。这些网络信息资源与传统的信息资源相比，不但突破了以往单一的线性文本形式，多为非线性化的超文本、超媒体信息，而且信息资源更新的周期大大缩短。最重要的是突破了馆藏的约束和地域的约束，我们不论身处何时何地都可以非常方便地得到各种各样的最新的信息。正因为如此，网络信息资源越来越多地受到人们的关注和青睐，并且极大地满足了信息时代人们越来越强烈的信息需求。

与此同时，由于网络信息资源的海量存在，要想在这浩如烟海的信息中查找到自己感兴趣的有价值的内容，无异于大海捞针，难怪有人将这称为“信息爆炸”。这就对信息检索提出了新的要求。

信息检索技术是组织与管理信息资源的关键技术，是信息资源管理的核心，也是信息学领域近年来的研究热点。网络环境下的信息检索与利用是信息检索领域所应解决的一个新课题。

网络信息检索有两层含义。广义理解为如何对网络上的海量多态信息进行组织，如何对这些信息建立索引，如何动态地维护索引，即对索引进行及时更新；如何设计检索算法以对检索提问在检全、检准、响应时间、检索结果控制与显示方面表现良好；如何为用户设计一个简单易用的友好界面等方面。而狭义的网络信息检索则只是以网络为媒介，利用网络上提供的一些检索工具，如搜索引擎（Search Engines），探索如何使用这些工具，或者说如何综合使用这些检索工具，使它们扬长避短，最后能更好地实现对信息提问的检索查询。

本文重点对现有检索工具进行比较研究。目前 Internet 上有许多这类信息检索工具，它们不但是利用网上信息资源的重要工具，而且它们本身也是网络信息资源的一个重要组成部分，对这些检索工具的开发和利用是开发利用网络信息资源的重要内容之一。更为重要的是，在对这些检索工具的利用、比较、分析、研究的基础上，可以更好地理解网络信息检索的广义内涵，可以为发行新型的网络信息检索工具提供重要参考，使更多的人能更好地利用网上丰富的信息资源。

二　搜索引擎

1. 搜索引擎简介

自 1993 年英国 NEXOR 公司的 Martin Koster 开发出最早的网上检索工具 AliWeb（Archie-Lide Index of the Web）以来，在短短的几年时间内，网上检索工具就以惊人的速度发展成熟起来。

搜索引擎（Search Engines）是一种在 Internet 上查找信息的检索工具。用户在搜索引擎的各种程序中键入要查找的关键词，搜索引擎就会在自己的数据库中查找出与该词汇相匹配的相关网站、网页或新闻、广告等，并将结果显示给用户，用户可以根据显示的结果选择并访问。由此可见，搜索引擎最主要的功能就是迅速地从网上缤纷复杂的信息中筛选出符合用户需求的信息。据统计，网上有 90% 的用户是通过搜索引擎来获取自己所需要的信息的。另外，搜索引擎还能为用户提供其他多种服务，如广告、电子邮件、聊天室、地图等。

2. 搜索引擎的分类

根据组织信息的方式，搜索引擎可以分为目录式（Directory）分类搜索引擎、全文检索（Full-Text Search）搜索引擎、分类全文搜索引擎和智能搜索引擎四种类型。

目录式搜索引擎将信息系统地加以归类，按传统的信息分类方式来组织信息，用户按类查找信息。这种搜索引擎特别适合那些希望理解某一方面或某一范围内信息但又没有明确搜索目的的用户使用。最具代表性的目录式分类搜索引擎是 Yahoo!。目录式分类搜索引擎的特点是查找率高，但查全率低，搜索范围较小。

全文检索搜索引擎是指能够对各个网站的每个网页中的每个词进行搜索的引擎。最典型的全文搜索引擎是 Wired Digital 公司的 Alta Vista。全文搜索引擎的特点是查全率高，查准率低，搜索范围较大，提供的信息多而全，但缺乏清晰的结构，查询结果中重复信息较多。

分类全文搜索引擎是针对目录式分类搜索和全文搜索引擎的缺点而设计的，通常是在分类的基础上再进一步进行全文检索。现在大多数的搜索引擎都朝这个方向发展。

智能搜索引擎具备符合用户实际需要的知识库，搜索时，搜索引擎根据已有的知识库来理解检索词的意义并依次产生联想，从而找出相关的网站或网页。同时，智能搜索引擎还具有一定的推理能力，它能根据知识库的知识，运用人工智能的方法进行推理，这样就大大提高了查全率和查准率。目前比较成功的智能搜索引擎有 FSA、Eloise 和 FAQFinder。FSA 和 Eloise 专门用于搜索美国证券交易委员会的 Edgar 商业数据库。这两个系统中均内嵌了特定领域中的商业知识，并使用推新—证明式的自然语言理解技术。芝加哥大学人工智能实验室开发的 FAQFinder，则是一个具有回答式界面的智能搜索引擎，它在获知用户提问后，查询 FAQ 文件，然后给出适当的结果。

3. 搜索引擎的信息检索模型

搜索引擎所使用的信息检索模型主要有布尔逻辑型、模糊逻辑型、向量空间模型以及概率模型等。

布尔逻辑模型是最简单的信息检索模型，用户利用布尔逻辑关系构造查询并提交，搜索引擎根据事先建立起来的倒排文件确定查询结果。标准布尔逻辑模型为二元逻辑，并可以使用逻辑符（“and”，“or”，“not”）来组织关键词表达式。布尔型信息检索模型的查全率高，查准率低。目前大多数的搜索引擎均使用布尔逻辑检索模型，查询结果一般不进行相关性排序。

模糊逻辑模型在查询结果处理中加入模糊逻辑运算，将所检索的数据库文档信息与用户的查询要求进行模糊逻辑比较，按照相关的优先次序排列查询结果。模糊逻辑模型可以克服布尔型信息检索模型中查询结果无序性的问题。例如查询“搜索引擎”，则出现关键词“搜索引擎”次数多的文档将被排列在较前的位置上。

向量空间模型用检索项的向量空间来表示用户的查询要求和数据库文档信息，查询结果是根据向量空间的相似性而排列的。向量空间模型可以方便地产生有效的查询结果，能提供相关文档的文摘，并对查询结果进行分类，为用户提供准确的信息。

概率模型是基于贝叶斯的概率论原理，利用相关反馈的归纳学习方法，获取匹配函数，这是一种比较复杂的检索模型。

目前，商用信息检索系统主要以布尔逻辑模型加向量空间模型为主，辅以部分自然语言处理技术来构造自己的检索算法。

三　几种常见搜索引擎的比较

目前，Internet 上最常用的一些搜索引擎有：Yahoo!、Infoseek guide、Excite、Alta Vista、HotBot、Go 等等；一些常用的中文搜索引擎有：雅虎中国（Yahoo! China)、搜狐（Sohu)、北极星（Beijixing)、中经网信息导航（Infonavi)、网现引擎、搜索客（Cseek)、网易引擎（yeah)、悠游(goyoyo)、常青藤（Tonghua)、找到啦（Zhaodaola)、“你好”万维网、天网、四通、中国指南、茉莉之窗、华好网景等等。

检索工具的比较、评价指标有许多，1973 年美国的 Lancaster 和 Fayen 曾列出 6 项衡量信息检索系统效果的评价指标，即覆盖范围（Coverage)、查全率（Recall)、查准率（Precision)、响应时间（Response time)、用户负担（User effort）和检索结果的输出格式（Form of output)。这些指标虽然已经提出了近 30 年，但现在仍然实用。

对于网上搜索引擎，主要评价指标是：查询速度的快慢、查询结果的准确性、系统的维护和更新以及系统的安全性。

查询速度的快慢。对于网上海量数据来说，检索速度是至关重要的，如果速度太慢，系统的实用性就会大打折扣。

查询结果的准确性。搜索引擎检索到的信息要准确，既不能漏查，也不能误查，也就是说，既要有较高的查全率，又要有较高的查准率。

系统的维护和更新。搜索引擎数据库中的信息要时常更新，以适应网络上信息的变化。

系统的安全性。搜索引擎应具有完整的容错、备份、崩溃修复机制。

本文笔者通过实际上网，使用了几种比较常用的、比较有代表性的搜索引擎，对“搜索引擎”这一关键词进行搜索（英文的搜索引擎使用的关键词是“Search Engine”），得到的结果如下：

1. HotBot（http：//hotbot. lycos. com）

HotBot 是 1997 年第二届搜索引擎评测大赛的胜利者，它在搜索功能和用户界面方面确实有很多其他搜索引擎值得学习的地方。它提供每天更新的网页给用户，而且可以按照日期（检索最近几天的内容）、语言（检索特定语言的内容）和文件类型（Image，video，MP3，Javascript）来搜索网页，这样就很容易地缩小了搜索范围，以提高响应速度。另外，它可以把查询结果按照与关键词的相关程度排序，让用户来控制得到的结果数量（相关程度最高的前几条记录），从而保证较高的查准率。笔者选择了前 50 条记录，响应时间是 5 秒。

2. Excite（http：//www. excitecom）

Excite 使用的是基于关键词或概念的正文和主题搜索，缺省状态是概念搜索；它支持布尔搜索，并具有高级搜索的能力；它支持自然语言查询；它还提供免费电子信箱和电子贺卡的服务。笔者查询到了 41937985 条相关记录，响应时间是 6 秒。

3. Alta Vista（http：//www. altavista. com）

Alta Vista 是 1996 年网上搜索工具测评的领先者，它有非常详尽的索引；提供简单搜索和高级搜索两种功能，简单搜索可以区分大小写，可以对词组进行搜索，高级搜索除了有简单搜索的特性外，还可以有布尔逻辑组合；它不仅提供包括中文在内的多种语言的检索，还提供了几种拉丁语系与英语的互译功能。笔者查询中文的网页，得到了 174 条相关记录，响应时间是 7 秒。

4. Go（http：//www. go. com）

Go 也可按照文件类型（ALL，Image，Audio/Video）来搜索网页，它也支持布尔逻辑检索，并具有一定高级搜索的能力。它最大的特点是在搜索结束后，可以在上一次搜索的基础上再进行第二次搜索，从而筛选出更符合需要的结果。笔者得到了 79 条相关记录，响应时间是 6 秒。

5. 雅虎中国（http：//cn. yahoo. com）

雅虎（Yahoo!）最初只提供类名浏览，后来加入了关键词检索，同时提供标题检索和网址检索。目前，Yahoo！已经不仅仅是单纯意义上的检索工具，它还向其他服务范畴扩展，提供站点评论、天气预报、新闻报道、股票点评、聊天室、电子邮件、各种黄页（如电话号码、航班和列车时刻表、地图等）。随着上网用户不断增加，通讯越来越挤，远程终端的上网速度越来越慢。为解决这一问题，各大公司采用的办法是使检索服务本地化，增加服务器，分流用户。雅虎在世界各地都设立了分支机构，并以本地语言提供当地的主要信息，如雅虎中文（http：//cn. yahoo. com）和 Yahoo！Japan（http：//www. yahoo. co. jp）等。开发搜索引擎的公司与任何一家公司一样，如果不赢利就无法长期生存，Yahoo！从开始创办时就寻求合作伙伴，先后与 Sequoia 投资公司和软银公司合作，在 Yahoo！上播放广告，广告的价格随着 Yahoo！的声誉和访问率的提高而不断提高。目前几乎所有的搜索引擎都是靠广告来创造利润。笔者使用雅虎中文（Yahoo！China）进行检索，检索的范围是所有简体中文站点，最后得到了 85 条结果，响应时间是 23 秒。

6. 搜狐（http：//search02. sohu. com）

搜狐是爱特信（ITC）公司于 1998 年 2 月在北京推出的大型网上中文查找工具，有“中文网络神探”之称，其技术是由麻省理工学院支持的。它提供以分类目录为主的中文搜索，其分类原则是以图书分类为基础，与日常应用习惯相结合，由编辑人员分类，因此分类质量较高。它的信息抓取范围比其他中文搜索引擎的范围要广，不仅有国内站点，还包含国外的中文站点。它还提供了新闻、体育、财经、汽车、房产家居、旅游、求职等许多其他服务项目。笔者得到了 545 条查询结果，响应时间是 35 秒。

7. 北极星（http：//www. beijixing. com. cn）

万方数据搜索引擎（北极星）是一个功能比较齐全的中英文对照网络信息搜索服务系统，也是国内开发较早的网上中文搜索引擎之一。其宗旨是搜集中国大陆范围内的网上信息，包括中英文信息，它使用的是 ORACLE 数据库。它也是以分类目录为主的中文搜索引擎。另外，它还提供了与“Chinainfo”、“Indexsite”、“网盟”等站点的链接。笔者查询到了 665 个相关站点，响应时间是 32 秒。

8. 中经搜索（http：//infonavi. cei. gov. cn）

中经搜索，又名中经网络信息导航，是由国家经济信息中心组织开发的一个专业化导航应用系统，是国内最早出现的专业化程度较深的中文检索工具，是金桥工程信息部分的主体之一，它搜集的信息主要侧重于国家的经济政策、法规和金融、投资等方面。笔者查到了142条包含“搜索引擎”的信息，响应时间是20秒。

9. 网易（http：//www. netease. com）

网易是由广州网易计算机系统有限公司在1997年推出的中文搜索引擎，是目前网上检索工具中功能比较齐全、比较成熟的中文检索工具之一。它提供的其他服务也比较齐全，有焦点新闻、网易商城、网易社区、免费邮箱（163）、网上拍卖、个人服务等。笔者查到了58个与“搜索引擎”相关的网站，响应时间是27秒。

10. 常青藤（http：//www. tonghua. com. cn）

常青藤是由长通飞化信息技术有限公司研究开发的网络导航站，是一种与Yahoo！相类似的类目式中文检索工具，并不是严格意义上的搜索引擎。它于1998年3月初试运行，4月初正式运行，它的整套系统，包括信息的抓取、分类、加工、管理和信息的查询都采用了与日本Yahoo！相同的工作模式，其技术的先进性也基本与日本Yahoo！保持一致，采用日本松下双字节搜索，速度明显比国内搜索引擎快。笔者查到了402个相关的站点，响应时间是12秒。

11. 搜索客（http：//www. cseek. com）

搜索客是一个分类目录式的中文搜索引擎，分为医疗保险、公司导航、购物订票、经济信息、社会文化、体坛风云、休闲娱乐、参考资料、新闻媒体、政府政治、网络服务、教育资源、艺术人文、科技舞台、股市行情等数十个类目，搜索范围包括中文网页、网站、新闻、IT新闻、软件、游戏，并提供了高级搜索的功能。它于2000年11月与HP公司签订了“网谍”应用合同，使用“网谍”技术，可以时刻跟踪1000个信息源，每天更新10000条新闻。它还于2001年1月4日加入了图片搜索的功能。笔者查询的范围是新闻，从1456321条新闻中查出了400条满足搜索条件的新闻，响应时间是18秒。

结　论

从以上的比较结果可以得出以下结论：

国内搜索引擎的查询速度明显比国外搜索引擎慢得多。一方面由于国内搜索引擎的用户多，信道拥挤，导致速度下降；另一方面，国外搜索引擎的查询技术确实优于国内。但总的来说，搜索引擎一般要对大量的信息进行搜索，而且往往需要在检索结果中带有一定简要说明，因此搜索速度还是不太理想。为了提高效率，人们开始倾向于开发较小的专用搜索引擎，集中地执行特定的任务。相信专用的搜索引擎将会在其运行领域中表现出更大的灵活性。

从查询结果的准确性来看，国内搜索引擎的查准率要高于国外，但查全率不如国外的搜索引擎。这是因为，在信息的搜索和存储技术上，国外的搜索引擎一般采用自动方式，通常由“网络机器人”（Network Robot）完成。它是一种自动运行的软件，其功能是搜索网上的网站或网页，这种软件定期在网上漫游，当遇到新网页时，就给该网页上的某些字或全部字做上索引并把它们加到搜索引擎的数据库中，从而搜索引擎的数据库就得以更新。而国内的搜索引擎一般采用人工方式来对信息进行收集、分类、存储、组织和检索，由研究人员对网站进行调查筛选、分类、存储，由专业人员手工建立关键字索引，再将索引信息存入搜索引擎的数据库中。人工方式收集信息的准确性要远远高于“网络机器人”，但其收集信息的效率及全面性则低于“网络机器人”，而且导致搜索引擎数据库的更新周期长，提供的信息滞后。目前已经有一些国内搜索引擎也开始使用自动方式来进行信息的收集和存储，如搜索客（Gseek）等。

国内搜索引擎与国外相比，对信息的加工程度普遍不深，只是有少数几个能将检索结果按检索主题内容相关程度排序（如网易）。其他有的是按字顺排列，有的是按国标、科学关键字体系等排列。对于用户来说，不可能将检出的众多文章全部浏览，无法在短时间内找出最相关的结果。

不论是国内搜索引擎还是国外的，都存在一个共同的问题，即数据库内的站点信息较多，而文本信息少。用户在查到检索结果后，并不能直接得到有价值的文本信息，而是要进行多次链接才能找到真正需要的信息，这不仅增加了用户的检索负担，而且经常会发生重复链接和死链接。

还有一个问题是，搜索引擎的覆盖面有限。没有一种搜索引擎可以覆盖全球所有的网页。《科学》杂志的一份研究报告表明，即使功能最完善的搜索引擎，也只能找到网上大约三分之一的网页。因此，在查找重要信息时，不应局限于单个搜索引擎，而应使用多种搜索引擎进行全面的搜索。

总而言之，搜索引擎为广大用户与网上丰富的信息资源之间提供了一座桥梁，希望更多的人能够更好地了解和利用搜索引擎这种网上信息检索工具，从而更充分地利用互联网为我们提供的各种信息资源。

参考文献

[1] http://www.wx.js.cn.

[2] http://hotbot.lycos.com.

[3] http://www.excite.com.

[4] http://www.altaviata.com.

[5] http://www.go.com.

[6] http://www.yahoo.com.

[7] http://cn.yahoo.com.

[8] http://www.yahoo.com.jp.

[9] http://search02.sohu.com.

[10] http://www.beijixing.com.cn.

[11] http://www.goyoyo.com.cn.

[12] http://jinfonavi.cei.gov.cn.

[13] http://www.netease.com.

[14] http://www.tonghua.com.cn.

[15] http://www.zhaolaola.com.

[16] 王娟琴：《网络信息检索模式研究》，《情报科学》1999 年第 3 期。

[17] 李广健、张蕾：《网上搜索引擎的几个理论问题》，《情报科学》1999 年第 4 期。

[18] 孙丽、陈通宝、乔晓东：《网上中文检索工具的比较研究》，《情报学报》1999 年第 3 期。

从《档案法》的颁布谈中国图书馆立法

吴竞波

第六届全国人民代表大会常务委员会第22次会议通过了《中华人民共和国档案法》。我们看到以往比图书馆事业落后、社会知名度并不高的档案事业，自《档案法》颁布后，一下子就跨上了一个新的台阶。通过学习贯彻《档案法》，现在全国各行各业的领导都知道了档案工作的重要性。国营及乡镇企业的厂长都知道档案工作做得不好，企业就不能升级。档案界的同志经过7年多的长期艰苦努力，终于有了一部国家最高权力机构通过的《档案法》，档案事业的发展有了法律保障。

然而，图书馆立法虽从20世纪80年代就开始有学者进行研究，《图书馆法》草案也起草了几个，但到了20世纪90年代，图书馆立法还是没有列入全国人大的议程。当然这有一些客观原因。例如：在一部分人眼里，《图书馆法》是一部门小法，与国家重大政治决策关系不大。我国法律还很不健全，还有比《图书馆法》重要的法律没有颁布，《图书馆法》可以往后拖一下，如此等等的观点阻碍和推迟了《图书馆法》正式制定颁布的进程。笔者认为：《图书馆法》迟迟没有颁布的原因，除了客观因素之外，还有主观方面的原因。这就是近年来，我国图书馆界对图书馆立法研究关心不够，呼吁得也不够。在人大会议上几乎看不到有关图书馆的提案。图书馆界研究的课题往往脱离我国的现实，只注重追赶世界新潮流。例如"UAP问题"、"世界书目控制"等又空又遥远的课题。

诚然，笔者并不是认为这些课题就没有一点研究价值，可是，我们不得不承认，西方发达国家研究"UAP"和"UBC"等问题是在建立了《图书馆法》的基础上以及各方面的条件已经成熟的情况下才开始进行的，而我们国家经济并不发达。我们的生活不能超前消费，理论研究也不能过于超前。再加上我国是一个法制建设还不健全的国家，随意性很强，图书馆事业如果没有法律做保障，将会像茫茫大海上的一叶扁舟，随时有被吞没的可能。所以，当前我国图书馆学的研究，重点仍然是图书馆立法问题。有了《图书馆法》才可能建立统一的管理机构，才可能设计中国图书馆事业的未来，才能有固定充足的经费，才能实现资源共享。不然，我们只能长期生活在美妙的幻想中。

法律不仅是统治的工具，而且是保证国家建设顺利发展的重要手段，因而革命导师恩格斯、列宁对建立社会主义法制体系都十分重视。邓小平同志指出："为了保障人民民主，必须加强法制，必须使民主制度化、法律化，使这种制度和法律不因领导人的改变而改变，不因领导人的看法和注意力的改变而改变。"我国的图书馆事业是社会主义文化事业的一个重要组成部分，应该把图书馆立法纳入建立具有中国特色的法制体系的轨道。这不仅是占领图书馆这一文化教育宣传阵地的需要，而且是建设社会主义精神文明的需要。只有国家制定了《图书馆法》，强化我国图书馆事业管理工作，图书馆才能有效地开发利用文献信息资源，为文化、教育、科学、经济建设服务。我们应重新让广大图书馆工作者和广大的社会读者知道，图书馆立法之所以能够促进图书馆事业及有关事业发展的最本质的原因就是：它区别于党的一般号召，也区别于行政领导和群众自发地办事业的形式。《图书馆法》同其他法律一样，是由国家强制力保证其实施的。《图书馆法》在本国权力管辖范围内具有普遍的约束力。因此，广大的图书馆理论工作者和实际工作者应该把注意力放到"加强图书馆的法律建设"这一重大理论课题上来，争取在五年或更长的时间内解决这一关系到图书馆事业命运的关键课题。

《图书馆法》反映了各个国家的图书馆政策。它们是根据具体的社会条件和国家在科学、文化、教育领域里需要完成的任务而制定出来的。由于国家图书馆法规的实施，就能够使图书馆事业的地位和发展都得到法律保证。也正是由于图书馆法规的重要性，联合国教科文组织早就强调过："每个国家都应该制定图书馆法。"纵观世界图书馆立法的情况，不能不引起中国图书馆界以及中国立法机构的同志们深思。

我国目前各大系统图书馆都有了工作条例、规程。例如，《高等学校图书馆工作规程》，各省区市图书馆工作条例、《关于图书情报工作的暂行条例》，等等。但这些条例都没有得到我国最高立法机构的认可，社会各方面以及有关领导对它们根本不会像执行法律那样严肃。目前在我国各地图书馆事业是否能发展，全凭有关领导重视的程度。往往出现这种情况：图书馆馆长为了解决经费短缺的问题，到上级主管部门要求增补经费，最终的结果往往是没有。但也有一些图书馆馆长和主管领导关系好，也许经过一番努力能争取到一部分经费，解决一些暂时的困难。这种凭与领导关系好坏决定图书馆命运的时期，不知还要延续多久？

综上所述，我们应该更清楚地看到，图书馆法研究不是太多、太深了，而是研究得太少、太浅了。我们应切实加强图书馆立法的研究，敦促国家尽快把《图书馆法》列到法制建设的议事日程上来，早日颁布正式的《图书馆法》。

为了敦促国家颁布《图书馆法》，应该尽快采取以下几项措施：

（1）利用广播、电视加强图书馆立法的宣传，在社会上造舆论，重申图书馆法规是建设社会主义图书馆事业的法律依据。

（2）在召开全国人大之前，联系文化、教育界的人大代表，请他们在人大会议上为图书馆立法向大会提交正式提案。

（3）发动图书馆的广大读者为图书馆立法宣传，使整个社会都来为图书馆立法努力。

（4）在文化部图书馆司的领导下，组成一个图书馆学专家立法小组，不断地修改、完善《图书馆法草案》，为最后交人大审议做好准备。

总之，《图书馆法》的颁布，不是坐着等出来的，而是要通过图书馆界的同志共同努力。《档案法》之所以能在 1987 年颁布实施，就是档案界的行政管理部门和档案战线广大干部经过 7 年努力的结果。我们要借鉴档案界的立法经验，为建立有中国特色的图书馆法学和颁布《图书馆法》共同奋斗。

《中华人民共和国宪法》第二十二条规定：国家发展为人民服务、为社会主义服务的文学艺术事业、新闻广播事业、出版发行事业、图书馆、博物馆和其他文化事业，开展群众性的文化活动。《宪法》的这一规定，在所有图书馆法律规范中具有最高的效力。它是制定图书馆法的依据。当前我国图书馆立法时机已成熟，社会需要图书馆立法，改革需要图书馆立法，时代更需要图书馆立法。笔者衷心希望：有更多的学者来关心图书馆立法，研究图书馆法学。

构建知识管理学学科平台　解决图书馆学元理论范化的问题

甘友庆

一　引言

早期的图书馆学元理论，如图书馆整理说、技术说、管理说、事业说等被认为是对图书馆学研究对象认识的表象的具体的研究阶段，即其研究还只限于图书馆的实体部分及其最重要的技术方法（包括整理、管理等方法）等微观方面。随着社会科学的发展和图书馆学研究的深入，学者力图从本质上去解决图书馆学的元问题，先后提出了“信息交流说”、“信息资源说”、“知识组织说”等图书馆学的元理论范式。图书馆学界正在不断引入传播学、信息管理学和知识管理学等外来研究成果来指导图书馆学元理论的建立。然而这些带有共性的外来理论与“图书馆”这一实体结合时，马上便会遭到“图书馆”这一具体事物特性的限定，其结果只能是这些共性已超越了“图书馆”这一特性的范围（因为共性是普遍性的东西，在范围上始终要大于特性），从而必然产生出外延过大的问题，这就是图书馆学元理论范化。随着科学、社会的发展，图书馆必然要越来越多地为社会各个部门提供服务，必然要不断吸收各种先进的科学手段和思想来指导自身的发展，传统图书馆的界限将不断地被打破，反映图书馆实践规律性的图书馆学元理论对图书馆面临的现实作出科学反映的结果必然就会产生图书馆学元理论范化的现象。特别是图书馆学的“信息资源说”和“知识管理说”提出后，人们对这种范化现象就更加的关注了。

二　解决图书馆学元理论范化问题的方案

针对图书馆学元理论范化的现象，图书馆界学者、专家主要提出了两种解决范化问题的思路。其一是建立一个“大图书馆学”以便能够包容图书馆学研究中出现的越来越大的外延。其二是取消图书馆学这一学科名称，代之以一种“更能反映现实的学科名称”。笔者认为这两种观点都值得商榷。

（一）“大图书馆学”不可取

“大图书馆学”企图引入其他学科的思想来构建自身学科的元理论，并包容其因此扩大了的外延。“大图书馆学”的建立主要是要走两条路，其一以“大图书馆学”来完全包容带有共性的学科，其二以别的学科理论为依据建立两者相互融合的“大图书馆学”。然而“大图书馆学”无法明确界定图书馆学学科的外延和内涵，故而是不可取的。

首先，以“大图书馆学”来完全包容别的学科是不可行的。一个学科的研究之所以能包容另一个学科的研究，要求这个学科的外延必须能够完全包容另一学科的外延。显然“大图书馆学”仍是图书馆学，本质上仍要以研究图书馆及其活动规律为界，这是它的共性也是它的特性。确定了这个界限后我们可以很明显地看出图书馆学包含不了传播学、信息管理学和知识管理学等与图书馆研究带有共性的学科，因为它们的外延或大于图书馆学，或只与图书馆学存在交叉关系而已。以知识管理学为例，尽管图书馆学也以知识的收集、加工、整理、传播和利用作为其研究对象，但其所研究的“知识”的范畴要比知识管理学研究的“知识”的范畴要小。尽管图书馆是最大的知识体，但人类活动产生的知识却不可能都集合到图书馆去，也就不该归到图书馆学的研究范畴中去，所以图书馆学包容不了知识管理学。

其次，以别的学科理论为依据建立两者相互融合的“大图书馆学”也不科学。图书馆学应该有自己的学科界限和本质特性，其他学科也有自己的学科界限和本质特性。本质不同的学科相互结合从而产生具有新本质的学科的可能性是值得怀疑的，事实上图书馆学并没有朝这个方向发展。而有同一学科本质的学科，便应该属于同一学科，至少它们应该属于同一学科体系而不应该是相互融合的关系。如果将本质本就相同，只是特性上有所区别的学科舍其本而求其末，硬要建立一个融合的学科，结果只会弄得四不像。如前段所论，知识管理学和图书馆学都以知识的收集、加工、整理、传播和利用作为其研究对象，有相同的学科本质，只是研究范畴和特性上有所区别。当知识管理和图书馆学结合，要求产生的是图书馆学范畴的概念时，便会产生概念的外延过大的问题。许多学者都认识到了这个问题，企图将图书馆学与作了限定的知识管理学融合起来，建立图书馆学范畴的知识管理说。如王子舟就认为图书馆学的研究对象，非为知识管理的一切（比如企业的知识管理便不应包含在内），应只限于知识管理中的“知识的集合”部分。但知识管理的精髓是知识的创新、知识的教育，单以知识的集合作为图书馆学的研究对象，事实上反映不了知识管理的精髓，如果图书馆学用这些失去精髓的理论来界定自己的定义的话，自己便失去了活力，也肯定反映不了该门学科的本质特性。

综上所述，“大图书馆学”不但界限不明，而且还可能使图书馆学本身的特性荡然无存。所以，笔者以为硬要建立一个包容一切的或相互兼容的“大图书馆学”是行不通的。

（二）用其他学科名称取代图书馆学不可取

自19世纪初施莱廷格第一次给图书馆学下定义以来，将“图书馆学”作为一门学科来研究的活动从未停止过，并形成了一定的理论体系，目录学、版本学、校勘学、图书馆分类学、检索学、信息（知识）组织学、读者研究等理论已相当成熟，图书馆技术学也在不断地吸收迅速发展的计算机和通信技术以便更能适应时代的需要。图书馆作为存储人类知识的最大知识库，为人类社会的发展作出了重要的贡献。为了满足人们对图书馆日益增长的需求，必须用新的图书馆学理论来指导其实践，促进图书馆实践的不断发展。尽管图书馆学在其学科本质的认识上还有待深入，但作为研究图书馆自身的活动和发展规律的学科，还没有也不可能有哪门学科能取代其对图书馆实践的指导地位，所以，取消图书馆学绝非明智之举。

三　构建知识管理学学科平台，促进图书馆学发展

现在图书馆学元理论存在范化的现象，图书馆学的研究对象不断超越了图书馆学旧有的研究范围，恰好说明图书馆学之上存在一个上位学科。这个学科在外延上能包容图书馆学，内涵具有图书馆学研究的本质属性，但这个学科与图书馆学绝非同一学科也不存在同位类关系。即它既能包容图书馆学研究的一般属性，同时允许图书馆学研究的特性的存在。如果真有这样的学科，就目前来看无非是“信息管理学”或“知识管理学”，因为它们都符合了以上条件。但信息管理学和知识管理学哪个更科学可行呢？笔者认为“信息管理学”有着自身无法解决的缺陷，而“知识管理学”恰好能弥补这些缺陷，构建“知识管理学”的学科平台来解决图书馆学元理论范化的问题是科学可行的。

（一）信息管理学学科平台存在不足

早些年有人认为应该构建信息管理学学科平台，但这并不科学。“信息”一词时下使用频率很高。然而，目前关于信息的定义和信息理论不少于几十种，人们从不同的学科研究需要和不同的认识角度出发，给“信息”以不同的定义、解释与理解。信息作为一个哲学概念，其外延具有极大的普遍性，普遍适用于自然界、人类社会和思维领域。也就是说，无机自然界、生物界、机器（人类智能物）、人类社会、人类感觉思维领域普遍存在着信息，也就应该存在对这些信息进行研究的学科。可是，由此而生出如此诸多的“××信息学”却会给不明就里者生出许多的疑惑。现在大学里有把“信息管理学”专业归到图书情报学院（系）的，归到管理学院（系）的，也有归到计算机学院（系）的，或干脆独立建成学院（系）的，叫人看得眼花缭乱。“信息管理学”遇到如此尴尬的情况恐怕与人们对“信息”理解上的太多歧义不无关系。这样建立信息管理学学科平台便无从说起了。

（二）知识管理学学科平台的合理性

如前所述，“信息”有着极为广泛的外延，它相对于物质的能量和质量而存在，反映物质与能量在时、空中分布的不均匀程度以及宇宙中一切过程发生和变化的程度，普遍存在于自然界、人类社会和人的思维中，所以没有也不应该有任何一门学科可以把所有的信息作为其研究对象，而只能研究其中的某一部分。知识管理学研究的只是经过人脑去感知、抽象、反映和概括的那部分信息（知识）及其过程，这种信息先是发生于人的头脑中，然后以某种符号方式表达出来，并记录于一定的载体上。按卡尔·波普尔的“世界1·2·3”理论，知识管理学研究的范畴包括客观知识和主观知识及它们相互转化的过程。从狭义上讲，它只属于认知领域研究的范畴而不是一切的领域，有明确的外延和内涵。

那么图书馆学与知识管理学存在什么样的关系呢？事实上图书馆学要对图书馆这个人类智慧成果的最大的载体库、知识库进行研究就必然要以人类智慧形成知识的过程、内容及其物质表现形式，即以客观知识和主观知识及它们相互转化的过程为研究对象，而这正是知识管理的一般性。但图书馆及图书馆的活动规律又有其特殊性，它进行收集、加工、整理、传播和利用的多为静态信息（客观知识），对主观知识及主客观知识的相互转化当然也研究，但绝不是其核心内容，这便是图书馆学研究的特性。也就是说，知识管理学包含了图书馆学，但图书馆学又相对独立，两者构成上下位关系，图书馆学是知识管理学的一个重要的研究方向，但不是全部。知识管理学还有其他的研究方向，比如情报学、文献学、档案学、企业知识管理学、行政部门知识管理学等都是它的研究方向。这些学科都以客观知识、主观知识及它们的相互转化为研究对象，只是其研究的范围和侧重点有所不同而已。这些学科有着相同的基础知识，如目录学、分类学、检索学、信息（知识）组织学、知识受众研究等理论，尽管它们多从对图书馆及图书馆工作的研究中得来，但又绝不能认为这些理论只适用于图书馆学研究领域，另外还有现代网络技术、数据库管理系统、存储结构技术、元数据技术、推技术和拉技术、群件技术、数据挖掘技术、多维度分析技术、文档管理技术、信息查询与检索引擎技术、联机分析处理技术、信息过滤技术、人工智能和专家系统等知识管理的软件技术的研究，都是知识管理学的基础知识。

根据以上的思路，我们可以构建一个知识管理学的学科平台如图 1 所示：

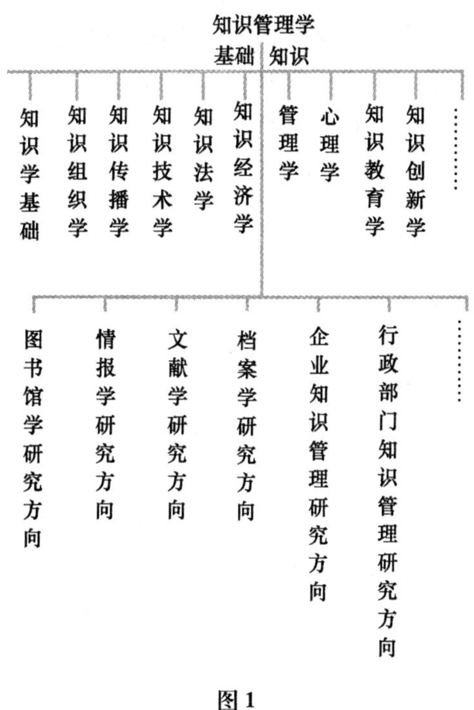

图 1

通过图 1 我们可以看到，知识管理培养的人才只要学好该平台上的基础知识，并加以专业训练，便可为图书、档案、情报、企业、行政部门等机构提供知识管理服务，拓宽了其培养人才的服务对象和服务内容。同时也为有进一步研究需求的人提供了具体的研究方向。

可见，知识管理平台的构建对图书馆学的影响是本质性的，它构建了一个普遍的研究对象，吸收了图书馆学因元理论范化而扩大了的外延部分，又在其明确的界限下满足了图书馆学研究的特殊性，很好地解决了图书馆学元理论范化的问题。一旦元理论问题解决后，知识管理学学科平台对图书馆学的影响便会得到充分的体现。

（三）知识管理学学科平台的构建可以极大推进图书馆学的建设和发展

1. 促使图书馆学的研究对象由强调技术回归到强调知识内容本身

在知识管理思维引入图书馆学元理论研究前，所有图书馆学元理论都只以文献为单位或以图书馆的管理和文献的交流为其研究对象，强调图书馆学的技术性研究，而文献信息所蕴含的具体知识以及对这些知识的开发利用（客观知识的主观化）还没有引起必要的重视。知识管理思维的引入给我们提供了这样一种新的思维方式，即图书馆学的研究应深入到对读者有用的各个知识单元，图书馆的工作应对其进行标引、揭示、合成、传递和利用，同时必须对客观知识的主观化的研究引起足够的重视。只有图书馆学的研究深入到了有用的知识单元，重视图书馆所拥有的大量客观知识的开发和利用（客观知识的主观化）才能真正实现文献的价值，而这时图书馆的作用才能得到更为深入而充分的体现。

2. 促使图书馆学最新科学技术在图书馆的应用

21 世纪人类科技发展的重要标志是数字化与电子网络。数字化革命强化了知识的编码化，从而使编码化知识在人类知识的储备中占有的比例日益加大。电子网络则将各种信息资源链接起来，形成一个全球化的数字图书馆。现代网络技术、数据库管理系统、存储结构技术、元数据技术、推技术和拉技术、群件技术、数据挖掘技术、多维度分析技术、文档管理技术、信息查询与检索引擎技术、联机分析处理技术、信息过滤技术、人工智能和专家系统等知识管理的软件技术的研究、开发和利用为以知识单元为基本单位的无墙化的信息快速获取、存储、整理、挖掘、分析、合成、检索、传递、利用提供了前提条件。而反映图书馆实践的图书馆学必须要深入研究这些技术在图书馆的应用。图书馆学的研究对象由文献单元深入知识单元，由技术回归到知识的内容本身，以及强调知识的传播、图书馆和知识受众的互动等，反映了现代科学技术在图书馆方面的最新应用，又为今后技术的发展方向和图书馆实践提供了理论的指导。可以说知识管理平台的构建为图书馆的新技术的应用提供了技术前提和实践背景，而图书馆学理论必须反映这些最新技术的研究和应用成果，并为其今后的发展提供理论指导。

3. 促使图书馆前所未有地要求提高图书馆员的素质

在知识管理思想影响下产生的图书馆学的元理论要求专家型的图书馆员的作用应受到充分的重视，图书馆员应具备不断学习的能力，不应只满足于会使用图书馆工作中的一切技术或熟悉图书馆的管理，为用户提供针对性的专业知识服务才是其工作中的重中之重。据此我们可以得到这样的一个结论，在图书馆学的知识管理或知识组织理论看来，评论一个图书馆的质量标准除了它的藏书量、获取新的文献和为读者提供服务的能力外，其馆员的素质尤其是该馆有无具有影响力的专业馆员这一条件也尤为重要，一个高层次的图书馆要有大师级的馆员，就像一个大学要有大师级的人物一样。促使图书馆学前所未有地要求提高图书馆员的素质，这为打破目前图书馆员只会从事些简单工作、图书馆只是藏书和借书的机构的形象，提升图书馆的地位，营造良好的图书馆文化起着重要的作用。

四　小结

图书馆学元理论的范化问题严重影响了图书馆学的发展。图书馆学发展至今，取得了丰硕的成果，其理论成果对社会实践具有很强的指导意义，图书馆学仍然是一门具有极强生命力的学科，主张取消图书馆学是不可取的。而“大图书馆学”无法明确界定学科内涵和外延，没有合理性。

知识管理学科平台可以构建一个普遍的研究对象，吸收图书馆学因元理论范化而扩大了的外延部分，在明确的界限下满足图书馆学研究的特殊性，很好地解决图书馆学元理论范化的问题。通过构建一个包含了知识学基础、知识组织学、知识传播学、知识技术学、知识法学、知识经济学等内容的知识管理学学科平台，可促使图书馆学的研究对象由强调技术回归到强调知识内容本身，促使图书馆学研究最新科学技术在图书馆的应用，促使图书馆提高图书馆员的素质，从而极大地推进图书馆学的发展。

参考文献

[1] 王子舟：《图书馆学基础教程》，武汉大学出版社 2003 年版。

[2] 徐引篪、霍国庆：《现代图书馆学理论》，北京图书馆出版社 1999 年版。

[3] 张润彤、朱晓敏：《知识管理学》，中国铁道出版社 2002 年版。

[4] 李华伟、董小英、左美云:《知识管理的理论与实践》，华艺出版社 2002 年版。

[5] 吴慰慈、张久珍:《当代图书馆学情报学前沿探寻》，北京图书馆出版社 2002 年版。

[6] 张欣毅:《现代文献论纲要》，书目文献出版社 1994 年版。

[7] 盛小平:《知识管理对现代图书馆学研究对象的创新》，《图书情报工作》2003 年第 9 期。

图书馆学情报学研究中的信息保障

皮介郑

和物质生产领域一样，科学研究也是一种生产活动，也需要作为加工对象的原始材料，并借助它们发现仍然存在的问题及确定研究的方向和目标，并从对这些材料所进行的创造性工作中寻找解决问题的途径。这些材料中的重要组成部分便是有关某一领域或问题的各种文献资料和相关信息。图书馆学情报学研究亦如此，离开了必要的信息保障，研究将完全无法进行。因而，掌握图书馆学情报学文献资料的分布及获取途径，便成为研究者展开研究的基本前提。本文要讨论的正是这一问题。

笔者把图书馆学情报学研究中的信息保障划分为四个方面加以讨论，即：印本文献信息保障、网上文献信息保障、检索工具（系统）和非正式交流圈。因为没有完全采用统一的分类标准，这种划分不太符合分类的原理，而是更多地考虑了操作上的实用和叙述上的简化。如印本文献和网上资料与检索工具（系统）多有重复交叉之处，而将检索工具（系统）独立出来则是为了突出其在信息保障中的显著地位。另外在讨论对象中略去了声像、缩微等类型的资料，这是因为在图书馆学情报学领域中这些类型的资料数量相对较少，而发展迅速的光盘资料目前以检索工具为主，它将在检索工具的讨论中得到体现。

一　印本文献资料保障——布局的不平衡性

冷静地看，在被称为网络时代的今天，当我们关注图书馆学情报学研究的信息保障问题时，印本文献资料还是首先跃入我们的视野。印本资料经长期累积而成，数量丰富、体系完整且使用方便，这是为研究人员所欢迎的。它们主要包括中外文期刊、图书、学位论文、科研报告和会议资料等。此处，我们仅把关注的重心放在其空间位置的分布上。因为与网上文献相比，印本文献利用最大的局限便在于它严重受制于空间上的障碍。了解其在空间上的分布状况对研究者查找并获取所需资料是必要的。

从地域分布上考察，北京因受益于首都的天时地利，当仁不让地占据着最重要地位，她拥有国家图书馆图书馆学资料室、外文及期刊资料丰富的中科院文献情报中心图书馆学情报学资料室、北京大学等高校的图书馆学情报学及相关专业院系资料室、中国科技信息研究所等若干家重量级的文献资料中心；其他重要力量还包括天津南开大学图书馆学系、南京大学信息管理系、武汉大学信息管理学院、东北师范大学信息传播与管理学院、中山大学信息管理系等资料室。列举几个具体的数字：

北京大学信息管理系资料室：收藏中文专业图书 2 万余册，外文专业图书 2000 多册，中文专业期刊 90 余种，外文专业期刊 61 种。

中科院文献情报中心图书馆学情报学资料室：收藏中文专业图书 6000 余册，外文专业图书 1800 余种，中、外文专业期刊各 100 余种。

国家图书馆图书馆学资料室：收藏中文图书 4000 余种，外文书 1200 余种，中文现刊近 60 种，外文期刊 20 余种。值得提及的是该室收藏有较多的早期会议文献。当然必须注意并非国家图书馆所有的图书馆学情报学资料都收藏在该室，还有相当数量的专业资料分布于其他部门。

天津南开大学图书馆学系资料室：收藏专业图书约 5400 册，中文专业期刊约 70 种。

武汉大学信息管理学院院资料室积 80 多年专业文献收藏，计有中文图书 10 万余册，外文图书 1.5 万册，中文期刊 300 余种，外文期刊 126 种，中外文工具书 5000 余种。

东北师范大学信息传播与管理学院院资料室图书馆学情报学方面的藏书 1 万余册，中外文期刊 130 余种。

考察的结果表明，从全国范围看，图书馆学情报学印本文献资料主要集中于拥有该学科专业的高校等教育机构的相关院系。其中北京、上海、武汉等地最为富集，这与社会经济及文化教育发达程度呈正相关。与此形成较大反差的是，相当数量图书馆学情报学专业院系专业资料相当薄弱，购书经费不足，书刊保有量降低，管理与服务不善，远远不能满足研究及学习的需要，这种局面若得不到及时改变，将进一步加剧我国专业教育中的信息贫富差距。因此，图书馆学情报学专业印本资料寻求者首先应将目光聚焦于高校相关专业院系，向它们的资料管理者求助是稳妥和可行的。必要的情况下到北京、天津、上海、武汉等城市作实地的资料调研更可能收到满意效果。

二　网上文献信息保障——上网条件是关键因素

因特网的发展，为包括图书馆学情报学研究在内的科研信息保障提供了广阔的天地。网络无国界，网上文献信息保障跨越时空限制的特性将科研信息保障推到了一个新的高度，也在相当程度上弥补了印本文献资料数量不足和空间分布极不平衡的缺憾。故我们在讨论印本文献信息时完全是着眼于国内，而网络资源则跨越了疆域界限。但必须充分认识到，时至今日，网络文献信息资源还远远不能完全替代传统的印本文献信息资源，以为有了互联网就可以丢开印本资源是一种错误和危险的观点。二者的关系是相辅相成，缺一不可，将长期共存互补，从长远看有相互融合的趋势。网上资料的迅速增加从而使网上文献信息保障成为重要的科研信息保障方式，同时使上网条件问题（当地信息基础设施建设、上网费用、网速等）上升到非常显著的位置，良好的上网条件将使研究者如虎添翼。

网上图书馆学情报学文献资源分布相当复杂，对这个问题的探讨可从多种角度切入。

（1）综合性网站。

图书馆学情报学发展到今天，在社会科学学术研究中已经取得一席之地，这一点在网络系统上也有所反映。各著名综合性门户网站的搜索引擎分类主题目录中大都设置了相关的类目，在类目下包含了丰富的资料和大量相关链接。从这个途径出发可查找到相当数量的网上资料。以下是大家熟悉的几个例子：

· Google：Reference > Libraries > Library and Information Science

· Yahool：Home > Reference > Libraries > Library and Information Science

· 搜狐：首页 > 社会科学 > 信息管理

·新浪：新浪首页 > 搜索首页 > 社会科学 > 图书馆学

但是，由于综合性网站在人力、专业等方面的限制，其所提供信息资源的广度和深度都还不够，确实远远达不到专业研究人员实际应用的要求，如新浪网在图书馆学类目下反映的信息资源就十分有限。

（2）专业性网站。

由于综合性网站在提供图书馆学情报学专业资料方面的不足，近几年来，一些有识之士和业务部门开始重视这方面的工作，花费了许多精力进行网上本专业信息资源的收集与整理。有关专业信息网站已经积累、链接了大量的资源，为图书馆学情报学研究提供了方便。以下是两个典型的例子。

·图书馆学之窗（www. libnet. sh. cn/wjz）

由上海图书馆吴建中博士主持。分网主信息、专业信息、研究指南三个部分。专业信息报道国内外有关学术会议情况和研究动态，对于开展学术研究、掌握动态、查阅资料很有帮助；研究指南提供了一些相关的目录信息，介绍并链接了许多相关的资源。

·图书馆学、情报学网络资源导航

（www. lib. pku. edu. cn/chtml/xuebao/daohang/lisn. htm）

由《大学图书馆学报》编辑部主办，主页分成基础资源、组织、出版物、教育机构、沙龙、图苑传真、数字图书馆、学术会议、同人主页、相关导航等十个栏目。在导航中比较有特色和具有实用价值的是“出版物”和“相关导航”。出版物介绍并链接国内图书情报专业与相关专业期刊 12 种，美国专业期刊 9 种。

（3）网上文献服务系统。

随着互联网的发展，越来越多的信息机构通过网络来提供文献信息服务，网上文献服务系统获得迅速发展，典型的例子有 CNKI、NSTL 等，它们的收录中也包含有关图书馆学情报学的许多文献资料。这些系统通过网络提供文献检索和原文提供服务，为包括图书馆学情报学在内的科研信息保障提供了新的途径。

·CNKI（中国知识基础设施工程）

CNKI 是国内近年来发展迅速的网上学术信息资源系统，由中国学术期刊（光盘版）电子杂志社和清华同方等单位共同组建开发。现有期刊专题全文数据库、期刊题录数据库、中国专利数据库、重要报纸全文数据库、重要报纸题录数据库等供网上检索和获取原文，其中期刊题录数据库等可免费检索。

· NSTL（国家科技图书文献中心）

NSTL是在国家有关部委支持下由中科院文献情报中心、国家工程技术图书馆等多个国家级权威信息机构联合组建的文献资源共建共享虚拟联合体，为充分利用现代网络技术，提供多层次服务，国家科技图书文献中心组织建设了国家科技文献资源网络服务系统，通过网络向全国科技工作者提供科技文献资源检索（免费）和全文提供服务。NSTL网络服务系统目前提供检索服务的数据库有中外文科技期刊、中外文会议文献、外文图书和中文学位论文等。其中外文科技期刊和外文会议文献数据库共收录16000多种外文期刊和外文会议录。到2001年8月底，网站报道的数据总量已达300余万条。

（4）专业机构网站。

图书情报机构、图书情报专业协/学会、研究机构、高等院校、出版发行部门等建立的专业机构网站，从这些网站可获取丰富的专业文献信息资料，是图书馆学情报学研究中的重要信息源。从这些网站的新闻通讯可及时了解本专业领域的动态、正在开展的各种项目、计划以及会议论文等各种专业信息，同时往往提供了丰富的链接，甚至可免费下载到大量原始文献。因而从专业机构尤其是IFLA、ALA、RLG等核心机构的网站出发是获得专业信息的一条十分有效的途径。

此外，网上的专业电子期刊，图书馆学情报学方面的专题讨论组、新闻组以及个人主页等都构成了图书馆学情报学研究网上文献信息保障的有机组成部分。

三　检索工具（系统）——信息保障的制高点

检索工具（系统）在科研信息保障中的重要作用怎么强调都不过分，在信息爆炸和分散分布的情况下尤其如此。在图书馆学情报学领域已经建立了一批检索工具（系统），早期多为传统印本形式，现在更多的已发展到光盘和网络形式。和网上资料类似，这些检索工具也可分为两大类，即综合性检索工具（系统）和专业性检索工具（系统）。

(1) 综合性检索工具（系统）。

这类工具（系统）往往囊括许多专业或学科内容，图书馆学情报学专业研究者可以使用其中有关本学科的专门部分。印本型的如《全国报刊论文索引》、《全国总书目》等，光盘版的如重庆维普资讯的《中文科技期刊数据库》、《清华学术期刊》（光盘），以网络形式提供的有 CNKI、NSTL 等。而原来是印本型的也在向光盘版甚至网络版的方向发展，如人大复印报刊资料已在 1995 年推出了光盘版。值得一提的是该系统可直接提供文献全文，这在检索工具中是非常有吸引力的。在综合性检索工具（系统）中，有的设立了图书馆学、情报学专类，如《全国报刊论文索引》、人大复印报刊资料；有的只是在社科教育类等较大类目中涵盖，如《中文科技期刊数据库》、CNKI 的数据库等。

(2) 专业性检索工具（系统）。

· 印本型专业性检索工具（系统）

印本型专业性检索工具（系统）中一个恰当的例子是由原武汉大学图书情报学院编的《图书馆学　情报学　档案学　出版发行学论文索引（1949—1985）》，收录 1949 年至 1985 年期间国内公开和内部出版的有关图书馆学、情报学、档案学、出版发行学等方面的期刊和科学讨论会的论文资料，共 150 余种，计 20500 余条。所录论文武大图情学院资料室均有收藏。国外专业性检索工具中 LISA 和 ISA 都是很有代表性的。

《图书馆学情报学文摘》（*Library and Information Science Abstracts*，*LISA*）是英国图书馆协会主办的专科文献检索刊物。收录英国不列颠图书馆和英国图书馆协会图书馆所收藏的 60 个国家、34 种文字的专业文献，涉及图书馆学、情报学、档案学以及图书出版、发行和复制等学科专业领域，以期刊论文（每年约摘录 550 种期刊）为主，兼收图书、小册子、报告、会议录和论文集等。现在 LISA 已经推出了光盘版和网络版。

《信息科学文摘》（*Information Science Abstracts*，*ISA*）由 Information Today 公司（http：//www. infotoday. com）出版，收录 200 多种期刊和其他出版物。内容覆盖作为跨学科领域的信息科学的世界范围的文献，涉及技术、法律以及和知识相关的产业，包括知识传递、来源、生产、组织、表达、处理、分配、交流和信息的使用，以及用户间的交流和他们为满足自己的信息需求而采取的信息行为等。收录范围包括图书、期刊和会议文献等。现也有网络版可供选择。

· 光盘形式的专业检索工具（系统）

《中国图书馆学、情报学、档案学文献数据库》（*Database for Library, Information, Archives Science of China*）是由上海科技情报研究所开发的光盘题录数据库，内容涵盖全国图书馆学、情报学、档案学专业的文献（含港台）。该数据库收录中文图书馆学、情报学、档案学专业期刊300多种，相关期刊2500种，采取核心期刊全收、非核心期刊选收的原则，年新增量1万余条，自1993年到1999年6月累积数据达7.3万条。是一部对专业工作者有价值的电子工具书。

· 网络形式的专业性检索工具（系统）

互联网的飞速发展使得人们可以通过网络更加方便地获取数据库服务。如Library Literature是OCLC网上服务系统First Search的数据库之一，收录1969年至今美国和国际上出版的200多种图书馆学和信息科学期刊的索引，每年还收录600多种专著的索引。LibraryLit是Dialog社会科学类数据库之一，收录了1984年至今美国及国际上出版的220多种主要的图书馆学和信息科学方面的期刊。

国内则有《图书情报学书目数据库》，（http：//61.141.235.227/tsqb）。该数据库是在武汉大学博士生导师陈光祚教授的指导下，由深圳南山图书馆建立的网上专业图书馆学情报学书目数据库，收集了自1901年以来我国图书馆学情报学领域发表的学术论文、专著、会议文献、毕业论文等书目数据10万余条。该数据库主要内容包括图书馆学、情报学专业期刊发表的学术论文，部分其他学科核心期刊中的有关图书馆学、情报学的学术论文；正式出版的图书馆学、情报学专著；研究生、博士生学位论文；中国图书馆学年会会议论文集等。收录时间上起1901年，较全面地反映了中国图书馆情报学百年研究成果。

从上面的讨论可以看出，一些传统的印本检索工具正在向光盘甚至网络版方向发展。另外，利用一些近年快速发展起来的大型综合性检索工具如《中文科技期刊数据库》、CNKI、NSTL等既可检索到图书馆学情报学专业文献的二次文献，也可通过其全文数据库直接从网上获取文献原文。这些工具（系统）的建立大大方便了资料的收集与获取。印本检索工具类资源仍存在着空间布局极不平衡的特点，但光盘版、网络版检索工具（尤其是后者）的发展为解决这一问题提供了光明的途径，上网条件仍然成为关注的焦点。

上述对网络资料和检索工具（系统）的讨论中所表现的明显的重复交叉正反映了这样一个现实和趋势，即电子和网络文献正在日益将二次、三次文献检索和文献原文提供结合在一起，从而向一体化方向发展。这也是信息用户最为欢迎的，是科研信息保障中的理想状况。

四 交流与熏陶——科研信息保障不可或缺的非正式渠道

通过和同事、同学、同行等个体之间的交流（如交谈、沙龙、学术讲座、通信往来、参观学习等），研究者往往会获取许多意想不到的有用信息（有些信息常常可能是通过其他途径难以获取的），而且可能会得到诸多启发，有助于开阔眼界，打开思路。但在这种交流中时空因素仍然强烈作用，人际关系等因素也产生重要影响。所得信息可能较为零散，对其准确性和真实性也要保持高度的警觉。

学术会议是一种非常好的交流形式，也是获取专业信息的重要方式。信息密度大，且富有前沿性和新颖性，但可能成本较高。目前国内外每年都有大量的图书馆学情报学专业会议召开，主要由图书馆学情报学专业组织协会、专业期刊、教育机构或兴趣小组定期或不定期发起。

环境的影响和氛围的熏陶是个颇为微妙的问题。从某种意义上说，专业/知识素养也是“熏”出来的，“耳濡目染”、“日久生情”等说法表达的就是这个意思。科研与学术的氛围和环境也是一种不可忽视的无形信息保障，往往可能长期而稳定地发挥作用。长期接触确实可能在不知不觉中持续地接受某些方面的信息刺激，从而逐渐产生对某对象的兴趣；某种强烈特色氛围或环境可开发、培养人的研究兴趣，甚至可能使人无暇思考是否感兴趣的问题而全力投入。有关这方面的研究还较为缺乏。

非正式交流所形成的无形的信息保障作用是缓慢而不易觉察的，但无疑是深刻和内在的。或许有人认为这些非正式交流带有太大的偶然性和不定性，难以纳入作为一种机制运行的科学研究信息保障，但笔者仍然认为它是图书馆学情报学科研信息保障中不可或缺的重要组成部分。而互联网的发展为非正式交流这种特殊的信息保障方式打开了方便之门，借助E-Mail、BBS、新闻组、网上会议、网上论坛、虚拟社区、网上展览等工具和手段，非正式交流跨越了时空障碍，成本也不断下降。相信随着越来越多的人士迈进网络时空，这种信息保障方式会发挥更大的作用。

参考文献

[1] 彭斐章等:《科学研究与开发中的信息保障》，武汉大学出版社 1998 年版。

[2] 肖东发等:《中国图书馆年鉴（2001)》，北京图书馆出版社 2001 年版。

[3] 中国大百科全书编委会:《中国大百科全书·图书馆学情报学档案学卷》，中国大百科全书出版社 1993 年版。

[4] 王波:《图书馆学、情报学网络资源导航》，《大学图书馆学报》2000 年第 3 期。

[5] 彭飞:《网上图书馆学情报学信息资源的查阅》，《图书馆杂志》2000 年第 12 期。

[6]《Internet 上的英文图书情报学信息资源》，郑雯译，《图书情报工作》2000 年第 3 期。

基于知识图谱的国际图书馆联盟研究可视化分析

周承聪　赵益民　肖　迎

一　引言

长期以来，图书馆界一直致力于图书馆联盟理论研究和实践的发展。随着信息全球化和科学技术的发展，新的网络环境给图书馆联盟提供了新的机遇和挑战，图书馆联盟已成为理论界和实务界研究的热点课题之一。

近年来，不断有研究人员从不同的角度对国内外图书馆联盟的研究成果进行综述，可归纳为以下 3 种情况：（1）国内定量研究综述。龙叶[1]、孙红霞[2]、叶佩珍[3]、李刚[4]、刘向煌[5]、王朝晖[6]、牛红艳[7]等从文献计量学角度对我国图书馆联盟研究论文的年代分布、期刊分布、核心作者与合著情况、论文获基金支持情况、核心研究机构分布以及论文主题分布进行了定量统计分析。（2）国内定性研究综述。谈大军[8]、焦丽[9]、何琳[10]、陈军[11]、梁玉磊[12]、王丽华[13]等对我国图书馆联盟研究涉及的主要内容、研究热点、研究主题的发展变化、研究现状分析评价、研究的不足与展望进行了定性分析。另外，也有学者对国内图书馆联盟研究的文献进行了定量和定性的综合分析，如王惠英[14]、刘圣君[15]等，其中，张鹏利用可视化动态网络分析工具，采取定性和定量相结合的方法对我国图书馆联盟研究进行了知识图谱分析[16]。（3）国外定性研究综述[17]。高凡通过检索《图书馆与信息科学文摘》（*Library and Information Science Abstracts*，LISA），对国外发表的图书馆联盟的相关文献进行定性分析，总结国外对图书馆联盟研究的进展，并指出该研究的问题和不足[17]。郭伟玲对国外图书馆联盟内馆藏评估研究的主要内容进行了定性分析[18]。另外，欧亮对国内外图书馆联盟研究的主要内容进行了定性综述[19]。

综上所述，可以看出，对国内图书馆联盟研究的总结性学术成果，无论是从定量角度还是定性角度都已经比较多，并且已经存在对该问题研究的知识图谱分析。而对国外图书馆联盟研究的综述较少，且以定性总结为主，缺乏对国外该问题研究的定量分析及知识图谱分析。鉴于此，为了能够更全面地了解近年来国际上图书馆联盟研究的进展及热点，本文试图利用信息可视化工具，采用知识图谱方法，进行以定量分析为主、定性分析为辅的研究，对国际范围内图书馆联盟研究的年度分布、国家或地区分布、研究机构分布、核心期刊和高影响力作者情况，以及研究热点与前沿进行可视化分析，以期能为该领域的研究提供借鉴。

二 数据来源与研究方法

（一）数据来源

本文研究所使用的数据来源于 Web of Science 中的四大引文数据库（SCI-EXPANDED，SSCI，CPCI-S，CPCI-SSH）。笔者以 library consortium、library consortia、library cooperation、library coalition、library alliance、library council、interlibrary cooperation、library resource sharing 为主题，文献类型为 Article、Proceedings Paper 和 Review，Web of Science 类别为 information science library science，时间跨度为 2003—2013 年，检索得到 712 条记录（数据库最后更新日期：2014 -4 -4，检索时间：2014 -4 -4）。

（二）研究方法

科学知识图谱是显示知识发展进程与结构关系的一种图形，是科学计量学和信息计量学的新发展，它可以以可视化的图像直观地展示学科的发展历史、前沿领域及整体知识架构，帮助挖掘分析科学知识以及它们之间的相互关系，为学科研究提供切实的、有价值的参考。本文利用陈超美博士开发的信息可视化分析工具——CiteSpace，并结合文献计量学研究方法，从多方面对国际上近十年图书馆联盟研究的发展情况及其研究热点与前沿领域进行可视化分析。

三 图书馆联盟研究的分布情况

（一）图书馆联盟研究的时间分布

发表文献的数量在一定程度上代表了某个领域的研究水平与发展趋势。从各年累积载文量来看（见图 1），从 2003 年至今，图书馆联盟的研究一直呈上升趋势。从图 1 可以看出，论文累积量与年代之间有生长曲线函数关系，文献增长更倾向于线性增长而非指数增长，说明科学文献线性增长模型适用于描述某些知识领域的文献增长，这与米哈依洛夫和勒希尔的结论相符[20]，可以认为图书馆联盟的研究正处于发展时期，研究尚未成熟。

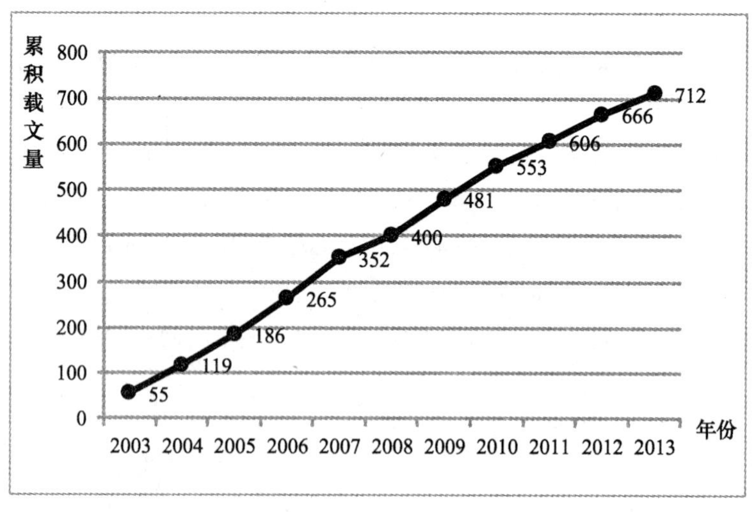

图 1 图书馆联盟研究 2003—2013 年累积载文量

（二）图书馆联盟研究的地域分布

在 CiteSpace 中，笔者将时区分割为 2003—2013 年，单个时间分区为 1 年，节点类型为国家，运行得到图书馆联盟研究领域的地域共现网络知识图谱，见图 2。

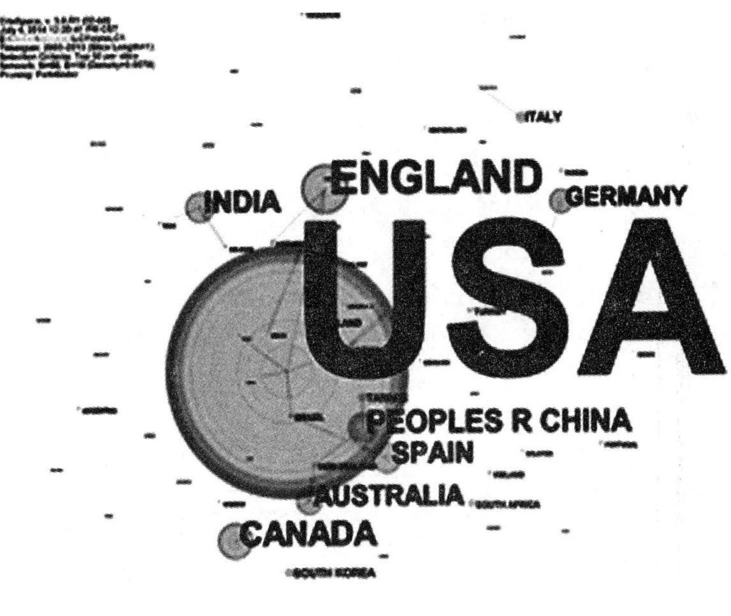

图 2　图书馆联盟研究的地域共现网络知识图谱

图 2 中，每个节点代表一个国家或地区，节点的大小代表该地域的发文量，节点越大，则该国家或地区发文量越多。节点间的连线代表地域间的合作关系，连线的粗细代表地域间的合作次数，连线越粗，则地域间合作越密切。国家名称的大小代表其中心度。图 2 显示，国际上图书馆联盟研究领域表现出较强研究实力的国家或地区主要有：美国（241 篇）、英国（63 篇）、加拿大（37 篇）、中国（33 篇）、印度（32 篇）、西班牙（31 篇）、澳大利亚（30 篇）、德国（27 篇）、意大利（14 篇）、韩国（12 篇）、中国台湾（11 篇）等，其中美国在图书馆联盟研究力量方面远

远超过其他国家或地区，从图 2 年轮颜色深度可以看出近年发文也较多，这说明世界的科研力量分布不均衡。从世界范围看，图书馆联盟的研究主要集中在北美洲（282 篇）、欧洲（203 篇）、亚洲（119 篇）。中国（包括台湾地区）的发文总量为 44 篇，排在第三位，说明目前中国在图书馆联盟研究领域占据着重要地位。图书馆联盟研究领域在国家或地区层面的合作研究较少。

（三）图书馆联盟研究的机构分布

在 CiteSpace 中，笔者将节点类型选为机构，运行得到图书馆联盟研究的机构共现网络知识图谱（见图 3）。712 篇论文涉及 454 个单位，单位两两之间的合作只有 154 次。由图 3 可以看出，图书馆联盟研究的机构分布非常分散，大多数机构都是孤立的点，只有部分机构与其他机构有合作关系，但多是与本国或本区域的机构合作。这在一定程度上说明图书馆联盟研究相对比较封闭，各个机构或国家交流较少，相关合作研究有待进一步加强。

图 3　图书馆联盟研究的机构共现网络知识图谱

发文量可在一定程度上代表机构在该领域的研究实力，图书馆联盟研究领域发文量在 5 篇以上的有 12 所机构（见表 1）。这 12 所研究机构是图书馆联盟研究领域的主要研究力量，其中有 8 所大学，包括北京大学，另外还有 OCLC（Online Computer Library Center，联机计算机图书馆中心），这些单位在图书馆联盟研究领域具有较强的学术实力和研究能力。

表 1　国际图书馆联盟研究的主要机构（发文量≥5）

发文量	机构	发文量	机构
16	UnivIllinois	5	Interlending & Ducument Supply
8	CNR（Consiglio Nazionale delle Ricerche）	5	OCLC
7	Univ Calif Los Angeles	5	Univ Kentucky
5	Natl libAustralia	5	Univ Toronto
5	Peking Univ	5	Univ Malaya
5	UnivAlberta	5	Univ Barcelona

（四）图书馆联盟研究的期刊分布

对研究论文的来源期刊进行共被引分析，可以掌握该领域的核心期刊群，为同行研究提供重要的情报源指导。在 CiteSpace 中，笔者将节点类型选择为共被引期刊，运行得到图书馆联盟研究文献的期刊共被引图谱（见图 4）。目前，国际上图书馆联盟领域的文献主要发表期刊及其被引次数如表 2 所示。

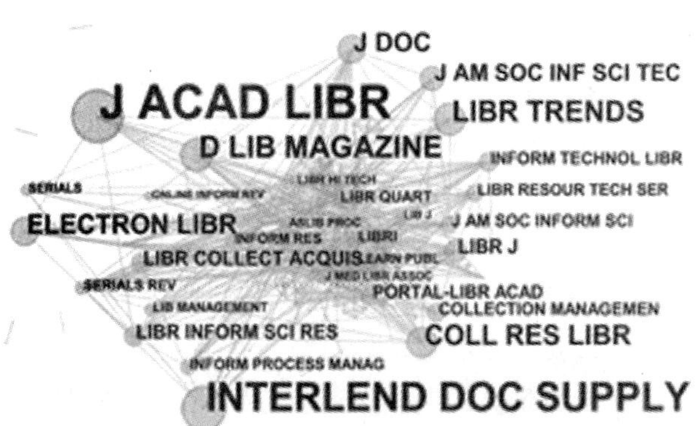

图 4　图书馆联盟研究文献的期刊共被引图谱

表 2　　图书馆联盟领域的核心期刊

频次	中心度	期刊简称	期刊全称	期刊中文名称
105	0.13	J ACAD LIBR	*Journal of Academic Librarianship*	《学术图书馆事业杂志》（美国）
88	0.11	INTERLEND DOC SUPPLY	*Interlending & Document Supply*	《馆际互借与文献提供》（英国）
67	0.13	D LIB MAGAZINE	*D-Lib Magazine*	《数字图书馆杂志》（美国）
65	0.07	LIBR TRENDS	*Library Trends*	《图书馆趋势》（美国）
61	0.05	COLL RES LIBR	*College Research Libraries*	《大学与研究机构图书馆》（美国）
59	0.11	ELECTRON LIBR	*The Electronic Library*	《电子图书馆》（英国）
57	0.15	J DOC	*Journal of Documentation*	《文献资料工作杂志》（英国）
51	0.04	J AM SOC INF SCI TEC	*Journal of the American Society for Information Science and Technology*	《美国信息科学与技术学会杂志》（美国）
43	0.06	LIBR COLLECT ACQUIS	*Library collections, acquisitions, and technical services*	《图书馆馆藏、采购与技术服务》（英国）
43	0.05	LIBR J	*Library Journal*	《图书馆杂志》（美国）

《学术图书馆事业杂志》是图 4 中最大的一个节点，被引频次达 105 次，另外是《馆际互借与文献提供》、《数字图书馆杂志》、《图书馆趋势》、《大学与研究机构图书馆》等。这些是图书馆联盟领域的核心期刊，这些核心期刊均为美国和英国主办，进一步说明美国和英国在图书馆联盟方面的研究比较深入。点的中心度是网络中节点在整体网络中所起连接作用大小的度量，中心度大的节点相对容易成为网络中的关键节点[21]。表 2 中的 10 种期刊中有 5 种期刊的中心度大于 0.1，这 5 份期刊在图书馆联盟研究领域处于重要的核心地位。研究者在关注图书馆联盟领域期刊的时候，不仅应关注发文量高的期刊，还应特别关注共被引频次与中心度都高的期刊，才能全面把握图书馆联盟领域最前沿的研究成果。

（五）图书馆联盟研究的作者分布

图书馆联盟研究的核心作者可以通过对作者发文量和被引频次的统计分析进行识别。高产作者是从发文数量的角度对研究人员在该领域知识贡献的肯定。712 篇论文由 1249 名作者贡献。发文量大于 4 篇的 4 位学者分别是：M. Mcgrath（13 篇）、J. Schopfel（6 篇）、R. Missingham（5 篇）、S. Mangiaracina（4 篇）。这些是图书馆联盟研究领域的高产作者。

高被引作者则是从成果的质的层面对研究人员水平和学术影响力的肯定。分析共被引作者，可以发现该研究领域的重要核心人物及相互之间的学术关系。为了发掘近 11 年哪些作者及其研究成果对本领域研究的影响较大，借助 CiteSpace Ⅱ 软件中的“Cited Author”（被引作者）进行可视化分析，得到图书馆联盟领域共被引作者知识图谱（见图 5），可以发现排名最靠前的前 8 位作者及其被引频次分别是：C. Tenopir（被引 21 次）、M. E. Jackson（被引 20 次）、D. Nicholas（被引 18 次）、C. L. Borgman（被引 15 次）、M. Jackson（被引 14 次）、OCLC（被引 13 次）、K. Frazier（被引 12 次）、I. Rowlands（被引 12 次）。他们的研究成果得到了学术共同体的广泛认可，是国际图书馆联盟研究领域的高影响力作者。

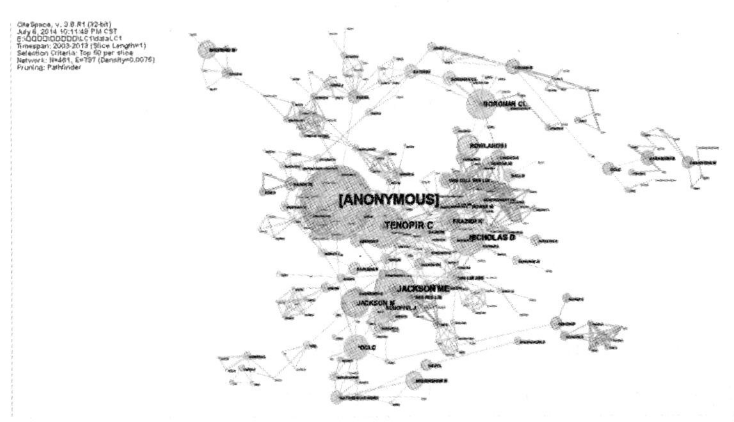

图 5　图书馆联盟领域共被引作者知识图谱

四 图书馆联盟研究的热点与前沿

（一）图书馆联盟研究热点

关键词是对文章主题和内容的概括和精炼，是反映研究成果核心内容的词汇。通过词频分析得出的高频关键词反映了某知识领域被学者集中研究的主题内容，可揭示该领域的研究热点。信息可视化软件 CiteSpace 基于词频分析法的原理统计关键词的频次及不同关键词之间的共现频次，用可视化的方法可将关键词的频次大小清晰地展示出来，进而明晰某一研究领域的研究热点[22]。在 CiteSpace 中，笔者将节点类型选为关键词，运行得到图书馆联盟领域研究热点知识图谱如图 6 所示。

图 6 图书馆联盟领域研究热点知识图谱

图 6 中每个圆形的节点代表一个关键词，年轮颜色的深浅代表相应的关键词出现的时间，节点的大小反映关键词出现的频次，节点越大这个关键词出现的频次越多，表明其为图书馆联盟研究的热点领域。节点间连线粗细表示关键词之间的共现频次的多少。国际图书馆联盟领域高频关键词如表 3 所示。

表 3　　国际图书馆联盟领域高频关键词

高频关键词	高频关键词（中文）	频次	中心度	高频关键词	高频关键词（中文）	频次	中心度
library	图书馆	83	0.42	consortia	联盟	16	0.07
interlending	馆际互借	64	0.11	China	中国	16	0.04
resource sharing	资源共享	62	0.13	internet	因特网	15	0.19
document delivery	文献传递	60	0.28	impact	影响	14	0.04
digital libraries	数字图书馆	55	0.24	Journals	期刊	13	0.02
academic libraries	大学图书馆	40	0.19	Public libraries	公共图书馆	13	0.00
interlibrary loan	馆际互借	24	0.05	Purchasing groups	采购集团	13	0.01
electronic journals	电子期刊	21	0.12	Australia	澳大利亚	12	0.04
India	印度	18	0.08	Library cooperation	图书馆合作	12	0.07
university libraries	大学图书馆	17	0.04	Open access	开放存取	12	0.04

由图 6 和表 3 中确定的图书馆联盟研究领域的热点词可以看出，国际视野下图书馆联盟研究的热点主题主要有以下几个方面。

（1）图书馆联盟信息资源共建共享研究。这一主题受到广泛关注，研究成果很多，内容涉及信息资源建设与共享的策略和经验，尤其注重电子期刊和数据库集团采购方面。T. C. Ilesanmi 介绍了尼日利亚热带农业国际机构（International Institute of Tropical Agriculture，IITA）图书馆联盟的经验，该图书馆联盟是由发展中国家和发达国家的农业图书馆组成，集团采购电子期刊并通过电子文献传递服务及时共享各自独立的馆藏，使农业研究者获取更广泛的馆藏资源，为其提供更好的图书馆服务，缩小发展中国家和发达国家的数字鸿沟[23]。J. Shepherd 探讨了加利福尼亚州立大学图书馆联盟在集团采购电子资源的基础上，尝试对电子图书采用联合读者决策采购（Patron Driven Acquisition，PDA），并分析联合 PDA 对联盟成员大学馆藏发展的影响[24]。

（2）图书馆联盟服务研究。这一主题的研究内容包括图书馆联盟馆际互借、文献传递、参考咨询服务等信息服务。Chen Shunzhong 通过对上海图书馆的个案研究，认为图书馆联盟可以提高和加强馆际互借与文献传递服务，拓宽可共享的资源范围，增加从业者的必要技能[25]。M. Echeverria 等深入分析了西班牙图书馆联盟馆际互借和文献提供的实践，发现馆际互借和文献传递服务呈增长趋势，用户更倾向于使用电子文献传递而较少使用传统期刊[26]。Liu ChunNian 等分析了基于语义网格技术的区域图书馆联盟信息服务的系统架构，认为语义网格技术的应用使区域图书馆联盟信息服务对公众更为实际和有效，更能解决相关问题，网格技术的出现为图书馆联盟信息服务提供了更好的应用前景[27]。U. Scholle 探讨了建立数字参考咨询联盟的策略，以实现图书馆的联机信息共享[28]。

（3）不同类型图书馆联盟的研究。这一主题的研究集中在大学图书馆联盟、数字图书馆联盟、公共图书馆联盟方面，其中大学图书馆联盟、数字图书馆联盟研究论文数量较多。另外，学者们对区域图书馆联盟和专业图书馆联盟也有所研究，但成果不多。M. H. Ahmed 等讨论了建立大学图书馆联盟的原因和动机、面临的潜在问题和挑战以及获得的经济效益，认为大学图书馆联盟通过共享机制丰富了大学图书馆网络的数字化信息资源，这种机制使得图书馆联盟协调订阅数据库，作为一个游说团体与图书馆供应商接洽来降低订购成本[29]。S. Sugimoto 等分析了在孟加拉国建立图书馆联盟的可行性及建设概况，指出大学筹款委员会（University Grants Commission，UGC）倡导建立大学图书馆数字资源联盟，以整合图书馆系统和数据库，实现馆藏共建及电子期刊和数字资源的联合购买[30]。G. Thomas 等介绍了南非大学图书馆联盟的建设情况和已取得显著成绩，提出在服务提供、成员馆参与和战略发展方面的策略[31]。D. Seaman 等讨论了美国数字图书馆联盟建设的目的与任务、管理方式与运行模式、协调机制等方面的问题[32]。D. Ball 探讨了公共图书馆电子资源集团采购的问题[33]。Liao Zhijiang 等在分析区域图书馆联盟理论和应用研究现状的基础上，探讨区域图书馆联盟建设现存问题和未来发展趋向，指出通过整合各级图书馆建立区域图书馆联盟，能够发挥不同图书馆的整体优势，促进社会公共文化服务体系的发展[34]。S. Ricketts 描述了捷克共和国天文学图书馆联盟的功能模式和重要性以及对图书馆的好处[35]。

（4）图书馆联盟建设与管理。这一主题的研究内容包括图书馆联盟构建要素、资金支持、运作模式、建设经验、绩效评价等方面，侧重分析和解决图书馆联盟实践中存在的问题。S. McGillivray 等认为联盟成功的关键要素包括计划、领导、资金支持、技术支持、合作、员工承诺、沟通、以员工和用户为中心、培训和评估等方面[36]。G. G. Moghaddam 等指出，信息技术和通信基础设施欠佳、财政短缺、文化环境和对联盟的态度差异是发达国家图书馆联盟建设的障碍因素[37]。E. Csajbok 等指出，自 1991 年匈牙利已建立了许多大大小小的图书馆联盟，一些图书馆联盟由特殊的供应商支持，如 EBSCO 和 ProQuest，最重要的 4 个图书馆联盟是国家支持项目，即面向欧洲发展基金会（FEFA）、匈牙利科学研究基金会（OTKA）、电子信息服务（EISZ）、社会复兴合作项目（TAMOP），这些图书馆联盟能够帮助图书馆创建良好的信息技术设施和增加丰富的电子资源馆藏，使图书馆受益。但是，还应当通过更多政府部门的财政资助来增加可获取的数据库资源[38]。N. Taole 等通过对莱索托图书馆联盟成员馆的自动化水平、财政状况、采用的系统平台等情况进行问卷和访谈调查，发现财政紧缩影响了大部分成员馆的计算机化水平，成员馆所需的系统模块包括采购、编目、流通、管理、OPAC 和期刊，最后提出在莱索托图书馆联盟中实现美国 Innovative 公司开发的 INNOPAC 图书馆系统的策略[39]。J. Cho 指出目前没有合适的评价体系来反映资源共享的绩效和图书馆联盟的协作程度，提出将供应链管理（Supply Chain Management，简称 SCM）理念应用到大学图书馆联盟综合绩效评价中，并在阐述韩国大学图书馆联盟资源共享的意义和现状以及现有的绩效评价体系的基础上，检验供应链运作参考模型（Supply Chain Operation Reference，SCOR）这种供应链评价体系对学术资源共享服务的适应性，建立大学图书馆联盟资源共享服务绩效评价指标体系和评价方法[40]。

（5）图书馆联盟的影响。这一主题的研究探讨图书馆联盟信息资源共建共享对大学和研究机构以及图书馆用户科研成果的影响。J. Arora 等探讨了获取 UGC-INFONET（University Grants Commission-Information Network，大学筹款委员会信息网络）数字图书馆联盟电子资源对成员大学研究产出的影响，认为最早加入 UGC-INFONET 数字图书馆联盟的 50 所成员大学近 5 年的研究成果比前 5 年增加了 75% 以上，并且这 50 所成员大学从联盟电子资源中下载论文的数量与其发表论文的数量呈现出较强的正相关关系[41]。M. Kirlidog 等通过调查发现，近几年土耳其大学和研究机构科学出版物产量急剧增长，认为其深层原因是土耳其大学图书馆联盟使得研究者能获取电子数据库中的大量文献[42]。

（二）图书馆联盟研究前沿

膨胀词（burst term）是指出现频次在较短时间内突然增加（即增长速度较快）或使用频次增长率明显提高的术语。具有动态变化特性的膨胀词会比一般的高频次术语更能准确地反映出研究的前沿领域。利用 CiteSpace 软件中的膨胀词探测技术和算法，通过探究主题词词频的时间分布，将频次变化率高的词从大量的主题词中探测出来，依靠词频的变化趋势，而不仅仅是频次的高低[43]，来确定国际图书馆联盟研究的前沿领域和发展趋势。笔者在 CiteSpace 中，设置适当的参数，以 Timezone 时序视图的方式显示，得到国际图书馆联盟研究前沿知识图谱（见图 7）。

图 7 图书馆联盟研究前沿知识图谱

（1）变化率较高的主题词中出现了 resource sharing（资源共享，膨胀值为 7.61，下同）、information resources（信息资源，5.55）、grey literature（灰色文献，3.15）、electronic journals（电子期刊，2.96）、share information（共享信息，2.51）等膨胀词，说明信息资源共建共享依然是图书馆联盟研究的重要内容。其中，电子资源的集团采购一直是图书馆联盟研究的一个全球性的热点问题，其采购模式、价格模式、数据访问模式、费用分摊模式、知识产权保护等方面需要进一步进行理论研究和创新，力求以科学的理论成果指导实践，最大限度地发挥联盟优势，解决现存的问题。灰色文献资源的收集与建设将是图书馆联盟研究的重要前沿领域。灰色文献因其特点，在开发利用中面临较多的困难，但其作为图书馆馆藏结构中不可或缺的一部分，需要在理论研究及实际工作中加以重视。

（2）interlibrary loan（馆际互借，8.27）、practical implications（实际意义，7.75）、document supply（文献提供，4.24）、public access（公共获取，2.88）、usages statistics（利用统计，2.64）、library user（图书馆用户，2.61）、library service（图书馆服务，2.61）等词的出现，说明图书馆联盟信息服务是图书馆联盟研究的重要趋向。信息资源建设的目的是满足用户的信息需求，所以服务对象——图书馆用户及其对信息资源使用情况的研究越来越受到关注，这表明图书馆联盟从以信息资源共建共享为重心逐渐转向以用户为导向，关注用户的信息需求与信息利用情况并通过合作改进服务，追求图书馆联盟建设对图书馆用户的实际意义与影响。

（3）digital library（数字图书馆，3.55）、national library（国家图书馆，3.25）、academic library（大学图书馆，3.05）、public library（公共图书馆，2.83）、model（模式，2.96）、case study approach（个案研究方法，3.98）等膨胀词，表明对不同类型图书馆联盟的研究仍是图书馆联盟研究的重要内容，尤其是数字图书馆联盟将成为重点前沿领域。不同类型图书馆联盟的建立与发展模式可能各不相同，须从单一模式走向多元化模式，加强对某些典型图书馆联盟的个案研究。Australia（澳大利亚，4.06）、China（中国，3.19）等膨胀词的出现，说明这些国家的图书馆联盟研究在国际范围内尤其受到重视。

（4）web2.0（3.25）、website（3.15）等膨胀词表明图书馆联盟建设的技术背景与平台。图书馆联盟实现资源共享离不开技术支持，前几年网络环境（Internet）是一个重要平台，现在 web2.0 环境下的图书馆联盟资源共享与信息服务成为趋势。并且，随着云计算的快速发展，图书馆联盟技术平台的研究逐渐转到云计算。如 Yang Haibo 探讨了云计算在大学图书馆联盟中的应用，提出将云计算应用于大学图书馆联盟的意见和建议[44]。

五 结语

通过对 Web of Science 数据库中 2003—2013 年收录的以图书馆联盟为主题的 712 篇文献的知识图谱绘制，从国家或地区、研究机构、核心期刊、核心作者等多角度进行可视化分析，描绘该领域的研究热点与前沿，可以发现：国际范围内图书馆联盟的研究力量不平衡，一些经济、文化和教育比较发达国家和地区研究较活跃，联盟建设和发展也较好，欠发达国家和地区联盟建设和研究较为滞后。这些不平衡应引起重视，通过国际范围内的合作来缩小信息鸿沟。研究机构分布较分散，合作度不高，应加强不同单位之间的合作与交流，提高研究的层次和水平。图书情报类期刊是图书馆联盟研究文献的主要情报源。图书馆联盟研究的作者分布离散，高产作者少，没有形成相对稳定的高水平研究群体，大部分作者没有对该主题进行追踪研究，今后应更注重研究的持续性和系统性。信息资源共建共享、信息服务、不同类型图书馆联盟、图书馆联盟建设与管理、图书馆联盟的影响等方面是国际图书馆联盟研究的热点领域。在信息资源共建共享方面，应当加强电子期刊和灰色文献资源的建设，并且注重对信息资源的深度挖掘、整合与利用。图书馆联盟的信息服务应当从文献服务向知识服务转变，以用户的信息需求为出发点，为用户提供面向知识内容和解决方案的信息服务。不同类型图书馆联盟的研究方面，应加强数字图书馆联盟、公共图书馆联盟、专业图书馆联盟和区域图书馆联盟的研究。面对当前信息技术和信息环境的快速变化，应将云计算、云存储、移动网络等技术运用到图书馆联盟的建设与发展中，以提升联盟的管理和服务能力，为用户提供更高效的服务。

参考文献

[1] 龙叶、白庆珉：《1989—2006 年我国图书馆联盟研究的文献计量分析》，《现

代情报》2008 年第 4 期。

［2］孙红霞、林东亮：《2000—2012 年我国图书馆联盟研究文献计量分析》，《科技情报开发与经济》2013 年第 23 期。

［3］叶佩珍：《从文献计量学视角看我国图书馆联盟的研究和发展》，《现代情报》2007 年第 10 期。

［4］李刚、李丹：《近年来我国图书馆联盟研究论文的统计分析》，《科技情报开发与经济》2008 年第 4 期。

［5］刘向煌：《我国图书馆联盟研究定量分析》，《图书馆学研究》2012 年第 5 期。

［6］王朝晖：《我国图书馆联盟研究论文定量分析：2006～2010 年》，《图书馆学研究》2011 年第 18 期。

［7］牛红艳：《我国图书馆联盟研究文献计量学分析》，《农业图书情报学刊》2011 年第 5 期。

［8］谈大军、高波、贾素娜：《1998—2007 年我国图书馆联盟研究综述》，《情报理论与实践》2010 年第 4 期。

［9］焦丽：《国内数字图书馆联盟研究述评》，《科技情报开发与经济》2009 年第 3 期。

［10］何琳、唐淑香：《我国数字图书馆联盟研究综述》，《新世纪图书馆》2010 年第 5 期。

［11］陈军：《近 5 年我国图书馆联盟研究述略》，《情报探索》2008 年第 3 期。

［12］梁玉磊：《国内图书馆联盟及研究态势分析》，曲阜师范大学，硕士学位论文，2013 年。

［13］王丽华：《我国图书馆联盟研究综述》，《图书与情报》2008 年第 2 期。

［14］王惠英：《我国图书馆联盟研究进展与未来展望》，《图书情报工作》2013 年第 16 期。

［15］刘圣君、屈宝强：《我国图书馆联盟研究的文献计量分析》，《情报科学》2011 年第 3 期。

［16］张鹏、李秀霞：《我国图书馆联盟研究的知识图谱分析》，《情报探索》2013 年第 5 期。

［17］高凡、徐引篪：《国外图书馆联盟研究进展》，《图书情报工作》2006 年第 4 期。

［18］郭伟玲：《国外图书馆联盟内馆藏评估研究综述》，《图书情报知识》2010 年第 5 期。

［19］欧亮、万慕晨：《国内外图书馆联盟研究综述》，《情报探索》2012 年第 5 期。

[20] 邱均平：《信息计量学》，武汉大学出版社 2007 年版。

[21] 邱均平、杨思洛、宋艳辉：《知识交流研究现状的可视化分析》，《中国图书馆学报》2012 年第 38 卷第 2 期。

[22] 邱均平、温芳芳：《近五年来图书情报学研究热点与前沿的可视化分析》，《中国图书馆学报》2011 年第 37 卷第 2 期。

[23] T. C. Ilesanmi, Library, Consortium: IITA, ilbadan, Nigeria Experience, *Interlending & Document Supply*, 2012, 40 (4): 187 - 191.

[24] J. Shepherd, M., Langston Shared Patron Driven Acquisition of E-books in the California State University Library Consortium. *Library Collections Acquisitions & Technical Services*, 2013, 37 (1 - 2): 34 - 41.

[25] Chen Shunzhong. Promoting Resource Sharing Through Consortia: A Case Study of Shanghai Library. *Interlending & Document Supply*, 2013, 41 (2): 59 - 61.

[26] M. Echeverria, S. Jimenez, Interlending and Document Supply in the Context of Spanish Library Consortia. *Interlending & Document Supply*, 2011, 39 (4): 190 - 199.

[27] Chen Shunzhong, Xiao Hua. A study on Semantic Grid Information Services Oriented Regional Library Consortia. New York: Ieee, 2009: 505 - 508.

[28] U. Scholle, Digital-reference-consortium: Co-operative Online-information in Libraries. *Zeitschrift Fur Bibliothekswesen Und Bibliographie*, 2009, 56 (3 - 4): 245 - 246.

[29] M. H. Ahmed, R. J. Suleiman, Academic Library Consortium in Jordan: An Evaluation Study. *Journal of Academic Librarianship*, 2013, 39 (2): 138 - 143.

[30] M. N. Uddin , M. H. H. Chowdhury, Developing A Digital Resources Consortium for University Libraries in Bangladesh: Proposed Role of UGC//S. Sugimoto, J. Hunter, A. Rauber, A. Morishima, etc. Digital Libraries: Achievements, Challenges and Opportunities, Proceedings. Berlin: Springer-Verlag Berlin, 2006: 490 - 493.

[31] G. Thomas, I. Fourie, Academic Library Consortia in South Africa: Where We Come From and Where We Are Heading. *Journal of Academic Librarianship*, 2006, 32 (4): 432 - 438.

[32] D. Seaman, J. George, The Digital Library Federation in America: A Portrait, *Zeitschrift Fur Bibliothekswesen Und Bibliographie*, 2003, 50 (3): 124 - 130.

[33] D. Ball, Public Libraries and the Consortium Purchase of Electronic Resources, *Electronic Library*, 2003, 21 (4): 301 - 309.

[34] Liao Zhijiang, Gao Min. Construction of the Regional Library Consortia and Development Strategy in Public Cultural Service System. Newark: Information Engineering Research Inst, USA. 2013: 590 - 594.

[35] Svaskova R., M. Wolf, Integration of Astronomical Libraries in Consortia in the

Czech Republic [C] . San Francisco: *Astronomical Soc Pacific*, 2007: 431 - 433.

[36] S. McGillivray, A. Greenberg, L. Fraser, etc. Key Factors for Consortial Success: Realizing A Shared Vision for Interlibrary Loan in A Consortium of Canadian Libraries, *Interlending & Document Supply*, 2009, 37 (1): 11 - 19.

[37] G. G. Moghaddam, V. G. Talawar, Library Consortia in Developing Countries: An Overview, *Program-Electronic Library and Information Systems*, 2009, 43 (1): 9 4 - 104.

[38] E. Csajbok, P. Szluka, L. Vasas, Library Consortia in Hungary, *Journal of Academic Librarianship*, 2012, 38 (6): 335 - 339.

[39] N. Taole, A. L. Dick, Implementing A Common Library System for the Lesotho Library Consortium, *Electronic Library*, 2009, 27 (1): 5 - 19.

[40] J. Cho, Developing A SCM-based Evaluation System for the Korean Academic Library Consortium. *Libri*, 2010, 60 (4): 321 - 330.

[41] J. Arora, K. J. Trivedi, A. Kembhavi, Impact of Access to E-resources through the UGC-INFONET Digital Library Consortium on Research Output of Member Universities, *Current Science*, 2013, 104 (3): 307 - 315.

[42] M. Kirlidog, D. Bayir, The Effects of Electronic Access to Scientific Literature in the Consortium of Turkish University Libraries, *Electronic Library*, 2007, 25 (1): 102 - 113.

[43] 栾春娟、侯海燕、王贤文:《国际科技政策研究热点与前沿的可视化分析》,《科学学研究》2009 年第 27 卷第 2 期。

[44] Yang Haibo, Yu Ning. The Study on University Library Consortium Based on Cloud Computing [C] . Berlin: Springer-Verlag Berlin, 2012: 259 - 262.

南诏、大理国时期的图书事业

王晓珠

公元7世纪，我国发明了雕版印刷技术。地处祖国西南一隅的云南，在图书雕印、典藏和装帧等方面，由于受来自祖国内地的影响，也形成了具有边疆民族特色的图书事业。过去，对这一问题，没有系统的研究，今笔者搜集史料，编写成文，是想引起更多的专家学者来关注南诏、大理国时期的图书事业。

一　图书事业的兴起

南诏、大理国时期图书事业的兴起，主要有外部和内部两个原因。

早在汉晋时期，云南边疆和内地的文化交流就十分频繁，叶榆人盛览，师从西汉著名的辞赋学家司马相如，学成后著《赋心》4卷，“这是西南少数民族中第一次直接用汉文写成的文学作品。”[1]昆明人张志成，文帝太和年间，“入蜀学王羲之草书，归教国人。”[2]后来的南诏学生，“其俊秀者颇能书，有晋人笔意。故云南尊王羲之，不知尊孔孟。”[3]这种向中原地区学习汉文化的传统，一直延续到南诏大理时期。

唐贞观年间，韦皋为西川节度使，南诏派遣大量贵族子弟到成都学习，“业就辄去，复以他继，如此垂五十年不绝其来，则其为学于蜀者不啻千百。”[4]虽然，从唐到宋的数百年间，南诏、大理国“五姓固守，尝与中国抗衡”[5]，但相互学习和交流却从未间断过。

汉文化影响的不断深入，客观上形成了对图书典籍的大量需求，这样就必然会促进南诏、大理国自身图书事业的发展。这是其图书事业兴起的外部原因。

南诏、大理国时期图书事业兴起的内部原因，概括起来大致有以下两个方面。

第一，南诏、大理国统治者大力提倡学习汉文化。南诏时期，社会风气以尚武为荣，但在军队中，非常重视汉文化的学习。考核士兵时，以“能算能书为一次上”[6]，旧能算能书者“有优给”。这种“有优给”政策，必然会激起一般贵族子弟学习汉文化的热情。另外，在南诏统治阶级的上层，也注重读儒家书，学习汉文化。《南诏德化碑》中说阁罗凤等“不读非圣之书”；《旧唐书·南诏传》也说：“异牟寻颇知书，有才智”；丰祐更是“慕中国，不肯连父名”；乾符五年（公元 878 年），唐使臣至南诏，其王隆舜更“遣使者问客《春秋》大义”。[7]我们可以看出，南诏国内从上到下都崇尚读儒书，学习汉文化。

到了大理国时期，社会风尚由“尚武”向“尚文”转化，出现了一个既读佛经又读儒家书籍的“释儒”阶层，大理国许多高级官吏都来自这一阶层。郭松年在《大理行记》中说：“师僧有妻子，然往往读儒书，段氏而上国家者，设科选士，皆出此辈。”这种诵读儒书，通过科举便能做官之法，为中下层知识分子提供了一条入仕之道，于是诵经之风大盛，以致书籍一下子变得紧缺起来，这种状况为图书典籍的需求创造了社会基础。

第二，从成都掠回有书籍生产手工技艺的工匠。唐贞观年间，我国已经发明了雕版印刷技术，成都是唐代的一个雕版刷中心。懂雕版印刷技术的工匠很可能成为南诏军队俘掠的主要对象。唐大历十四年（公元 779 年），南诏军队 20 余万众攻掠唐剑南道黎、茂、扶、文 4 州。唐太和三年（公元 829 年）南诏攻陷戎、嶲、成都等地，“蛮兵大掠蜀城玉帛、子女、工巧之具而去。”[8]《资治通鉴》载：“蛮留成都西郭十日，将行，乃大掠子女百工数万人及珍货而去。”南诏掠来的数万“百工”则被南诏“夜役昼囚”[9]，成了南诏生产的一部分劳动力。后来，部分被掠人口让李德裕“索南诏所掠百姓得四千人归”[10]，但仍有部分被掠人口留在了南诏，在留下的被掠人口中，可能有熟悉雕版印刷技术的工匠。

南诏时期，制纸工艺也出现了。大长和国宰相布燮等上大唐皇帝奏疏，其用纸“厚硬如皮”。[11]宋人称为“碧纸”。虽然制作工艺“还很粗糙，纸厚硬如皮，然而足以证明为本地所造，从而说明有了造纸工业”[12]。“在四川先进造纸技术的影响下，南诏就地取材，利用滇西一带所产的椿树皮做原料，并发挥从四川掳掠来的造纸匠的技术才能，生产大量的棉纸。”[13]纸的一定批量的生产，解决了书写的载体问题，从而为写书、读书人用纸提供了最基本的物质条件。

虽然南诏时期雕印的书籍至今也没有发现实物，但从南诏时期因汉文化传播的需要，而设立学校的情况来分析和推测，南诏时期的印本书数量一定不在少数。

大理国时期的刻本，现存《佛说长寿命经》1卷。张秀民先生在他的《中国印刷史》一书中说：“大理国刻本，是中国印本书过去闻所未闻，见所未见的，……这比过去所知云南刻书起于明初要提早一、二百年。大理国版当不止此一种，惜已不可考。”

事物的发展是有延续性的，大理国雕印图书的方法、种类，应该看成是南诏雕印书籍的继续与发展。

通过以上分析，我们可以知道，由于南诏、大理国统治者提倡学习儒家文化，从客观上刺激了社会对图书的需求。而当时又具备了一定的技术条件和物质基础，于是，一种新的书籍生产方式便应运而生了。

二　南诏、大理国时期的图书来源

为了统治和阅读的需要，南诏、大理国主在王宫里都藏有数量较丰富的图书。据史书记载，这个时期的图书来源主要有以下几个方面。

第一，雕印书籍。南诏、大理国时期，已经有雕印书籍的产生，特别是在大理国后期，这种雕印书籍的生产已经具有一定的规模。

第二，抄写图书。抄写图书是南诏、大理国时期图书复本的主要方式，图书的内容多为佛教经籍。据《僰古通浅述》载：世隆“以所得金银、钱粮写《金刚经》一部”。又载：拜李贤者等为师，建佛顶、莲宗、传心三寺，“罗写金字《藏经》一部”。南诏时期抄写书籍流传到现在最为著名的是《护国司南抄》5卷，“字体为行草书，劲秀兼长，有晋人笔意，纸张为云南鹤庆白棉纸，四周单边，并界以铅栏，纸背无图记，卷内有朱笔圈点”[14]。

大理国时期抄写的佛经流传到现在的较多。1956年8月，在大理凤仪北汤天董氏宗祠发现一批南诏大理时期的写本佛经，其中大部分为大理国时期写本。据肇予著文介绍说，写经纸多用鹤庆产棉纸，多数经卷还用黄蘗水浸过，即经过“入潢”处理。由于受到中原文化的影响，书籍装帧形式多为卷轴装，也间用蝴蝶装，而且装订得古朴大方，书品也显得十分典雅。[15]大理国时期图书事业之兴盛由此可见一斑。

第三，编书与掠书。南诏、大理国时期的知识分子何时开始编纂书籍，已无确切记载，但南诏、大理国时期编有图书典籍则是肯定无疑的。

《云南备征志》载：“升庵往来大理、永昌间近四十年，访于旧家，得《僰古通》、《玄峰年运》，其书僰文。升庵熟谙其语，译为《滇载记》，南诏始末，方得详备。”尽管后人对该书的译者和内容有所争议，但对这两本书曾经存世，是当时白族知识分子编写的地方志书这两个问题的认识却是一致肯定的，它们“可以匡补各本云南方志、《艺文志》著录的缺佚”。[16]《新唐书·骠国传》载：“贞元中，异牟寻遣使杨加明，诣剑南西川节度使韦皋，请献夷中乐曲，于是皋作《南诏奉圣乐》。”《旧唐书·本纪》载：“贞元十六年正月，南诏献圣乐舞曲，上阅于麟德殿。”异牟寻不仅把曲谱送到长安，连乐工、舞人等一同送去。方国瑜先生考证说，这部《南诏奉圣乐章》，“乃录一千四百字长文，记乐律、舞容、乐部，当为韦皋所奏，而《新唐书》据档册录之，惟当与后汉《白狼歌》诗篇相类也”[17]。又据《五代会要》卷三〇载：大长和国宰相布燮、忍爽王宝、督爽弥勤等所署，写成“转韵诗一章，章三句共十联，有类击筑词，颇有思本朝姻亲之义，语亦不逊”，且装成“彩笺一轴”。这卷转韵诗的确切内容不得而知，但它却是大长和国最高领导层集体撰写的一本诗集，装帧形式为卷轴。

唐贞元年间，南诏与吐蕃决裂，诚心归唐，愿为唐朝职方。按照唐制，诸州作图，三年一造，送职方司，以备稽考。异牟寻按唐制，“乃遣弟凑罗栋等，二十七人入献地图，方物，请复号南诏，帝赍赐有加”[18]。“故献地图为唐版域之一部分，且所献者当非一时仓促绘制，而是先已编成之图志藏于府库者。”[19]该图志方国瑜先生定名为《南诏图志》。唐咸通年间，樊绰所著《云南志》共10卷，除大部分材料为亲历目睹的记录之外，还有部分材料采录在此之前已成之书，即袁滋的《云南记》，而《云南记》“又录自南诏文臣之撰述。其史料来源如此。”[20]方国瑜先生进一步考证说：“樊绰从袁滋《云南记》转录，大体保存旧文。足证所记出自南诏所作地方志书，则史料大体保存第一手之记录，史料之时代，在唐贞元十年稍前，可以确定。”[21]

大理国时期，在继承南诏编书传统的基础上，所编写书籍的数量超过了南诏时期。1253 年，元兵入大理，“令姚枢等搜访图籍。”[22]至元十一年（公元 1274 年），赛典赤“访求知云南地理者，为图以进，帝大悦。遂拜平章政事，行省云南”[23]。这些史料记载都说明，大理国王宫里藏有大量书籍。后来元初编写的《云南图志》、《元史·地理志》、《元·一统志》都采用过王宫里所藏的有关资料。

另外，个人撰述也大量引用大理国时期图书的史料，李京著《云南志略》，为元明以来云南志书的最早著作。李京用书“获见大理图籍及元初政事之书，后已无存，故《志略》所载颇为重要，又当时社会生活之记录，为李京亲历目睹，亦关重要”[24]。大理国时期佛教徒溪智曾著有《脉决要书》，是对当时中医学理论的总结，可惜该书没有流传后世。[25]

南诏、大理国时期的编书活动是非常活跃的，所编图书原本保存下来的较少，但大部分图书内容和有关史料为元、明时期所编图书所征引，“为明代后期出现的大量云南地方史籍，如《南诏通纪》、《南诏野史》、《滇载记》等书的史料来源问题，也提供了比较确实的证据，增强了它们的可信程度，使这批史籍在研究云南各民族历史方面能够发挥更为有用的作用”[26]。虽然这些早期编写的书籍早已散佚了，但我们从后人的著述中，仍然能够推见其崖略。

南诏国时期，除了自己编写书籍外，南诏军队还多次出兵攻掠西川，掠夺书籍和财物。如唐文宗太和三年（公元 829 年），“丰祐与嵯巅遂谋入冠，以蜀卒为向导，袭陷邛、戎、嶲三州，引兵径入成都，取诸经籍，大掠子女工技数万人及珍货而还”[27]。南诏军队四出攻掠，其所掠书籍，为南诏王宫藏书增添了新的内容。

第四，赐书与求书。南诏、大理国和唐、宋王朝虽有纷争，但友好往来和民族间文化的交流不断。据史书记载，唐王朝是从开元年间开始向南诏赐书的。开元二年（公元 714 年），南诏遣其相张建成入朝，“玄宗厚礼之，赐浮屠像，云南始有佛书”[28]。又天宝六载十月，“筑太和城，因唐赐金刚经至，故名金刚城”[29]。天宝丙戌五载，“王遣孙凤伽异入朝，授鸿胪少卿，妻以宗室女，赐龟兹乐一部”[30]。“自此云南始有中华之乐”[31]。宪宗十一年（公元 816 年），得“六家经疏”，请国老杨白宽为国人讲疏。[32]可知，唐王朝赐给南诏的书多为佛教书籍。与此同时，唐王朝也送给南诏许多儒家书籍。

到了大理国时期，这种赐书活动更加频繁。宋徽宗崇宁二年（公元1103年），段正淳“使高泰运奉表入宋求经籍。得六十九家，药书六十七部以归”[33]。南宋高宗绍兴六年（公元1136年），“大理国献象及马五百匹，诏偿其马直，却象勿受，而赐书劳遣之”[34]。南宋宁宗开禧三年（公元1207年），段智濂派人“入宋取大藏经，置五华楼，凡千四百六十五部”[35]。后五华楼“遭兵火、始废”[36]，同所赠佛教书籍被付之一炬。

南诏、大理国，除了向唐、宋王朝索取图书外，也把本国抄写的图书像贡品一样上贡给唐、宋王朝。南宋高宗绍兴六年（公元1136年）夏，大理国遣使杨贤时彦责、副使王兴诚等，将抄写的金银书《金刚经》3卷，金书《大威德经》3卷，献给南宋王朝。[37]

第五，购买图书。买卖图书，是随着其他商品的交易活动开始的。南诏地处西南边疆，加之由于山川阻隔，交通不便，唐朝与南诏的商品交易活动较少，自然谈不上图书的交易。到了宋朝时期，这种情况有了改变。

北宋时期，由于各部门生产的发展，产品增多，白族中的商业较之南诏时期有了显著的发展，并且形成了不少以商业活动为主的专业或半专业商人，在这个时期，商品交易主要在黎州边境的“西川道”和邕州横山寨的“邕州道”进行。关于这种商品交易活动，《岭外代答》记载：“蛮马之来，他货亦至，蛮之所赍，麝香、胡羊、长鸣鸡、披毡、云南刀及诸药物。吾商人所赍，锦增、豹皮、文书及诸奇巧之物。于是，译者平价交易。”这段文字记载，反映了当时商品交易的盛况。

大理国商人的购书活动，据《桂海虞衡志》载：“乾道癸巳（公元1173年），忽有大理人李观音、董六斤黑、张般若师等，率以三字为名，凡二十三人至横山寨设市马，一文书字画略有法，大略所须《文选》、《五臣注》、《五经广注》、《春秋后语》、《三史家注》、《都大本草广注》、《五藏论》、《大般若》、《十六春序》及《初学记》、《张孟押韵切韵玉篇》、《集圣历》、《百家书》之类。”白族商人将需购书籍列成清单，逐一在市场上选购，购书种类非常明确。由于市场上交易的书籍不能满足他们的需要，他们便列出书单，直接向邕州官府索购，邕州官府也只好照书单所列，将“《文选》、《五经》、《国语》、《三史》、《初学记》及医、释等书，厚遗遣之，而不敢上闻也”[38]。当时，邕州官府称这些白族商人

"皆有礼义，擎诵佛书"[39]，称大理国书籍为"碧纸金银字相间，邕人得其《大悲经》称为坦绰赵般若宗，祈禳目疾而书"[40]。可见，大理国时期抄写的佛经书籍作为商品也有流入邕州地区的。从南宋初到南宋末年的150多年时间里，横山寨市场自建炎到淳熙的50年间最盛。在这段时间里，大理国白族商人从这里买走了大批书籍。后世，这些书籍在内地大多已经亡佚，但在云南的一些地方仍然可以找到。《杨升庵全集》卷二载："壬辰之春（公元1532年），于叶榆书肆，以海贝二百索购得《群公四六》古刻。""此南宋人刻本，传至大理，此本后失传，仅有续集，盖杨慎所得为孤本也。"[41]《四库提要》著录《帝范》时说："有元吴莱跋，谓征云南僰夷时，始见完书。""盖此书在南宋后已佚其半，元初，得全书于大理也。"[42]

大理国和南宋的这种物资交易活动，推动了边疆民族地区经济和文化的发展。汉文书籍成为邕州横山寨市场上大理国白族商人购买的重要商品，图书流通领域扩大了，有利于图书的保存和文化的传播，这也是为什么到了明、清时期，在云南仍然能够寻到一些内地早已失传的孤本、残本的重要原因。

三　南诏、大理国时期图书事业的特点

南诏、大理国时期的图书事业，是我国古代图书事业中的一部分。它同祖国内地的图书事业一样，经历了发生、发展的过程。但由于南诏、大理国独特的地理环境、民族文化等诸多因素，形成了其不同的特点，这些特点主要表现在以下几个方面。

（1）同祖国内地的图书事业相比，南诏、大理国时期的图书事业是滞后的。我国古代的图书事业创始于周秦，兴起于西汉，发展在隋唐，兴盛在宋元，全盛在明清。而唐宋时期，是我国古代图书事业发展承前启后的两个重要时期。在这个期间，关于图书编辑、分类理论、古籍校勘、辨伪等方面都形成了理论或理论的雏形。同一时期的南诏、大理国的图书事业才刚刚起步，和内地相比，差距较大，相对是落后的。

从典藏方面看，唐宋王朝的国家藏书馆已有了一套严密的藏书体系。不但国家藏书机构藏书数量宏丰，还出现了藏书万卷以上的私人藏书家，

如唐朝的韦述、柳仲郢，宋朝的李昉、叶梦得、晁公武等人。南诏、大理国虽然也设有藏书室，如五华楼，但所藏多是佛教书籍和一些来往公文，不管是个人还是政府机构，收藏图书的数量都不是很大。

（2）书籍生产方式仍以手抄为主。雕版印刷技术发明以后，大大地提高了图书的复本率，推动了文化的交流与普及。但在南诏、大理国时期，书籍的生产方式仍以手抄为主，流传到现在的大部分是手抄佛经。许多书籍没能流传下来，书籍的复本量过少是主要原因。到了大理国末期，这种状况有所改变，虽然靠抄写来生产图书复本的形式仍然存在，但书籍的生产方式逐渐由手抄为主过渡到以雕版印刷为主。这种印制图书技术的积累，为元朝初年能雕印具有云南特色的佛经奠定了基础。

（3）用民族文字抄写和编写书籍。南诏、大理国时期流传下来的书籍，部分是用民族文字写成的。如大理国时期写本《通用启请仪轨》、《光显启请散食浴像口嘱白金刚小稽请》和《大灌顶仪》等都是用汉、白、梵三种文字相杂书写，间有朱笔批注或圈点。另外还有一种佛教经籍，书写用汉文，但用白文朱笔注疏、批注或著录。这种用汉字记白语的双重文字抄写方式，“在全国收藏的写本佛经中，具有独特的民族特色”[43]。

除了用白文抄写的佛教经籍以外，在白族知识分子编写的方志书中，也有用白文撰写的。如现在所见到的汉文书籍《僰古通纪浅述》，原书是用白文写成的。清康熙年间，圣元寺僧寂裕刊《白国因由》，他在该书后记中说：“逐段缘由，原是僰语，但僰字难认，故译僰音为汉语，俾阅者一见了然，虽未见《僰古通》，而大概不外于斯。”[44]尤中先生进一步考证说：“《僰古通》初成于大理国时期，是用僰文（白文）把唐、宋期间有关南诏、大理国的历史故事记录了下来。”[45]这些用民族文字编纂的地方志书，具有很高的史料价值。

（4）图书内容多以佛教典籍为主。南诏、大理国时期流传到现在的图书多是佛教典籍。唐初，汉地佛教已经传入南诏，“在汉地佛教传入云南的同时，佛教也从印度、西藏传至云南，它们中的密宗与汉地佛教显宗融合，形成了独具特色的南诏、大理国佛教”[46]。佛教的兴盛，要求佛经加大庋藏量和加快流通速度，这样就促进了抄写佛经的盛行。万历《云南通志》卷十三载：“玄凝宗师日以写经为课，笔法尝如神助浑洒，须臾便能累纸，坐化之日，计其平生手书藏经，多至万卷。”《滇释记》也说：

"无言和尚曾书大乘般若经千余卷。"从这些材料可以看出当时写经之风甚炽。由于写经较多，且多庋藏于庙宇，具有较好的保管条件，

因此，流传到现在的南诏、大理国时期的书籍多是佛教典籍。据李孝友先生著文介绍说，知见者近20种[47]，是南诏、大理国时期保存下来的书籍中数量较多的一类。这批南诏、大理写经，"书法劲秀兼长，有晋人笔意，可与敦煌卷子媲美，具有相当的艺术代表性"[48]。

至于其他类书籍，不管是购入的，还是白族知识分子编纂的，流传至今的极少，这和图书种类、复本量过少以及保存环境、手段等有重要关系。

参考文献：

[1] 尤中：《中国西南民族史》，云南人民出版社1985年版，第80页。

[2] 杨慎：《南诏野史》。

[3] 李京：《云南志略》。

[4]《孙樵集》卷3，书田将军边事。

[5] 郭松年：《大理行记》，参见王叔武《大理行记校注》，云南民族出版社1986年版，第20页。

[6] 樊绰：《云南志·南蛮条教》。

[7] 王叔武：《云南古佚书钞》，云南人民出版社1979年版，第71页。

[8]《旧唐书·杜元颖传》卷一六三。

[9]《新唐书·吴保安传》。

[10]《南诏源流纪要》。

[11]《五代会要》卷三〇。

[12] 木芹：《南诏野史·会证》，云南人民出版社1990年版，第261页。

[13]、[14]、[15] 肇予：《南诏大理写本佛经题录》，《云南文史丛刊》1990年第4期，第68页。

[16] 王叔武：《云南古佚书钞》，云南人民出版社1979年版，第70页。

[17] 方国瑜：《云南史料目录概说》，中华书局1984年版，第123页。

[18]《南诏传》。

[19] 方国瑜：《云南史料目录概说》，中华书局1984年版，第97页。

[20] 方国瑜：《云南史料目录概说》，中华书局1984年版，第159页。

[21] 方国瑜：《云南史料目录概说》，中华书局1984年版，第160页。

[22]《元史·世祖本纪》。

[23]《赛典赤传》。

[24] 方国瑜：《云南史料目录概说》，中华书局 1984 年版，第 242 页。

[25] 朱霞：《南诏大理国医药学述略》，《思想战线》1996 年第 1 期，第 74 页。

[26] 王叔武：《云南古佚书钞》，云南人民出版社 1979 年版，第 71 页。

[27] 杨慎：《南诏野史》。

[28] 李京：《云南志略》。

[29]《僰古通纪浅述》。

[30] 胡蔚：《南诏野史》（增订本）。

[31] 木芹：《南诏野史会证》，云南人民出版社 1990 年版，第 54 页。

[32]《僰古通纪浅述》。

[33]《胡蔚．南诏野史》（增订本）。

[34]《宋史・食货志》。

[35]、[36]《南诏野史・阮元声》。

[37] 龚鼎臣：《宋会要稿、大理人贡事》，第 199 册。

[38]《宋史：“兵志”》。

[39]、[40]《文献通考・四裔考》。

[41]、[42] 方国瑜：《云南史料目录概说》，中华书局 1984 年版，第 170 页。

[43]《云南省情・文献》，云南人民出版社 1986 年版，第 1250 页。

[44] 方国瑜：《云南史料目录概说》，中华书局 1984 年版，第 620 页。

[45] 尤中：《僰古通纪浅述校注》，云南人民出版社 1986 年版，第 2 页。

[46] 杨学政主编：《云南宗教知识百问》，云南人民出版社 1994 年版，第 14 页。

[47]、[48] 李孝友：《浅谈云南佛教典籍》，《云南社会科学》1986 年第 1 期，第 70 页。

云南省社会信息化水平测度及分析

胡俊杰

信息的宏观测度是指从总体上对一个国家或一个区域的信息环境的优劣进行量的测度。目前国际上应用的宏观测度的方法主要有两种：一是美国著名学者波拉特（M. U. Porat）提出的方法，这种方法是用信息部门所创造的财富和收入占国民生产总值的比重和信息劳动者占总就业人数的比例大小来衡量社会信息化程度。因此，也称作信息经济的宏观测度。这种方法采用了经济学的角度和经济统计的语言，其结果是有经济学意义的绝对量。二是日本学者提出的信息化指数法，这种方法是从信息量（Q）、信息装备率（E）、通信主体水平（P）、信息系数（U）4 个要素来体现社会的信息化程度的。它具体包括 11 个变量，这 11 个变量是不同质的量，无法直接进行比较，故首先需要把各项指标转换成指数，最后用一步算术平均法或两步算术平均法求得反映社会信息化程度的总指标——信息化指数。这种方法既能纵向反映一个国家或地区的信息化进程，又能横向比较不同国家和地区间的信息化水平，因此，又称作社会信息化水平测度。该方法的测度结果是无量纲的相对量，即结果只有相对意义，而无绝对意义。本文拟采用信息化指数法对云南省的社会信息化水平进行测算。日本信息化指数模型结构见图 1。

一　云南省社会信息化指数测算

日本信息化指数模型距今已有 30 多年，其原始数据有诸多不合理之处，而且有些数据的统计口径与国内不一致，准确、系统的统计资料难以

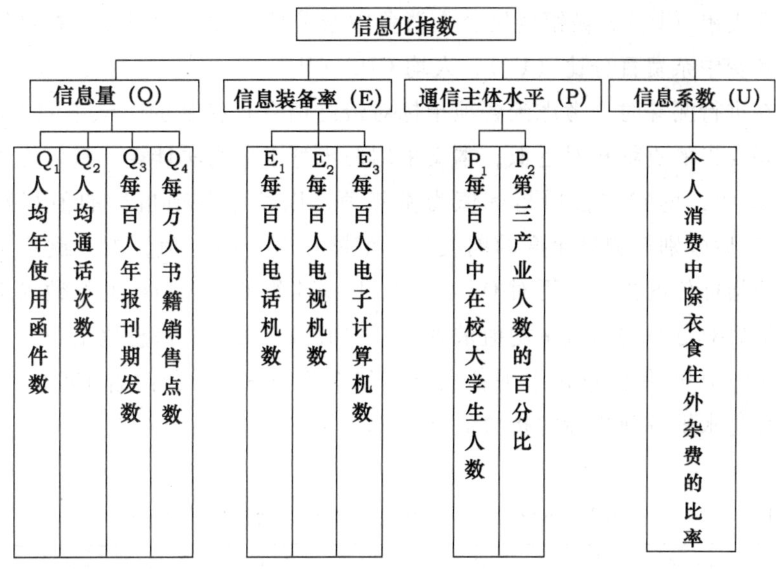

图1　日本信息化指数的模型结构

获得。本文在保持其模型基本框架的基础上，根据我国的实际情况和时代发展的要求，借鉴国内学者信息化指数研究的成果，对各要素的具体指标进行了修正，修正的指标体系中的各个指标完全可以从《云南省统计年鉴》中查得，或者经进一步计算得出，排除了人为因素，这样既保证了测度体系的准确性，又保证了测度体系的可操作性，修订的指标体系构成如下：

信息量（Q）因素，包括7个指标：人均邮电业务支出总量（Q_1）、人均年使用函件数（Q_2）、人均年长话通话次数（Q_3）、每百人报刊期发行数（Q_4）、每平方公里人口数（Q_5）、每万人图书出版种数（Q_6）、每万人专利批准量（Q_7）。

信息装备率（E）因素，包括5个指标：每百人电话机数（E_1）、城镇居民家庭每百户彩色电视机拥有量（E_2）、农村居民家庭每百户彩色电视机拥有量（E_3）、广播人口综合覆盖率（E_4）、电视人口综合覆盖率（E_5）。

通信主体水平（P）因素，包括2个指标：第三产业就业百分比（P_1）、每百人在校大学生数（P_2）。

信息系数（U）因素，包括4个指标：研究与开发机构及情报文献机构经费支出（U_1）、城镇居民个人消费中杂费所占比例（U_2）、农村居民个人消费中杂费百分比（U_3）、人均GDP（U_4）。

在进行测算时，考虑到各项指标对最终信息化指数的贡献不同，而4个主要要素的贡献相对近似，本文采用两步算术平均法计算。具体方法是以1992年云南省的各项指标值为基年值，以基年各项指标的值指数为100，然后分别将测算年度的同类指标值除以基年指标值，求得测算年度的各项指标值的指数，再对Q、E、P、U这4组的各个指标的指数求平均值，最后对分组的指数平均值求算术平均值得出最终的信息化指数。云南省1992—1999年信息化水平各项指标绝对值见表1。云南省1992—1999年信息化水平各项指标的指数值见表2。

表1　　1992—1999年云南省信息化水平各指标绝对值

项目	指标/年份	1992	1993	1994	1995	1996	1997	1998	1999
信息量	人均邮电业务支出总量（元）	9. 37	14. 38	23. 23	35. 02	51. 11	72. 89	107. 11	146. 13
	人均年使用函件数（件）	2. 71	3. 26	4	4. 04	3. 75	3. 6	3. 05	2. 51
	人均年长话通话次数（次）	0. 73	1. 09	2. 48	4. 21	5. 50	6. 11	8. 11	10. 05
	每百人报刊期发行数（份）	19. 99	13. 7	13. 46	12. 31	12. 71	12. 7	10. 5	15. 4
	每平方公里人口数（人）	97. 30	98. 61	100. 01	101. 26	102. 60	103. 91	105. 21	106. 42
	每万人图书出版种数（种）	0. 24	0. 26	0. 36	0. 36	0. 33	0. 51	0. 41	0. 55
	每万人专利批准量（项）	0. 09	0. 18	0. 31	0. 14	0. 15	0. 17	0. 20	0. 28

续表

项目	指标/年份	1992	1993	1994	1995	1996	1997	1998	1999
信息装备率	每百人电话机数（部）	0. 61	0. 91	1. 75	1. 87	2. 98	3. 90	5. 00	5. 50
	城镇居民家庭每百户彩色电视机拥有量（台）	76	83	88	90	92	101	105	110
	农村居民家庭每百户彩色电视机拥有量（台）	34	43	50	56	62	66	68	74
	广播人口综合覆盖率（%）	70. 00	72. 00	72. 00	74. 00	77. 00	79. 54	81. 66	84. 68
	电视人口综合覆盖率（%）	72. 00	77. 00	78. 20	79. 00	81. 00	83. 68	84. 84	86. 83
通信主体水平	第三产业就业百分比（%）	10. 73	11. 44	11. 90	12. 86	15. 86	15. 04	14. 33	14. 53
	每百人在校大学生数（人）	0. 12	0. 13	0. 13	0. 13	0. 13	0. 14	0. 15	0. 18
信息系数	研究与开发机构及情报文献机构经费支出（元/万人）	9. 31	9. 62	15. 89	13. 02	15. 5	31. 8	17. 09	37. 91
	城镇居民个人消费中杂费所占比例（%）	30. 95	32. 93	30. 23	29. 86	30. 7	32. 32	35. 79	36. 47
	农村居民个人消费杂费百分比（%）	18. 7	18. 71	18. 32	18. 71	17. 81	17. 49	49. 61	21. 13
	人均 GDP（元）	1331	1704	2473	3044	3691	4042	4355	4452

注：表中各项数据源自 1993—2000 年的《云南省统计年鉴》，或由年鉴统计数字转换而来。

表 2　　1992—1999 年云南省信息化水平各指标的指数值

项目	指标/年份	1992	1993	1994	1995	1996	1997	1998	1999
信息量	人均邮电业务支出总量（元）	100	153．46	247．92	373．75	545．46	777．91	1143．12	1559．23
	人均年使用函件数（件）	100	120．3	147．6	149．08	138．18	132．84	112．55	92．62
	人均年长话通话次数（次）	100	149．32	339．72	576．71	753．42	836．99	1110．99	1376．71
	每百人报刊期发行数（份）	100	97．92	97．93	87．99	90．85	90．78	75．05	110．07
	每平方公里人口数（人）	100	101．33	102．77	104．07	105．45	106．78	108．12	109．35
	每万人图书出版种数（种）	100	108．33	150	150	137．5	212．5	170．83	229．17
	每万人专利批准量（项）	100	200	122．22	155．56	166．67	188．89	222．223	311．11
	信息量	100	132．95	172．59	228．17	276．82	335．24	420．41	541．18
信息装备率	每百人电话机数（部）	100	149．18	286．89	306．56	488．52	639．34	819．67	901．64
	城镇居民家庭每百户彩色电视机拥有量（台）	100	109．21	115．79	118．42	121．05	132．89	138．16	144．74
	农村居民家庭每百户彩色电视机拥有量（台）	100	126．47	147．47	164．71	182．35	194．12	200	217．65
	广播人口综合覆盖率（%）	100	102．86	102．86	105．71	110	113．63	116．66	120．97
	电视人口综合覆盖率（%）	100	106．94	108．61	109．72	112．5	116．22	117．83	120．6
	信息装备率（%）	100	118．93	152．24	161．02	202．88	239．24	278．46	304．12

续表

项目	指标/年份	1992	1993	1994	1995	1996	1997	1998	1999
通信主体水平	第三产业就业百分比（%）	100	106. 62	110. 9	119. 85	147. 8	140. 17	133. 55	135. 41
	每百人在校大学生数（人）	100	108. 33	108. 33	108. 33	108. 33	116. 67	125	150
	通信主体水平	100	107. 48	109. 62	114. 09	128. 07	128. 42	129. 28	142. 71
信息系数	研究与开发机构及情报文献机构经费支出（元）	100	103. 33	107. 68	139. 85	166. 49	341. 57	183. 57	407. 2
	城镇居民个人消费中杂费所占比例（%）	100	106. 4	97. 67	96. 48	99. 19	104. 43	115. 64	117. 84
	农村居民个人消费中杂费百分比（%）	100	100. 05	97. 97	100. 05	95. 24	93. 53	104. 8	112. 99
	人均 GDP（元）	100	128. 02	185. 8	228. 7	277. 31	303. 68	327. 2	334. 49
	信息系数	100	109. 45	138. 03	141. 27	159. 56	210. 8	182. 8	243. 13
信息化指数		100	117. 20	143. 12	161. 14	191. 83	228. 43	252. 74	307. 04

二　对云南省社会信息化水平测算结果的分析

（1）信息化指数的变化。1992—1999 年云南省的信息化水平有了很大的提高。1999 年的信息化指数是 1992 年的 3.07 倍，平均年增长速度为 16.7%，略低于同期人均 GDP 19.5% 的增长速度。马忠庚 1999 年用类似的方法测算了我国 1993—1997 年的社会信息化指数，信息化指数增长速度为 14.3%，人均 GDP 增长速度为 20.3%，云南省同期信息化指数增长速度为 18.2%，人均 GDP 增长速度为 24.5%，分别比全国平均水平高出 3.9 个和 4.2 个百分点。社会信息化指数大致与经济发展水平相一致。

（2）信息量指数的情况。1992—1999 年云南省的信息量指数增加了 5.41 倍。平均增长速度达到了 27.3%，是四类要素中增长最快的一个要素，这表明信息技术的迅速普及，导致了信息的传播速度加快，信息量剧增，例如人均邮电业务总量 8 年间增长了 15.6 倍，但一些信息量指标如人均年使用函件数和每百人年订报刊数则出现了增长缓慢、停滞不前，甚至负增长的现象，这说明部分用户的信息交流方式已经发生了变化，转向了其他新的形式，如：电话、电子出版物、电子邮件、网上查询等。

（3）信息装备率指数情况。1992—1999 年云南省的信息装备率指数增加了 3.04 倍，平均增长速度达到了 17.3%。这表明云南省社会信息化的基础设施的硬件水平发展非常迅速，其中尤以电话普及最快，1999 年的电话普及率是 1992 年的 9.01 倍。在信息装备率指标中，由于现有统计资料缺乏计算机拥有量的数据，所以本文没有采纳，但有一点是肯定的，即这 8 年间计算机的普及率也有很显著的增长。

（4）通信主体水平的情况。通信主体水平是 4 个要素里面发展最为迟缓的一个要素，1992—1999 年通信主体水平的年平均增长速度为 5.2%。通信主体水平指数所选择的 2 个指标，从事第三产业的人数和每百人在校大学生人数增幅都不大。这要引起我们的高度警惕，因为通信主体水平是社会信息化的决定性因素，它直接决定着信息产业的发展。据有关报道，在我国数量并不众多的微机中，至少有 70% 其功能开发不到 1/3。因此，加快发展第三产业、重视教育尤其是高等教育的发展是目前解决我国各个地区社会信息化发展瓶颈的主要措施。第三产业的就业人数越多，在一定程度上反映出信息产业越发达。大批量的、高质量的在校大学生关系到社会就业结构和社会产业结构的转变，是不可低估的后备知识竞争力量所在。

（5）信息系数的增长。1992—1999 年信息系数增加了 2.4 倍，年平均增长速度为 12.5%。在信息系数的 4 个指标中，研究与开发机构及情报文献机构经费支出指数呈波浪形增长，而且年度之间很不稳定，表明政府和社会对科技的政策和投入连贯性并不是很强。城镇居民个人消费中杂费所占比例和农村居民中个人消费中杂费所占比例变化并不显著，它是“恩格尔系数”运用于信息社会表明社会富裕程度的指标之一。这两个指标的徘徊甚至在 1994—1997 年间出现连续下滑的趋势，表明人民的物质文化水平虽有较大幅度的提高，但仍然处于温饱型向小康型过渡阶段，一般认为，当人均 GDP 达到 1000 美元以上时，信息经济才有可能较快地发展。因此，目前，信息需求并没有成为人们日常生活的主要方面。在此期间，人均 GDP 增长了 3.3 倍，是拉动信息系数增长的主要因素。通过以上的测算的分析看出，云南省的信息化事业取得了长足的进步，社会信息化指数有了大幅度的提高，但和国内外社会信息化指数比较尚有不小的差距，为了便于国际比较，以日本 1965 年和美国 1977 年的指数作为 100，将中国以及广东省和云南省的指标原始数据转换为相应的指数，见表 3。

表 3　　国内外社会信息化指数比较

指标	日本	美国	中国广东	中国			中国云南		
	1965 年	1977 年	1988 年	1985 年	1994 年	1995 年	1992 年	1994 年	1999 年
信息化指数	100	118	36.62	31.85	162.18	189.98	40.23	69.43	217.71
信息装备率指数	100	508	204.6	26.15	116.23	149.40	38.76	59.00	116.71
通信主体水平指数	100	150	17.75	34.91	49.4	51.65	24.33	26.67	34.72
信息系数指数	100	107	109.4	58.62	74.7	84.43	44.70	61.70	108.68
信息化指数	100	221	92.1	37.88	100.62	118.87	37.00	54.2	119.46

注：日本、美国的数据出自参考文献［2］；广东的数据出自参考文献［3］；中国的数据是据参考文献［1］的数据换算得到。

从表 3 中可以看出，我国于 1994 年才达到日本 1965 年的社会信息化水平，云南省 1999 年的社会信息化水平与全国 1995 年相当，落后全国平均水平 4 年，与美国的差距更大，云南省 1999 年的社会信息化水平只有美国 1977 年的 54%，和国内发达地区相比也有不小的差距，1994 年云南省的社会信息化水平只有广东省 1988 年的 59%。同时，我们不难看出，我国和云南省社会信息系数的增长主要得益于硬件水平的提高（信息量指数和信息装备率指数的增加），而软件水平（如通信主体水平指数）增加缓慢。因此，在未来的信息化建设中，更应该注重发展信息环境的软件，尤其是提高劳动者素质的问题。

参考文献

［1］马忠庚：《我国社会信息化指数的测算与分析》，《情报理论与实践》1999

年第 5 期。

[2] 邹家亶:《我国信息化指数的测算信息化——历史的使命》,电子科技出版社 1987 年版。

[3] 卢太宏、王霄:《珠江三角洲地区信息环境的初步评估》,载《珠江三角洲经济发展研讨会论文集》,1992 年。

回族文字古籍的种类、构成与特性

高回松

一　回族文字古籍的种类

回族文字古籍是指从唐宋至新中国成立前的社会历史发展进程中形成的，用汉文、阿拉伯文、波斯文、小儿经等文字符号记录和反映回族社会、历史、政治、经济、文化等方面情况的历史文献资料。回族文字古籍种类丰富，从不同角度呈现出不同的分类方法，本文侧重从记录的文字符号和载体材料对回族文字古籍进行分类。按记录的文字符号分，回族文字古籍可以分为汉文古籍、阿拉伯文古籍、波斯文古籍、小儿经古籍；按记录的载体不同，主要包括纸质文字古籍、碑刻文字古籍、木刻文字古籍。以下就其中几种主要的文字古籍类别进行分类论述。

1. 汉文古籍

汉文古籍是用汉语言文字记录的，反映回族社会生活各方面情况的历史文献资料。这类文字古籍形成于回族形成与发展的各个历史时期，数量丰富，种类繁多，内容广泛。据书写者身份、族属不同，可分为官方汉文回族古籍、回族汉文古籍和民族民间汉文回族古籍。

（1）官方汉文回族古籍。官方汉文回族古籍是中国历代政权在管理、统治回族的过程中形成的，主要散见于历朝历代官修的史书、地方志、明清档案和历朝官吏的文集著作，内容涉及回族的来源、迁徙、人口、风俗习惯、宗教信仰、经济活动、杰出人物、重大历史事件等，体现了回族社会历史发展的重大脉络、回族不同历史时期的社会形态和历代政权对回族的治理思想、统治政策、管理方略。如：《康县乡土志》、《甘肃新通志》、《光绪·蒙化乡土志》、《光绪·云南通志》、《河州志》、《呼图壁乡土志》、《嘉庆·临安府志》、《精河县乡土志》、《康熙·大理府志》等各地方志均记有当时当地回族的情况；《清实录》诸卷中专议回族之事的奏、疏、表、诏、命、敕、谕等；清末大臣岑毓英的《岑襄勤公年谱》和《岑襄勤公奏稿》详录了岑毓英镇压云南杜文秀回民起义的经历和奏折。

（2）回族汉文古籍。回族形成和发展过程中，汉语言文字成为回族人民共同的语言文字，以回族知识分子、文人学者为主的回族群众，谙熟和掌握了汉语言文字，并以之撰成了反映回族社会生活各个方面情况的回族汉文古籍。这类回族文字古籍主要是回族用汉语言文字撰写的家谱、笔记、日记、诗集、文集、别集、政文集、人物传记、学术著作、汉文译著、伊斯兰教著作等，从本民族的角度记录了回族各个历史时期的社会形态和历史，反映了各时期回族的文学艺术、科技文化、思想哲学和经济发展的水平。

（3）民族民间汉文回族古籍。以汉族为主体的其他兄弟民族群众在与回族的交往过程中，用汉语言文字记录和反映了回族社会生活各方面情况的历史文献资料，多记述回族的习俗、文学作品和重大历史事件。如：北宋朱彧笔记《萍州可谈》记录了回族先民——阿拉伯人、波斯人的习俗；宋代周密的笔记著作《癸辛杂识续集》中详细记述了宋末元初回族的风俗、丧葬和植物等；元明清的各种诗文集中均大量收录了回族人物的文学作品，如《道园学古录》、《圭斋集》、《翰林杨仲弘诗集》、《金华黄先生文集》等均收录有作者与回族诗人应答作品及回族文人的行状资料；明末清初吴伟业撰12卷的《绥寇纪闻》以作者的见闻记述了明末回民起义；清末民初杨琼所辑纂录明清时期云南掌故《滇中琐记》一书也详细记录了杜文秀回民起义。

2. 阿拉伯文、波斯文古籍

阿拉伯文、波斯文是回族先民的主要语言文字，回族先民来华之初，主要还是使用自己的母语和文字，所以在历史上留下了一定数量的阿拉伯文、波斯文古籍。尽管随着回族的形成和发展，汉语言文字最终成为回族共同的语言文字，回族在世俗社会生活中遗失了先民的母语——阿拉伯语、波斯语，但是他们并没有遗失先民的宗教信仰——伊斯兰教。伊斯兰教作为回族形成的纽带，不仅是回族的宗教信仰，还是回族的生活方式和文化习俗。为了坚守和传承伊斯兰教信仰，为了保持和净化穆斯林的生活方式，回族总是自觉地学习和传承伊斯兰教的经典著作。伊斯兰教的经典著作，又以阿拉伯文、波斯文的居多。所以历代回族的文字古籍中，总是不乏或手抄，或翻刻，或国外传入的阿拉伯文、波斯文经典著作。如伊斯兰教根本经典《古兰经》，阿拉伯语语法学经典著作《满俩》，阿拉伯语伊斯兰教法学著作《伟嘎耶》，波斯语伊斯兰教哲学著作《米尔萨德》。回族中的伊斯兰教学者，在学习和传承伊斯兰教的经典著作的过程中，掌握和精通阿拉伯文、波斯文的不乏其人。他们用阿拉伯文、波斯文书写了自己的著述。如回族伊斯兰教学者常志美（1610—1670）撰写了波斯文语法著作《米乃哈只》，马德新（1794—1874）用阿拉伯语撰写了《天方历源》、《礼法启爱》和《朝觐途记》等。

3. “小儿经”古籍

“小儿经”，又称为“小儿锦”、“小经”，是一种回族伊斯兰教育中形成的用阿拉伯字母拼写汉语的拼音文字。“小儿经”古籍就是行文以阿拉伯语拼写的汉语词汇为主，兼用阿拉伯语词汇和波斯语词汇书写而成的反映回族社会生活的历史文献资料。如记清代西北回族反清起义的《纪事》一书，就是中国伊斯兰教宗教人士用小儿经文字书写的。“小儿经”比较简陋，缺乏规范，只是在一定时期和一定范围内使用。因此“小儿经”古籍多为不识汉字、受过经堂教育的回族群众或宗教人士所写，数量很少。

4. 碑刻文字古籍

碑刻文字古籍是历代回族在石碑上用文字记录回族社会历史情况所形成的历史文献资料。回族碑刻文字古籍绝大部分用汉语书写（间或在汉语中夹杂少量用汉语音译的阿拉伯语、波斯语词汇），极少数用阿拉伯语书写（间或夹杂少量小儿经），据用途不同可划分为清真寺碑、纪事碑、政府告示碑、上谕碑、纪念碑、墓碑等。①

（1）清真寺碑。清真寺碑的碑文内容主要记载清真寺的兴建、重建、扩建、维修，回族民众捐资助寺的功德，清真寺财产及收支状况公布，清真寺管理的规章制度等。如：最早的《清净寺记》（元至正九年，1349）、

① 下文所举碑刻文字古籍大部分转引自答振益、安永汉主编《中国南方回族碑刻匾联选编》——编者注。

《重建怀圣寺记碑》（元至正十年，1350）、《昆明顺城铺重修清真寺碑记》（清光绪二十四年，1898）等清真寺碑均记录了清真寺的兴建、重建、维修；广州乾隆三十五年的《濠畔街尾铺屋送归老城新城四寺经堂碑记》、广州乾隆四十八年的《佛山江南众客捐屋记》、道光十年广西的《桂林崇善路清真寺核理法供膳碑》、嘉庆十七年广西临桂县旧村清真寺的《学田碑记》，记录了回族民众捐资助寺的功德；四川《南充顺庆清真寺碑记》，记录了该寺募化筹款的缘由和目的，募款人姓名、身份，募款的总数、支出数目和用途，捐款人身份、姓名、捐款数目等，反映了清真寺募捐筹款及其用度情况；云南《大理南涧清真寺新旧租石田形坐落四至钱粮数目总碑》（立于清嘉庆十七年），详列了该寺的田产及其收入；云南《建水东山西寨清真寺碑》（立于清嘉庆二十六年），则记录了该寺田租收支情况；湖南《隆回县山界清真西寺规约》（清光绪三年立）记清真寺管理"规约"19条，涉及选任掌教、司务，保护寺内设施，维护寺内瞻观，规定学生学俸、师傅俸禄、重大节日的帮费等；湖南《邵阳白鹤潭清真寺碑记》（清道光三年立）记礼拜寺寺规8条，内容主要是进行行为规范：对进入清真寺的人——不许在清真寺内高声乱语、食烟酒、闹事非、乱涂画，对外地客——供1日食宿、给路费，对寺内公产——不得私挪私卖、短少毛润。

清真寺碑几乎遍布全国各地的回族聚居区，在回族碑刻铭文中的比例最大，涉及的内容也最广泛，是研究回族宗教信仰、思想文化、政治经济、伦理道德、人口流徙、民族关系的珍贵历史资料。

（2）纪事碑。纪事碑记录的一般是用于垂示后人的回族社会生活中发生的重大历史事件。这类碑铭内容多涉及公益捐献、建立民间团体、建桥筑路、兴建学堂等诸事。如：现存广州先贤古墓的《洪氏义地碑记》，记录了洪氏捐地为回教义冢之事；记杜文秀起义军在挖色筑城的《新建挖色城池碑记》；现存大理珂里庄清真寺的《重兴珂里庄碑序》（立于光绪三年，1877），详录了归还珂里庄"咸丰丙辰事变"被没收的"回产"之事；现存《东营寺义学堂碑记》（清宣统元年，1909），记录了该坊回族群众筹捐银款、置屋业、创设义学堂之事；广州《黄廷彪等捐资建别室碑》（年代不详），记录了黄廷彪、保得刚捐资建别室，恳请寄宿先贤古墓的众贫难亲友移至别室寄住，还先贤古墓洁净；广州《肇城教善箱碑记》（1912），记肇地回人筹款置屋二间附省教善箱管理，并以该屋租息专助贫丧之事。

(3) 告示碑。告示碑是当权政府在管理统治回族的过程中为了向回族群众公布其重要政策、措施或重大事项而刻立的碑石铭文。如:《正堂禁碑》,立于乾隆十八年(1753),现存海南三亚回辉村清真古寺,内容系公示崖州正堂关于保平里徐翰珪与三亚里蒲儒耸等互控海面捕捞权一案的判决结果;《广州府严禁土工毁坟盗卖告示碑》,立于光绪四年(1878),存于广州先贤古墓,内容系公示严禁“山狗”(盗墓贼)移碑毁坟、盗卖坟地;《番禺县府关于江南义山坟地告示》,立于光绪三十四年(1908),原立于广州天平架回族坟地,现存广州市新回族坟场,内容系公示坟地所属、坐落地点、四界,严禁私自挖坟偷葬、牧放牛羊。《广州府正堂赏格告示碑》,刻立年代不详,现存广州先贤古墓,内容系公示悬赏拿获“毁坟灭骨、盗卖山地”的匪犯。

(4) 上谕碑。各地清真寺大多翻刻历朝皇帝就某一问题或事件做出的对回族有利的敕谕,立于清真寺内,以期获得保护。如福建泉州、福州清真寺都用石碑刻立了明成祖朱棣明永乐五年授予米里哈只的敕谕,碑记:“尔米里哈只,早从马哈麻之教,笃志好善,导引善类,又能敬天事上,益效忠诚,眷兹善行,良可嘉尚。今特授尔以敕谕,护持所在。官员军民,一应人等,毋得慢辱欺凌。敢有故违朕命,慢侮欺凌者,以罪罪之。”可见上谕盛赞“马哈麻之教”(即伊斯兰教),令官员军民“毋得慢辱欺凌”,否则“以罪罪之”。

(5) 纪念碑。通常是为了纪念回族社会、回族社区中的杰出人物或在某一时期发生的重大事件、取得的成就而刻立的碑铭。如著名的《赛平章德政碑》(赞颂赛典赤·瞻思丁在云南的政绩)、四川《德阳孝泉镇清真寺碑记》(记孝子张宗发之事)、现存广州先贤古墓的《四十位先贤碑》、现存福建泉州灵山圣墓中的《重修灵山圣墓阿文碑》、现存云南省嵩明县回辉村清真寺内的《中国回教救国协会嵩明县支会纪念碑序》、四川阆中巴巴寺中的《先师碑记》和《师祖上人碑记》等等。

(6) 墓碑。现存回族墓碑最早的可追溯到唐宋时的“蕃客墓”,这时期的碑文有阿拉伯文、波斯文、突厥文,如海南三亚藤桥镇番岭坡的伊斯兰教徒古墓群,其碑文均用阿拉伯文或波斯文书写。元代以后,回族先民产生的汉文墓碑日渐增多,墓志铭文从阿拉伯文、波斯文逐渐变为阿拉伯文、汉文并用，最终过渡到独用汉文（间或有阿拉伯文，也全是古兰经中某些章节的节选，用于垂示墓主的宗教信仰）。如立于元至正九年（1349）的《剌马丹墓碑》，碑文用阿拉伯文和汉文撰写；而明代著名航海家郑和父亲的墓碑——《马哈只墓碑》，则以汉文书写墓志。除生卒名讳外，回族墓志一般追述死者的家族源流、生平事迹、社会贡献、宗教操守、死亡原因，间或涉及当地的地理环境、社会历史状况、重大历史事件等，史料价值极高。

二　回族文字古籍的内容构成

回族文字古籍种类丰富，按其记载和反映内容的性质划分，可以分为以下几类：

1. 社会历史类

民国以前，专门记载和讲解回族社会历史发展的典籍文献比较罕见。记载和反映回族社会历史的文字古籍，主要是零散地见之于各种涉及回族的历代史书，各地方志，各种文集、笔记、日记，回族的家谱，碑刻铭文等。如各地方志记载和反映了回族的来源、分布、人口、宗教信仰、经济生活、风土民俗等；回族宗谱记载和反映了回族的源流、迁徙、形成、发展、分布、姓氏演变等。民国时期始出现系统研究回族社会历史的专著，如金吉堂《中国回教史研究》、傅统先《中国回教史》、马以愚《中国回教史鉴》、白寿彝《中国回教小史》与《中国伊斯兰史纲要》。

2. 文学艺术类

在长期社会发展过程中，回族除了保持传统的伊斯兰教文化外，还善于吸收其他民族的优秀文化，尤其是汉文化的儒家经典、诗词歌赋，产生了许多文学家、艺术家，创造了丰富多彩的元曲、诗歌、散文、小说、民间传说、书法等文学艺术珍品。如元代散曲《朝野新声太平乐府集》就收录了回族人马九皋、玉元鼎、阿里耀卿、阿里西瑛等人散曲作品；《雁门集》、《丁鹤年诗集》、《李温陵集》、《春晖阁诗钞选》、《点仓山人诗钞》、《扶荔堂文集选》、《南村诗集》、《荔影堂诗钞》等都是元明清时期回族著名文人的诗文集。

3. 科学技术类

回族文字古籍中的科学技术类文献资料，内容涉及天文历算、医学医药、冶炼、建筑、水利、兵工以及手工业、农牧业生产的各个领域，记载和反映了回族在社会生产实践过程中创造形成的丰富科技知识。一方面，回族先民——阿拉伯人、波斯人、中亚人，来华带来了大批其生源地的科学技术方面的“回回书籍”，丰富了中华民族的科技宝库。据《元秘书监志》记载，秘书监所藏“回回书籍”二十几种，以天文、历法、数学最多——“兀忽烈的四擘算法段数十五部”、“罕里速窟允解算法段目三部”、“卖者司的造司天仪式十五部”、“积尺诸家历四十八部”、“呵些必牙诸般算法八部”、“海牙剔穷历法段数七部”、“撒唯那罕答昔牙诸般算法段目并仪式十七部”。另一方面，回族儿女在中华大地上不断总结生产实践经验，撰写了许多珍贵的反映本民族科学技术成果的典籍文献。如：元代回族人萨德弥实的医学著作《瑞竹堂经验方》，元代回族人赡思撰写的水利著作《河防通义》，元代回族人忽思慧编著的《饮膳正要》，明代回族大型医药方集《回回药方》，明代回族天文历法著作《天文宝书》、《回回历法》、《七政推步》，清代回族天文著作《寰宇述要》、《西国三十杂星考》，清代回族丁拱的兵工著作《演炮图说辑要》、《演炮图说后编》。

4. 思想哲学类

思想哲学类文字古籍是回族在伊斯兰教基本哲理和儒家思想的双重影响下，在长期社会实践中形成的对自然、对社会认识的概括和总结，反映了回族的政治思想、经济思想、人生观和世界观。如明代著名回族思想家李贽的著作《焚书》、《续焚书》，明代回族官员马文升的《马端肃公奏议》，清代刘智所著《天方典礼》、《天方性理》，蓝煦所著《天方正学》，马复初所著《醒世箴》、《大化总归》、《会归要语》等文字古籍，其内容体现了独具特色的中国回族哲学思想。

5. 伊斯兰教类

回族全民信仰伊斯兰教，回族关于伊斯兰教的文字古籍极其丰富，既有回族常用的国外流入的阿拉伯文、波斯文伊斯兰教经典著作，也有回族学者所著关于伊斯兰教的阿拉伯文著作、波斯文著作、汉文著作和汉文译著。内容涉及伊斯兰教的简史、基本常识、礼仪制度、经注学、教法学、教义学、认主学，阿拉伯语、波斯语的语法、句法和修辞，伊斯兰教哲学、宗教比较学等。如作为回族伊斯兰教经堂教育教材的“十四本经”：

《古兰经》是伊斯兰教的根本经典，有阿拉伯文版本，有汉文全译本，有汉文选译本，有手抄本、木刻本、印刷本；《嘎最》、《凯俩目》、《曼俩》、《伟嘎耶》和《米夫塔哈》分别是阿拉伯文本的伊斯兰教经注学、认主学、语法学、教法学和阿拉伯语修辞学中的经典著作；《古洛司汤》、《来麦尔台》、《米尔萨德》和《侯赛尼》是波斯文本的伊斯兰教哲学和经注学的名著。《米乃哈只》（又名《亥瓦依·米诺哈吉》、《波斯文法》）是中国回族伊斯兰教学者常志美所著的波斯语法著作。而回族伊斯兰教学者对上述“十四本经”几乎都进行了汉文译注，如《古洛司汤》王静斋译本为《真境花园》，《米尔萨德》南京伍遵契译本为《归真要道》。

三　回族文字古籍的特性

（1）广泛性。回族文字古籍数量丰富，种类众多，卷帙浩繁，内容涉及面广，古籍著述者身份不一，分布地域遍布全国，蕴藏单位众多。按文字符号可划分为汉文、阿拉伯文、波斯文、小儿经等古籍；按载体形式划分，除纸质文字古籍外，还有碑刻文字古籍、木刻文字古籍；按写入方式可划分为手写古籍、刻录古籍、印刷古籍；按内容性质可划分为社会、历史、政治、经济、军事、天文、历法、医药、文艺、哲学、伦理、民俗、伊斯兰教和语言文字诸多方面。著述者有回族官吏、士绅、文人、学者、宗教人士，汉族官吏、士绅、文人、学者，阿拉伯人、波斯人、日本人。回族大分散、小聚居，回族文字古籍也遍布全国各地的回族聚居区。存有回族文字古籍的单位主要是各地的清真寺、拱北、道堂、阿訇、学者、民间人士、回族家庭、伊斯兰教协会、图书馆、档案馆、博物馆等。回族文字古籍无论数量、种类、内容，还是作者身份、分布的地域、蕴藏单位，都体现出广泛性。

（2）时代性。回族所处的历史条件、时代背景不同，各历史时期形成的回族文字古籍的数量、种类、内容等亦不同。唐宋时期，中国海上贸易发达，丝绸之路兴盛，回族先民——穆斯林大批来华贸易、朝贡，以“蕃客”身份在华繁衍生息，他们人口数量少，活动范围主要在东南沿海、北方地区和西部地区，其历史文献资料数量比较少，主要集中分布在少数的史书中，涉及的内容主要是唐朝对其的管理政策及其朝贡情形、经济贸易活动、宗教习俗和礼仪。元明之时回族最终形成并获得了良好发展，记回族之事的文字古籍无论数量种类还是内容均大大丰富，尤其是回族人物传记、回族人物思想、回族文学作品、回族科技文献较为突出。清代，回族内部面临因不能读懂阿拉伯文、波斯文的伊斯兰教经典所导致的信仰危机，外部遭遇清朝政府的民族歧视和民族压迫政策，内外交困之际，回族社会开始兴办“经堂教育”、“以儒诠经”，产生了大量有关回族伊斯兰教的汉文译著和汉文著述；而伴随回族人民反封建统治的斗争，则产生了大量回民起义的历史文献。民国时期，回族新文化运动兴起，涌现出数目可观的回族期刊和报纸，见证了近现代回族社会历史的兴衰演变；此时也开始开展系统性的学术性研究，除回族伊斯兰教汉文译著和汉文著述外，还产生了一批回教史的专著。

（3）民族性。回族文字古籍，无论其著述者是回族还是汉族，无论其记录符号是汉字还是阿拉伯文、波斯文，其内容均体现了回族独有的民族风情、思想意识、民族情感、审美情趣和价值取向，烙上了回族的民族性。

参考文献

［1］答振益、安永汉主编：《中国南方回族碑刻匾联选编》，宁夏人民出版社1999年版。

［2］陈乐基主编：《中国南方回族清真寺资料选编》，贵州民族出版社2004年版。

中华民族发展史绪论

尤　中

这里所说的中华民族，指的是1911—1949年的中华民国、1949年中华人民共和国成立后的中国境内（包括台湾省、香港及澳门特区）的各民族。这些民族以汉族为主体，有着五千多年的文明史，他们的祖先从有人类以来，就劳动生息在亚洲东部这块土地上。

"中华"作为民族名称最初专指华夏族，作为国名则最早也是专指华夏族建立在黄河中、下游地带的"中国"。《左传·襄公二十六年》说："楚失华夏。"当时长江中游地带的楚族不在华夏族的范围内，长江下游的吴、越也不曾入华夏族之列。《史记·楚世家》记载，公元前9世纪初叶的周夷王之时，楚首领熊渠说："我蛮夷也，不与中国之号谥。"公元前706年，楚国向随国进攻，"随曰：'我无罪。'楚曰：'我蛮夷也。今诸侯皆为叛相侵，或相杀。我有敝甲，欲以观中国之政'……"楚族当时既然与中原的华夏族有别，它建立的楚国也就不在中原地区华夏族建立的"中国"范围之内。当时长江下游的吴国、越国都不在"中国"的范围内，西南的巴国、蜀国、滇国也都不属于"中国"，更边远的其他民族群体自然都一概不在"中国"的范围内，也都不是华夏族。

公元前3世纪末叶以后，秦朝和汉朝相继建立了统一的多民族国家。在这个统一的多民族国家内，以原来的华夏族为核心，汉朝时期形成了汉族；以原来中原地区的"中国"为基础，扩大了统治的范围，把非汉族的其他兄弟民族都包括了进去，组成了一个多民族的大家庭。而在这个多民族的大家庭内，各民族之间的经济文化发展是不平衡的。这种社会现象一直延续到近现代。只是在不同的时期阶段内，统一的地域范围有所不同；各民族内部经济文化得以发展的程度有差别而已。这就是中华民族多元一统格局的历史发展演变过程。

一 先秦时期

中华民族是具有悠久历史文化的民族，自猿转变为人的时候开始，中华各民族的祖先就劳动、生息在亚洲东部这块广阔的土地上。目前在中国的疆域范围内，从东北的海滨到西南边疆的山区，自北方草原到东南方的海岛上，到处都有中华各民族祖先遗留下来的新、旧石器时代的文化遗址。云南省元谋县发现的元谋猿人，距今有170万年之遥。

由于亚洲东部这块广阔的土地上不同地区之间，乃至同一地区内平坝与山区的地理生态结构的差别，以及社会生活环境不同等诸因素，经过一百多万年的历史发展演变，至新石器时代晚期，在当今中华人民共和国的领域之内，已经形成了许多经济文化生活各有特点的民族群体。在六七千年前的新石器时代，我国境内已经出现以细小打制石器为特征的北部草原地带狩猎游牧民族的文化，黄河流域一带的仰韶文化、龙山文化和长江下游的河姆渡文化、马家浜文化等不同系统、各具特征的文化。从后来有关文字记录的追叙中，我们可以看出这样的一条线索：在新石器时代末期，华夏族的祖先已定居在黄河中下游地带的中原地区；阿尔泰语系各兄弟民族的祖先部落群活动在从东北经北方草原至西北北部地带；汉藏语系藏缅语族各兄弟民族的祖先部落群活动在从西北的甘肃、青海地带到西南广阔的山区和盆地内；汉藏语系壮侗语族各兄弟民族的祖先部落活动在东南沿海地带至中南和西南的一部分地方；汉藏语系苗瑶语族各兄弟民族的祖先部落群活动在中南至西南东部一带；南亚语系孟高棉语族的各部落活动在西南边疆地区；其中一部分属于印欧语系伊朗语族的部落活动在今新疆南部。紧接着便是中原地区的华夏族进入文明社会，周边各兄弟民族群体便围绕着华夏族展开活动，进入了民族分化与重新组合的复杂过程，开始了多元一统格局的形成和运转。

在已经出现文明曙光的新石器时代末期，黄河中、下游的中原地区已经组成了一个近亲部落联盟集体。在这个近亲部落联盟集体内，各氏族、部落间经济文化的发展不尽平衡。炎帝族首先与黄帝族合并，组成了炎黄集体，成为华夏族的核心。至公元前21世纪前后，炎黄集体中的夏族建立了中国史上的第一个王朝即夏王朝，华夏族正是在这个时候开始在中原地区形成。紧接着是商王朝和西周王朝先后在夏王朝的基础上建立，华夏族在中原地区经历了一千三百多年的发展过程，消除了内部地区之间经济文化发展的不平衡而趋于稳定。华夏族的四周边境存在着许多不同的民族群体，它们分别是：东北地区从事狩猎的鸟夷、符娄（挹娄）、肃慎和东胡；北方至西北草原地区从事游牧和狩猎的匈奴、戎翟、楼烦、月氏；西方山地的游牧民族氐、羌和叟人；西南的和夷、氐、羌、卜人、白人、蜀人、巴人则有的已从事定居的农业生产，有的仍然过游牧生活；南方的百越和百濮已基本上从事农业生产，而其中的一部分，生产技术仍然比较落后；中南地区的苗蛮同样从事农业生产，其中山区的部分生产技术仍然落后。据《禹贡》和《逸周书》的记载，夏朝、商朝和西周时期，所有四周边境的各个不同的民族群体，都先后把自己区域内的土特产品向华夏族的“中国”入贡。这正是在进行经济文化交流的过程中，展开了政治上逐步统一一体的活动。

进入公元前770年至公元前221年的春秋、战国时期，黄河中、下游的华夏族和长江中、下游的吴、越、楚国人，以及西南地区的蜀人和巴人的大部分，由于长时期经济文化的交流和政治上的直接接触，在先后合并的基础上最终趋于民族融合和政治上的统一，至秦朝统一后形成了汉族；其余的民族群体则继续处在分化与重新组合的过程之中。

二 秦、汉时期

公元前221年，秦王朝建立了统一的多民族国家。秦朝极盛时期的疆域范围。《史记·秦始皇本纪》说：“东至海暨朝鲜，西至临洮、羌中，南至北向户，北据河为塞，并阴山至辽东。”“东至海”指渤海，渤海之东则与朝鲜为邻。“西至临洮、羌中”，临洮在今甘肃岷县，其地与西部氐、羌的聚居区相连接。“南至北向户”，指“开北户以向日”的炎热地方，即今广东、广西一带。“北据河为塞，并阴山至辽东”，即今内蒙古河套上下沿阴山麓往东循以往的秦、赵、燕旧长城抵达东北边境的辽东郡（驻今辽宁省辽阳市老城区）止。在这个疆域范围内，除汉族之外，还有不少的其他民族群体。公元前206年，西汉王朝在秦朝的基础上建立了统一的多民族国家，并进一步把统一的国家疆域扩大，纳入了更多的民族群体。公元前 111 年，汉武帝出兵讨伐秦末以来分裂割据南方的南越，在秦朝的基础上扩大对南方的统治，在今越南北方设置了交趾（驻今越南河内市西北）、九真（驻今越南清化西北）、日南（驻今越南广治）三郡。同年征服夜郎设牂牁郡（驻今贵州省福泉县），又西北上征服一部分叟人、氐人和羌人地区，设置了越嶲郡（驻今四川西昌）、沈黎郡（驻今四川汉源东北）、汶山郡（驻今四川茂汶羌族自治县北）、武都郡（驻今甘肃西和县南部）。两年之后（公元前 109 年），又征服滇国，设益州郡（驻今云南省晋宁县晋城）。元封二年（公元前 109 年），汉武帝派水陆大军攻灭卫氏朝鲜，次年（公元前 108 年），设置乐浪、临屯、玄菟、真番四郡，后调整为玄菟（驻今辽宁省新宾县西南京兴老城附近）、乐浪（驻今朝鲜平壤）二郡。公元前 127 年，击退匈奴对北方边境的侵扰，收河南地，置朔方（驻今内蒙古杭锦旗西北黄河南岸）、五原郡（驻今内蒙古包头市西北）。为了进一步击退北方草原地区匈奴的侵扰，需联络西域各国共同夹击，西汉王朝展开了通西域的活动。公元前 121 年以后，击溃了盘踞河西走廊的匈奴部落，于其地设武威（驻今甘肃武威）、酒泉（驻今甘肃酒泉）、张掖（驻今甘肃张掖西北）、敦煌（驻今甘肃敦煌西）四郡，打开了通向西域的“丝绸之路”。至公元前 59 年，开始在西域设置西域都护府，驻乌垒城（今新疆轮台县东北小野云沟附近），控制区域达今中亚的巴尔克什湖以南至帕米尔之间。东汉王朝（公元 25—220 年）继承了西汉王朝的疆域，并于公元 69 年在西南边疆扩大范围，增设永昌郡（驻今云南保山县东北），统治了今云南省西双版纳至德宏州一带。

汉族在稳定的基础上得到了进一步发展，它的人口不断向四周的兄弟民族地区迁移，把汉族的物质文化和精神文化带入各兄弟民族之中，发挥主体民族的凝聚作用，加强了国家的统一。秦始皇“一法度衡石丈尺，车同轨”，使汉族中的经济趋于统一。“书同文字”在统一以前各国文字的基础上促进了汉族共同文化的发展。春秋时期的孔子，总结了他以前华夏族的历史文化，整理出《诗》、《书》、《易》、《礼》、《乐》、《春秋》“六经”，创建了儒家学说，孟子又继续加以发展。至西汉武帝时，董仲舒建议“罢黜百家，独尊儒术”。董仲舒把儒家的“尊王攘夷”之说发展成为大一统思想；把“君君、臣臣、父父、子子”发展成为“三纲”（君为臣纲，父为子纲，夫为妻纲）和“五常”（仁、义、礼、智、信）。汉武帝以后，这些思想在汉族中普遍地传播，成为了汉民族的精神支柱。四周边境的一些兄弟民族则在先后吸收了汉族文化之后，便逐渐与汉族融合，使汉族像滚雪球那样越滚越大。秦朝时期迁移了五六十万汉族人口前往岭南（今广东、广西），在加强“百越”民族地区统一的同时，也促进了“百越”经济文化的发展。西汉武帝时把这种形势向西南发展到达今越南北方。秦、汉先后向河南（今内蒙古河套地区）迁移了十多万汉族人口前往垦殖，使北方匈奴人的游牧经济能够与汉族的农业经济进行交流，至东汉时期便吸引了一大部分匈奴人口南移。河西四郡设置之后，也迁移了二十多万汉族人口前往与当地的羌、胡共居，并向西延伸至西域“城郭诸国”的“胡人”（操伊朗语的民族）之中。在“西南夷”地区设置郡县时，同样的“募豪民田南夷”，把汉族人口和汉族的经济文化引入西南各民族地区。

在四周边境的各兄弟民族地区，西汉武帝以来，采取了“羁縻”统治的政策。这是一种封建主义的民族政策。由于当时边境各民族在经济文化生活方面都各具特点，与汉族并不相同，不可能采取与汉族相同的统治方式。而这种“羁縻”政策即拴住各民族中的上层分子，封他们为王、侯、邑长，利用他们来对各民族进行统治。其实质是保留各民族中原有的政治经济结构不变，通过他们中的上层分子来进行贡纳的征收。这种政策的实施，既有利于民族团结，也就加强了多民族国家的统一，对多元一统格局的稳定和发展起到了积极的作用。

三　魏、晋、南北朝时期

公元220—589年的魏、晋、南北朝时期，统一的政治局面反复无常，民族之间和民族群体内部进行着急剧的分化与重新组合运动。这种统一与分裂的矛盾伴随着民族的分化与融合，最终导致了唐朝时期更大范围的统一和更多民族的共同发展。4世纪初叶的西晋末年，由于汉族中封建统治阶级残酷的阶级剥削和民族压迫，造成全国范围内阶级矛盾和民族矛盾错综交织在一起的复杂形势。从北方草原地区进入黄河流域地区的部分匈奴、鲜卑、羯人和西部、西南地区的部分氐、羌，其中一部分在改变了过去的生活方式和吸收了汉族文化的情况下，纷纷起而反抗西晋王朝的阶级剥削和民族压迫，先后建立了16个政权即“五胡十六国”，与公元317年南迁至长江流域的东晋王朝相对立。政治上统一的格局是被破坏了，而民族的融合却相反地进入了更为迅速的发展阶段。

“五胡十六国”中的多数是少数民族贵族建立的，也有的是汉族建立在以少数民族为主的地方政权，它们是：

（1）賨人李氏建立的后蜀（成蜀）国。

賨人是从氐羌中分化出来的一部分。后蜀于公元303年立国，公元347年被东晋王朝攻灭。成蜀统治的区域先后及于今四川、云南、贵州。

（2）汉人张氏建立的前凉国。

张轨家族是迁入羌、胡地区乌氏县（今甘肃平凉县西北安国附近）的汉人，张轨于305年盘踞凉州，至其重孙张祚于354年称帝，前凉辖境包括今甘肃兰州市以西、宁夏银川市以西至内蒙古额济纳旗西部地带。376年，前凉被前秦覆灭。

（3）匈奴人刘氏建立的汉国和前赵。

西晋惠帝永安元年（公元304年），匈奴人刘渊建立汉国，至其子刘曜于东晋元帝大兴二年（公元319年）改国号赵即前赵。汉国军队先后攻陷西晋都城洛阳、长安，迫使晋王朝把都城南迁至建康（今南京市），于317年以后称东晋；北方黄河流域地带成了“五胡”政权的活动区域。前赵国只控制了今甘肃兰州市以东的陕西的全部和河南、山西的一部分。329年，前赵为后赵所灭。

（4）羯人石氏建立的后赵。

羯人是匈奴19种中的羌渠种。羯人石勒于公元319年建立后赵国，先后据有今河南、河北、山东、山西、陕西及江苏、安徽、甘肃、辽宁的一部分。351年后赵政权崩溃。

（5）鲜卑人慕容氏于公元337年建立前燕国。国势盛时统治了今河北、河南、山东、山西的大部或全部，以及安徽、江苏、辽宁的一部分。公元370年，前秦灭前燕。

（6）氐人苻氏于公元351年建立前秦国。

公元383年的淝水之战前夕，前秦统一了整个北方而与东晋对峙。公元394年，前秦覆亡。

（7）前燕贵族慕容垂于公元384年建立后燕国。占有今河北、山东、山西的大部分及河南、辽宁的一部分。公元409年破灭。

（8）羌人姚苌于公元384年建立后秦国。辖境以今陕西为中心，东达今山西西南、河南东部，西有今甘肃全境。公元417年破灭。

（9）鲜卑人乞伏国仁于公元385年建立西秦国。据有今甘肃天水市西北、兰州市东南的一片地方。公元431年覆亡。

（10）氐人吕光于公元368年建立后凉国。统治了今甘肃西部、新疆东部、内蒙古西部和宁夏大部。公元403年并入后秦。

（11）鲜卑人秃发乌孤于公元397年建立南凉国。辖境为今甘肃西部和青海的一部分。公元414年覆亡。

（12）卢水胡（匈奴的一部分）沮渠蒙逊于公元401年建北凉国。辖境为今兰州市以西的甘肃全境、内蒙古额济纳旗周围和青海西宁一带。公元439年覆亡。

（13）前燕鲜卑贵族慕容德于公元398年建南燕国。据有今山东临沂以北、济南市西部的黄河以东一片地方。公元410年破灭。

（14）公元400年，凉州汉人大姓李皓建西凉国。据有今甘肃武威西北至新疆东部地带。公元420年崩溃。

（15）公元407年，匈奴人赫连勃勃建立夏国。据有今陕西北部、宁夏、内蒙古河套和山西西南的一部分。公元431年灭亡。

（16）公元409年，汉人冯跋建北燕国。据有今河北省承德、遵化、唐山往东至辽宁朝阳、建昌、阜新、锦州达辽河西岸一片地方。公元436年被北魏攻灭。北魏最终统一北方而与南方的宋对峙，称南北朝时期。而在四周边境则东北的夫余、高句丽、沃沮、秽貊、挹娄、勿吉、库莫奚、契丹、室韦、豆莫娄、地豆于、乌洛侯等，有的已从事农业生产，有的仍从事狩猎或游牧，政治上处于分裂对立的状况之中；在北方草原地带，最初是鲜卑取代匈奴，鲜卑南下后，先后崛起而活动在北方草原的是柔然、铁勒、突厥，它们在政治上都处于独自活动的地位；西部的氐、羌则或起而据地自雄，或分散为部落各自活动；西北原“城郭诸国”的胡人，在大部分时间亦处于各自为政的状态中，恢复了他们西汉以前的独治局面；西南各民族地区则在南北朝时期被“白蛮”（白族）贵族爨氏割据。

进入黄河流域与当地汉族共同生活的匈奴、鲜卑、羯、氐、羌人，经过数百年的直接接触，最终与汉族融合了。这种融合，经济生活与汉族渐趋于一致是重要的因素，更重要的是接受了先进汉族的精神文化。这种文化具体体现为总结华夏历史文化的“六经”和儒家思想。在“五胡十六国”中，任何一国都不例外，都先后建立学校，以“六经”为课本，接受儒家思想。匈奴人赫连勃勃建国称“夏”，就因其自认为是“夏后氏之苗裔”；当赫连勃勃在今内蒙古杭锦旗东南部筑城建都时，说：“朕方统一天下，君临万邦，可以统万为名。”这是接受了儒家大一统思想的结果。

进入黄河流域的匈奴、鲜卑、羯、氐、羌人在与当地汉族融合的过程中，同时进一步加强与东北、北方草原地带、西北和西南各族的经济文化交流及政治上的联系；偏安长江流域的东晋王朝辖境内，则大量南迁的汉族人口与以往就住在这一带的汉族人口相结合，把汉族中先进的经济文化向南方各土著民族中深入推广和传播。这就为隋、唐时期更大范围的统一和更多民族的共同发展打下了基础。

四 隋、唐、五代时期

581—618 年的隋朝只统一南北朝时期分裂了的南方和北方，并不曾完成两汉时期对四周边境各民族地区的统一。618—907 年的唐王朝，则不仅恢复了两汉疆域的统一，而且超出了两汉统一的空间范围，把更多的民族群体纳入其统治的范围之内，造成一个更大的多元一统的格局。只是在近 300 年的统治时期内，统一的范围和加入的民族群体先后有所不同而已。

唐高宗总章元年（668 年），征服高丽国，“分其地为都督府九、州四十二，置安东都护府于平壤城以统之”。统治区域及于今朝鲜半岛的北部和西南部。676 年，安东都护府北撤至辽东郡故城（今辽宁省辽阳市老城），南部边境最终以平壤城南的浿水（今大同江）为界。高丽国破灭之后，原受高丽控制的粟末靺鞨（在今吉林省境内的第二松花江流域地带）投向唐朝，唐玄宗先天二年（713 年），于其地设渤海都督府（驻今吉林敦化）。唐太宗贞观十四年（640 年），东北边境的黑水靺鞨（在今黑龙江中、下游两岸地带）遣使向唐朝人贡。至唐玄宗开元十年（722 年），唐朝乃于黑水靺鞨各部落地区设黑水都督府，统治范围及于今库页岛（萨哈林岛）。唐太宗贞观五年（631 年）以后，室韦各部落（在今大兴安岭至外兴安岭一带）先后入贡。唐朝于其地设室韦都督府，统治区域达今外兴安岭。唐太宗贞观四年（630 年），消灭了北方草原地区的东突厥汗国，先后于其地设置都督府、都护府。《唐会要》说："龙朔三年（663 年），移燕然都护府于回纥部落，仍改名瀚海都护府，其旧瀚海都护府移置云中古城（今内蒙古和林格尔县西北土城子）改名云中都护府，仍以碛为界，碛北诸蕃州悉隶瀚海（驻今蒙古国哈尔和林西北），碛南并隶云中。"后改云中都护府为单于都护府，瀚海都护府为安北都护府。安北都护府辖境北及今俄罗斯境内安加拉河、叶尼塞河、勒拿河流域地带。贞观十四年（640 年）以后，唐朝先后取得天山北麓及西域焉耆、龟兹等地。显庆四年（659 年）灭西突厥，恢复两汉时期的西域故地，先后于其地设置安西都护府（初驻交河城即今新疆吐鲁番东南高昌废址，后驻龟兹即今库车县东郊皮朗旧城）、北庭都护府（驻今新疆吉木萨尔县北破城子），辖境"西尽于波斯"（今伊朗东北部）和咸海以东地带。武德初年（618 年），唐王朝便展开了对西南各民族地区的再统一活动，先后设置了戎州都督府（驻今四川宜宾）、南宁州都督府（驻今云南曲靖）和姚州都督府（驻今云南姚安）进行统治，使西南西部的辖境抵达了今澜沧江东岸。武德四至五年间（621—622 年），唐朝先后恢复了岭南地区郡县的设置，岭南西部有安南都护府（驻今越南河内）。安南都护府辖地的南部到达今越南义静省南部与平治省北部交接地带。

唐朝继两汉之后创建了一个更大的统一的多民族国家。在这个统一的多民族国家内部，各民族之间政治、经济、文化的发展仍然是不平衡的。东北部的靺鞨各部有的农业生产已较发达而开始跨入阶级社会，有的则"善射猎，居无室庐，负山水坎地，梁木其上，覆以土，如丘冢然。夏出随水草，冬人处。……有车马，田耦以耕"，仍然处在原始社会末期。室韦的各部落，则"滨散川谷，逐水草而处，不税敛。每猎即相啸聚，事毕去，不相臣制……剡木为犁，人挽以耕，田稷甚褊"。有的从事粗放的农业生产，有的游牧，有的狩猎。契丹各部落在唐朝前期仍然是"射猎居处无常"，分为八部，"凡调发攻战，则诸部毕会，猎则部得自行……风俗与突厥大抵略侔"。从蒙古高原地带经天山北部直达中亚细亚草原地带的突厥、回鹘、黠戛斯等，虽已跨入阶级社会，但却仍以流动的畜牧业为主。西部的吐蕃（今藏族）尚未纳入唐王朝的版图，其生产生活方式亦与其他民族不同。羌族的各部落在山区从事农业与畜牧业相结合的生产。安西都护府辖境内的原西域"胡人"（操伊朗语的民族群体），农业生产较过去有进一步的发展，他们“逗渠溉田，土宜黍、蒲陶，有鱼盐利”。但先后受突厥、回纥的控制，风俗习惯等都接受了突厥、回纥的影响而处在融合的过程中。西南的“乌蛮”、“白蛮”、“扑子蛮”，岭南的俚、僚等，分别从事比较发达的或粗放的农业生产，但有的仍从事原始的采集或狩猎。对于这些众多而复杂的民族群体，唐王朝继承和发展了两汉以来的羁縻统治政策。《新唐书·地理志七下·羁縻州》记载：“唐兴，初未暇于四夷，自太宗平突厥，西北诸蕃及蛮夷稍稍内附，即其部落列置州县。其大者为都督府，以其首领为都督、刺史，皆得世袭。虽贡赋版籍多不上户部，然声教所暨，皆边州都督、都护所领，著于令式。”各羁縻府、州、县之在东北者隶于安东都护府；在北方者隶于安北都护府、单于都护府；在西北者隶于安西都护府、北庭都护府；在西南者隶于戎州都督府、姚州都督府；在中南至西南中部者隶黔中都督府；在岭南者隶属于桂州都督府（驻今广西桂林）、邕州都督府（驻今南宁西南）、安南都护府（驻今越南河内）。通过在汉族以外各民族地区羁縻州、县的设置，唐王朝把经济文化发展不平衡的众多少数民族地区从政治上统一起来。汉族在经济文化进一步发展的基础上吸收了不少接受汉族经济文化的少数民族。汉族经济仍然是封建经济，而文化中的精神文化，也仍然是以儒家思想为核心的进一步发展。汉族经济文化是这个民族众多而政治上统一的国家的凝聚力量。边境少数民族都乐于与内地汉族加强经济文化的交流。《唐会要》记载，贞观二十一年（647 年），“以铁勒、回纥等十三部内附，置六都督府、七州，并各以其酋帅为都督、刺史……于是回纥等请于回纥以南、突厥以北，置邮驿，总六十六所，以通北荒，号为参天可汗道，俾通贡焉，以貂皮充赋税”，然后从内地获得农产品和丝绸。这条“参天可汗道”即自今内蒙古河套往北通向蒙古人民共和国境内的哈尔和林一带。边疆少数民族在汉族经济文化的影响下，使本民族的经济文化都得到发展。如《南诏德化碑》说，南诏王阁罗凤“不读非圣之书，尝学字人之术”。南诏王异牟寻说，南诏“人知礼乐，本唐风化”。南诏的贵族分子都习汉语汉文，诵读儒家经典。南诏脱离唐朝以后，唐朝遣使入南诏，南诏王舜化贞向唐使臣询问“《春秋》大义”，可见南诏贵族一直在吸收汉族文化。这是南诏短暂分裂之后，后来又能够再趋于统一的向心力。

“羁縻”统治的民族政策的积极作用使多民族国家得以统一和稳定，消极的一面导致民族之间的矛盾纷争和国家的分裂。唐王朝通过羁縻府、州的设置，在团结了被统治的各民族上层稳定国家统一局面的同时，乃企图更进一步加强对边疆各民族的统治，在政治和军事上采取了一些带压制性的强力措施，引起了被统治民族带民族形式的反抗，最终叛离唐王朝。天宝十三年（754 年）以后南诏的分裂是典型的例子。另外，在统一的多民族国家内，地方民族主义势力的增长，也是导致国家分裂的原因。东北的渤海国、北方的后突厥汗国、回纥汗国，都是在地方民族主义势力膨胀的情况下，起来反抗唐朝而分裂自立。阶级矛盾与民族矛盾错综复杂地交织在一起，造成唐王朝的崩溃，导致紧接着而来的“五代十国”时期（907—960 年）的大分裂。

五　辽、宋、金时期

继唐朝末年分裂之后再统一的北宋王朝，其疆域统一的范围远不能与唐王朝相比拟。在北方，从过去东北的契丹发展起来的辽，于“五代十国”时期占据了燕云等州，北宋王朝的北部边境在巨马河（又名白沟河、界河，故道自今河北省雄县西北的白沟镇北，东流经霸县及其以东信安镇，达于今天津市）一带与辽分界。东北各民族地区和北方蒙古草原都在辽的支配范围之内。在西北，今宁夏、内蒙古西部和甘肃的大部分为党项羌建立的西夏统治区。西夏的西部，原安西都护府的辖境内是的西州回纥和哈喇汗国（黑汗王朝）的统治区域，非北宋王朝所能控制。西部的吐蕃虽然已分裂为几个部分，北宋王朝也不能对他们进行统治。西南的大理国继承了唐代南诏的疆域，仍然保持着与宋朝的密切关系。在岭南西部，唐朝当“五代十国”大分裂时期，原安南都护府辖境内的土豪势力趁机起而进行割据。北宋王朝穷于应付辽和西夏的进攻，没有力量制止原安南都护府辖境内土豪们的分裂活动，至北宋哲宗绍圣三年（1096 年）前后，李日尊乃“自帝其国，国号大越”。岭南西部又分裂出来了另一个政权。但北宋王朝仍然是一个统一的多民族国家，只不过，它统一的范围狭小，民族的数量并不多。在北宋王朝统治的岭南、中南和西南东部的各少数民族地区，北宋王朝继承了唐朝时期的民族政策，仍然设置羁縻州县进行统治，以稳定这个多民族国家的统一。

9 世纪的唐朝晚期，在原来设置的松漠都督府（驻今内蒙古巴林右旗南）统治下的契丹人，由过去原始的游牧兼狩猎、捕鱼经济，迅速地向农业经济发展，氏族、部落组织解体。唐哀宗天祐四年（907 年）也就是唐王朝崩溃的那一年，耶律阿保机统一了契丹各部落，进而向邻近地带扩展，于 916 年建立契丹政权，兼并了邻近的室韦、奚、霫、女真（靺鞨中的一部分）等，947 年改称辽。辽势盛时，其疆域东至日本海、黑龙江口；西至阿尔泰山；北有今蒙古人民共和国之地，南达今河北省雄县、霸县北部的拒马河、山西雁门关一带。这就形成了包括一部分汉族人口在内的另一个统一的北方多民族王朝。

五代时期，西北党项羌中的经济文化迅速地发展了起来，至北宋仁宗宝元元年（1038 年），党项羌中的贵族分子元昊（又称李元昊、赵元昊）称帝，建立起了大夏政权，宋朝称其为西夏。西夏疆域包括了今甘肃省大部、宁夏大部、陕西北部、青海东北部及新疆的少部分、内蒙古的一部分地方，形成又一个包括一部分汉族人口在内的统一的西北多民族政权。

北宋徽宗政和五年（1115 年），女真贵族完颜阿骨打在今松花江、黑龙江流域地带建立了金国，定都会宁（今黑龙江省阿城市）。女真原为靺鞨中的一部分，辽国势盛时属辽统治；辽势衰，起而反辽建国。1125 年金与北宋联合灭辽。1127 年，金迫使宋政权南移，金迁都燕京（今北京），把南部地界扩展至淮河北岸，缔造了一个包括更多汉族人口在内的统一的北方多民族王朝。但金国的西部即今蒙古国的草原地区却为蒙古等部落的活动区域，不受金国支配。

唐文宗开成五年（840 年），建立在蒙古高原上的回纥汗国崩溃之后，大部分回鹘人向西迁移，小部分依附于黠戛斯（在叶尼塞河流域地带）和东部的室韦、奚，又一小部分南下居甘州（今甘肃张掖）。西迁部分称西州回鹘（在今新疆境内）、葱岭西回鹘。北宋时期，西州回鹘自成单位。葱岭西回鹘建立了哈喇汗国。1125 年，金灭辽。辽宗室耶律大石率领部分军队西迁，越过蒙古高原至寻思干（今乌兹别克斯坦境内之撒马尔干或塔什干），打败当地各民族的军队。南宋高宗绍兴二年、金太宗天会十年（1132 年），耶律大石即皇帝位于起儿漫（在撒马尔干西部），“上中国号日天裙皇帝，改元延庆”。1134 年迁都虎思斡耳朵（在今吉尔吉斯斯坦首都比什凯克即原伏龙芝东南的托克马克东南），是为西辽国。西辽国势盛时，其疆域东起今阿尔泰山和甘肃、新疆连接地带，西抵咸海南岸，过去的西州回鹘及哈喇汗国都纳入了西辽国的统治范围之内。东北的契丹人带着汉文化在西北建立了一个基本上没有汉族人口的统一的多民族地方政权。

唐朝末年吐蕃崩溃之后，藏族地区出现了许多分裂割据势力，可称之为“吐蕃诸部”。

公元902年西南的南诏国崩溃之后，937年白族贵族段思平建立大理国。大理国也是一个统一的西南多民族地方政权。但过去迁入的汉族已经融合到白族中去了。

如果说魏、晋南北朝时期的分裂为隋、唐更大范围的统一和各民族的共同发展进行了准备。那么，宋、辽、金时期的分片统一和各民族的分片活动，同样为下一阶段元朝在更大范围内的统一和各民族的共同发展提供了条件。宋、辽、金时期不能称为中华民族的大一统时期，实际上仍然是分裂割据时期。魏、晋、南北朝时期，匈奴、鲜卑、羯、氐、羌人在黄河流域与当地汉族共同活动而趋于融合。宋、辽、金时期则是契丹人和一部分女真人及党项羌人在黄河流域与当地汉族共同活动而趋于融合。汉族进一步壮大了，其他的兄弟民族也都得到了不同程度的发展。汉族文化在国家的统一、民族的融合和共同发展中一直起着积极的作用。南宋范成大写的《桂海虞衡志》中有这样一段记载：“乾道癸巳（1173年）冬，有大理国人李观音得、董六斤黑、张般若师等，凡二十三人，至横山（在今广西田东县境内）议市马，出一文书，字画略有法。大略所需《文选五臣注》、《五经广注》、《春秋后语》、《三史加注》、《本草广注》、《五藏论》、《大般若十六会序》，及《初学记》、张孟《押韵》、《集圣历》……百家书之类。”并说：“古文有云，察实者不留声，观行者不识词，知己之人，幸逢相谒，言音未同，情感相契。吾闻夫子云，君子和而不同，小人同而不合。今两国之人，不期而会者，岂不习夫子之言哉。”长期分裂的大理国人的文化风貌如此，控制北中国的辽、金人及西北的西夏人又何尝不如此。这是分裂了又能够再统一的重要因素。

六　元朝时期

在南宋与金国对立的空隙中，蒙古高原上的各游牧部落在进行迅速的组合。南宋宁宗开禧二年（金章宗泰和六年，1206年），蒙古族首领铁木真（成吉思汗）统一了蒙古草原的各部落，即皇帝位于斡难河（鄂嫩河），建立了蒙古汗国。随即领兵南下和西征：南灭西夏，展开对金的进攻；西征西辽，占有其地。成吉思汗死后，窝阔台（太宗）、贵由（定宗）、蒙哥（宪宗）诸汗继续扩展疆域，在不断西征的同时，先后灭了北方的金，平定西南的大理，征服过去历代王朝都不曾统一的西方吐蕃诸部。至1260年忽必烈称帝之时，上距成吉思汗统一蒙古草原已经54年。在这54年的时间阶段内，脱离蒙古草原的这部分蒙古族人，与黄河流域的汉族、汉化程度很深的契丹人（辽人）、女真人（金人）、党项羌人（西夏人）进行了频繁的接触，经济上从过去的依靠游牧转为依靠农业生产；同时也就接受了汉族文化。及至1271年，忽必烈定都于大都（今北京市），改蒙古汗国为元朝。《元史·世祖本纪四》说："至元八年（1271）十月乙亥，建国号曰大元。诏曰：诞膺景命，奄四海以宅尊；必有美名，绍百王而纪统。肇从隆古，匪独我家。且唐之为言荡也，尧以之而著称；虞之为言乐也，舜因之而作号。驯至禹兴而汤造，互名夏大以殷中。世降以还，事殊非古。虽乘时而有国，不以（利）［义］而制称。为秦为汉者，著从初起之地名；曰隋曰唐者，因即所封之爵邑。……我太祖圣武皇帝，握乾符而起朔土，以神武而膺帝图，四震天声，大恢土宇，舆图之广，历古所无。顷者，耆宿诣庭，奏章申请，谓既成于大业，宜早定于鸿名。在古制以当然，于朕心乎何有。可建国号曰大元，盖取《易经》乾元之义。……予一人底宁于万邦，尤切体仁之要。事从因革，道协天人。于戏！称义而名，固匪为之溢美……"诏书中说得非常清楚，建立元朝，是依唐尧、虞舜以来中华民族的文化传统；施政方针则是据儒家学说的核心"仁"与"义"。儒家的大一统思想耀然于笔墨之间。

元朝是继汉、唐之后的一个更大的统一的多民族国家。它的多元一统的格局较之汉、唐更为宏伟。元朝疆域：东至海；西抵葱岭（帕米尔）；南有琼州、万安军、吉阳军（今海南省）；北达不里牙惕（今俄罗斯贝加尔湖北部的安加拉河、勒拿河流域地带）等地；东北有骨嵬（今俄罗斯萨哈林岛即库页岛）；西部统一了乌斯藏（今西藏）；西南有云南行省，云南行省的西南部曾经到达今缅甸曼德勒地区，南部达到今泰国和老挝北部。这个统一的多民族国家内的民族分布状况，已经基本上与近代相同。与过去不同的是，更多的蒙古族人口从北方草原南下，散及全国各地；回族从中近东一带东来，成为了中华民族的新成员。

在元朝这个统一的多民族国家内部，各民族之间乃至同一民族内部的经济、文化发展仍然是不平衡的。元朝对于除了汉、蒙、回族之外的其他各民族的政策措施，沿袭了汉唐以来的羁縻政策，即任命各民族中的上层分子为土官，通过这些土官来对各民族人民进行统治。也就是保留各民族内部原有的政治、经济结构不变，通过民族上层来进行贡纳的征收。《元史·百官志七》即说："诸蛮夷长官司，西南诸溪洞各置长官司，秩如下州，达鲁花赤、长官、副长官，参用土人为之。除袭替土官外，急阙久住者，依例以相应人举用。"不仅西南如此，东北如此，西北亦莫不如此。又不仅长官司如此，更大的宣慰司亦莫不如此。《元史·文宗本纪》即说："至顺二年（1331 年），置八百等处宣慰司都元帅府（驻今泰国清迈），以土官昭练（泰族）为宣慰使都元帅。"

在多民族共处，更大范围内进行着民族之间经济文化频繁交流的情况下，民族融合的范围较之过去更为波澜壮阔：南下的蒙古族和已经汉化程度很深、与汉族共处的辽人、金人，都在不断吸收汉族文化的基础上与汉族逐渐趋于融合。回族却是在吸收汉文化而又保留自己的民族文化特征的情况下，使自己民族的经济文化有不同程度的发展。蒙古族、回族不仅自己吸收以儒家典籍为基础的汉族精神文化，而且在其他少数民族中推广对儒家典籍的学习，以改变他们的精神面貌。《创建中庆路大成庙碑记》说："赛典赤（回族）行云南行省事，治中庆路（驻今昆明市）。……暇日，集僚佐而言曰：'夷俗资性悍戾，瞀不畏义，求所以渐摩化其心者，其惟学乎！'乃捐俸金，市地于城中之北偏以兴学校。"鼓励当地少数民族习诵儒家典籍以提高自己的文化水平，转变思想。

然而，在元朝这个统一的多民族国家内，既存在阶级剥削，也有比较严重的民族压迫。这种情况并不利于民族之间经济文化的进一步交流和互相帮助。原来就不平衡的各民族之间的经济文化发展水平，也就不可能趋于一致。这个多民族国家因此不能长期稳定。而且，由于蒙古贵族们残酷的阶级剥削和民族压迫，使这个统一的多民族国家很快崩溃。元朝仅统治了 97 年，是中国史上大一统的王朝中统治时间最短的王朝。

七 明朝时期

元朝时期蒙古贵族的阶级剥削和民族压迫，引起了国内各族人民的反抗。元顺帝至正二十八年（1368 年），朱元璋领导的以汉族农民为主的起义军控制了全国绝大部分地方，攻入大都（今北京市），建立了明王朝；元顺帝率领一部分蒙古贵族和军队离开大都，向北逃回蒙古草原，在 1402 年以前仍在蒙古草原保持元朝称号，史称北元。1402 年以后始去元朝国号。随又分裂为二：控制今内蒙古的大部分、蒙古国的绝大部分地方的蒙古族称为鞑靼；在今蒙古国西部、阿尔泰山区及其以西北抵额尔齐斯河、东北抵安加剌河一带的蒙古族则组成瓦剌政权，共同与明朝相对抗。

明朝也是一个统一的多民族国家，但统一的范围较之元朝时期有收缩，所包容民族的数量也较之元朝时期减少。明朝前期的疆域是：东北至苦兀（萨哈林岛即库页岛），设奴儿干都司（驻今俄罗斯境内特林）以统治女真族各部落。北部为分裂独立了的鞑靼、瓦剌。西北的哈密卫（今新疆哈密）、曲先卫（在今青海格尔木县西北油泉子附近）、阿端卫（在今青海格尔木县西北茫崖镇附近）的西部为蒙古贵族割据的别失八里（亦力把里）政权。《明史》卷 332 说：“别失八里，西域大国也。南接于阗（今和田），北连瓦剌，西抵撒马儿罕，东抵火州（在今新疆吐鲁番县东南哈拉和卓附近），东南距嘉峪关三千七百里。或曰焉耆，或曰龟兹。元世祖时设宣慰司，寻改为元帅府，其后以诸王镇之。”在元代即为处于分裂状况的察合台汗国，明代蒙古贵族继续统治当地的维吾尔等民族，与明朝对抗。西部则明朝在今西藏设乌思藏都司，在西藏西部边境与克什米尔连接地带设俄力思军民元帅府，皆利用当地民族上层（土官）进行统治。西南部的大古喇宣慰司（驻今缅甸勃固）、底马撒宣慰司（在今缅甸丹那沙林地区）统治范围及于今缅甸南部；八百大甸宣慰司（驻今泰国清迈）辖境到达今泰国北部；老挝宣慰司（驻今老挝琅勃拉邦）曾统治了今老挝北部。南部海滨的琼州府统治了今海南省。明朝时期的民族分布状况与当今这些地方的民族分布状况已经完全相同，多元一统的格局相似。

在明王朝这个统一的多民族国家的辖境范围内，各民族之间乃至同一民族内部的政治、经济、文化的发展仍然是不平衡的。汉族从聚居中心区向四周边境迁移，把先进的汉族经济文化向边疆兄弟民族地区传播。明朝以前，今云南、贵州和川西南一带基本上是兄弟民族聚居区，汉族人口很少。明朝以军屯、民屯、商屯的形式，把大量的汉族人口迁入云南、贵州和川西南地带，加强了汉族与边疆兄弟民族之间的团结友好关系，边疆的一些兄弟民族在吸收了以儒家典籍为基础的汉文化之后，使自己民族的文化得到不同程度的提高。在四周边境的各兄弟民族聚居区，明朝继承了汉、唐以来的羁縻政策和元代的土官制度，并使之发展为比较完备的土司制度。《明史·土司传》说："西南诸蛮……自巴、夔以东及湖、湘、岭峤，盘踞数千里，种类殊别。历代以来，自相君长，原其为王朝役使……沿及汉武，置都尉县属，仍令自保，此即土官、土吏之所始欤。迨有明踵元故事，大为恢拓，分别司、郡、州、县，额以赋役，听我驱调，而法始备矣。然其道在于羁縻，彼大姓相擅，世积威约，而必假我爵禄，宠之名号，乃易为统摄，故奔走惟命。"在这里，《明史·土司传》的作者把实行土司制度的地域范围只局限在西南、中南和岭南的一些地方，这是不正确、不全面的。当时设置在西南、中南和岭南一些地方的土府、土州、土县、宣慰司、宣抚司、长官司是土司，东北的奴儿干都司、西藏的乌思藏都司和西北一些卫所以土著民族上层为指挥使者，能够说不是土司吗？明朝在当时全国范围内所有少数民族的聚居区普遍实行土司制度。这种制度是汉、唐以来羁縻制度的延续和发展，是中国古代封建主义的民族政策的具体体现。这种政策，从表面上来看是沿袭使用土著少数民族中的贵族分子充当地方各级政权中的长官，实质上是在于保留各少数民族内部的政治、经济结构不变，然后通过土官来进行贡纳的征收，并从形式上保证全国范围内政治上的统一，稳定多元一统的格局。虽然各少数民族地区的经济基础与汉族地区并不相同，但封建中央大民族统治阶级与地方民族统治阶级之间，却在共同对少数民族人民进行剥削统治的前提下结合起来了。这种政策的实施，使多民族而经济、文化发展不平衡的国家稳固地统一了起来，有利于各民族之间经济、文化的交流，也有利于各民族的共同发展。然而，这个政策是大民族统治阶级制定的，有其阶级的局限性，伴随阶级矛盾而产生的民族矛盾仍不可避免，大民族统治阶级的民族压迫和地方民族统治阶级势力的膨胀，打破了统一的格局，造成了明王朝的崩溃。16世纪前半叶，西南边疆的傣族和缅甸族中的土司为发展自己的势力而互相兼并纷争，造成了缅甸土司脱离明朝而建立洞吾王朝（1531—1752年）。同时前后，东北女真族经济文化迅速发展，地方贵族势力崛起。万历四十四年（1616 年），努尔哈赤在赫图阿拉（今辽宁新宾）建立了后金政权，在东北边境进行扩张。明王朝受到这两个在东北和西南同时崛起的地方民族势力拉锯战的侵扰，竭尽全力地调动军队前往征讨，加重了内地各民族人民的负担，使阶级矛盾和民族矛盾同时发展到了十分尖锐的地步，内地农民起义和东北边境女真族（满族）贵族势力的向内发展促成了明王朝的迅速崩溃。

八　清朝时期

清朝是满族贵族建立的。满族在明朝初年称为女真，明朝在东北地区设置奴儿干都司，以女真族中的贵族分子为土官进行统治。16 世纪后期的明朝隆庆、万历年间，女真族中的先进部分在吸收汉族经济文化的基础上迅速地发展了起来。明万历四十四年（1616 年），努尔哈赤在赫图阿拉（今辽宁新宾县）建立了后金政权，开始向邻近地区扩大统治范围而与明朝对抗。明崇祯九年（1636 年），皇太极在沈阳改国号为清，进一步向明朝统治区域进逼。明崇祯十七年（1644 年），以李自成为首的农民起义军占领北京，明朝山海关守将吴三桂引清兵人关镇压农民起义军。清朝军队在人关镇压农民起义军的过程中，先后占领了原来明朝统治的地方，又先后把过去分裂了而为明朝不曾统一的地方重新统一了起来。

明末清初，北方到西北的蒙古族分裂为许多部。它们是：漠北喀尔喀蒙古。喀尔喀蒙古内部又分为三部，即车臣汗部（在今蒙古国东部）、土谢图汗部（在今蒙古国中部）、扎萨克图汗部（在今蒙古国西部）。漠南蒙古则分为几个盟，分布在今内蒙古自治区。漠西厄鲁特蒙古。漠西厄鲁特蒙古内部又分为土尔扈特（游牧于今俄罗斯伏尔加河下游至新疆伊犁一带）、准葛尔（游牧于巴尔喀什湖以东的伊犁河流域）、和硕特（游牧于今新疆乌鲁木齐一带）等部。还在清朝人关前的明朝崇祯十年（1637年）前后，漠南蒙古便归顺了清朝。康熙初年，游牧于天山北路的准葛尔部的势力壮大，合并了厄鲁特各部，于清康熙十七年（1678 年）攻破南疆的叶尔羌汗国而占有其地，更向漠北的喀尔喀蒙古进攻。康熙二十七年（1688 年），准葛尔部葛尔丹战败土谢图汗，喀尔喀各部“南徙者蔽地而来，前后相望六十余里”。喀尔喀蒙古大喇嘛哲布尊丹巴以宗教信仰与满州相同，乃率领漠北喀尔喀各部投向清朝。康熙二十九年（1690 年），准葛尔首领葛尔丹又进攻漠南蒙古。于是清朝乃于康熙二十九年（1690 年）、三十四年（1695 年）、三十六年（1697 年）三次出兵漠北攻打准葛尔军队，打败了准葛尔军队，统一了漠北，喀尔喀的蒙古王公们接受了清朝的各种封号，清朝把漠北蒙古各部分编为旗，在科布多（今蒙古国科布多省省会吉尔格朗图）、乌里雅苏台（今蒙古国扎布汗省省会乌里雅苏台）等地派将军和参赞大臣驻守，稳定和加强了漠北的统治。

准葛尔部葛尔丹在漠北战败自杀之后，其侄策妄阿拉布坦又在北疆纠集准葛尔残部，继续据地自雄，与清朝对抗，康熙五十六年（1717 年）准葛尔蒙古兵攻入西藏。清朝派兵入藏驱逐了准葛尔军队。准葛尔部长期盘踞西北，与清朝为敌。乾隆二十年（1755 年），清朝才最后平定准葛尔部，在伊犁等地派将军、参赞大臣、领队大臣驻守，巩固了天山北路蒙古等族的居住区域。过去隶属于准葛尔的蒙古唐努乌梁海地区（今蒙古国西北库苏古尔湖以西至锡什锡德河、小叶尼塞河流域连接叶尼塞河地带）也就在此时纳入了清朝的版图。

17 世纪初叶的明朝末年，在南疆以维吾尔族为主的地方，出现了一个叶尔羌汗国（喀什葛尔汗国）。其领域，南自叶尔羌（今莎车县）、喀什噶尔（今喀什市）起，北达阿克苏、库车、焉耆、吐鲁番、哈密等地，向东直抵明朝西部边关嘉峪关。汗（国王）的民族成分是已经归依伊斯兰教的蒙古族察合台汗的后裔[1]。康熙十七年（1678 年），准葛尔覆灭叶尔羌汗国而据有其地。乾隆二十年（1757 年），清朝军队平定准葛尔，原被准葛尔俘虏的维吾尔族各城的首领大、小和卓木（即布那敦、霍集占）趁机逃回南疆，号召各城起兵反清，企图造成割据，乾隆二十三年（1758 年），清朝出兵讨伐大、小和卓木。乾隆二十五年（1760 年），清兵平定南疆，在喀什噶尔等地分派参赞大臣、领队大臣、办事大臣驻守，归伊犁将军统属。至此，天山南路再统一，西北边疆稳定下来了。

清朝入关前夕，于崇德二年（明崇祯十年，1637 年），通过漠南蒙古王公们的转介，“发币使延达赖”，与西藏取得了联系。崇德四年（明崇祯十二年，1639 年），达赖、班禅、藏巴汗共同派遣伊喇固散呼图克图等向清朝贡方物、献丹书。清兵入关后，顺治九年（1652 年），达赖五世至北京，清世祖为之“建西黄寺居之”。康熙五十六年（1717 年），准葛尔策妄阿拉布坦遣台吉策凌敦多布等率兵攻入西藏。清朝派兵入藏，准葛尔兵败退回伊犁。康熙五十九年（1720 年），清朝“留蒙古、川、滇兵四千，命公策旺诺布总统戍藏，额附阿宝、都统武格参赞军务”。原藏中第巴、台吉之有功者，皆加官晋爵，各授噶卜伦（大臣），分理藏务。雍正五年（1727 年），西藏又发生叛乱。阿尔布巴、隆布奈等，恃与达赖之姻亲关系，企图夺取贝子康济鼐的权柄，杀害康济鼐，准备投准葛尔。清朝又派兵入藏，台吉颇罗鼐率后藏及阿里兵协助讨平叛乱，清朝以颇罗鼐为贝子，总理西藏政务，留大臣正副二人领兵驻守，三年一轮换。乾隆五十三年（1788 年），又发生廓尔喀（在今尼泊尔境内）入侵西藏事件。而廓尔喀入侵，则是由于藏族上层内部的争权夺利，班禅六世的弟弟沙玛尔巴引廓尔喀兵入侵。清朝派兵击退廓尔喀兵，对西藏的统一进行调整和加强，制订“善后章程”，使清朝封建中央集权与西藏地方自治结合起来，西藏的政局即此稳定，巩固了西部边疆的统一。

乾隆三十二年（1767 年）、三十四年（1769 年），清朝曾两次出兵缅甸，企图恢复明朝前期对今缅甸、泰国北部、老挝北部的统治，一度占据今缅甸北部、泰国北部、老挝北部的一些地方，但最后因军事上失利而退回，西南边境的地界稳定在今德宏、西双版纳沿边一线（与今界略有出入）。

清朝初年，郑成功抗清失利，于顺治十八年（1661 年）率军退往台湾，于次年赶走窃据台湾的荷兰殖民者，收复台湾，招徕大陆移民前往垦殖。康熙二十二年（1683 年），清军向台湾进攻，郑成功的孙子郑克塽战败投降。清朝统一了台湾。

清朝仍然是一个统一的多民族国家，在这个统一的多民族国家内，各民族之间，乃至同一民族内部的政治、经济、文化发展依旧是不平衡的，与汉、唐时期相较，只是程度上的不同，实质上并不曾发生根本性的改变。清朝在除汉、满、回族以外的其他少数民族地区采取了两种不同的民族政策措施。其一，在靠内与汉族共同杂居的少数民族地区，采取了“改土归流”的政策，即废除少数民族中世袭的土官，改用由中央派遣前往少数民族中进行统治的流官。在这些地方，少数民族中的政治、经济生活与汉、满、回族趋于划一，但文化生活仍有不同。其二，是在边疆少数民族聚居区仍然实施土司制度，团结各民族上层以巩固边疆，边疆少数民族聚居区仍然保留其政治、经济、文化特点。

清朝在明朝的基础上继续对边疆少数民族聚居区进行汉族移民垦殖，使更多的汉族人口前往边疆与少数民族共居，加强了民族团结，巩固了边疆。满族也从东北大量移入内地，与汉族共同杂处，渐渐形成当代全国范围内的这种民族分布格局。清朝的疆域范围，在乾隆至嘉庆年间，北至今蒙古国北部边境的恰克图；东至台湾及其周边岛屿；南至海南岛、东沙群岛、中沙群岛、西沙群岛和南沙群岛；西至巴尔喀什湖、葱岭（帕米尔）；东北至外兴安岭、库页岛；西北有唐努乌梁海之地。1840 年以后，受到帝国主义的侵略而边疆地域范围有所收缩。

1911 年以后的中华民国继承了清朝末年的疆域范围和民族分布状况。1949 年以后的中华人民共和国继承了中华民国的疆域范围和民族分布状况。

参考文献

[1] 中央民族学院研究部：《维吾尔族史料简编（下）》，中央民族学院研究部 1956 年版，第 1 页。

彝族史研究的回顾与前瞻

张鑫昌

彝族是中华民族大家庭的重要成员之一，对祖国文明的发展做出了重要贡献，认真总结前人的研究成果，编写一部彝族通史，对弘扬彝族历史文化，加快彝族地区的现代化建设，具有重要意义。同时也有利于增强中华民族的凝聚力，稳定边疆，巩固国防，实现各民族的共同繁荣。

现代意义上的彝族史研究是从20世纪上半叶开始的，当时有一批学者在彝族居住地区从事民族志调查研究，在语言、风俗、宗教等诸多方面，都有很多资料积累，也做了很多开创性的工作；也有学者在从事作为统一体的中国民族史研究的时候涉及彝族史的某些领域。但专门的彝族史研究，则是在中华人民共和国成立之后才开始的。

一　历代对彝族的研究与记载

彝族这个名称出现很晚，但其先民的活动却很早就有了史籍记载。与彝族来源有一定关系的氐、羌、蜀等名称，甲骨文中已有记载。早期的史籍如《尚书》、《竹书纪年》等也记录了这些民族的活动。到了汉代司马迁写《史记》的年代，彝族先民便以巂、昆明等名称明确地被记录了下来。巂也作叟，古人即认为与蜀同音异写，所指的民族也相同。

彝族有自己的文字，有用本民族文字记录的大量经籍，其中的大量内容涉及先民的活动。有一批系统的谱牒，如较长的贵州水西安氏族谱，到清康熙年间止，已有一百多代，距今三千余年。

《汉书・地理志》及其他一些地理志记载的地名，也为我们提供了大量彝族先民活动的遗痕。

从20世纪开始的考古发掘，也为我们探索彝族先民的活动提供了许多实物证据。其中的许多实物，都有可确认的年代标记。

中国有悠久良好的修史传统，从司马迁写成《史记》开始，一直到清代，都有连续的通史，其中不乏对彝族先民的记录与描述。其他的许多史籍也为我们研究彝族先民走过的历程提供了可靠的资料。通过《史记·西南夷列传》、《汉书·西南夷列传》、《后汉书·南蛮西南夷列传》、《华阳国志》、《蛮书》、《新唐书》、《宋史》、《元史》等典籍提供的资料，我们能把彝族先民曾经用作自己族群标志的名称逐一排比出来，让我们知道嶲（叟、蜀）、昆明—爨—乌蛮—罗罗等名称都是不同时期对彝族先民的称呼。从唐代开始，各种史书、方志还记录了许多作为地域标志和家氏区分的支系名称。彝族的风尚、礼俗与生产、生活等方方面面，自古也有记录。但这些都不能与今天所说的民族研究和民族史研究相提并论，一方面它没有科学的指导思想、客观的态度，另一方面论述也多简单。

二　20世纪的研究状况

到了20世纪以后，特别是清王朝被推翻后，一些走出国门和未走出国门的学者，注意学习国外的新知识。后来在中国非常流行的人类学或民族学的研究方法，在此时也引进中国。开始有人用民族志的方法，在中国进行调查研究。彝族的民族志调查，也是由一批受过这种训练的学者来完成的。成绩卓著者，有杨成志、江应樑、陶云逵、马学良、林耀华诸先生。杨成志有《中国西南民族中的罗罗族》、《云南罗罗族的巫师及其经典》、《云南罗罗族论丛》等成果发表，他是最早进入彝族地区的中国人类学家。江应樑有《凉山彝族奴隶制度》、《彝族社会》等。陶云逵最著名的成就是在彝族地区发现并首先报道了图腾制遗留，他对新平鲁奎山等地的调查资料，长期以来都被人们不断引用。林耀华有《凉山彝家》。马学良的专业是语言文字，同时涉及彝族的社会文化，他是彝族语言研究的先驱。

这些学者没有直接从事彝族史研究，却对彝族史研究有很大影响。他们的研究，为彝族史研究提供了很多真实可靠的民族志资料。而他们倡导和引入的民族与语言两个视角，则形成了现代意义上的彝族史研究的理论基础。

同一时期，也有一些国外的旅游者或过客，对所见到的彝族及其文化风俗作过描述和记录，也有一些评论。有的观点还在国际上形成了一定的影响。彝族有雅利安血统及彝族可能是外来者的观点即是其一，后来受到中国学者的批判。民国时期彝族自办的《新夷族》曾发表过安成的文章——《西南夷族不是中国的土著民族吗?》，大约也是针对这种观点而发。持外来说的这些人的研究不深入，多数也非专家，所说多出于臆断，没有什么证据，徒添纷乱，而无助于彝族史研究。

在民国时期，随着民族学与人类学引进中国，民族的概念也受到重视。吕思勉、王桐龄、缪凤林、宋文炳、刘谈藜、林惠祥等都写过相同名称的《中国民族史》，也都谈及彝族。王洁卿写过《云南民族之研究》、马长寿写过《中国西南民族分类》。这些人提到民族，都带有独立范畴与平等观念，已有很大的进步。而林惠祥在所著《中国民族史》中，专列罗罗缅甸系一节，纯出于语言视角。

民族与语言两大视角，在中华民族共和国成立以后得到充实，著名的民族大调查与语言调查便是为进行民族识别与决策需要而进行的，取得了丰硕的成果。也正是依靠了这些调查成果，才为后来的民族识别与认定打下了基础。语言视角的引入，还奠定了民族关系的谱系分类基础，用语言资料，为民族史研究提供了参考线索。

应该说，纯粹的彝族史研究工作，主要是在中华人民共和国建立后进行的。在此之前，如朱希祖的《两爨氏族考》等，虽也有人涉及这一领域，突出的成果并不多。1949 年以后，由于政治需要，加上政府重视，有很大一批人投入了彝族历史和相关问题的研究。其中的一大批人是从民族调查开始认识和了解彝族并投身彝族史的研究。《彝族简史》的编写就属于这种情况，它是许多人集体劳动的成果，其中的很多人就参加了彝族社会历史调查。

正是由于受到民族志描述方法与记录材料的影响，彝族史的研究，从明、清以前的一般性叙述，转向分类细密的严肃学科。从笼统的描述转向由政治史、经济史、宗教史、艺术史、教育史、文学史、风俗史等众多子项目构成的系统史学。

中华人民共和国成立后的早期彝族史研究除一般性的论文撰写外，主要的工作集中在五个方面，即史料的鉴选节录和校订、南诏史研究、凉山彝族奴隶制研究、彝文典籍的翻译和研究以及几部彝族专史的撰写。

史料节录虽然属基础工作，但也体现了个人的研究水平与观点。中央民族大学等一些单位曾节录过规模较大的彝族史资料，但未出版。已出版的彝族史资料节录本主要有蒙默的《凉山地区古代民族资料汇编》，魏治臻的《〈清实录〉彝族史资料辑要》、《彝族史料集》，何耀华的《武定凤氏本末笺证》，王忠的《〈新唐书·南诏传〉笺证》，李霖灿的《南诏大理国新资料的综合研究》，杜玉亭的《元代罗罗斯新史料辑考》等。方国瑜主编的《云南史料丛刊》虽不是单独针对彝族，但就其史料收集的广博、考校的精深、使用的方便，都是堪称一流的。是书，明代以前的彝族史的重要史料几乎都包罗其中，明代以后才偏重于云南。

南诏史研究也是彝族史研究的重要环节，历来受到重视。除前述的史料整理成果外，尤中的《南诏史话》、马长寿的《南诏国内的部族组成与奴隶制度》、王吉林（中国台湾）的《唐代南诏与李唐关系之研究》、美国学者查尔斯·巴克斯的《南诏国与唐代中国的西南边疆》（林超民译）都有一定的代表性。而向达、赵吕甫、木芹等三人先后分别对唐代樊绰的《云南志》（也作《蛮书》）作考校研究，说明人们对南诏史研究的重视。南诏史研究的重点主要集中在南诏的社会性质、南诏王室族属以及南诏和吐蕃、南诏与李唐的关系等几个方面。彝族学者刘尧汉的论文《南诏统治者蒙氏家族属于彝族之新证》，在族属研究方面具有一定的代表性。

凉山彝族奴隶制问题，也是热门课题，先后出版了集体编著的《凉山彝族奴隶制社会》、《凉山彝族奴隶制研究》、《凉山彝族社会性质讨论集》、《明清彝族奴隶社会》；也有个人研究的成果，如胡庆钧的《凉山彝族奴隶制社会形态》、周自强的《凉山彝族奴隶制研究》。奴隶制问题的研究虽然主要取自民族志调查资料，但也涉及历史发展脉络。另胡庆钧在《明清彝族社会史论丛》中，也讨论了彝族奴隶制的一些历史发展情况。

彝族文献对彝族研究的作用，学者历来寄予厚望。早在民国年间地质学家丁文江先生在贵州接触彝文书籍，不惜放下手中的工作，与彝族毕摩罗文笔合作，翻译出版了第一本初具规模的彝文文献丛书，题名《爨文丛刻》，翻开了彝文文献翻译新的一页。到目前为止，翻译的书籍已达数百种，北京、云南、四川、贵州的许多科研机构都在致力于这一工作。翻译的书籍，不仅为我们提供了大量历史资料，也解决了许多汉文史书记述不明的问题。

专史研究也有一些成果，彝族文学史的研究有左玉堂等编写的《楚雄彝族文学简史》、李力主编的《彝族文学史》；文化史的成果则有马学良等的《彝族文化史》、张福的《彝族文化史》，刘尧汉的《中国文明源头新探》也可归入这一领域。

系统编撰彝族史是彝族史研究的目的之一。这一工作起步也很早，方国瑜、马长寿等学者，在中华人民共和国成立后一段时间，就已开始着手这一工作，目的是要从整体上把握彝族历史的发展脉络。马长寿有《彝族古代史》（李绍明整理），方国瑜有《彝族史稿》。方国瑜以史料考证见长，而马长寿则引入许多语言学的研究资料。由于工作环境的不同，在今天看来，在彝族史研究中，方国瑜、马长寿两先生确具真知灼见，影响甚深。方国瑜除了有《彝族史稿》一书外，《云南史料目录概说》、《中国西南历史地理考释》、《云南史料丛刊》等书籍，都为彝族史研究扫清了不少障碍，他所撰写的大量论文，也涉及彝族史。

相对于方、马两位先生，易谋远的工作，起步较晚，所以也有条件利用一些新材料，他所著的《彝族史要》一书，最大的特色是使用了大量的彝文文献翻译资料，并以此为线索来追溯彝族先民的历史发展轨迹。

总的来说，彝族史的研究成果，还是以论文为主，专书是少数。回顾前人走过的路程，在看到他们的成绩的同时，也应该清醒地看到，前人的工作，只是阶段性的成果，许多问题还需要后人不断努力，加以解决。彝族史的许多问题还存在争议，本身就说明，研究有待深入。

争议的问题主要体现在这几个方面：一是彝族史所涉及的诸如文字起源问题、族源等问题有不同看法；二是体现为亲缘民族之间对某些古代族群或事件的归属争议；三是不同系统民族与彝族之间的归属争议。发生这样的争议，亲缘民族由于在古代分化不明显，难免有无法区分的可能，但就非亲缘民族而言，问题的产生主要源于史料的利用与解释，反映的是材料使用的科学准确性及研究的深入程度。在前人的一些论述中，研究不深入，使用材料不准确而导致的错误是很多的。如说彝族不使用铜鼓、不制作陶器等一些观点，也是不看史书的想当然臆断，这些问题的出现，固然有方法论上的原因，但在很大程度上也说明彝族史的研究应该加大力度，让一大批熟谙彝族文化、有深厚史学功底的学者加入彝族史研究的行列。

三 新世纪的展望

可喜的是，经过一个多世纪的努力，彝族史的研究已经打下了很好的基础，前景足可乐观。学术发展使学科分类不断细化，也不断完善，历史研究已从纯史料分析转向多学科的综合研究，民族学、考古学、语言学、文字学、信息处理技术、生物学等诸学科的成果，都可应用于历史研究，势必使历史研究更加深入，也更加科学可靠。这种优势在彝族史研究中也得到了体现，也将会越做越好。

不少的科研基地的建立，也是彝族史研究的良好基础。在云南、四川、贵州、北京等地，都有一些学校与科研院所致力于彝族史及相关问题的研究。一些博物馆中收藏有大批的彝族文物，也有人专门研究。一些档案馆中，也收藏了相当数量的包括彝族在内的少数民族档案，亦有人进行专门的整理和研究。这些都是彝族史研究的人员基础与机构保证。

彝族研究人才的形成，也是学科发展的可喜成果。目前的人才结构，已远非方国瑜、马长寿等先生筚路蓝缕的年代可比，多学科各层次的人才都已有相当的规模，并且人才的层次也越来越高，很多都是各个相关学科培养的高级专门人才。更为可喜的是，一个有深厚民族感情、熟悉本民族历史文化的彝族学者队伍也在茁壮成长。

彝族史及相关问题的研究，影响也越来越大，不仅吸引了国内专家学者，也引起了国外学者的重视，工作越来越活跃。它充满生机与活力，研究正逐步深入，已成为史学研究百花园中的一个有机组成部分。

总之，彝族史的研究，处在这样一个既充满希望又具挑战的关键时期。无论从理论性、学术性、现实性的高度来讲，对过去的学术成果进行反思和总结，向社会提交一个综合性的研究成果，都是迫在眉睫的事。《中国彝族通史》的编写就是要做这样的工作，我们将集中一批学者来写《中国彝族通史》，既要总结、利用前人的成果，也要解决许多新出现的问题。我们一定要以马列主义、毛泽东思想、邓小平理论以及江泽民同志“三个代表”重要思想和他们关于民族问题的重要论述为指导思想，采用科学的研究方法，讲究学术规范，实事求是、与时俱进、严肃认真地工作，为把彝族史的研究提高到一个新水平而努力。

西南边疆乌蛮源流考释

王文光

在中国西南边疆民族历史发展进程中，乌蛮是一个承上启下的民族群体，他上承氐羌系的昆明、叟、嶲，下启现代汉藏语系藏缅语族彝语支各民族。乌蛮的变化，反映了不同历史时期西南民族的分化与融合，但至今对乌蛮的源流仍留有诸多值得探讨的问题，故应进行深入的研究，给予高度的关注。这对于了解西南边疆各民族的由来与发展，对探讨中华民族多元一体格局的形成与发展都具有相当重要的理论意义和实践意义。

一

有关乌蛮的最早记载始见于《北史·周法尚传》："嶲州乌蛮反，诏法尚便道讨击破之。"[1] 此记载过于简单，但却是明白地表明甚少在南北朝时期中国历史文献的记载中出现了一个乌蛮。

对此，《隋书·周法尚传》所载比《北史·周法尚传》更为详细："嶲州乌蛮反，攻陷州城，诏令法尚便道击之。军将至，贼弃州城，散居谷间，法尚捕不能得。于是遣使慰谕，假以官号，伪班师，日行二十里，军再舍，潜遣人觇之，知其首领尽归栅，聚饮相贺。法尚选步骑数千人，袭击破之，获其渠帅数千人，虏男女口万余。"[2]

针对上述两条最早记载乌蛮的材料，有必要作如下的讨论：

第一，乌蛮作为一个民族群体的名称出现的时间问题。从表面上看，《北史》和《隋书》都是唐初写成的，而作者李延寿（生卒不祥，主要事迹都在贞观年间）、魏征（公元 580—643 年），他们都是跨越了几个历史时代的人，能看到南北朝时期诸多的文献资料，他们是从这些文献中知道乌蛮的，并将之写入相关文献之中。因此，可以认为：在南北朝时期，乌蛮已经被汉族史家作为一个族称记入史籍。

第二，乌蛮是否只分布在巂州。巂州，梁武帝大同三年（537 年）置，宋属大理，故治在今四川省西昌市。从《北史》、《隋书》的记载来看，似乎只有巂州才有乌蛮。但事实并非如此，史家只记载了与汉民族政权接触较多，且势力强大者，而乌蛮的其他部分则由于齐梁之际，爨氏占宁州，处于相对封闭的状态，各地保境不通，所以没有被认识。故到了强大而统一的唐代，对乌蛮的认识和记载便全面且详细了起来，成了西南地区分布较广、人数较多的一个民族群体。

第三，乌蛮何以称为乌蛮。可以肯定地说，乌蛮是一个他称，带有强烈的民族歧视色彩，是汉民族史家对有尚黑文化习俗并有共源关系的某一民族群体的称呼。

长期以来，汉文史籍就把南方非华夏或非汉族的民族群体称为蛮。《礼记·王制》载：“东方曰夷，被发文身，有不火食者矣。南方曰蛮，雕题交趾，有不火食者矣。”到了唐代樊绰还把记载云南各民族的书叫做《蛮书》。那么把有尚黑习俗的民族群体概括地称为乌蛮，就是在大汉族主义文化视野下的一种必然反映。

二

在讨论了乌蛮一词出现的最早时间、得名原因后，有必要继续讨论乌蛮的来源问题。

《中国大百科全书·民族》载：“乌蛮系由昆明部落发展而成。”[3] 田晓岫先生也说：“被泛称为乌蛮的，是分布于今天云南东部、中部、四川南部和贵州西部崇尚黑色的族群。其源出于汉晋时西南中的叟、昆明。”[4] 那么叟、昆明又与更早的什么民族有关呢？对此，《辞海》乌蛮条载：“（乌蛮）古族名，源于氐羌。”

对于乌蛮直接源于氐羌，卢勋等先生认为：“乌蛮先人大概是源于古代氐羌系统分化出来的一些部落群。他们很早便从我国甘、青高原辗转迁至西南广阔地区，并与当地一些土著逐渐融合，汉晋时期泛称为‘昆明’

和‘叟’。”[5]而氐羌与昆明、叟的源流关系，是司马迁最早在《史记·西南夷列传》中提出的：“西至桐师（今保山）以东，北至叶榆（今大理），名为嶲、昆明。皆编发，随畜迁徙，毋长处，毋君长，地方可数千里……皆氐类也。”[6]司马迁所说的氐类，似乎没有包含羌，实际上氐和羌是有亲缘关系的民族群体，所以先秦时期总是氐羌连举，视为同类，而魏晋以后才大量地把氐羌分别单独称呼。现将相关史料列之如下，以证明之：

> 《山海经·海内经》载：“伯夷父生西岳，西岳生先龙，先龙是始生氐羌，氐羌乞姓。”[7]
>
> 《诗经·殷武》载：“昔有成汤，自彼氐羌，莫敢不来享，莫敢不来王，曰商是常。”[8]
>
> 《逸周书·王会解》载：“西申以凤鸟……氐羌以鸾鸟献。”[9]
>
> 《荀子·大略篇》载：“氐羌之虏也……忧其不焚也。”[10]
>
> 《吕氏春秋·恃君篇》载：“氐羌、呼唐，离水之西。僰人野人……多无君。”[11]
>
> 《竹书纪年》载：“（汤）十九年，大旱。氐羌来宾，……武丁三十四年，师克鬼方，氐羌来降。”[12]

源于西北的氐羌进入西南后，在秦汉时期被汉族史家记为昆明、嶲，而到南北朝时期又被汉族史家根据他们有尚黑文化习俗并有共源关系的特点，记为乌蛮。这也可以从以下两个方面得到证明：

第一，不论是考古材料还是文献记录都没有关于昆明、叟的分布区有过大的战争足以将强大的昆明族消灭的记载，同时也没有这一地区民族大规模迁徙的痕迹。

第二，秦汉时期昆明、嶲的分布区与南北朝乃至唐宋时期乌蛮的分布区是重合的。

先看昆明、嶲的分布区。《华阳国志·蜀志》越嶲郡定笮县条载：“笮，夷也，汶山曰夷，南中曰昆明。”[13]南中为今云南、贵州、四川西昌地区、滇黔连接地，则在这个区域内的许多地方，都有昆明族分布，而又可以将之分为几个次区域分布区。

滇西是昆明族分布的一个次区域，《史记·西南夷列传》载：“西至桐师（今保山）以东，北至叶榆（今大理），名为嶲、昆明。”[14]则在今保山到大理一线的滇西地区都有昆明族分布，故在《后汉书·西南夷传》又载：“明年春，邪龙县（今云南巍山县）昆明夷卤承应募，率种人与诸郡兵击类牢于博南，大破斩之。”[15]显然这也是分布在滇西的昆明族。

从滇西经楚雄到滇中一线也分布着众多的昆明族，《后汉书·西南夷传》载：“建武十八年（公元42年）夷渠帅栋蚕与姑复（今永胜、华坪）、叶榆（今大理、洱源）、弄栋（今云南姚安、南华、楚雄、牟定、广通、元谋等县）、连然（今安宁市）、滇池（今晋宁）、建怜（今昆阳、易门）昆明诸种反。”[16]又《史记·西南夷列传》载：“及元狩元年（公元前122年）……天子乃令王然于、柏始昌、吕越人等，使间道出西夷。西，指求身毒国。至滇，滇王尝羌乃留为求道西十余辈，岁余皆闭昆明，莫能通身毒国。”[17]又《史记·大宛列传》载：“于是汉发三辅罪人，因巴蜀士数万人，遣两将军郭昌、卫广等往击昆明之遮汉使者。”[18]这儿的“求道西”说明从今滇池地区出发向西达洱海地区都有昆明族分布，与《后汉书·西南夷传》所载是吻合的，即从滇池向西经楚雄到洱海地区都有昆明族分布。

与昆明族有亲缘关系的叟族主要分布在越嶲郡及其东边的朱提郡，和昆明族相比大约人口数量少一些、综合实力弱一些，故《华阳国志·南中志》载：“夷人大种曰昆、小种曰叟。”[19]1936年，在昭通洒鱼河边古墓中出土“汉叟邑长”铜印一枚，说明了从西边雅砻江以东的西昌沿金沙江向东到昭通这一带状地区内都是叟族的分布区。值得重点强调的是，昆明族和叟族的分布区不是绝然分开的，而是相互杂居、犬牙交错的。

现在让我们来看隋唐时期乌蛮的分布情况。

第一，西部的乌蛮，主要分布在《史记·西南夷列传》所说的“西至桐师（今保山）以东，北至叶榆（今大理）”这一广大地区，为今天的楚雄州西部、大理市及保山市，以历史上所谓的六诏（或八诏）为主，故《云南志》卷三载：“六诏并乌蛮，又称八诏。”[20]

第二，北部的乌蛮，主要分布在雅砻江以东、大渡河以南、金沙江以北并一直延伸到滇东北、黔西，即从今四川西昌向东一直到云南昭通和贵州毕节。这些乌蛮便是汉晋时期分布在越嶲郡和朱提郡的昆明族、叟族之后。据《新唐书·南蛮传下》载：“乌蛮与南诏世为婚姻，其种分为七部落：一曰阿芋部，居曲、靖州故地；二曰阿盂；三曰夔山；四曰暴蛮；五曰卢鹿蛮，二部落分保竹子岭；六曰磨弥敛；七曰勿邓。”[21]综合各种史料来看，乌蛮的阿芋部分布在今昭通、鲁甸等地；阿孟部分布在今云南镇雄境内；夔山部在今云南大关、彝良境内；卢鹿部分布在今云南会泽、巧家、东川等地；磨弥敛部在今云南宣威市；勿邓则分布在今四川凉山州从雅砻江到滇东北一线的广大地区。这些地区总体上与汉晋时期的越嶲郡、朱提郡、昆明族的分布区是重合的。

第三，东部乌部，这部分乌蛮基本上就是南诏统一之前的“东爨乌蛮”。他们主要分布在今楚雄州东部、滇中地区和曲靖市、红河州、文山州的部分地区。[22]

至此我们有如下认识：乌蛮是上一个历史时期有共源关系的昆明族、叟族等民族群体，到南北朝时被汉族历史学家或政府官员概括为一个具有尚黑文化习俗的民族群体，故被称为乌蛮。这一认识最主要的依据有二，其一，乌蛮的分布区恰好与上一个历史时期的昆明族、叟族的分布区重合，且无任何证据表明这一地区发生过大的战争使昆明族、叟族消亡，同时也没有任何证据表明这一地区发生过大的民族迁徙，因此乌蛮与昆明族、叟族这二者之间是一种民族名称的变化，就民族自身而言，仍然还是指一个相同的，有共源关系的民族群体；其二，南北朝时，在西南地区，特别是今云南境内，处于相对封闭的爨氏家族的统治下，汉民族对这一地区的少数民族了解较少，所以历史学家或政府官员便根据自己的认识，将分布在今滇西、滇东北、黔西、川西具有共源关系、共同文化特征的昆明族、叟族称为乌蛮。

三

从乌蛮自身的分化与发展角度看，乌蛮到底是一个具有确定性的民族族称，还是具有不确定性的民族泛称的问题，也存在着不同的看法。即乌蛮直接发展为彝族说和乌蛮发展形成为汉藏语系藏缅语族彝语支民族说。

先看直接发展为彝族说。所谓直接发展为彝族说就是认为乌蛮直接发展为今天的彝族，乌蛮就是一个具有确定性的民族族称。这种看法最早由元代的李京提出，他在《云南志略·诸夷风俗》中说：“罗罗即乌蛮……今日白人为白爨，罗罗为黑爨。”[23]

此后，刘尧汉先生在《南诏统治者蒙氏宗族属于彝族之新证》一文中，根据哀牢山区彝族的三份宗谱都以细奴罗为祖先，从而得出结论认为："南诏统治阶级蒙氏宗族的现在后裔是彝族，再从历史到现实皆证明其具有父子连名制和火葬这种彝族文化特征，以及灵台这一彝族现在所独有的普遍文化特征，并有彝族的巫画佐证，则南诏统治阶级蒙氏宗族确属于彝族，当毫无疑义。"[24]

侯绍庄、史继忠、翁家烈等人也认为："乌蛮是彝族的先民。"[25]持有此类观点的还有李宗放，他在《川西南彝族在唐宋时期的发展概略》中认为："土著乌蛮、迁入乌蛮共同构成了今川西南彝族的主体。"[26]

与上述观点不同的是：认为乌蛮不是一个专门性的族称，而是一个普通泛称。

方国瑜先生在他的论文《关于乌蛮、白蛮的解释》一文中认为："乌蛮、白蛮是普通的称谓，当然不能认为是专门的名称。乌蛮、白蛮是他称，不能认为是自称。"[27]

凌纯声先生在《唐代云南的乌蛮与白蛮考》中认为："唐代的乌蛮为今之罗罗及广大的藏缅族。"[28]凌先生虽然没说乌蛮是个泛称，但已明确表示，乌蛮不光是与罗罗有关，而且还与广义的藏缅族有关。

尤中先生对此则又进行较为合理的分析："南诏统一前，'施蛮'、'顺蛮'都还被视为'乌蛮'中的一部分，所以，'乌蛮'还不能说是近代彝族的先民；南诏统一之后，'施蛮'、'顺蛮'从'乌蛮'中分化出去，'乌蛮'所指即为近代彝族先民中的各个部分。"[29]

马曜先生从民族形成与发展的源流关系谈得更加具体："到了唐宋时期，云南腹地的白蛮和乌蛮通过异源同流和同源异流的不同途径，逐步形成了白族和彝语支的彝、纳西、哈尼等族。……乌蛮的大部分是今天彝族的祖先。一部分由于地域分割和社会经济的不同特点，从分化走向定型，发展成为新的不同民族集团。"[30]

从具体情况来看，直接发展为彝族说与历史事实有些不符，林惠祥先生曾指出："盖民族之分类有过去及现代两种观点：着眼于过去，则其对象实为历史上之民族；着眼于现在，则其对象即为现代之民族。历史上之民族未必等于现代之民族。……盖民族史内对于民族之分类应有一种历史上的分类，复有一种现代的分类。……二种分类可由于指出其民族变化之线索而结连之。"[31]显然，林惠祥先生明确认识到古代"民族"与现代

“民族”之间的区别与联系，二者不能简单等同。纵观古今民族的发展，民族总是处在分化、融合、再分化、再融合的历史发展过程之中的，“直接发展为”的情况很少。因此，认为乌蛮在南北朝与隋唐之际是一个不确定的泛称较为合理。

对于上述问题，我们的看法是：

第一，南北朝至隋唐之际，乌蛮不能简单地直接等同于现代的彝族，这个时期的乌蛮是一个分布广、人数众多、内部复杂、发展不太平衡的民族群体，正处于分化与融合的发展过程之中，但现代彝族的先民应包含在乌蛮之中，是乌蛮的组成部分之一。

第二，唐中期以后，乌蛮的区域性分化开始明显起来，北部乌蛮已开始显示出向现代彝族直接发展的迹象，他们处在金沙江北岸，其再往北走就是汉族，已无发展空间，西边的雅砻江把北部乌蛮和雅砻江西边的藏族先民分开，雅砻江形成了一条藏彝先民天然的文化分界线，故以雅砻江以东、金沙江以北的北部乌蛮为主体，形成了今天从凉山州到昭通市的彝族。

第三，元代以后，乌蛮开始在行省制度之下，被划分到四川行省和云南行省管辖之下，从而使乌蛮失去了更加集中发展的可能性，而元代的土司制度反而强化了各地乌蛮的相对独立性，于是促使乌蛮开始分化，向着现代彝族和藏缅语族彝语支的民族发展。

第四，明清之际，人们还能从文献中朦胧地了解到历史上的乌蛮，但由于乌蛮是一个他称，于是随着乌蛮自身的快速分化与融合，乌蛮开始在历史文献中隐去。

第五，清代以后中央政府的统治比以往任何时候都深入了各少数民族地区，其中也包含着乌蛮后裔的分布区。雍正年间（1723—1735 年）大规模的改土归流后，用乌蛮来指称民族的情况几乎消失，逐渐以罗罗、倮黑、禾泥、栗粟等来称呼有确定含义的民族。

综上可见，南北朝、隋唐时期的乌蛮，不能等于近现代彝族，它实际上包含着现代汉藏语系藏缅语族彝语支的大部分民族。

四

与乌蛮研究相关的还有白蛮，对乌蛮与白蛮的研究，关系到西南地区的民族源流、民族分布、民族关系、民族文化等诸多问题，故很有必要作相关探讨。

关于乌蛮与白蛮的区别这一命题，最早由樊绰在《云南志》中提出："西爨，白蛮也。东爨，乌蛮也。"[32]其后元人李京在《云南志略·诸夷风俗》中也说："罗罗即乌蛮……今曰白人为白爨，罗罗为黑爨。"[33]由于樊绰、李京都认为爨与乌蛮、白蛮有关，那么我们先看看爨之所指为何。

爨在西南民族史中，专指从中原进西南的一个汉族大姓。爨氏宗族的祖先，先秦时期是华夏人，到秦汉时期成为汉族中的名门望族。《爨龙颜碑》载："其先世则少昊、颛顼之玄胄，才子祝融之苗裔也。"此外还记载了春秋战国到汉晋时期他们祖先中还有显赫的人物如楚令尹子文、班朗、班彪、班固等先贤。汉末，因为被封在爨地，"因氏族焉"。后来因为种种原因"迁运庸蜀，流薄南入"而进入云南。三国时爨氏在南中有相当大的势力，成为南中显赫大姓。晋朝时，爨氏家族的爨量担任梁水太守，爨量死后，爨琛继承为爨氏宗族的政治首领，任交州刺史，从此开始了爨氏统治南中的局面。

在爨氏统治南中的近五百年间，其核心的统治区主要是接受汉文化较多的今滇东北地区、以滇池为中心的滇池地区、以洱海为中心的大理地区。在这一广大的地区内，分布着众多的民族群体，因受爨氏的统治，故称为爨蛮。被称为爨蛮的众多民族群体由于在经济生活、文化习俗上发展的不平衡，便被区别为乌蛮和白蛮。

先看乌蛮。《云南志·云南界内途程》载："此等部落，皆东爨乌蛮也。男则发髻，女则散发，见人无礼节拜跪，三译四译，乃与华通。大部落则有大鬼主。百家二百家小部落，亦有小鬼主。一切信使鬼巫，用相制服，土多牛马，无布帛，男女悉披牛羊皮。"[34]上述文化特点为分布在今滇东北一带的乌蛮所特有，看样子社会发展程度较低，还不能与汉族用汉语沟通，信仰原始宗教，尚无布制衣物"男女悉披牛羊皮"。

而分布在今凉山的乌蛮似乎比滇东北的乌蛮情况要好些："乌蛮妇人以黑缯为衣，其长曳地。"[35]则巂州乌蛮已经用布制衣，穿拖地长裙。显然，从汉民族的文化视角看，乌蛮的文化与汉文化差别太大。

再看白蛮。《云南志·蛮夷风俗》载："西爨及白蛮死后，三日内埋殡，依汉法为墓。稍富室广栽杉松。蒙舍及乌蛮不墓葬，凡死后三日焚尸，其余灰烬，掩以土壤，唯收两耳。"[36]

可见，当时汉民族的官员或学者，是根据当地民族自身的历史文化发展特点，从汉文化视角，以汉文化为标准，将爨氏统治下的爨蛮，把较为接近汉文化或大量吸收汉文化的部分称为白蛮，把与汉文化距离较远的部分称为乌蛮。

至此，关于乌蛮与白蛮的区别问题还未结束，因为《云南志·名类》中除"西爨，白蛮也。东爨，乌蛮也"[37]的记载外，《云南志·云南界内途程》又载北部乌蛮中，其内部又有一些被称为白蛮者："泸水从曲罗南经剑山之西，又南至会同川。边水左右，总谓之西蛮。邛部东南三百五十里至勿邓部落，大鬼主梦冲，地方阔千里。邛部一姓白蛮，五姓乌蛮……又东，钦两姓在北谷，皆白蛮，妇人以白缯为衣，下不过膝。"对东、钦两姓为白蛮，同书卷四也有相同的记载。上述的"白蛮"应是乌蛮系中的组成部分，当为"以白缯为衣"的原因，或在内部有等级的差别，而被称为"白蛮"。

《云南志》又载："渠敛赵，本河东州也……州中列树夹道为交流，树邑邑连甍……大族又王、杨、李、赵四姓，皆白蛮也。"[38]则这儿的"白蛮"指的是接受汉民族文化较多的部分，他们中的上层贵族都已经采用了汉族姓氏，与邛部中的那个"白蛮"是有区别的，不能视为同类。

对于上述认识，方国瑜先生曾说："根据樊绰《云南志》的记载，可以得出洱海区是以不同族系来分'乌蛮'、'白蛮'；滇东区则以同一族系不同地区来分'乌蛮'、'白蛮'；西昌（即凉山州）地区则以同一族系同一区域不同的统治者来分'乌蛮'、'白蛮'。虽同用'乌蛮'、'白蛮'的称谓，但在不同地区有不同的含义，所以不能以滇东或西昌的'乌蛮'、'白蛮'的记载与洱海区'乌蛮'、'白蛮'的记载混为一谈。"[39]方先生的见解是符合当时的历史情况的，使乌蛮、白蛮的区别有了一个合理的结论。因此，《云南志·名类》载："（台登城）又东有白蛮，丈夫妇人以僧为衣，下不过膝……亦呼为东蛮。"[40]这儿的"东蛮"是从地理分布的角度把东部的乌蛮叫做“乌蛮”，其内部有众多支系，着黑色服饰者叫“乌蛮”，着白色服饰者叫“白蛮”，这也就是方国瑜先生说的“同一族系，同一地区”区分出的乌蛮与白蛮，是同一民族群体中的两个部分。

五

如前所述，在南北朝、隋唐之际，乌蛮的分布从总体可以分为三大片，这一时期各片的内部分化还不明显。但到了唐宋之际，许多原来在乌蛮民族群体之中的各部分，一些开始从乌蛮中分化出来，向着独立的民族方向发展，成为现代汉藏语系藏缅语族彝语支部分民族的先民；也有一些开始表现出分化的趋势，这从名称上可以看出，如独锦蛮等。这都反映了乌蛮又进入了新的分化、融合时期，进入了形成同源异流民族发展的新阶段。根据《云南志》的记载，属于上边两种情况的有以下各“蛮”。

独锦蛮。《云南志》载：“独锦蛮者，乌蛮之苗裔也，在秦臧川南，去安宁两日程。天宝中（公元742—756年），命其长为蹄州刺史。其族多姓李。”[41]则独锦蛮是分布金沙江以南到滇池以西北的一个民族群体，到唐末已经和乌蛮产生差别，从乌蛮中分化出来，被称为独锦蛮，但仍与乌蛮有关，是“乌蛮之苗裔”。值得一提的是独锦蛮与洱海地区的乌蛮关系密切，有婚姻关系，《云南志》载：“异牟寻母，独锦蛮之女也。牟寻之姑，亦嫁独锦蛮；独锦蛮之女，为牟寻妻。有子李负蓝，贞元十年（公元794年），为大军将，在勃弄川为城使等。”[42]从已经采用汉姓来看，独锦蛮接受了众多的汉文化，表现出一定的汉化倾向。

长裈蛮。《云南志》载：“长裈蛮，本乌蛮之后，部落在剑川，属浪诏。其俗皆衣长裈曳地，更无衣服，惟披牛羊皮。”[43]看来长裈蛮是其穿宽大裤得名，已经从乌蛮中分化出来，故才说“本乌蛮之后”。长裈蛮最初分布在大理地区的剑川，后因南诏的挤压，迁往滇西北，即“南诏既破剑浪，遂迁其部落与施、顺诸蛮居，养给之。……（铁桥）东城至神川以来，半见散地。见管浪加萌、于浪、传兖、长裈、磨些、朴子、河人、弄栋等十余种。”[44]显然长裈蛮已迁至滇西北的今塔城以东地区。其民族分化与融合的走向，极有可能融入当地的彝族或藏族之中。

施蛮。樊绰写《云南志》时，施蛮已从乌蛮中分化出来，《云南志》载："施蛮，本乌蛮种类也。铁桥西北大施赕，小施赕、剑寻赕，皆其所居也。男以缯布为缦裆袴，妇人从顶横分其发，当额并顶后各为一髻。男女终身并跣足，披牛羊皮。部落主承上，皆吐蕃伪封为王。贞元十年（公元 794 年），南诏攻城邑，虏其王寻罗并宗族置于蒙舍城，养给之。"[45]则施蛮分布在今天的云南维西、贡山、福贡一带，与吐蕃王朝有十分紧密的关系（"部落主承上，皆吐蕃伪封为王。"）在吐蕃与南诏的矛盾冲突中，依附吐蕃的施蛮贵族遭到了南诏的打击，在公元 794 年南诏攻打吐蕃神川都督府的战斗中，将施蛮首领俘虏后安置在今巍山县，但广大施蛮人口仍分布在老地方，到下一个历史时期被称为"卢蛮"，他们是今傈僳族的早期先民之一。[46]

顺蛮。《云南志》载："顺蛮，本乌蛮种类，初与施蛮部落参居剑、共诸川。……铎罗望既失邓川、浪穹，退而逼夺剑、共，由是迁居铁桥已上，名剑羌。男女风俗与施蛮略同。其部落主吐蕃亦封王。贞元十年（公元 794 年），南诏异牟寻虏其王傍弥潜宗族，置于云南白崖养给之。其顺蛮部落百姓，则散隶东北诸州。"[47]显然顺蛮与施蛮不但都同属乌种类，而且两者之间较之乌蛮内部的其他部分关系更加亲近，疑为从乌蛮中分化出来的当初只是一部，其后内部又产生分化，成为施、顺二蛮，故才会有顺蛮的"男女风俗与施蛮略同"这一文化现象；此外，施、顺二蛮最初都分布在大致相同的地区，都共同与吐蕃关系紧密，都共同受吐蕃的分封，这些历史事实都可支持上面的推断。顺蛮的贵族上层虽然被南诏王"置于云南白崖养给之"，但他们的民众仍存在，和施蛮一样成为下一个历史时期的"卢蛮"，仍是今傈僳族的早期先民之一。

栗粟两姓蛮（《新唐书》称为栗粟）、雷蛮、梦蛮。《云南志》载："栗粟两姓蛮、雷蛮、梦蛮，皆在邛部台登城东西散居，皆乌蛮之种族。丈夫妇人以黑缯为衣，其长曳地。又东有白蛮，丈夫妇人以白缯为衣，下不过膝。梦蛮主苴梦冲，开元末（公元 741 年），尝受恩赐于国，而暮年又私于吐蕃。贞元七年（公元 791 年），西川节度使韦皋遣巂州刺史苏隗就杀梦冲，因别立鬼主，以总其部落，共推为蛮长。贞元中（公元 785—805 年）船持为都大鬼主，其时梦冲及骠傍皆卑事之。亦呼为'东蛮'。"[48]这儿的"雷蛮"当为"罗蛮"，而"梦蛮"应为"磨蛮"，对此赵吕甫先生已有考证[49]，栗粟两姓蛮、雷蛮、梦蛮主要分布在台登一带

（今四川省冕宁一带），是唐代黎州、巂州、戎州的相连接地区，这一地区以乌蛮的勿邓部最强大，所以上述各部都受勿邓控制，故《新唐书·两爨蛮传》载："又有粟蛮二姓、雷蛮二姓、梦蛮三姓，散处黎、巂、戎数州之鄙，皆隶勿邓。"[50]

以上所讨论的独锦蛮、长裈蛮、施蛮、顺蛮、栗粟两姓蛮、雷蛮、梦蛮都与乌蛮有较为密切的关系，成为"乌蛮之苗裔"，或为"乌蛮之后"，或"皆乌蛮之种族"，或"本乌蛮种类"，而在汉代就已见诸文献的"磨些蛮"也是与乌蛮有着很深的民族源流关系。对此，《云南志》载："磨些蛮，亦乌蛮种类也。铁桥上下及大婆、小婆、三探览、昆明等川，皆其所居之地。土多牛羊，一家即有羊群。终身不洗手面，男女皆披羊皮，俗好饮酒歌舞。"[51]文中的"大婆"在今鹤庆，"小婆"在今永胜，"三探览"则可能是"探览"之误，当指今丽江。[52]樊绰之所会认为："磨些蛮，亦乌蛮种类"，是因为磨些蛮与乌蛮各部都与氐羌民族有密切的族属亲缘关系，故才会有这样的断语。

六

除了前述非常明确属于乌蛮种类者外，也还有一些民族群体在文献之中虽然没有说他们是"乌蛮之后"或"乌蛮种类"，但仍可以从其生产生活习俗中明确他们还是"乌蛮种类"。

首先是寻传蛮。《云南志》载："寻传蛮，阁罗凤所讨定也。俗无丝绵布帛，披波罗皮，持弓扶矢，射豪猪，生食其肉，取其两牙，双插髻傍为饰。又条其皮以系腰。每战斗，即以笼子笼头，如兜鍪状。"[53]寻传最早是分布在金沙江中上游地区，同区域内还有与寻传具有共源关系的磨些，即"东泸水，古诺水也。源出吐蕃中节度北，谓之诺矣江，南流过邛部川，又东折至寻传部落，与磨些江合。"[54]源于氐羌的寻传虽然最早到达金沙江中上游地区，但随着历史的发展绝大部分向西南部移动，到了今天澜沧江以西和伊洛瓦底江上游以东，因为寻传的到来，这一地区便被称为寻传之地，才会有"阁罗凤攻石和城，擒施各皮；讨越析，枭于赠，西开寻传，南通骠国"[55]的故事。之所以认为寻传蛮为"乌蛮种类"可以从两个方面得到证明：第一是有披波罗皮和跣足的文化习俗，这与可以明确为乌蛮的南诏贵族相同，即“俗皆跣足，虽清平官、大将军亦不以为耻。……又有超等殊功者，则得全披波罗皮。其次功，则胸前背后得披，而缺其袖。又以次功，则胸前得披，并缺其背。谓之‘大虫皮’，亦曰‘波罗皮’。”[56]第二，从现代语言学的观点看，阿昌族是以乌蛮为主体发展来的汉藏语系藏缅语族彝语支的民族，旧称“峨昌”，而“寻传蛮”是他称，其自称则为“峨昌”，故景泰《云南图经志书》卷五云龙州载：“境内多峨昌蛮，即寻传蛮。”[57]

其次是裸形蛮。从文献记载来看，裸形蛮是一个他称，原因是他们“无衣服，惟木皮以蔽形。”[58]由于其社会发展较为缓慢，又被称为“野蛮”，《云南志》载：“裸形蛮，在寻传城西三百里，为巢穴，谓之野蛮”[59]。同书又载：“从腾冲过保山城，又过金宝城以北大赕，周回百余里，悉皆野蛮，无君长也。”[60]对于裸形蛮与乌蛮的关系，史无记载，但裸形蛮到后来发展为分布在今天缅甸克钦邦境内的克钦族和云南德宏州景颇族中景颇支系都是事实。[61]把历史和现实结合起来看，以乌蛮为主体，形成了现代汉藏语系藏缅语族彝语支的各民族。如果这一推论成立的话，那么裸形蛮就是乌蛮民族群体中发展较为缓慢的部分，故才会被称为“裸形蛮”或“野蛮”。再从文化分布区的角度看，裸形蛮恰好分布在藏彝走廊的西南端，与历史上乌蛮民族群体的分布当有某些重合。

再次是丰巴蛮和两林蛮。前面已经提到勿邓是乌蛮，这已无争议，而与勿邓有近亲关系的丰巴蛮和两林蛮当亦是乌蛮种类，《新唐书·南蛮传》载：“勿邓、丰琶、两林皆谓之东蛮，天宝中（公元742—756年），皆受封爵。”[62]丰巴、两林主要分布在今四川西昌至云南昭通一线，这一地区为吐蕃、唐、南诏相接之地，也是吐蕃与唐朝争夺的一个重要地区，在相当长的时间内与唐朝都较友好，“两林都大鬼主苴那时遗书皋书，乞兵攻吐蕃……（唐）封苴那时为顺政郡王……丰琶部落大鬼主骠傍为和义郡王。”[63]在此认为丰巴蛮、两林蛮是乌蛮种类的又一证据是当时乌蛮民族体的贵族上层领袖都叫大鬼主，而丰巴蛮、两林蛮亦然，史有如下记载：“勿邓南七十里，有两林部落。有十低三姓、阿屯三姓、亏望三姓隶焉。其有丰巴部落，阿诺二姓隶焉。两林地虽狭，而诸部推为长，号都大鬼主。”[64]又《资治通鉴》卷二百五十载：“（咸通）五年（公元846年）秋，七月，西川奏两林鬼主邀南诏蛮，败之。”[65]最为明确的是：“乌蛮……大部落有大鬼主，百家则置小鬼主。”[66]这条史料可明证之。

复次是锅锉蛮。《新唐书·南蛮传下》载："（黎州）南有离东蛮、锅锉蛮。西有磨些蛮，与南诏、越析相姻娅。"[67]从《新唐书》所记来看，唐初锅锉蛮当分布在今云南省楚雄州以北金沙江两岸并向西延到今丽江市。从源流关系上看，"锅锉蛮是南北朝以后从滇西的叟、昆明中分化出来的"。[68]其后锅锉蛮开始向云南南部移动，明清以后被汉族史书记为"菓葱"、"苦聪"、"古宗"，这三个新出现的民族名称都是"锅锉"的不同译写，清道光《云南通志》引《清职贡图》认为"苦聪，爨蛮之别种。"从苦聪的生产发展程度来看，这儿的"爨蛮"当指乌蛮无疑，则锅锉蛮也是乌蛮民族群体的一部分了。

最后还有一点需要强调的是，到了唐代仍还有将同一个民族群体或称昆明或称乌蛮的情况：咸亨三年（公元672年），"昆明十四姓率二万户内附，析其地为殷州（地在今四川省宜宾市西北）、总州（地在今四川省宜宾市南部与昭通市北部相连接地区）、敦州（地在今昭通市威信、镇雄二县之间，这一地区即乌蛮中的芒部所居），以安辑之。"[69]显然这是指今四川南部和滇东北相连接地区所分布着的昆明族，他们后来也被称为乌蛮。在川南滇东北以西地区也有昆明族，《唐会要·姚州都督府》卷七十三载："麟德元年（公元664年）五月八日，于昆明之弄栋州置姚州都督府，每年，差兵募五百人镇守。"则今楚雄北部的金沙江沿岸有昆明族，他们后来也被称为乌蛮。

参考文献

[1]《北史·周法尚传》，中华书局1962年版，第2600页。

[2]《隋书·周法尚传》，中华书局1973年版，第1528页。

[3]《中国大百科全书·民族》，中国大百科全书出版社1986年版，第500页。

[4] 田晓岫：《中华民族发展史》，华夏出版社2001年版，第269页。

[5] 卢勋等：《隋唐民族史》，四川民族出版社1996年版，第268、269页。

[6]《史记·西南夷列传》第2版，标点本，中华书局1982年版，第2991页。

[7] 袁珂：《山海经校译》，上海古籍出版社1985年版，第245页。

[8] 高亨：《诗经今注》，上海古籍出版社1980年版，第533页。

[9]《逸周书·王会解》，辽宁教育出版社1997年版，第62页。

[10]《诸子集成·荀子集解》，上海书店出版社1986年第2卷，第330页。

[11]《诸子集成·吕氏春秋》，上海书店出版社1986年第6卷，第255页。

[12]《今本竹书纪年疏证》，辽宁教育出版社1997年版，第62、70页。

[13]《华阳国志·蜀志》，巴蜀书社 1984 年，第 320 页。

[14]《史记·西南夷列传》第 2 版，标点本，中华书局 1982 年版，第 2991 页。

[15]《后汉书·西南夷传》，标点本，中华书局 1965 年版，第 2851 页。

[16]《后汉书·西南夷传》，标点本，中华书局 1965 年版，第 2846 页。

[17]《史记·西南夷列传》第 2 版，标点本，中华书局 1982 年版，第 2996 页。

[18]《史记·大宛列传》第 2 版，标点本，中华书局 1982 年版，第 3171 页。

[19]《华阳国志·南中志》，巴蜀书社 1984 年版，第 364 页。

[20] 赵吕甫：《云南志校释》，中国社会科学出版社 1985 年版，第 93 页。

[21]《新唐书·南蛮传下》，标点本，中华书局 1975 年版，第 6317 页。

[22] 尤中：《中国西南民族史》，云南人民出版社 1984 年版，第 256 页。

[23] 李京：《云南志略》，《云南史料丛刊》第 3 卷，云南大学出版社 1998 年版，第 128、129 页。

[24] 刘尧汉：《南诏统治者蒙氏宗族属于彝族之新证》，《历史研究》1954 年第 2 期，第 51 页。

[25] 侯绍庄等：《贵州古代民族关系史》，贵州民族出版社 1991 年版，第 227 页。

[26] 李宗放：《川西南彝族在唐宋时期的发展概略》，《西南民族学院学报》（哲学社会科学版）1996 年 12 月；《中华彝学研究专集》，第 155 页。

[27] 方国瑜：《关于乌蛮、白蛮的解释》，《方国瑜文集第二辑》，云南教育出版社 2001 年版，第 38 页。

[28] 凌纯声：《唐代云南的乌蛮与白蛮考》，《人类学集刊》1938 年第 1 期，第 1 页。

[29] 尤中：《中国西南民族》，云南人民出版社 1984 年版，第 251 页。

[30] 马曜：《云南简史》第 2 版，云南人民出版社 1991 年版，第 15 页。

[31] 林惠祥：《中国民族史》，上海文艺出版社 1990 年版，第 6—8 页。

[32] 赵吕甫：《云南志校释》，中国社会科学出版社 1985 年版，第 127 页。

[33] 李京：《云南志略》，《云南史料丛刊》第 3 卷，云南大学出版社 1998 年版，第 128、129 页。

[34] 赵吕甫：《云南志校释》，中国社会科学出版社 1985 年版，第 35、36 页。

[35] 赵吕甫：《云南志校释》，中国社会科学出版社 1985 年版，第 51 页。

[36] 赵吕甫：《云南志校释》，中国社会科学出版社 1985 年版，第 296、297 页。

[37] 赵吕甫：《云南志校释》，中国社会科学出版社 1985 年版，第 127 页。

[38] 赵吕甫：《云南志校释》，中国社会科学出版社 1985 年版，第 199 页。

[39] 方国瑜：《关于乌蛮、白蛮的解释》，《方国瑜文集第二辑》，云南教育出版社 2001 年版，第 37 页。

［40］—［45］赵吕甫：《云南志校释》，中国社会科学出版社 1985 年版，第 174 页。

［41］赵吕甫：《云南志校释》，中国社会科学出版社 1985 年版，第 136 页。

［42］赵吕甫：《云南志校释》，中国社会科学出版社 1985 年版，第 136、137 页。

［43］赵吕甫：《云南志校释》，中国社会科学出版社 1985 年版，第 144 页。

［44］赵吕甫：《云南志校释》，中国社会科学出版社 1985 年版，第 144、232 页。

［45］赵吕甫：《云南志校释》，中国社会科学出版社 1985 年版，第 150 页。

［46］尤中：《中国西南民族史》，云南人民出版社 1985 年版，第 269 页。

［47］赵吕甫：《云南志校释》，中国社会科学出版社 1985 年版，第 151、152 页。

［48］赵吕甫：《云南志校释》，中国社会科学出版社 1985 年版，第 173、174 页。

［49］赵吕甫：《云南志校释》，中国社会科学出版社 1985 年版，第 174 页。

［50］《新唐书·两爨蛮传》，中华书局 1975 年版，第 6317 页。

［51］赵吕甫：《云南志校释》，中国社会科学出版社 1985 年版，第 153—154 页。

［52］杨福泉：《纳西族与藏族历史关系研究》，民族出版社 2005 年版，第 75 页。

［53］赵吕甫：《云南志校释》，中国社会科学出版社 1985 年版，第 159、160 页。

［54］赵吕甫：《云南志校释》，中国社会科学出版社 1985 年版，第 70、71 页。

［55］赵吕甫：《云南志校释》，中国社会科学出版社 1985 年版，第 115 页。

［56］赵吕甫：《云南志校释》，中国社会科学出版社 1985 年版，第 288、289 页。

［57］唐代的“寻传蛮”（峨昌或阿昌），包括近代阿昌族和景颇族载瓦支的先民在内。

［58］赵吕甫：《云南志校释》，中国社会科学出版社 1985 年版，第 162 页。

［59］赵吕甫：《云南志校释》，中国社会科学出版社 1985 年版，第 161 页。

［60］赵吕甫：《云南志校释》，中国社会科学出版社 1985 年版，第 67 页。

［61］尤中：《中国西南民族史》，云南人民出版社 1984 年版，第 281 页。

［62］、［63］《新唐书·南蛮传》，中华书局 1975 年版，第 6317 页。

［64］《新唐书·南蛮传下》，中华书局 1975 年版，第 6317 页。

［65］《资治通鉴·唐纪六十六》，中华书局 1956 年版，第 8109 页。

［66］《新唐书·南蛮传下》，中华书局 1975 年版，第 6317 页。

［67］《新唐书·南蛮传下》，中华书局 1975 年版，第 6324 页。

［68］尤中：《中国西南民族史》，云南人民出版社 1984 年版，第 277 页。

［69］《新唐书·南蛮传下》，中华书局 1975 年版，第 6318 页。

南诏对寻传地区的经营及历史意义

谷跃娟

公元8世纪中叶，以天宝之战为标志，宣告了唐朝经营西南的失败。南诏政权作为一个民族政治实体，由此进入到了新的发展时期。在与吐蕃合兵夺取唐朝巂州之地、稳定了北部边境之后，南诏随即展开了对西南边境的拓展。在本文的论述中，南诏经营寻传地区的意义，重点在于以下两方面，其一，就南诏的发展而言，在开拓疆土的历史表象下，西开寻传隐藏着控制商业地利、扩大经济交流的利益趋向，经济的意义远远大于政治的意义。其二，就中国西南边疆的历史演变而言，西开寻传包含了守土治疆诸多内容，对西南地区民族的发展和疆域的形成，起到了关键性的作用。

一　南诏西开寻传的利益趋向

寻传地区指今澜沧江以西至伊洛瓦底江流域地带。公元762年南诏阁罗凤亲率兵佐征服了寻传地区，设永昌节度管辖，收永昌及其以西地区的金齿、银齿、寻传蛮、朴子蛮等民族于治下，把势力拓展到了今伊洛瓦底江西岸的祈鲜山（今甘高山）一带。永昌节度（驻今保山市）的管辖范围，大约包括了今云南省的保山地区、临沧地区和思茅地区西南部的一部分地方、德宏州的绝大部分、怒江州西部和缅甸克钦邦北部地带。之后南诏又越出了原永昌郡的西南部边境，把边境向西南深入到骠国（在今缅甸中部伊洛瓦底江流域的曼德勒地区）和弥诺国（今缅甸亲敦江中下游两岸）的北部，与骠国、弥诺国接界。南诏设镇西节度进行管辖，管制今伊洛瓦底江上游的东西两岸地带，其南部边境与骠国接。曼德勒地区北部的今缅甸北掸邦的大部分地方，均在镇西节度的军事控制区域内。镇西节度初驻镇西城（今盈江县西南部境外的老蛮莫），后移驻丽水城（今缅甸克钦邦境内密支那南部伊洛瓦底江东岸的达罗基附近），改称丽水节度。

西开寻传是南诏历史的一个大事件，但如果仅从南诏扩张势力的角度来解读，显然没有完全诠释这一历史事件所蕴含的全部内容。

天宝之战后，唐、诏政治关系破裂，经济文化的交流受阻，在这一历史背景下，为谋求发展，南诏首先展开了“西开寻传”的活动，随后“南通骠国”，与古中南半岛国家的联系也随之展开。关于寻传地区，《南诏德化碑》明确记载：“爰有寻传，畴壤沃野，人物殷凑”，为南诏所向往，而“南通北海，西近大秦”的对外商业交通优势，更为南诏所重视。考诸历史可以看到，南诏对寻传地区的经营，不仅具有开拓疆土的政治意义，更具有控制这一地区商业地利、物产资源等经济要素的经济目的。

早在公元前 4 世纪，自寻传地区过骠国领地就存在着通向印度的商业交通路线，是蜀身毒古道的重要路段。公元 122 年张骞出使大夏（在今阿富汗）后了解到，这条古道起自巴蜀之地，可分别通过零关道和僰道，在云南驿汇合后，经叶榆（今大理）过永昌（今保山）、滇越（今腾充）到缅甸，再由缅甸到印度。关于这条通往印度的商业通道，英国著名东南亚史学家霍尔曾说：“公元四世纪，中国放松了对缅甸边境的控制，甚至于 342 年撤销了永昌郡。此后，这条路线显然被封闭了，直到南诏的阁罗凤才重新开辟，从而大大促进了缅甸北部经济的发展及缅甸骠族人与中国唐朝之间的接触。”[1] 其所言撤郡之事，是指西晋末年因永昌郡内的“闽濮”反抗，致使永昌郡被废之事。而自此以后自云南入缅甸的“路线显然被封闭了，直到南诏的阁罗凤才重新开辟”的说法，显然有失偏颇。应当说，往来于这条道路上的民间贸易一直没有停止过，这就是后来导致南诏时期这一地区“人物殷凑”的重要原因。阁罗凤西开寻传，也正包含疏通和控制这一商业通道、沟通南诏与古中南半岛国家经济联系的目的。可以说，穿梭往来于自永昌入缅甸到印度的这条商业路线上的人流、物流、财富流，是南诏着力经营这一地区的根本原因。

正是在这样的利益驱使下，南诏对寻传地区着力经营。以城镇的建置为例。城镇是南诏推行统治的基地和堡垒，其建置与南诏政治军事力量的膨胀同步。南诏城镇的建置，往往兼有政治、军事和经济三方面的功能。城镇既是南诏政区中心和官府所在地，又是扼控一方的军事据点，同时还具有商业交通枢纽、重要站口和商旅集散地的重要功能。从总的意义上说，不带经济目的攻城略地和城镇建置是不存在的，城镇的建置从这一层面来说，意味着对城镇所在地区经济利益的控制和占有。

据统计，随着南诏辖境的拓展，南诏城镇的数量多至一百余座[2]，而南诏在寻传地区的城镇，见诸载者，有近三十座，其中，一部分是在原有城镇的基础上重新建置而成的，如早在汉朝时期就是僚、濮、身毒人聚居的永昌城，而大部分则是南诏出于经营的需要修筑而成，如《云南志》卷六载“自寻传、祁鲜已往，悉有瘴毒，地平如砥，冬草木不枯，日从草际没。……南诏特于摩零山上筑城，置腹心，理寻传、长傍、摩零、金弥城五道事云”[3]。南诏在其直接控制地区建置的城镇，不仅密度高，而且针对性强。具体来说，在永昌节度区和镇西节度区，沿着南诏入骠国的各条商业要道上形成了几处重要的城镇群。从永昌城（驻今保山市）以西开始，其南向支线上经诸葛亮城（龙陵）、些乐城（在今瑞丽或遮放）入骠国境，是蜀身毒古道的一条支线；其北向支线上有腾充城（今腾冲）、弥城（今盏西或古永）、宝山城（今昔马）、金宝城（今缅甸克钦邦之密支那）、丽水城（今达罗基或文冒）、安西城（今缅甸的孟拱），是蜀身毒古道的另一条支线；此外，在南诏与骠国西南接壤处还形成了一些区域性城镇集群，如镇西城（今盈江县）、摩零城（今缅甸蛮莫）、苍望城（今缅甸八莫）、香柏城（今缅甸西南之莫宁）等。自永昌往西北行，翻过高黎贡山直达缅甸北、印度一线的城镇集群，有越礼城（今腾冲北部的大塘）、长傍城（今缅甸克钦邦北部小江流域的拖角附近）、寻传大川城（在今缅甸克钦邦北部江心坡一带）、广荡城（在今缅甸克钦邦北部之坎底）[4]。

南诏对寻传地区的着力经营，还表现在对骠国及周围地区的控制。骠国的地望在今缅甸中部伊洛瓦底江流域的曼德勒地区。哈威《缅甸史纲》记载，骠国大概于公元4世纪以前建立，公元9世纪结束，是一个东方文明古国。骠国及其周边地区具有极强的商业交通地理优势，正如缅甸历史学家吴孺性指出的那样：“中印陆上商道开通之后，不论是来自中国的四川商人从陆路去印度，还是来自印度北方的商人去中国，都要经过骠人区。因此，骠人中心便成为一个陆路商业枢纽。”[5]南诏“西开寻传、南通骠国”后，非常重视对这一地区的控制，《新唐书·骠国传》说：“南诏以兵强地接，常羁制之。”对骠国的军事羁控，是借助于常年驻守于永昌、镇西节度区的军队来完成，《云南志》卷六载：“通计南诏兵数三万，而永昌居其一。”[6]永昌作为扼控骠国的门户之地，布置了南诏常备军三分之一的力量，足见南诏重视之深。

二　西开寻传与南诏对外经济交流的拓展

南诏对寻传地区的经营，不仅加强了对这一地区政治、经济的控制，而且疏通了南诏对外交流的渠道，打开南诏的西南门户，加强了与古中南半岛国家的联系。

据史料记载，通过西开寻传南诏与东南亚古国建立起联系的，主要有骠国、弥诺国、弥臣国、昆仑国、大秦婆罗门国、小婆罗门国等。所谓“国”者，是我国古代历史文献对区域性政权的一个特定称谓，就中南半岛各古国的情况而言，其组织形式均还处于部落或部落联盟的基础之上，除骠国外，其余各国的名称均不固定，具有暂时性。弥诺国以弥诺江得名，其领域在今缅甸亲敦江中下游两岸[7]，其族为钦族[8]。弥诺国受骠国的控制，弥诺道为骠国役属九城镇之一。弥臣国在今缅甸伊洛瓦底江入海口一带，昆仑国在今缅甸萨尔温江入海口，两国并为猛族，为猛族中势力较大者。大秦婆罗门国在今印度阿萨姆邦，其正东方向与南诏安西城边界接壤，小婆罗门国在阿萨姆南部曼尼坡发尔以南。

公元8世纪，以永昌节度为依托，南诏先后出兵骠国及弥诺、弥臣、昆仑等古国，影响远及大小婆罗门国。

南诏征服了这些地区后，并没有建立起直接有效的政治管理，但与骠国的政治关系较为密切。例如，贞元中，南诏向唐朝进献夷中歌曲，“且令骠国进乐人。……雍羌遣弟悉利移城主舒难陀献其国乐。”[9]这一事件说明了骠国与南诏之间存在着一定附庸的关系。又如，南诏元和三年寻阁劝立，“自称骠信，夷语君也”，“伯希和《交广印度两道考》引巴克（Parkar）之说，骠信为Pyushin之对音，缅语骠，君也”[10]，寻阁劝借缅语自称骠信，虽不为骠国实际统治者，但南诏与骠国关系之紧密，可见一斑。此外，各本《南诏野史》均载丰佑时段宗牓救缅一事。“牓，汤池人，佑之勇将。先是狮子国侵缅，屡求救，至是许之。……劈救缅以败狮子国，缅酬金佛”[11]。虽然中国正史类古籍及缅甸史籍均未有此事的记载，但这一故事至今仍流传于云南大理白族地区及彝族的部分支系之中，说明历史上南诏与骠国的确关系甚密。

在南诏与古中南半岛国家的政治交往中，贡使往来是一项重要的内容。贡使往来是政治服从或友好的标志，《云南志》卷十记载骠国“有移信使到蛮界河赕”，同书又载，大秦婆罗门国，“蛮王善之，往来其国”，小婆罗门国，“蛮夷善之，信通其国。”元代张道宗《纪古滇说集》说：“自唐进封之后，永昌诸郡、缅、暹罗、大秦皆西通之国……俱以奇珍、金宝、盐、棉、毡布、珲琚、巴贝岁进，于王不缺，于是渐有昌也。”南诏还专门修建了五华楼用于接待朝贡的使者，据说五华楼周长有 2.5 公里，高 33 米，可以居住上万人，可谓规模宏大。对此，《纪古滇说集》亦有载：“大中十年（公元 856 年），（劝丰佑）王建五花（华）楼，以会西南夷十六国大君长。”而所谓“十六国大君长”，大理国时期的《张胜温画卷》之 131 图至 134 图恰恰题名为“十六大囻主众”，描绘十六位国王到大理国朝贡的情景，其中有深目高鼻者，有满脸胡须者，也有白净无须者，有的头上戴冕，有的戴裘皮帽，有的戴雉鸡尾羽，大部分课头，手中或持莲花，或捧海螺，或数念珠。从形象上分析，当中应有南亚、东南亚之属。此画卷为各史志的记载提供了一个印证，说明在南诏时期就已有“十六国”之说，其中就包括了中南半岛的一些古国，与南诏保有朝贡关系。

朝贡是这些半岛古国在南诏强大的军事压力下，与南诏形成的政治互动。然而，与南诏经营寻传地区利益趋向暗合的是，这种政治互动的经济交流活动，在客观上为这些半岛古国开辟了一条与内陆地区进行经济交流的渠道，凡利之所在，各国翕然相随，从而使朝贡不仅仅成为一种政治互动方式，同时还衍生成一种独特的经济交流途径。《云南志》卷十记载骠国“有移信使到蛮界河赕，则以江猪白氈及琉璃、罂为贸易。”[12]所谓移信使，有学者认为其实就是骠国朝贡南诏的使节及贸易商旅[13]。

在这种交往活动中，骠国是南诏主要的贸易伙伴。骠人或组成伴随朝贡使节而来的商旅团，或为行动较为自由的民间商贾，他们大多沿着蜀身毒古道进入南诏境内，永昌城作为南诏的门户之地，继续发挥着汉晋以来云南与东南亚地区重要商品中转站和集散地的作用，河赕地区（在西洱河地区，为十赕之总称[14]）作为南诏的经济核心区，亦成为了一个交易活跃的商品集散中心。骠国商旅以江猪、白氎及琉璃、罂与南诏贸易，所言江猪，据说是伊洛瓦底江所产之江豚，其肉可食，脂肪丰厚可作燃料；白氎又称木棉布，是骠国重要的物产，琉璃则可能从遥远的大秦（罗马）经天竺（印度）等国辗转而来[15]。在南诏与古中南半岛国家之间的贸易发展中，“诸多奇珍异宝输入云南市场，在这些贸易品中，珍宝贸易所占份额最大，琥珀、瑟瑟、光珠、宝石、玉石均在其列。其产地分布在南亚、东南亚各国，尤以缅甸最著称。珠宝玉石除了作为民间贸易品外，亦作为朝贡贸易的首选精品，属国来朝，必贡珠宝玉石之属。因此之故，云南境内多珍宝，南诏妇人多缀真珠、瑟瑟”[16]。在骠国等国家产品进入南诏境内的同时，南诏商贾亦把云南的商品输入骠国等地，例如，南诏的丝绸品就满足了骠国妇女“衣青娑裙，披罗缎”的需要[17]。穿梭往来于骠国与南诏之际，河赕贾客曾滞留于寻传之地，留下了“冬时欲归来，高黎共山雪；夏时欲归来，无那穹赕热；春时欲归来，囊中络赂绝”的歌谣。

南诏与古中南半岛国家经济方面的联系，还体现在相同货币形式——贝币的使用上。贝又称为“海𧴩”、“巴贝”、“珂贝”等，产于印度西太平洋的暖水区域，古中南半岛国家历史上曾用作货币，哈威《缅甸史》引大中五年（公元 851 年）波斯国旅行家至下缅甸的记载写道：“居民易市，常用海𧴩以为货币。”[18]元代张道宗《纪古滇说集》记载缅甸、暹罗、八百、真腊、占城、挝国每年进献于南诏的物品中，就有“巴贝”一项。贝币在南诏发挥了一般等价物的作用。南诏“以缯帛及贝易市。贝者大若指，十六枚为一觅。”[19]考古学家在滇西的腾冲、下关、大理、洱源、宾川、剑川、鹤庆等地先后发现了不少的海贝[20]，说明沿腾冲至大理的商业古道，是贝币进入南诏的重要渠道。此外，在曲靖市珠街乡八塔台村的古墓中也发掘出一批唐代晚期至明初的贝币，说明贝币在南诏的流通范围，不囿于滇西南和滇西地区。南诏与中南半岛古国共同以贝币作为货币，共同经济贸易圈的形成，正说明了南诏与古中南半岛地区之间经济联系的紧密性。

南诏西南门户的打开及对外经济交流的拓展，对南诏商品经济的发展和社会物质财富的补充，都具有积极的影响，特别是在与唐朝内地交流受阻的四十年间，这种影响尤为突出。

必须提及的是，南诏对寻传地区的经营中，还伴随着对人口和财富直接的掠夺。作为产生要素之一，人口是重要的经济资源，尤其是在南诏这样一个存在奴隶制经济形态的社会，对人口资源的占有和掠夺是发展经济的重要手段之一。这是南诏历史发展的局限所在。

三　西开寻传与中国西南疆域的发展

纵观中国西南疆域的发展，特别是今天澜沧江以西边境的形成，是历史曲折发展的结果。秦汉时期伴随着中央王朝对西南地区的设治与经营，西南地区开始纳入到统一国家的版图。西汉王朝的西南疆域包括了今四川西昌地区、凉山州，贵州黄平县以西、广西右江上游地带，以及云南的大部分地方，但不包括今思茅地区、临沧地区、西双版纳州、德宏州的全部及保山西部地区。东汉时期，随着哀牢王内附和永昌郡的设置，上述思茅、保山等地全部纳入了中央王朝的版图，中国西南疆域的发展进入了第一个高峰时期。然而，在魏晋南北朝全国大分裂背景下，西南边境又发生了重大变化，因永昌郡内“闽濮”的反抗，东晋咸康八年（公元 342 年）永昌郡被废置，中央政府失去了对永昌郡西北部、西部和南部边疆的控制。刘宋时期，爨氏以“开门诸侯，闭门天子”的身份割据了今贵州省黄平县以西至云南省保山市以东地区，其南部、西南部边境的原永昌郡地区，则恢复了古代的独立。隋朝经营西南的力度有限，未能有效地控制云南。唐朝初期，通过嶲州、戎州、姚州等都督府的设置，西南地区的大部分又回到了唐朝统一版图之中，但澜沧江以西及滇西南大部分地区仍为唐朝势力所不及。在这种历史背景下，南诏对寻传地区的开拓，意义尤为重要。这不仅是南诏疆域的扩展，更重要的是，南诏从政治上把澜沧江东西两岸联系起来，使分裂了三百余年的永昌地区，再次恢复了与云南腹地、与南诏政治经济文化中心、与唐朝内地的联系。这种联系性随着元朝对西南地区的统一得到了加强，最终使澜沧江东西两地成为了统一国家不可分割的一部分。

南诏能把寻传之地纳入版图，并延及数百年之久，是南诏实行“既有其土，又有其民”的守土措施的结果。西开寻传之后，南诏实行了城镇与军事辖区相结合的戍守方式。在永昌、镇西节度区内，围绕着居于交通要道上的永昌城和镇西城，形成了一些城镇群。以这些城镇为据点，南诏派遣大量白蛮将士前来戍守。对于寻传地区的少数民族群体，南诏则采取因俗而治的方式，如"寻传蛮"、"野蛮"、"扑子蛮"等部落群体，由于社会组织化、制度化程度较低，甚至阶级分化都尚未产生，外部的政治力量难于深入其内，对此，南诏保留其内部社会结构不变治羁縻而治，如《云南志》载"野蛮"（裸形蛮），"其男女遍满山野"，"阁罗凤既定寻传，而令野蛮散居山谷"[21]，保持其部落组织不变，又"使领军将于大赕中筑城，管制野蛮。"[22]

南诏对寻传地区的经营，改变了各族分散、隔绝的状态，加强了民族之间的联系。如澜沧江以西的"扑子蛮"等族，"开元以前，闭绝与六诏不通"[23]，据《南诏德化碑》载，南诏征服寻传地区后，"革之以衣冠，化之以礼义"，把这些民族纳入统一政权的管理之下。这些民族群体以贡纳的方式，承担着南诏部分的经济义务，如"犀出越赕、丽水。……寻传川界、壳弄川界亦出犀皮。……蛮排甲并统备马骑甲仗，多用犀革，亦杂用牛皮"[24]。犀牛皮是一种贡纳。"丽水城又出婆罗密果，……南蛮以此果为珍好。"[25]此外，金、银等奢侈品也成为了南诏攫取的主要对象，所在产地的部落百姓，则被强迫进行开采，"长傍川界三面山并出金，部落百姓悉纳金，无别税役征徭"[26]。此外，南诏还"从永昌以望苴子、望外喻等千余户分隶城傍，以静道路"。对外征战时，南诏还从"扑子蛮"、"望蛮"、"寻传蛮"、"金齿蛮"、"绣面蛮"等民族中征集人口作为前驱投入到战争的最前线。这些民族虽然是以被压迫的形式参与了民族交往的过程，但客观上却增强了民族之间的了解和联系。

历史上所谓疆土范围的形成，既有政治军事的因素，又有自然地理方面的因素。南诏正是跨越了西南地区地理条件的限制，使这个被山川河流分割成若干封闭地理单元的地区，在国家政权的维系下具有了疆土的意义。各民族间政治、经济、文化联系性的增强，又使不同地理空间的联系性日趋牢固，归属性也日趋强化，这就是寻传地区在南诏的经营之下，成为南诏领土重要部分的根本原因。

元朝时期随着大理国的归附，西南地区重新纳入了统一王朝的版图，元朝也正是立足于南诏所开创的疆域基础之上，使云南行省西南部的管辖范围，较之南诏大理时期有所扩大：西部的蒙光路（驻今缅甸克钦邦孟拱）辖境与印度相接，和南诏大理国时期基本相同；西南部的太公路

（驻今缅甸曼德勒区北部之太公）之南为缅国，辖境较南诏大理国时期有所扩大；此后的明清时期，虽因种种原因，其西南边疆的部分边界线有所收缩，但也相对稳定在南诏所奠定的疆域范围之内。可以说，南诏对寻传地区的拓展与经营，为西南疆域的稳定与发展，做出了重大贡献。

参考文献

[1]［英］丹尼尔·霍尔：《东南亚史》，中山大学东南亚历史研究所译，商务印书馆1982年版，第45页。

[2] 赵鸿昌：《代南诏城镇散论》，《云南社会科学》1991年第4期。

[3] 赵吕甫：《云南志校释》，中国社会科学出版社1985年版，第248页。

[4] 古今历史地名参见方国瑜《中国西南历史地理考释》，中华书局1987年版；尤中《补南诏地理志》，载《云南地方沿革史》，云南人民出版社1990年版。

[5]［缅］吴儒性：《骠王朝时期的缅甸对外关系》，李孝骥节译，《东南亚》1990年第1期。

[6] 赵吕甫：《云南志校释》，中国社会科学出版社1985年版，第237页。

[7] 尤中：《中国西南边疆变迁史》，云南教育出版社1987年版，第54页。

[8] 方国瑜：《南诏邻近的国名及城镇》，载《方国瑜文集》第二辑，云南教育出版社2001年版。

[9]《新唐书》卷二二二，中华书局1975年版，第6308、6312页。

[10] 方国瑜：《南诏名号考》，载《方国瑜文集》第二辑，云南教育出版社2001年版。

[11] 木芹：《南诏野史会证》，云南人民出版社1990年版，第135页。

[12] 赵吕甫：《云南志校释》，中国社会科学出版社1985年版，第314页。

[13] 夏光南：《中印缅道交通史》，中华书局，民国三十七年八月，第53页。

[14] 方国瑜：《中国西南历史地理考释上册》，中华书局1987年版，第443页。

[15] 吴兴南：《云南对外贸易》，云南人民出版社1997年版，第46页。

[16] 吴兴南：《云南对外贸易》，云南人民出版社1997年版，第45页。

[17] 夏光南：《中印缅道交通史》，中华书局，民国三十七年八月，第44、45页。

[18] 杨寿川：《贝币研究——中原与云南用海贝作货币的历史考察》，《云南经济史研究》，云南民族出版社1999年版，第9页。

[19]《新唐书》卷二二二，中华书局1975年版，第6270页。

[20] 杨寿川：《贝币研究——中原与云南用海贝作货币的历史考察》，《云南经济史研究》，云南民族出版社1999年版，第15页。

[21] 赵吕甫:《云南志校释》，中国社会科学出版社 1985 年版，第 161 页。

[22] 赵吕甫:《云南志校释》，中国社会科学出版社 1985 年版，第 68 页。

[23] 赵吕甫:《云南志校释》，中国社会科学出版社 1985 年版，第 237 页。

[24] 赵吕甫:《云南志校释》，中国社会科学出版社 1985 年版，278、279 页。

[25] 赵吕甫:《云南志校释》，中国社会科学出版社 1985 年版，269 页。

[26] 赵吕甫:《云南志校释》，中国社会科学出版社 1985 年版，274 页。

民国民族国家建构过程中云南傣族边区民族关系研究

龙晓燕

经过清初的改土归流，云南的土司主要集中到了边疆地区，其中势力最大、统治区域最广的当属傣族土司，其中包括了车里宣慰司以及孟定土府、湾甸土州、镇康土州、潞江安抚司、芒市安抚司、遮放副宣抚司、南甸宣抚司、干崖宣抚司、盏达副宣抚司、陇川宣抚司、勐卯安抚司、户撒长官司、腊撒长官司等。到了民国时期，在列强虎视眈眈的背景下，历代封建政府以往通过土司制度对边地进行的淡化控制已经不能适应强邻压境的局面，于是新成立的民国政府在构建民族国家的过程中，采取了多种措施以强化它对云南边区的控制，使中央在边疆地区的权威和控制达到与内地省份等同的程度，以加强边疆少数民族对政府的认同。

由于长期以来"帝国对边地族群一直奉行一种间接管理的模式；因此边地族群对具体'本土'的归属感和对抽象'国家'的忠诚，并无冲突"。[1]然而，当传统帝国时期这种"中心和边缘"的关系，被民国政府以国家直接管治和民族同化政策取代时，边疆少数民族势必要做出回应。本文将以两大傣族地区思普边区（今西双版纳）和腾龙边区（今德宏）为例，分析国家政权深入后云南傣族的不同回应以及其起因。

一　民国在云南傣族边区的设治

清末，随着近代民族主义的传入，先进的官员及知识分子逐渐认识以夷制夷，不实力经营的政治理念，已不能适应近代极为复杂的国际关系和地区力量演化的基本格局，只有建立强大统一的民族国家，加强对边疆地区的管理，才能最大限度地抵御外来入侵。为此，辛亥革命后云南军都督府即开始了在云南边区的设治。

对于腾龙边区各土司，民国元年（公元1912年）3月，云南省军政部长兼参议院长、国民革命军第二师师长李根源和迤西道尹赵藩领兵深入滇西边陲重镇腾冲，改原腾越厅为腾冲县，并增设腾冲府管理腾龙边区各土司地。接着，李根源在腾冲县召开边区土司会议，商议改土设县之事，在土司强烈反对的背景下，最终决定“不遽设县治，改行土流”。于是，在保留土司制度的同时，腾冲府所辖各土司地置行政区设弹压委员，民国五年（公元1916年），改弹压委员为行政委员；民国二十一年（公元1932年），改行政区为设治局并实行保甲制度，而土司仍然沿袭其甿头编制，形成土流政权并存的两套机构。

在西双版纳，清末勐遮勐海土司因争夺权力而发生内乱，宣统三年（1910年），巡防营管带柯树勋率兵三百多人进入西双版纳镇压叛乱。平乱后，条陈治边十二条：一改流；二筹款；三官守；四诉讼；五交涉；六实业；七国币；八通商；九学堂；十邮电；十一招垦；十二练兵。柯树勋乃于1913年正月成立普思沿边行政总局，他为总局长兼第一区行政委员，治所车里；第二区行政委员治所勐遮，第三区行政委员治所勐海；第四区行政委员治所勐往，以上为江外四区。第五区行政委员治所勐拿。第六区行政委员治所依邦；第七区行政委员治所普文；第八区行政委员治所关房，以上为江内四区。总局内部组织有司法、教育、事业、财政、交涉、翻译各科，规模粗具。1924年，裁行政总局，改设殖边总办，仍以柯为总办，各区设殖边公署。1927年，将原来的八区改为了车里等7县和宁江设治局。

通过以上设流不改土的治理措施，云南地方政府将其统治深入了傣族地区，强固了其对傣族边区的控制。

二　边区傣族对国家政权深入的回应

国家权力的深入意味着对其传统世袭权力的剥夺，必然引起其抵制和反抗。因此在这一建构现代民族国家的过程中，国民政府和少数民族存在着复杂的角力关系。总的来看这一时期云南边区各土司采取的多是“软”抵制的策略，即容许国家政权的进入，但却不放弃既有权益，并且对政府政令也多是阳奉阴违。例如在早已改流的澜沧县，全境“可谓已为各土司与里目粮目等准土司所分割盘踞。县政府大小政事，皆须经其手承转，县府不能直接及于人民”，县长“远不及一乡镇长或区长，不过省政府的传递人而矣，对各方鞭长莫及”[2]。在土司势力强大的腾龙边区，则是“虽有六设治局之设置，在表面上，地方的治权似已操之于政府，但实际上，经济及政治的实权，即仍然握在土司手里，形成一种特殊的土司统治社会，即所谓封建的大地主社会”，“土司适当于此一区域内之封建诸侯兼大地主，本身掌握全境最高之行政权，有执行及制定法律之权，有控制及支配全社会经济之权”[3]。“下层组织亦有保长甲长等名称，以完成保甲制度，其实有名无实，只具表面之形式而已。旧有之封建制度犹存在也。”[4]

如果再深入分析这一时期土司与民国政府之间的关系，在土流的博弈中又呈现出了相异的形态，例如腾龙边区和思普边区傣族土司的回应即为两种不同的类型。

(1) 土司和政府共享权利，双方保持相对均衡，可称作是合作型的民族关系

这其中以西双版纳较为典型。民国二年（公元1913年），西双版纳设普思沿边行政总局，在保留土司的基础上增设流官。并且根据柯树勋的“治边十二策”，对双方的权利进行了划分：“其一，改革税捐征收办法，规定所收赋税，汉土平分。这样确保了流官政府在财政上自收自支，基础稳固。其二，规定除司法民刑诉讼专归委员审理裁判外，其余一切事件，委员与土司叭目共负责任。汉官、弁兵不得轻视土官，土司、叭目亦不得遇事推诿。”[5]由于没有从根本上触及土司的利益，所以国家政权得以顺利进入西双版纳。

设治之后，由于汉少人多，柯树勋非常注意民族关系的调整。他一再对各勐土司剀切宣布：“汉官非有利其土地之心”，以各土司思想上的顾虑，同时密切联系宣慰司刀承恩，以号召各勐。例如以其长子柯祥晖拜宣慰为义父，并为宣慰的儿子命名等。他对各勐土司叭目等上层人物，亦尽其柔服笼络之能事。勐海土司刀柱国之子承袭，树勋为之命名曰忠汉，吩

咐其忠于汉族。勐遮土司刀正经之子刀忠良、顶真土司刀金贵，因附和刀正经作乱，永革土司职，但柯树勋却给予他们团正名义，依然以土司看待之。一年中，柯树勋还多召集各勐土司叭目等，来车里联欢，并亲身参加傣族泼水节和放高升之娱乐活动。[6]他还组织了土司、叭目观光团到昆明参观学习，“俾亲身礼任内地之大，民物之众庶，以开其眼界打张其心胸，怯其锢蔽自大之念，泯其自外携二心，而惟五族一家和衷共济，努力边疆建设，使沿边渐进文明固若磐石，以杜强邻觊觎之野心，消弭未来之边患”。他还鼓励汉傣相互婚姻，“无论汉民夷族，均须平等看待，亲若同胞，不得稍涉歧视。官兵民人，并准互结婚姻。但须男女情愿，不能占逼，倘系有夫夷妇，汉人不得故意调戏，违者按律严惩。”[7]

柯树勋的以上措施奠定了民国时期西双版纳土、流关系的基础，即土司承认政府的领导并放弃了部分的权利，而政府在确保西双版纳的忠诚的基础上也将土司制度完整地保留了下来，并未有废除土司权利的任何举措。这样土流共掌地方权力：一方面宣慰使决定了的事，要报总办衙门批准；另一方面总办衙门要决定重大事情，事先要同宣慰使商量，并通过宣慰使往下发文执行。[8]而后柯树勋时期的西双版纳地方当局及官员也基本上延续了这一做法，地方官员依赖土司进行统治，而土司则因忌惮以及仰仗强大的中央而表面上服从了地方当局的领导。因此虽然之后的官员苛派甚多，甚至随意关押土司官员，但西双版纳少数民族上层还是无奈地接受了这一关系，整个民国时期并未有明显的土流对抗行为。

（2）在复杂的角力中，土流冲突不断，在对抗型的民族关系中边疆少数民族上层民族意识萌发。

在更多的地方，对于国家政权的深入，少数民族上层是不会轻易放弃其权力的。因此双方必然发生复杂的斗争。在斗争中，土司与流官的关系呈现出两种基本的状态：一是代表云南政府的流官不满意自己形同虚设的地位，不断地从土司手中争取政治、经济实权，而土司则要保住自己世袭的权利，其结果就是双方斗争激烈、冲突不断。二是冲突激化后，在上级政府的干涉下，其中的一方暂时屈服，双方处于和平相处的状态。而这屈服的一方通常是没有根基的流官，于是流官“无政可行、无事可做”，像走马灯似地频繁更换。这两种关系状态通常交替出现，但占常态的始终是斗争与冲突，这在腾龙边区（今德宏地区）尤其明显。

民国初年改流时，李根源在南甸境内设八撮县丞，但仍旧保留土司的地位和征收三大款的权力。1931 年，梁河设治局长袁恩膏与南甸土司在权力分配上争夺，通知土司不许到八撮收三大款。而南甸土司龚绥亦不示弱，调集兵丁集结于遮岛，与设治局抗争。由于形势紧张，影响了腾八商道的畅通，腾冲商会请求国民政府调走了袁恩膏。后任的王文良，迎合土司，甚至对土司派人暗杀设治局的重要成员尹怀德等人也不闻不问。[9]

1933 年，廖彬出任瑞丽设治局第二任局长，并于第二年上书云南省主席龙云，请求省府下令效仿英国政府对待殖民地缅甸边区各土司“养护”的做法，以使土司名存实亡，对土司实行优待赡养，使土司不能干预设治局的司法、行政、财政，不得摊牌门户款，将门户捐收归设治局以作地方财政之用。对此，勐卯土司代办刀京版亦上书陈述，历数设治局在边地设治，实无益而有害，边地之事仍需土官管理。彼此斗争十分激烈，省府遂下令将勐卯土司的门户捐收入的 30% 划归设治局作为行政费用，才了结此事。[10]

1937 年，国民政府为在土司统治区征收耕地税，派“清丈队”到各土司地区清丈土地。在芒市，以李根群为首的清丈队乘机大肆敲诈。土司代办方克光一面应酬清丈队，一面通知各勐练头人在清丈队下乡时回避不见，使清丈队无法工作。李根群恼羞成怒，包围了方克光的别墅，土司署卫队又将清丈队反包围起来，李无奈只好将武装撤出。其后，方克光写信问李根群“若不丈田你要多少钱”，李根群回信“若不丈田必要银元十万元”，方将李的亲笔信拍照呈控省政府，不日李被逮捕枪决。[11] 在南甸，腾梁清丈处长兼梁河设治局长丁家绩在丈量中受贿舞弊，加之压价收烟，激起烟农气愤，1938 年烟农夜袭火烧设治局，杀死官吏七人。之后南甸土司龚绥被骗监禁，但在入狱两年后即被释放，复任土司职。[12]

1947 年底，勐卯土司利用景颇族妇女背鸦片烟到贺瓦街卖，被设治局抓押到弄岛设治局署审讯的事，唆使班岭景颇族山官用散“毛牛肉”的方式，聚集户育和勐秀一带的 2000 多名景颇族群众，围攻设治局衙门，火烧弄岛街，焚毁了设治局署，设治局长狼狈逃走。省府派员调查也不了了之。[13]

总的来说，在以上土、流的博弈过程中，国民政府虽然是强势、主动的一方，但受到多方力量的牵扯，有废除土司之心，却无废除土司之力，而各土司虽是弱势的一方，但却紧紧抓住了前者的弱点予以坚决反对，在斗争中略处于上风。但腾龙边区的土司也认识到，面对越来越多的呼声，政府在改土归流问题上会愈加坚定，因此在消极反抗的同时，他们也开始主动回应这一问题。

首先，以国家稳固、边疆安定为由向政府请求保留土司制度。1947年5月，遮放土司多英培向云南省政府呈交报告，请求不废除土司制度；1948年，当选的国大代表芒市土司代办方克胜撰写《建设腾龙边区各土司地意见书》，希望政府合法保障土司地位；1949年1月，潞江土司线光天呈交《土司地区之症结释论》，认为边区政治“似以采用以夷制夷旧制度为宜”[14]。

其次，捐弃前嫌，重构族群的内在界线，以夷族（傣族）民族主义抗衡国家的吸纳和收编。

政府在腾龙边区强势改土归流的态势，催生了当地少数民族上层的民族意识，他们试图以夷族（傣族）民族主义对抗国家的收编。1944年年底，干崖、盏达、陇川、南甸、户撒、腊撒、勐卯、芒市、勐板、遮放土司等在腊撒坝尾的高理集会，据说形成了组织夷族（傣族）特别行政区、在缅甸金融系统下统一币制、充实边区武力等决议。1945年8月，滇西各土司又于小陇川集会，会议目的据说为要求按照缅甸土司区之联邦制，成立滇西边区独立行政区等。1947年5月，各土司又在芒市方克胜处集会，内容大致亦为要求允许成立特别行政区。1948年2月，土司们又在醴岩司署集会，决议大致为：组成摆夷独立委员会、组织代表团等。1949年6月，土司们又与缅甸邻近地区各土司在缅甸勐友集会，据说有成立联邦的意思。[15]

消息透露，腾龙边区土司们的地方民族主义倾向自然引起了社会的极大关注，许多报纸都刊登了有关新闻。为此，土司中的核心人物刀京版在报纸上予以驳斥：“假使存有任何野心，何不在倭寇席卷南洋，直逼怒江，势如破竹之时与之妥协”，坚决否认滇西傣族土司有独立的企图。[16]

从上可以看出，在民族国家建构过程中，近代民族主义的传入，一方面加深了边疆少数民族的国族（中华民族）认同，同时也催生了腾龙边区傣族的民族认同，而正是腾龙边区傣族土司这种矛盾统一的双重认同导致了其一方面向政府公开申请保留土司制度，另一方面又私下谋求自立；一方面存在独立倾向，另一方面又坚决否认等这样一种矛盾的思想和行为。

三 民国时期傣族边区民族关系相异的原因分析

对国家政权的深入，有着相似的政治、经济生活，宗教信仰相同的思普边区和腾龙边区傣族之所以呈现出不同的反应，其根本原因有三：

1. 两大傣族地区对外开放的程度不同。

从腾龙边区来看，首先由于其地处中缅要道，因此其与内地及缅甸的联系最为频繁，所受内地及缅甸的影响也更大。从明代三征麓川开始，大批内地军民即进入腾龙边区，清末光绪年间，随着腾冲至八莫滇缅大道的修通，不仅大量的内地及缅甸物资进入腾龙边区，汉文化及西方文化也在此相会，其中尤以傣族土司受两种文化影响较深。早在清末，干崖土司刀安仁及其弟即到日本留学并加入了同盟会。到民国时，受汉及西方文化影响的傣族土司更多。1937 年，江应樑至腾龙边区考察，曾接触了当地多位傣族土司并谈及对他们的认识：芒市代办方克光及其弟方克胜“识见言谈都很出众”；担任勐卯代办的原干崖土司刀京版“年轻时曾到过各地周游，见多识广”，“魄力极大，才干超人”，“汉文根底很深，写得一手好字”；南甸土司龚绶“经验丰富，事故深沉”，干崖土司刀承钺“读书缅甸，英年有志”，“凡土司与亲贵，都须能识汉文，讲汉语”[17]。这些土司来往内地、缅甸等地，实际上已经熟悉汉族乃至国际社会规则以及中国官场生态，掌握了现成的主张自己权利的各种手段，因此能够和民国政府周旋及博弈。

而在思普边区，虽然和缅甸老挝接壤，但并非由滇进入缅甸的主要通道，且历史上这一地区相对平静安定，历代政府都未曾深入该地，因此这一地区和内地汉族地区及缅甸的交往不多，当地傣族社会一直处于封闭的、稳定的状态。光绪十九年思茅厅陈守淑说车里土司：“不识汉文汉语，禀牍俱用缅字，性情因之隔阂；遇事虽传质首，人亦不能到；札以文件，十中止复二三；翻译汉文，文理半多费解；其心复多疑怯，事之真伪莫辩，最易受欺。故凡委查事件，稍不经意，动辄是弊，虽属管辖，实同化外，边夷窒碍情形，迥异内地。”[18]在这种情况下，当国家政权以强大的武力为后盾进入思普边区后，傣族土司虽然并不情愿，却应对无策，只有无奈地接受了中央的收编。

2. 两地的民族构成及各民族之间的关系相异。

腾龙边区和思普边区都是傣族的主要聚居区，其最高统治者也都是傣族。但在两地都还有其他民族，而傣族和其他民族的关系以及资源占有情况不同也导致了两地傣族和国家关系的不同。

在腾龙边区，由于地处中缅孔道，进入的汉人数量颇巨。据清人记载，光绪十六年：南甸约七千户，汉人十之八，夷人十之二；干崖约六千户有奇，汉人不及十分之一，余皆种夷；盏达所辖五亢，约三千户有奇，汉人十之一，夷人十之九；腊撒所辖五亢，约七百户不足，汉人三分之一，夷人三分二；户撒所辖八亢，约一千户有奇，汉、夷各半；陇川所辖十亢，约三千户有奇，汉人五十余户，余悉种人。[19]到 1953 年，粗略统计德宏州（即民国时期的腾龙边区）有汉族 100500 人，占 24.7%；傣族有 176000 人，占 43.3%；景颇族有 100500 人，占 24.7%，其余民族如阿昌族、傈僳族、德昂族等占 7%。[20]由此可见腾龙边区的民族主要是傣族、汉族、景颇族，且他们的关系是比较微妙的。作为外来民族的汉族的大量进入，必然和当地民族傣族、景颇族等在资源等方面发生竞争，其结果是腾龙边区的封建领主经济受到强烈冲击，通过高利贷以及土地买卖，大量土司的土地转移到了汉族地主和商人手里，例如在莲山，腾冲汉商王家有“王半盏”之称，意即占有了盏达一半的土地。[21]而竞争同时就意味着发生冲突，因此本时期汉族与傣、景颇等民族的矛盾普遍而尖锐，各民族普遍存在着仇视汉族的情绪。另外，民国政府在腾龙边区的深入不仅剥夺了傣族的利益，而且直接威胁到了山头（景颇族）的利益。作为腾龙边区的一个主要民族，清末民国时期山头主要以种烟为生，而民国云南地方政府为了弥补财政的不足，“寓禁以罚”，允许边民种植烟片，但又征收高额的罚金，若不交罚金就铲烟，再加上官吏以此敛财，因此腾龙边区的不断发生以山头为主的抗铲斗争。而“土司区中，民性较强者为山头人；摆夷性忏，胆小怕事，不足为患。目前各土司所持以反叛政府者为山头人，我政府能设法抚慰，山头章山头，而土司则束手无策矣”[22]。虽然傣族和景颇族之间也存在矛盾，冲突频繁，但在应对中央政权的收编方面具有共同利益，于是政府难于应付的山头（景颇族）成为了傣族土司与政府博弈的一个棋子。

在思普边区，近代傣族人口为 123170 人，占全区人口的 46%。[23]同时傣族和其他民族呈宝塔形的结构分层。傣族统治山区布朗、哈尼、拉祜等民族，而在山区，布朗族又统治其他民族，山区民族的统治者都由傣族任用，他们的政治经济文化都受到了傣族的深刻影响。因此思普边区基本上是一个均质性社会，中央政权收编了傣族土司的同时也就收编了其下属各民族的头人，并未招致大的反抗。而从汉族和当地民族的关系来看，长期以来进入思普边区的汉人都是一些小商小贩，清初改土归流后，才开始有大商人进入从事茶叶贸易，民国设治以后，又有一些官吏和军人进入傣族地区。但从《水摆夷风土记》等文献记载来看，汉人数量较少，直到汉族大量进入的 1956 年汉族人口也仅有 17755 人，占全区人口的 6.6%[24]，因此虽然这些汉族商人因摆赌、放高利贷等引起了当地民族的排斥，但由于大多数当地民族和汉族实际上是隔绝的，汉族的进入并未对当地的社会经济结构发生影响，因此在双方接触强度和范围都较小的背景下，大规模的反抗自然难以发生。

3. 地方政府在两地的政策、治理措施不一致。

正如在第二部分所谈，在思普边区，政府及其官员似乎追求的仅只是将政权渗入边区，并无废除土司制度以真正实现一体化统治的进取心，因此虽然政府和土司之间也时有龃龉，但总地说来基本相安无事。而在腾龙边区，由于土司的抵制，因此各级政府官员都存有废除土司的意图，而政府一有此方面的举措，则必然又引起土司更大的反应，或武装反抗，或聚会以图独立等，因此冲突与斗争进一步激化，从而导致了本时期对抗性的民族关系。从这一点也可看出在很大程度上，民族关系受到了民族精英的抉择和行动的影响。

参考文献

[1] 张慧真：《教育与民族认同：贵州石门坎花苗族群认同的建构》，《广西民族学院学报》2002 年第 4 期。

[2] 周光倬：《滇缅南段未定界调查报告书》，第 39、40 页，转引自洪崇文《民国时期云南边疆管理机构的重组》，《云南民族学院学报》1999 年第 2 期。

[3] 江应樑：《云南西部僰夷民族之经济社会》，《西南边疆》1938 年第 1 期。

[4] 李景汉：《摆夷人民之生活程度与社会组织》，《西南边疆》1940 年第 8 期。

[5] 柯树勋：《普思沿边志略》，云南开知公司代印本，1916 年第 41 卷。

[6] 参见孙天霖《柯树勋治理普思沿边少数民族地区始末》，《文史资料选辑》第 11 辑，1979 年。

[7] 宋恩常：《西双版纳历代设治的汉文文献辑录》，载《西双版纳傣族社会综

合调查（一）》，云南民族出版社 1983 年版。

［8］《车里宣慰使世系集解》，云南民族出版社 1989 年版，第 280 页。

［9］蓝佩刚：《南甸宣抚司》，载《德宏州文史资料选辑》第 10 辑，1997 年，第 117、118 页。

［10］杨常锁：《从勐卯果占壁到勐卯安抚司——勐卯傣族土司史略》，载《德宏州文史资料选辑》第 10 辑，1997 年，第 45 页。

［11］全民：《芒市安抚司》，载《德宏州文史资料选辑》第 10 辑，1997 年，第 175 页。

［12］蓝佩刚：《南甸宣抚司》，载《德宏州文史资料选辑》第 10 辑，1997 年，第 118 页。

［13］杨常锁：《从勐卯果占壁到勐卯安抚司——勐卯傣族土司史略》，载《德宏州文史资料选辑》第 10 辑，1997 年，第 47 页。

［14］参见《多英培请求不废除土司制度的报告》，载《德宏史志资料》第五集；方克胜《建设腾龙边区各土司地意见书》，载《德宏史志资料》第三集；线光天《土司地区之症结释论》，载《德宏史志资料》第七集。

［15］参见《滇西十土司小陇川会议资料选辑》，载《德宏史志资料》第五集，第 107—115 页。

［16］《刀京版否认滇西土司企图独立的申明》，载《德宏史志资料》第五集，第 116 页。

［17］江应樑：《滇西摆夷之现实生活》，江晓林笺注，德宏民族出版社 2003 年版，第 151、152 页。

［18］《思茅厅陈守淑禀（光绪十九年八月）》，载方国瑜主编《云南史料丛刊》第十卷，云南大学出版社 2001 年版，第 36 页。

［19］李根源辑，杨文虎等校注：《〈永昌府文征〉校注》，云南美术出版社 2001 年版，第 3635 页。

［20］江应樑：《滇西摆夷之现实生活》，江晓林笺注，德宏民族出版社 2003 年版，第 437 页。

［21］《傣族简史简志合编》（初稿），中国社会科学院民族研究所，1964 年，第 70 页。

［22］《卢汉训令转发吕维英关于事件经过报告书》，载《德宏史志资料》第十三集，德宏民族出版社 1990 年版，第 215 页。

［23］、［24］缪鸾和：《西双版纳傣族自治州的过去和现在》，云南人民出版社 1957 年版，第 4、5 页。

《汉书》的体例及其述史方法分析

李兴和

《汉书》又称《前汉书》，是我国现存的第一部纪传体断代史，为二十四史之第二部。《汉书》所记史事起于汉高祖元年（206 年），迄于王莽地皇四年（23 年），共记载西汉一代 229 年的历史，一向被史家称为“博洽”[1]，是一部“包举一代”[2]、“文赡而事详”[3]的巨著。

一 《汉书》的体例

《汉书》原为一百篇，亦称一百卷。班固在《叙传》中说：“为春秋考纪、表、志、传，凡百篇。”这说明《汉书》的自定本是一百篇。然而，《隋书·经籍志》、《旧唐书·经籍志》、《新唐书·艺文志》均著录为一百一十五卷，宋晁公武《郡斋读书志》、陈振孙《直斋书录解题》作一百卷，《唐志》又云唐颜师古注《汉书》一百二十卷。这反映出历史上的《汉书》的分卷曾各不相同。分卷虽异，但内容不异。

《汉书》一百卷，原为帝纪十二、表八、志十、列传七十，这是班固自定的篇目。隋以前已分为一百一十五卷，后唐代颜师古作注时，因有的篇“皆以卷帙太重，故析为子卷”[4]。据王先谦《汉书补注》云：“洪颐宣曰：《叙传》班氏原目原卷，今本一百二十卷。盖师古集注，分高纪、王子侯表、百官公卿表、律历志、食货志、郊祀志、地理志、司马相如传、严安以下传、扬雄传、匈奴传、叙传为二卷，王莽传为三卷，五行志为五卷。”这表明，历史上《汉书》的篇目曾有过两次划分，颜师古注《汉书》时进行了第二次划分。颜师古注一百二十卷本《汉书》为后世通行本，今中华书局标点本就是在颜注本的基础上形成的。中华书局标点本《汉书·出版说明》说："《汉书》经过一分再分，本纪就有十三卷，表有十卷，志有十八卷，列传有七十九卷，这才是我们现在这部一百二十卷本《汉书》的面貌。"

（一）《汉书》的体例

《汉书》的体例为纪传体的断代史，这一体例是在《史记》纪传体通史的基础上发展而来的。在体例形式上，《汉书》继承了《史记》本纪、世家、列传、书、表五体的形式而又略有改动，改书为志，并世家入传，分为帝纪、列传、表、志四部分。

班固改书为志，据《史通·题目篇》所说，就是"孟坚既以汉为书，不可更标书号"的缘故，纯粹出于形式上的考虑。至于省并世家，乃是由于汉代诸侯与那种"兴师不由天子，政由五后"[5]的先秦相比，已不可同日而语了。秦帝国的建立，结束了春秋战国时期诸侯林立的状态。西汉开国之初，虽又立了王侯二等爵，但经汉初刘邦铲除异姓王、景帝时的削藩和武帝时"下推恩之令……而藩国自析"[6]的几次对封建诸侯的打击，使汉初"百四十有三人"[7]的诸侯，"迄于孝武后元之年，靡有孑遗"[8]，残存者亦"惟得食税租，不与政事"[9]。这种客观历史现实的变化，必然反映在史书的体例上。《汉书》省并世家入传，正是为了适应历史的变化，使史书能更好地反映客观历史而作出的改变，是适宜的。

帝纪按年系事，实际上是一代历史的编年大事记。《汉书》的十二帝纪，记载了从汉高祖到平帝时的历史大事。班固虽然出于封建的正统观念，不承认"新"莽政权，但编于列传之末的《王莽传》仍是这种按年系事的帝纪体，详载了汉末的大事。十二帝纪加上《王莽传》，就构成了从汉高祖元年（206 年）到王莽地皇四年（23 年）229 年间整个西汉一代的历史大事记。这是《汉书》的骨架，是统率西汉历史的纲领，以它为中心和主导，与表、志、传三体互相联系、互为补充，把史事编缀成了一部统一的史书。

表是一种很有用的体裁，它通过纵向的叙述，以简明的形式，把纷纷纭纭的历史人物进行分类排比，使其条分缕析，非常便于研读者了解历史。《汉书》的八表中，前六表都是分合增删《史记》有关各表而成的，分别谱列王侯功臣的世系，便于研读者掌握线索，并可补纪、传之不足。《百官公卿表》系新立之表，记录了秦汉官制沿革和汉代公卿大臣的迁免更替，为研读者排难解纷提供了方便，还是研究秦汉官制的宝贵资料。它为史书记载增添了一项新内容，开了后代政书职官类的先河。《古今人表》亦新立之表，通过把古人分为三品九等对汉以前的历史人物进行了评价，此中反映了班固对历史人物品评的标准及其观点态度，是研究班固思想的有用资料。

《汉书》的志为律历、礼乐、刑法、食货、郊祀、天文、五行、地理、沟洫、艺文十志，是在《史记》八书的基础上，经班固增补整理而成的。它比《史记》八书规模更为宏大，更加系统严密，记事丰富翔实，尤其是对汉代史事的记载更为详备。十志中，他创立了《食货志》、《地理志》、《艺文志》、《五行志》和《刑法志》。他依《史记·平准书》而立《食货志》，系统地记载了西周至王莽时的农政和币制等经济现象，是研究西汉经济和社会生产的重要文献。后来的直到《清史稿》的正史中，大多有这一门，形成了一部较为完整的历代封建经济发展史，是中国社会经济史研究的珍贵资料。《地理志》详载了西汉政区的沿革变化，还记载了各地区的山川、人口、物产、经济、文化、风俗习惯和海外交通等内容，具有重要的史料价值。它是我国第一部独立的以疆域政区为主体的地理著作，开创了后代正史《地理志》、《州郡志》一类地理学研究著作的先声。其所创立的《艺文志》采自刘歆《七略》，使《七略》这部目录学的开创性著作得以较为完整地保存下来。《艺文志》载列了古代典籍，反映了西汉藏书的基本情况，并对古代学术思想的源流派别和是非得失进行了考辨，是一部珍贵的古代文化史，对学术文化的研究极有价值。它是我国现存最早的一部目录书，成为后来史书中《经籍志》、《艺文志》的开端，在中国古典目录学史上占有重要地位。《五行志》虽完全讲灾异迷信，但以今天的观点来看，其中保存着大量丰富的有关自然灾害、气象、气候、地震和日月食等自然现象的史料，对有关学科的科学研究均有价值。此外，《刑法志》为古代刑法和法制思想的变迁史，它和《礼乐志》、《郊祀志》都是研究西汉政治法律制度的基本资料。《沟洫志》系统记载了秦汉的水利工程和重要的治水理论，其中贾让的治河三策是重要的历史文献，为研究古代水利史及汉代的农业生产等提供了可贵资料。《天文志》和《律历志》也是天文、历法等自然科学研究的宝贵资料。

总之，《汉书》各志都是一部有关内容的专史，它集中材料，分类叙述，使各专门部分的记载具有系统性、完整性和翔实性，从各个角度补充了纪、传偏于政治史的不足，也有利于我们今天对汉史各方面情况的了解，为各有关研究提供了极大的方便。这种由《史记》八书所奠定、《汉书》十志所发展的书志体，丰富了史书的体裁。这一体裁为后世所继承并发展为以唐代杜佑的《通典》为发端的典志体，使我国古代的典章制度绝大部分得以保存，其中《汉书》十志承先启后的作用不可低估。

七十列传是《汉书》的主体，是《汉书》内容最生动丰富和篇帙最大的主要部分。武帝以前诸传是在《史记》列传基础上重新分合增补而成的，武帝以后诸传为班固所撰。列传以众多的历史人物为中心，具体细致地描述了当时的政治、军事、经济、文化、民族等各方面的社会历史状况，它是《汉书》的血肉，为我们保存了丰富的汉史资料。《汉书》对列传的组织编排，亦很有考究。它以时间先后为线索，把专传、合传和类传依次排列，这既体现了历史发展的纵向联系，也显露了纷纭的历史现象中的横向联系。《汉书》充分利用了合传、类传的形式来揭示历史中的横向联系，它或以人物的生活时代，或按人物事迹、行为、言论、品性相类，或为同一官职等情况，具体灵活采用多种方式把人物分类合编于一传之中。这种形式确能收到读史知类的效果，还使形式简洁、节约篇幅，其中包含着作者对历史人物的品评及其对历史事件、历史人物的观点和态度。历史的纵向发展，《汉书》采用按西汉史发展的几个阶段来把列传分别加以编排组织的方法来体现。

除了类传、合传之外，《汉书》对重要的历史人物，如贾谊、董仲舒、司马相如、扬雄等，或一些内容丰富的历史人物如张汤、杜周等则特立专传。这也体现了《汉书》组织列传时的灵活性。

总之，《汉书》在对列传的组织和目次的安排之中，寓有作者班固揭示历史联系的匠心，并内含着他对历史的见解。

《汉书》利用纪、传、志、表四个部分相互间的结构功能，使其互相联系，互为补充，构成一个完整的体系，具有高度的系统性与整体性，使看来毫无头绪、众多的史料熔铸其中，结成一个整体。其中，以纪为骨架和纲领，统率着全书；以诸列传为主体，具体、生动而又详备地记载了汉代的史事；表、志则作为其补充形式，对各方面的专门历史现象进行了系统而详细的记载，起了手足的作用。这四部分的有机联系与组织，就构成了《汉书》这部宏大的史书。

（二）《汉书》体例上的成就

《汉书》体例上的成就主要有以下两点：

第一，整齐了纪传体的体例，成为后世纪传体史书的典范之一。如上所述，《汉书》四体的有机结合，使纪传体史书的结构更加严密，材料组织更加整齐了。钱大昕云："《汉书》刊《史记》之文，以求整齐，后代史家之例皆由此出。"[10]章学诚亦言："迁《史》不可为定法，固《书》因迁之体而为一成之义例，遂为后世不祧之宗焉。"[11]《汉书》充分发挥了纪、传、志、表四体的功能，使之趋于完善，因而成为后世纪传体史书的典范。后世正史中，有些没有表、志，或二者缺一，但都少不了纪、传二体，脱离不了这一由《史记》开创、《汉书》奠定的体系。

第二，开创了断代为史的体裁。班固在《汉书·叙传》中言："汉绍尧运，以建帝业，至于六世，史臣乃追述功德，私作本纪，编于百本之末，厕于秦、项之列。"他认为司马迁的《史记》贬低了汉的历史地位，完全出于维护西汉王朝封建统治的正统观点而"述《汉书》"，写就了我国历史上的第一部断代史。班固断代为史，除主观原因外，还有客观的历史原因。班固生活的时代，处于东汉王朝强盛之时，阶级矛盾相对缓和，封建统治相对稳定，封建统治者急需对前朝历史进行总结，以进一步巩固统治；而司马迁的《史记》仅迄于武帝时而止，后之补续者虽多，但始终未能成就一部完整独立的汉史，亟须有一部总结性的著作出现；再者，西汉末年盛行起来的"五德终始论"和阴阳五行说的循环论史观，使东汉统治者认为，如果不把西汉史独立出来，则他们自己就要被"编于百王之末"，即他们"承天应命"的"德运"将被湮没。正是这些历史条件，决定了史书在体例上要有所创新，《汉书》就是适应这一需要而产生的，成就了"一代之史"[12]。

班固创立的断代史体，对后世影响深远，历代史家纷纷继承，在中国史学史上形成所谓"正史"的标准体裁。范文澜先生在《正史考略》一文中指出了纪传体断代史繁荣的原因，说："中国自汉以下，政尚专制，忌讳滋多，本朝之人不敢指斥本朝，以速罪戾。班氏史体，最合著述家之心理。盖记前朝之事，危疑较少。讥谈政事，臧否人物，均视当代为自由。《汉书》家独盛于后世，即此故也。”

总之，《汉书》整齐了纪传体史书之体例，创立了断代史体，开创了纪传断代的“标准”正史体裁，为中国古代史学史的发展作出了巨大贡献，班固因而被称为“创立了断代为书的汉书家”[13]。

二 《汉书》述史的方法

《汉书》这部包举一代史事的巨著，内容浩瀚博大，班固却能把这些纷繁复杂、千姿百态的历史内容组织得“赡而不秽，详而有体”[14]，这是由其运筹组织史料述史的方法决定的。前面谈过，《汉书》充分发挥了纪、传、志、表四体各自的功能，使之互相联系、互为补充，结成一个有机的整体。这是从体例上考察各体的功能及其相互作用而得出的结论。然而，史书的体裁或体例仅是史书的结构形式，只有当负载着历史内容的史料与之结合时，它才能发挥作用。这里，我们使之与《汉书》述史时运用史料、组织史料的方法结合起来进行再考察。

（一）《汉书》述史时史料的分合与统一

人是历史的主人，历史总是由一些具体的人在特定的时间、地点和特定的条件下创造出来的，而每一具体的历史事件，也总是由众多的人物的各自个别的、局部的、具体的活动构成的。这些创造历史的人们，视其行为对历史影响的大小，又有主次之分。反之亦然，即以某一个人或某一些人为主的人们，在特定的环境和条件下，以他们个别的、具体和局部的活动影响历史，制约着历史的发展并共同创造着历史，他们的这些具体的历史活动的有机熔融和统一便构成了历史。

《汉书》在述史时，采用了把一个历史事件的材料分散到各相关人物的纪传中去的方法，这样就能对历史事件的各有关部分的细部和历史人物局部、个别、具体的活动进行充分的、深入细致地描绘与揭示。这就是《汉书》述史时史料的“分”。但是，如只有史料的“分”而无“合”，历史就会失去有机的联系，像一盘散沙和一团毫无头绪的乱麻，使人迷惑不解，不得要领。《汉书》就是以历史事件中的主要人物为中心，运用史料对该事件进行综合、系统、集中的全面叙述，使事件的全过程得到较为完整的再现。这就是《汉书》史料运用的“合”。但这种方法也有局限，它只能再现历史的主要发展线索与主要内容，缺乏历史的细节和次要内容，好比一棵没有枝叶的光树干。只有二者的有机统一，才能还原出真实生动的历史来。在《汉书》中，这一有机的统一过程，只有靠研读者在全面了解各有关内容之后才能实现。

下面，我们举例加以说明。

汉王朝与匈奴族的关系是西汉一代的重大问题。它纵贯整个西汉王朝的始终，其间人物事件众多、头绪纷繁，没有非凡的史才，很难把它叙述清楚，更谈不上真实生动地再现历史了。《汉书》把有关汉匈关系的材料分解到各有关部分，尤其是在众多的人物列传中对各个历史细节进行描述，其中在一些主要人物的传记里，如《张骞传》、《苏武传》、《卫青霍去病传》、《李广传》、《李广利传》、《赵充国传》、《西域传》等列传中叙述尤为详尽，这是史料的分散过程。同时，在十二帝纪、《王莽传》和《匈奴传》中，对汉匈关系进行了综合叙述。其中，十二帝纪与《王莽传》重在详尽地记载了汉匈关系史上的重大事件，这一不间断的记载构成了两族关系史的基本线索。《匈奴传》则以匈奴民族的历史发展为线索，较帝纪更为生动、具体而全面地叙述了两族关系史的全过程。两者的互相补充与结合，就是“合”。所有这些材料的有机综合，不就是关于这一历史现象的“统一”形象吗？再例如，《汉书》对吴楚“七国之乱”的叙述也是这样：在《景帝纪》和《吴王濞传》中对这一事件作了概括性的集中叙述；在几个参加叛乱的诸侯王的列传以及《袁盎晁错传》、《周亚夫传》等几个与这一事件有关的中心人物的列传中，从各自的局部侧面对事件作了较为详尽的补充记载；其次，再在其他有关纪、传甚至表、志中分散记载了有关内容。这一例证也说明了《汉书》述史时史料的分合与统一。

《汉书》就是运用这种史料分合与统一的方法，以一个个历史人物、事件和现象为中心，把错综复杂地交错纠缠在一起的材料经过“分”与“合”两个相辅相成的方法的制作处理，使其成为一个统一有机体，还原出真实、生动、饱满的历史来。这是《汉书》利用历史横向联系来组织史料、叙述历史的方法。

(二)以历史发展线索为纲来组织史料

这是以历史发展线索为经线，纵向组织史料的方法，是《汉书》运用史料述史的第二种方法。

下面，我们具体看看《汉书》是怎样运用这种方法的。

首先，以时间先后排列的十二帝纪和《王莽传》构成了一条统率和支配着全部材料的总线索。它体现了历史发展的进程和方向，像一根经线把表、志、传所容纳的全部内容连缀在一起，组成一部完整的西汉史。这一点，我们在全面讨论《汉书》的体例时已有所论述。值得指出的是，七十列传人物众多、史事复杂，如无这条线索的统率，将是一堆杂乱无章的堆积品。《汉书》按历史进程把西汉历史分为几个阶段，再把众多的历史人物按这几个阶段分为几个人物群：高祖、惠帝、吕后时期的人物群；文、景二帝时期的人物群；武帝时期自成一个群体；随后是昭宣“中兴”时期的人物群；元帝至平帝时期为一群体；“新”莽王朝自成一群。虽然，要对时间上参差不齐的众多人物进行截然明确的划分是不可能的，但这样一分，诸列传就被这条纵贯首尾、呈现出阶段性的线索组织得井然有序了。任何读者，只有研究一番《汉书》的目录就能明白这一点。另外，表、志和类传又是按照各自的各种各样的历史线索撰写成的，如《五行志》、《刑法志》、《食货志》、《沟洫志》等以及除《古今人表》之外的七个表都是以历史发展的进程为线索的。《地理志》和《天文表》以地域空间为线索，《艺文志》以典籍的学术性质为经线，《古今人表》既按照时间又以人物的品级分类，《匈奴传》、《西南夷两粤朝鲜传》和《西域传》是以各民族自身的历史发展为线索，《货殖传》、《游侠传》、《外戚传》等类传以人物的性质来划分，等等。

统而言之，《汉书》各纪、传、志、表都有自己统率史料的各种历史线索和联系，它们最终又都统一于帝纪和《王莽传》组成的总线索中去，结成一个统一体。换言之，《汉书》的全部史料，都被按某种历史联系组合进各纪、传、志、表中去，最终构成了《汉书》。

（三）善于抓住各历史时期的特点来组织史料，叙述历史

西汉历史，呈现出明显的阶段性，可大致分为：汉初时期，其中又可细分为刘邦开基立业、创立制度的开国时期，惠帝与高后的稳定和巩固政权的时期以及“文景之治”时期这样几个阶段；武帝时的强盛时期；昭宣“中兴”时期；元成哀平四帝的汉末衰微时期；“新”莽政权时期。每一时期、每一阶段的历史都呈现出不同的特点，正是这些融入历史现实中的特点使历史发展呈现出阶段性来，它们在历史的现实中是以对历史有重大影响的重大历史事件体现出来的。班固述史时，善于抓住这些特点，选择典型史料对那些能反映各时期特点的重大历史事件和现象进行重点叙述。例如，武帝时是西汉王朝的鼎盛时期，这一时期多所兴作，重大事件很多，如武帝兴制度、建明堂、封泰山、削封国、击匈奴、尊儒术、罢盐铁、榷酒酤、告算缗等，这些事件都反映了武帝时期强烈的时代特点。《汉书》对这些“文治武功”进行了重点而详细的叙述。首先，《武帝纪》系统记载了这些事件，以此为中心，组织了一批有关列传对不同事件分别进行了详细叙述，在《董仲舒传》中记载了“罢黜百家，独尊儒术”的详情，在《司马迁传》、《司马相如传》等列传中反映了文化上的成就，《卫青霍去病传》、《李广苏建传》、《张骞李广利传》、《匈奴传》等记录了武帝开边击匈奴的武功，《张汤传》、《杜周传》、《公孙弘卜式倪宽传》及《严朱吾丘主父徐严佟王贾传》等则反映了当时的政治状况，等等。在各表、志中，也重点反映了有关内容。如《食货志》中记述了武帝的一系列经济政策和这一时期的重大经济事件，《地理志》从政区的变化上反映了武帝的边功，《诸侯王表》、《王子侯表》、《景武昭宣元成功臣表》等则反映了武帝削封国、兴制度等政治事件，《郊祀志》、《礼乐志》叙述了“建明堂”、“封泰山”等迷信活动。班固能抓住充分反映出各历史时期特点的重大历史事件、重要现象和人物，以此为重点来选择与运用史料，叙述历史。如此，一个时代丰富多彩、生机勃勃的历史，就以它独特的面貌形象鲜明地展现在人们的面前。

综上所述，《汉书》述史的方法可简单概括为：以历史发展或历史联系为经，以历史的错综交织的横向联系为纬，有主次、有重点地组织材料来叙述历史。这种综合叙述历史的方法，是《汉书》述史最根本的方法，

上述三种具体方法只不过是这种综合方法的三个不同侧面而已。这种经纬交织、突出重点组织史料的方法，是《汉书》述史完整、整齐、严密、“文赡而事详”的原因。整部《汉书》就是利用纪、传、志、表四体结构功能上的有机联系，以它们作为史书的骨架，运用这种综合述史的方法，把纷繁复杂的史事组织成一个有机统一体。换言之，班固运用这种方法把历史内容组织进史书的有机形式之中去，撰写成了《汉书》这部内容丰富、形式完整的史著，做到了内容与形式的有机统一。

参考文献

[1] 白寿彝：《司马迁与班固》，载《中国史学史论集》第一辑。

[2] 刘知几：《史通·六家》。

[3] 范晔：《后汉书·班固传》。

[4]《四库全书总目》卷四十五。

[5]《史记·十二诸侯年表·序》卷十四。

[6]《汉书·诸侯王表·序》。

[7]《汉书·高惠高后文功臣表·序》。

[8]《汉书·高惠高后文功臣表·序》。

[9]《汉书·诸侯王表·序》。

[10] 钱大昕：《潜研堂文集·跋〈汉书〉》卷二十八。

[11] 章学诚：《文史通义·内篇一·书教下》。

[12] 班固：《汉书·叙传》。

[13] 卢南乔：《从史学和史料来论述〈汉书〉的编纂特点》，《山东大学学报》1961年第4戎；或《中国史学史论集》第一辑。

[14] 范晔：《后汉书·班固传·论》。

“文物”英译探析

王 璞

在历史学课程的教学余暇，时有同学询问笔者“文物”一词译为英文究竟该如何处理才较为妥帖，笔者给出了几个答案供其参考，同时感觉这几个英文词实有辨析的必要，故在此略加讨论，以期就正于方家。

与考古相关的“文物”在《辞源》里释为“具有历史、艺术价值的古代遗物。”[1]《现代汉语词典》对文物的界定又多了些阐释的成分，它指的是“历代遗留下来的在文化发展史上有价值的东西，如建筑、碑刻、工具、武器、生活器皿和各种艺术品等。”[2]从这两个定义可以看出中文的“文物”一词其涵盖面较宽，颇有些准术语的味道。与之相对，即使在一般层面，表达“文物”的英文词也比常人想象得要多，内中含义自然更为琐细，这样的矛盾令我们很难找到一个与“文物”一一对应的英文词汇——不少学者习惯使用的 cultural relics 远不足以应对“文物”的英译问题。进言之，欲将“文物”译为英文则必须以基础类型分析为依据，继而再锁定具体的英译词。基于此，笔者拟对“文物”的宏观性英文术语进行一番解读，希望能由此寻绎出不同语境下“文物”的英文对译。

（1）antique（名词或形容词）：作名词时其英文定义为“一件古老且往往很有价值的物品，比如一套家具。”中文译为“文物；古物；古董；古玩。”[3]如“a genuine antique 一件古董真品”。[4]换句话说，若某一著作中的“文物”相当于单件或多件的古物、古董、古玩、文玩，我们就可选择 antique 来翻译相应内容，以下词汇分析亦同此理。antique 也能作形容词，即指“古老的；古董的”。[5]与之关联的术语尚有 antiquarian 一词，当形容词讲时意为“古文物的；古董的：an antiquarian bookseller 古籍商。”[6]当名词讲时同 antiquary，意为文物研究者、文物（古董）收藏家或文物商。[7]

（2）antiquity（名词）：此词按《牛津高阶英汉双解词典》所示有三层内涵，其中考古学上解释为国宝级的“文物；古物；古董；古迹”，常用复数，如“Egyptian/Roman antiquities 埃及/罗马古物”。[8]当然这类文物中文多称“重器”。对古物、古董兴趣浓厚的研究者后来创立了一门学问：antiquarianism，中文谓之“古物学”（该词也可译为“好古”），作为考古学出现之前研究古代世界的历史学分支学科它产生于15世纪的文艺复兴时期。[9]

（3）artifact（s）（名词）：保罗·巴恩（Paul Bahn）编纂的《新版企鹅考古学辞典》将之界定为“人类使用、修整或加工过的一切可移动文物。”[10]一般译作“人工制品”。[11]tool（工具、器具）便是很有代表性的一类人工制品[12]，如“角器（horn tools），骨器（bone tools）”等。[13]

（4）curio（名词）：该词意指小件的稀有藏品、装饰品或挂件、文玩，例如 Oriental curios（东方珍玩）。[14]清代流行于中土社会之鼻烟壶以及《红楼梦》里的绿玉斗均属此类文物。乾隆年间为皇室青睐的多宝格（curio casket）便是集藏和陈设这类小件珍玩的家具。

（5）curiosity（名词）：由 curio 又推出 curiosity。除“好奇心”之外，curiosity 还有“奇珍异玩、稀世珍品”之意，如“The museum is full of historical curiosities.”可译为“这座博物馆有很多历史珍品。”[15]可见 curio 关注的是文物尺寸，curiosity 却对文物质量青眼有加。

（6）relic（s）（名词）：指的是过往之遗物、遗迹、胜迹、遗风、遗俗、圣物、肉身等。[16]Buddhist relic（s）或 bone relic（s）即是佛教所言之舍利。因 relic（s）可包含某种传统，实物与风俗相容，大小和内蕴并重，故相较而言义项最为丰富，中文学界谈及广义之“文物”便以 cultural relics 或 relics 为其对称，如“中国文物学会 Chinese Society of Cultural Relics”[17]以及 unearthed relics（出土文物）。不过它不像（1）、（2）、（4）、（5）类词那样关注遗物的价值，同时中文意义上的文物并不包括遗风遗俗等相对抽象的范畴。

（7）remains（名词）：考古或文物层面意为现今发现的古代遗物、古迹、遗迹、遗址、遗存，如 prehistoric remains（史前遗迹）。[18]remains 也是考古学者发现或发掘活动的直接对象，但“文物”含纳的传世古董或珍玩一般不在此列。remains 的文物可以 ruin（s）为典型，后者乃是"业已毁坏或残破的建筑遗迹"，译作"残垣断壁；废墟"[19]，如 Ruins of Yin（殷墟）。[20] 此外，小型的遗址或少量的人工制品我们可用 site 一词来描述。[21]

综括起来，上述的"文物"英文，antique 重其件数，antiquity 显其地位，artifact（s）言其移动，curio 明其精致，curiosity 贵其珍异，relic（s）包罗宏富，remains 强调实体。对于这些词汇的语义及其所反映的事物特征我们不妨多加琢磨体悟，如此在一词多译的中译英实践中自不难还"文物"之本来面目。

参考文献

[1]《辞源》（修订本），商务印书馆 1988 年版，第 735 页。

[2] 中国社会科学院语言研究所词典编辑室编：《现代汉语词典》（第 6 版），商务印书馆 2012 年版，第 1364 页。

[3]《牛津高阶英汉双解词典》（第 6 版缩印本），商务印书馆、香港牛津大学出版社 2005 年版，第 62 页。

[4]《柯林斯高阶英汉双解学习词典》，外语教学与研究出版社 2011 年版，第 100 页。

[5]《牛津高阶英汉双解词典》（第 6 版缩印本），商务印书馆、香港牛津大学出版社 2005 年版，第 62 页。

[6]《柯林斯高阶英汉双解学习词典》，外语教学与研究出版社 2011 年版，第 99 页。

[7] 参见《柯林斯高阶英汉双解学习词典》，外语教学与研究出版社 2011 年版，第 99—100 页。

[8]《牛津高阶英汉双解词典》（第 6 版缩印本），商务印书馆、香港牛津大学出版社 2005 年版，第 62 页。

[9] Ian Shaw & Robert Jameson（eds），*A Dictionary of Archaeology*，Oxford：Blackwell Publishers Ltd.，1999，p. 65.

[10] Paul Bahn（ed），*The New Penguin Dictionary of Archaeology*，London：Penguin Books，2004，p. 35.

[11] 王殿明、杨绮华编译：《汉英文物考古词汇》，紫禁城出版社 2011 年版，第 7 页。

[12] Paul Bahn（ed），*The New Penguin Dictionary of Archaeology*，London：Penguin Books，2004，p. 485.

［13］王殿明、杨绮华编译：《汉英文物考古词汇》，紫禁城出版社 2011 年版，第 8 页；参见《牛津高阶英汉双解词典》（第 6 版缩印本），商务印书馆、香港牛津大学出版社 2005 年版，第 414 页。

［14］《柯林斯高阶英汉双解学习词典》，外语教学与研究出版社 2011 年版，第 627 页。

［15］《牛津高阶英汉双解词典》（第 6 版缩印本），商务印书馆、香港牛津大学出版社 2005 年版，第 414 页。

［16］参见《牛津高阶英汉双解词典》（第 6 版缩印本），商务印书馆、香港牛津大学出版社 2005 年版，第 1460 页。

［17］王殿明、杨绮华编译：《汉英文物考古词汇》，紫禁城出版社 2011 年版，第 10 页。

［18］参见《牛津高阶英汉双解词典》（第 6 版缩印本），商务印书馆、香港牛津大学出版社 2005 年版，第 1462 页。

［19］《牛津高阶英汉双解词典》（第 6 版缩印本），商务印书馆、香港牛津大学出版社 2005 年版，第 1522 页。

［20］Ian Shaw & Robert Jameson (eds), *A Dictionary of Archaeology*, Oxford: Blackwell Publishers Ltd., 1999, pp. 66, 500.

［21］Paul Bahn (ed), *The New Penguin Dictionary of Archaeology*, London: Penguin Books, 2004, p. 442.

略论中国文化的伦理特性

张高翔

中国文化素来以博大精深、绵延久远著称于世。英国历史学家汤因比在其巨著《历史研究》中曾描述过世界上业已存在过的26个文明形态，他认为只有中国文化是长期延续发展而从未中断过的文化。其他文化如印度文化因雅利安人入侵而雅利安化；埃及文化因亚历山大大帝占领而希腊化，恺撒占领而罗马化，阿拉伯人移入而伊斯兰化；希腊罗马因日耳曼蛮族入侵而中绝并沉睡千年。在文化学界所普遍认同的七大人类原生形态的“母文化”（埃及文化、苏美尔文化、米诺斯文化、玛雅文化、安第斯文化、哈拉巴文化、中国文化）中，也唯有中国文化一种历经数千年持续至今而未曾中辍。中国文化的这种持续性造就了其无与伦比的、巨大的同化力和融合力，不论是春秋以前的“南夷与北狄交侵”、十六国时期的“五胡乱华”，还是宋元时期契丹、女真、蒙古人接连南下，明末满族入关，都未能改变其特质，反而纷纷自觉不自觉地被其同化，演出了一幕幕“征服者被征服”的历史话剧，成为丰富其内容、增添其生命力的因素。

探究其根源，是一个颇有兴致的工作。许多学者从不同角度提出了许多颇有见地的观点：从地理环境的角度来看，东亚大陆偏隅一方，远离其他大陆而处于相对隔绝的状态，这是其长期延续的缘由之一；从文化的先进性这一角度来看，中国文化在西方工业文明兴起以前，无论在科学技术，还是政治、经济等方面一直执各封建社会之牛耳，他种文化很难望其项背，这是其长期延续的缘由之二；从生产方式的角度来看，东亚大陆得天独厚的自然条件和地理生态环境，孕育了华夏民族以农耕自然经济为主体的经济生产形态。在这种经济形态下，人们逐渐形成了安土重迁、修己务实、乐天知命等社会心理状态，缺乏向外扩张、迎接挑战、寻求刺激的冒险精神。人们年复一年地躬耕于田桑，“日出而作，日落而息，凿井而饮”，从事着稳定的简单再生产，不愿也不知生活还能有何种变化。反映在政治思想上，则形成了根深蒂固的“重农抑商”、“重本抑末”、“农本商末”等观念，并外化为统治政策。数千年来，难以撼动。这是其长期延续的缘由之三。以上列举的只是诸多分析中较有代表性的几种，它们为进一步深入研究此问题奠定了基础。我们的着眼点在现在：

近代以降，中国被卷入了工业化的浪潮之中。工业文明的巨大冲击力粉碎了关闭数千年之久的封建大门，引发了剧烈的社会震荡和文化危机，在挑战与应激的痛苦历程中，中国人试图以“中学为体，西学为用”在中国传统文化与西方文化之间寻求一种平衡。“洋务运动”和“戊戌变法”的失败宣告了这一中和原则的流产。随之而起的资产阶级民主革命和马克思主义运动在中国的蓬勃开展，使中国又一次面临重大抉择。“中国往何处去?”成为中国现代历史早期的焦点问题。这个抉择不仅仅意味着政治经济制度的变革，也决定着中国文化的未来走向。从文化范式的观点看，这两种制度虽然强调的伦理原则不同（前者强调个人主义，后者强调集体主义），但同属于工业文明的范畴。无论中国选择了哪条路，都会重新在文化学的意义上面对如何处理现代工业文化和传统文化之间的关系问题。最后，中国历史发展的必然性选择了马克思主义。这个选择在政治上给中国历史的发展开拓了一个新的时代。至少在中华人民共和国的范围内，人们在五星红旗下开始形成一种新的认同感。以“雷锋精神”为象征的集体主义原则成为指导人们的行为准则，并在文化建设中得以体现。这时，传统文化仍在发挥着潜在的文化整合作用。“雷锋精神”契合了深蕴于中国人心中的“以和为贵”、以家族为本位的伦理精神。两者本应在新的社会政治条件下达到外来文化与国粹的完美结合。可是计划经济的流产，“文化大革命”的破坏割断了这一过程。人们开始以理性的态度重新审视人与人之间的关系，重新探究个人主义与集体主义之间的“度”。文化的迷茫搅动着人们的心灵，影响着人们的行为。过渡时期的无所适从给身历其境的人们打上了深深的烙印。改革开放及经济转型使西方文化伴随着先进的科学技术如潮水般涌入，给本来已处于困惑中的中国人以更大的冲击。以什么价值原则来进行文化统合，以什么样的文化精神来增强整个中华民族的认同感和凝聚力，如何建设有中国特色的社会主义新文化，成为摆在每一位文化建设者面前的艰巨任务。

笔者文弱识浅，仅以此文为一开端，略尽文责，同时就教于大方。与其他文化类型相比，中国文化曾被人称为“德性文化”。笔者认为，这是对中国文化特征的基本概括。德，早在周代金文里就是常用字，出现已有近百例。其语义所表达的是中国传统文化中自始至终都处于主导位置的，处理人伦关系、指导人们行动的道德观念。郭沫若曾就德字做过反复讨论，认为“德字照字面上看是从徝（古直字）从心，意思是把心里放端正，便是《大学》上所说的‘欲修其身者先正其心’”；[1]许慎在《说文解字》卷十解说，“悳”字时，也道出了德字的本义：“悳外得于人，内得于己也。”所谓“内得于己也”，即谓端正心性，反省自我。德字从心从直，正合此意。所谓“外得于人”，即通过“内得于己”，在内心确立正直的准则，加强心性的修养，指导和约束个人行为以得到人的尊重和敬仰。

德字不见于殷代卜辞而大量出现在西周以后的金文中，这一史实值得重视。殷人“率民以事神”，建立起一套神权政治体系。周革殷命，为了对占领地区进行最有效的统治，大肆分封同姓和异姓贵族，积极推行宗法政治。在占领区域内建立起大大小小的封建诸侯国家，同时制定出一套比较完备的礼法制度。在意识形态方面，“事鬼敬神而远之”，尊礼尚施，注重人事，怀疑甚至批判天命，提出“皇天无亲”、“唯德是辅”的“敬德”观念。周人认为天道靡常，强调的是个人行为的重要性。被确立作为个人行为准则的，就是端正心性的“德”性修养。周人总结殷人失败的原因，认为其“惟不敬厥德，乃早坠厥命”。[2]

周人确立“德”为个人行为的准则是有原因的。周初分封诸侯，随之制定出一套具体可行的礼法条文。目的在于调整统治阶级内部关系，明确君臣尊卑。但武王死后，管叔、蔡叔、武庚的谋反，使周王觉得仅凭礼法来维护宗法政治是不够的，于是大力提倡内心反省，引导人们端正心性的“德”。其中心内容就是孝悌，即享孝祖先、孝事父母、友爱兄弟。前者以享孝祖先神灵谓之“明德”，后两者称为“元德”。

“德”观念的精髓是孝悌。孝悌落实到现实的政治生活中，即所谓“孝乎唯孝，友于兄弟，施于有政。”[3]据此，德行实际上成为维护宗法政治制度的精神支柱，正所谓“德，国家之基也。”

及至春秋战国，“礼崩乐坏”，诸侯争霸，社会混乱，但在文化上却是百家争鸣，被称为中国文化的“轴心时代”，各家政治立场虽有不同，但却从各自角度阐发了“德”的含义。儒家有孔子倡导“克己复礼”，强调“仁”，进而建构起了第一个完整的道德规范体系。他以知、仁、勇为三达德，在此基础上提出了礼、孝、悌、忠、恕、恭、宽、信、敏、惠、温、良、俭、让、诚、敬、慈、刚、毅、直、克己、中庸等一系列德目。随后有孟子以仁、义、礼、智为四基德或母德，并将它扩展为“五伦十教”，即君惠臣忠、父慈子孝、兄友弟恭、夫义妇顺、朋友有信。法家虽重法、术、势，但其代表人物管仲也提出“四维七体”。“四维”是：礼、义、廉、耻。“七体”为孝悌慈惠、恭敬忠信、中正比宜、整齐樽诎、纤啬省用、敦蠓纯固、和协辑睦。道家虽崇尚自然无为，但老子曾从本体论的高度说明过“万物莫不尊道而贵德”的道理。墨家的代表人物墨子则把其崇尚的最高德性“兼爱”作为理论的出发点，进而提出非攻、尚贤、尚同、节葬、节用、非乐、非命、尊天、明鬼等主张。到了汉代，“罢黜百家，独尊儒术。”更有董仲舒提出“三纲”（君为臣纲、父为子纲、夫为妻纲）、“五常”（仁、义、礼、智、信），并在其以后的封建社会中成为不可动摇的金科玉律。

以上列举的这些道德条目的产生，根源于中国古代小农经济的生产方式，以及家国一体的政治结构。在这种经济政治框架下，如何处理家族伦理关系是社会调节的重要课题。“修身、齐家、治国、平天下”是个人求得社会承认进而谋取功名的必由之路。人们自小就被严格限制在礼的范围内，不得有丝毫的僭越。这种伦理秩序的扩充，便上升为中国封建社会政治体制的基础——家长制。家长制的实质就是用家族伦理的机制来进行政治统治，是一种伦理政治。与此相适应，伦理道德学说在各种文化形态中便处于中心的地位，形成一种以伦理道德为核心的文化价值系统。中国的哲学是伦理型的，哲学体系的核心是伦理道德学说，中国的文学艺术也是以“善”为价值取向的。“文以载道、美善合一”是中国文化审美性格的特征。甚至中国传统科技的价值观也是以“正德”即有利于德性的提升为第一目标，然后才考虑“利用、厚生”问题。在风俗习惯中，这种重德的倾向也处处得以表现。在居住方式、服饰、饮食习惯、禁忌、节日、姓名、称呼等方面，我们都可以发现传统的伦理道德对人们的深刻影响。可以说，经过数千年的浸润，传统道德某些成分已经成为了中华民族，特别是汉民族共同心理素质的有机组成部分。作为一个中国人，无论从其内在的精神内蕴还是外在的行为表现，都被深深打上了这种“德性”的印记。

表现于各种文化形态中的传统伦理精神是一种历经几千年，植根于中国人心中的深层次心理积淀。它不受政治制度、地域、意识形态等因素的影响，一直或深或浅，或强或弱地制约着中国人的思想、言语、处世方式、归属感、认同感等诸多方面。目前，全世界海外华人华侨3000多万人，其中相当一部分人数代居住于国外，但无论外域文化如何侵蚀，他们始终保留着自己独特的判断事物的价值标准。在一定程度上，为了适应新的环境，他们会改变自己某些行为方式，但却尽其可能在条件许可的情况下营造一个中国式的文化氛围，让自己在其中得到心灵的抚慰。近些年来，随着中国国际地位的不断提高，海外华人华侨更是欢欣鼓舞，心向中华，拳拳报国之心之举处处可见。国内人民在经历了“文化大革命”的痛苦历程之后，也在进行着深深的反思，努力探寻一条把马克思主义与传统文化中的优秀成分相结合的新文化之路。这种努力的结果，就是《中共中央关于社会主义精神文明建设指导方针》指出的：“以马克思主义为指导的，批判继承历史传统而又充分体现时代精神的，立足本国又面向世界的这样一种高度发达的社会主义精神文明。”[4]这是对当代中国社会主义文化发展方向和道路的最准确的表述。

笔者认为，为了增强包括海外华人华侨在内的整个中华民族的凝聚力，构筑一种全社会普遍认同的道德价值体系，我们应该努力发掘传统文化中的优秀成分，在新的形势下，对古今中外文化进行综合创新，使中国文化在世界范围内发扬光大。

参考文献

[1] 郭沫若：《先秦天道观之进展》，载《青铜时代》，人民出版社1954年版，第1—65页。

[2]《尚书·周书·召诰》。

[3]《论语·为政篇》。

[4]《中共中央关于社会主义精神文明建设指导方针》，人民出版社1986年版。

从公司人格到公司人格否认

——公司法人制度发展述评

张　彦

一　公司法人制度的基本内容
——公司人格和有限责任

总体来说，公司法人制度是通过股东个人财产与公司财产的分离、股东所有权与公司经营权的分离，确立公司的法人人格，使公司成为具有独立财产、独立意志的市场主体。这一制度的创设将股东的投资风险限定在合理范围内，从而极大地鼓励了社会投资热情，并使企业的社会化集资成为可能。其中的关键，是公司人格和有限责任制度。

所谓公司人格，是指公司法人所具有的独立的法律主体资格。它意味着公司具有由法律赋予的类似于自然人的民事权利能力和民事行为能力。公司人格的取得以公司具有独立的财产权为基础，而这种独立财产权的确立必须通过一定的法律程序，即两个或两个以上的投资者通过签订协议，同意将各自出资的财产移交给新成立的公司法人并承认公司对这些财产的所有权；投资人放弃对这部分财产的占有、经营和处分权，仅保留对公司盈利的有限收益权。这样，公司获得了合法占有、经营公司财产的权利，也同时具有了以公司财产对外承担民事责任的能力，其独立的法人人格才得以成立。

分析这个过程，我们可以总结出公司法人应该具备的两个条件：一是公司财产与股东财产彼此独立，二是公司对公司财产具有独立经营权。其中，经营权的独立是以财产权的独立为基础的，也就是说，第二个条件是由第一个条件派生出来的，然而，这并不意味着它的重要性有所降低。实际上，公司的独立经营权是公司法人具有独立意志的集中表现，缺少这一条件，公司就只是被人操纵的傀儡，而不是具有独立人格的法人。

公司人格的确立奠定了股东有限责任制度的基础。由于公司具有独立的法人人格，公司财产和股东财产严格分离，法律允许股东对公司债务保留相对超然的地位，也就是说，股东仅以自己出资部分对公司债务承担有限责任，在公司发生债务危机时，公司的债权人仅可在公司财产范围内要求偿付，而不能越过公司直接向股东主张债权。有限责任制度将股东的投资风险限定在可预见的范围内，有效地保护了投资者的利益，是公司法人制度的核心内容。

公司法人制度诞生于商品经济发达的西方资本主义世界，它无疑是人类文明史上最重要的制度创新之一，其优越性和合理性都是显而易见的。一方面，有限责任制度限制了投资风险，达到了鼓励投资的目的。另一方面，公司本身具有许多自然人所不具备的优势：一是公司实行所有权与经营权分离的原则，将企业的经营管理交给职业企业家负责，提高了公司的管理水平；二是作为独立法人的公司，完全摆脱了个人色彩，具有存续时间长、稳定性强的特点；三是公司以资本联合为基础，可以通过公开发行股票、债券等手段，实现广泛的社会集资，扩大生产规模，增强企业的市场竞争力。[1]公司的这些优点使它成为现代市场经济中最富有生命力的企业组织形式，而公司法人制度则在世界各国获得了广泛的承认和推广，成为市场经济最重要的基本法律制度之一。

二　公司人格的异化

公司法人制度赋予股东对公司债务仅负有限责任的权利，也同时要求投资者恪守与公司分离的原则，以保证公司人格的独立完整。然而，公司的法人人格毕竟只是法律的拟制，在实际运作中仍然有赖于法人面纱后的自然人，因此股东违反谨慎义务，为了自己的利益而不惜损害公司利益或操纵、控制公司法人的行为时有发生。在这种情况下，公司不再是原来意义上有着独立财产和独立意志的法人主体，转而成为股东逃避债务、规避法律的工具。公司人格的异化打破了公司法人制度在股东和公司债权人之间建立的利益平衡，从根本上破坏了法人制度的基本原则。

股东违反法定或约定义务，滥用公司人格，导致公司人格发生异化的行为主要包括：

（1）虚拟股东，设立“一人公司”。

股东人数须在两人以上是公司成立的必备条件之一。按照我国《公司法》的规定，除允许国有独资公司作为特例存在外，其他公司都必须符合这一条件。然而，有一些实际上由一人独力投资的企业，投资者却虚拟“股东名单”，通过挂名股东使企业成为形式合法的“公司”，以规避投资者对企业债务承担无限责任的法律义务。

（2）虚假出资，使公司资本不实。

虚假出资的情况主要有两种：一是投资人不按投资协议出资或不足额出资，使用虚假证明文件虚报公司注册资本，以欺骗手段取得公司登记；二是投资人在公司依法成立后非法抽回全部或部分投资。虚假出资使公司资本不实甚至空壳运转，不具备正常经营和独立承担债务的能力，在实质上构成对公司债权人的欺诈。

（3）操纵公司经营，损害公司利益。

投资人违反与公司分离的原则，滥用权利操纵公司经营的行为有多种表现形式，这里仅列举最主要的几种：

相同的投资者设立多个公司，通过操纵它们之间的交易，达到转移资产、逃避债务的目的。这类“一套人马，几个牌子”的公司，实质上是一个实体。当前我国经济生活中存在的企业脱壳经营问题，就是这类行为的一个特例，属于典型的滥用公司人格行为。

股东以不合理价格与所控制公司交易，如高价向公司提供商品、服务或以超低价获取公司的商品、服务等。

母公司滥用对子公司的控制权，通过资本控制、人事控制等途径操纵子公司的经营活动，利用子公司逃避法律义务，损害债权人利益。母公司对子公司的无度操纵使子公司丧失其应有的独立人格，是滥用股东权利行为中最为各国法律关注的问题之一。

除以上介绍的设立“一人公司”、虚假出资以及操纵公司经营等行为外，在我国，由于计划经济体制的残余影响，实际经济生活中还普遍存在着另外两种滥用公司人格的行为：一是非法人企业（如个人企业、合伙企业等）通过挂靠国有公司的方式以公司名义对外经营，以获取国家政策的特殊优惠，并以法人形式取信债权人，实际构成对债权人的欺诈；二是对一些由行政部门转变而来的所谓“翻牌公司”或直接、间接由行政机关开办的公司，行政机关不与其彻底脱钩，一方面利用行政权力操纵公司大搞特权经营，另一方面又凭借特殊地位和权力侵吞、瓜分公司利益。这是操纵公司经营的一个中国特例。虽然这一类行政性公司目前已被明令禁止，但在现实生活中截断行政机构和其原属企业间千丝万缕的联系却不是一件简单的事，其间的繁难复杂将使这类公司和这种行政控制行为在相当长的一段时间内继续隐形存在。

总的来说，公司人格的异化是由各种利用公司的法人人格、以不正当手段牟取私利、逃避法律或契约义务的行为造成的，其特点是公司丧失了它本应具备的财产与意志的独立，没有或不能维护公司自身的利益，使公司人格与投资人人格混同，成为股东的另一个自我。在这种情况下，公司的法人人格已经失去了法律所赋予它的积极意义，转而成为投资者手中对抗法律、逃避债务的工具，彻底背离了公司法人制度的初衷。

三　公司法人制度的现代补充——公司人格否认

公司人格的异化使公司人格否认理论应运而生。所谓公司人格否认，是指当公司已丧失其法人人格的独立性，被投资者操纵控制以规避法律或逃避契约义务时，法律可否认公司形式上的法人人格而追究其幕后控制者的责任，判令有滥用权利行为的投资者对公司的债务或行为直接承担责任。这一理论在英美被形象地称为“刺破（或揭开）公司的面纱”，它以衡平理论为基础并通过判例的形式逐渐确立和完善；而大陆法系国家如日本，则称之为“法人格否认”，注重从成文的实体法中为其寻找法理依据，强调理论体系的逻辑自足。[2]不过，就公司人格否认的一般概念、适用范围和效力而言，两大法系并无根本的不同。

一般来说，公司人格的异化总是会导致社会公共利益或公司利益的受损，不过，这并不意味着它可以直接导向公司人格的否认。这里需要甄别情况，区别对待。对“一人公司”和完全没有独立财产、空壳运转的公司，因其完全不具备公司成立的基本条件，所以有必要全面、永久地剥夺其公司人格，即强令公司撤销解散，由设立者直接承担契约债务或其他法律义务；对于公司财产和股东财产有混同、股东对公司经营有操纵控制行为的情况，法律一般不对其公司人格实行全面、绝对的否认，只是在特定的法律关系中揭开其公司人格的“面纱”，以维护法律的正义和公平。也就是说，在总体上，法律仍将这类公司视为独立法人，对于公司符合法律规定、符合公司利益的经营行为，仍然视之为有效的公司行为。然而，在某些特定情况下，如果维持公司的独立人格将破坏法律精神，违背社会公益或损害他人合法权益，则应在此特定法律关系中否认其公司人格，由其幕后操纵者直接承担法律责任。例如，当公司人格发生异化，公司财产不足以清偿债务，股东却以公司具有法人人格、股东仅负有限责任为由拒绝承担公司债务时，法院可以根据公司被股东操纵利用的事实否认公司的独立人格，判令有滥用权利行为的股东对公司债务承担无限责任；当存在利用公司间交易或通过新设立公司转移财产的行为时，法院可以否认由同一股东控制的多家公司的独立人格，认定它们为同一实体，相互间承担连带责任。

实际上，对公司人格的绝对否认是传统的公司法人制度的固有内容，因为这类“公司”在成为公司的必要条件上存在着根本性的欠缺，其设立本身即是一种违法行为。因此，通常所说的“公司人格否认”或“揭开公司的面纱”，更多的是指后一种情况，即在特定的法律关系中否认公司人格。这种公司人格否认的司法实践肇始于美国，美国法官 Sanborn 曾经说过：一般而言，公司应被看作法人而具有独立的人格；然而，公司作为法人的特性如果被利用为损害公共利益、使非法行为合法化、保护欺诈或为犯罪抗辩的工具，则法律上应将公司视为无权利能力的数人组合体。[3]这段话可说是对公司人格否认原则的经典论述。

四　综述与评论

公司法人制度在法律上的确立始于 19 世纪的西方，一百多年来，公司这一形式在全世界的成功应用以及公司对社会经济和文明的巨大推动作用充分证明了公司法人制度的科学性和先进性。以公司人格独立和股东责任有限为核心内容的公司法人制度，通过精巧的立法技术，以独立的公司人格为基础，在公司的投资者和债权人之间设下法律屏障，在新的起点上重新建立了各群体间的利益均衡。然而，现实经济生活中逐渐出现了种种操纵公司、利用公司形式牟取不正当利益的行为，使公司人格的合法和独立性遭到严重破坏。公司人格的异化使有限责任制度失去了其应有的法律基础，在这种情况下，法律不得不以否认公司人格的方式挫败投资者规避法律、逃避债务的不法企图，保护相对人的合法权益。这就是20世纪发展起来的公司人格否认制度，是对原有公司法人制度的一个新的补充。

从赋予公司独立的法人人格到公司人格否认，在形式上似乎处于矛盾的两极，但其间却存在着内在的逻辑联系。正如我国两位学者所说，“这种法人人格否认所引起的从法人人格确认向法人人格否认的复归并非是对整个法人制度的否定，而恰恰是对法人人格本质的严格恪守”[4]。因为这类被滥用的公司早已不再是具有独立人格的法人实体，只是徒具法人形式而已。如果在这种情况下仍然承认其公司人格，则公司的有限责任制度必将成为投资人规避法律义务的保护伞，与法律制度的公平、正义原则背道而驰。况且，对不具备独立人格的公司实行公司人格否认，本来就是公司法人制度合乎逻辑的发展。

建立公司人格否认制度的意义，在于防止对公司形式的不正当利用，保护公司债权人和社会的利益。不过，鉴于公司人格在社会经济生活中的重要作用，对于公司人格否认原则的应用不能不特别谨慎。现实生活中存在着极其复杂的经济现象，如果对设立、经营过程中有瑕疵的公司动辄实行公司人格否认，则必将动摇人们对公司有限责任制度的信心，这样的矫枉过正可能成为对公司法人制度基础的破坏，造成的损害将更为严重。因此，公司人格否认虽然是对公司法人制度的有益补充，在适用时却必须有严格的条件限制和细致的甄别。实际上，不论在英美法系或大陆法系，凡在司法实践中采用公司人格否认的国家，都在不断地强调公司人格独立和股东责任有限仍然是公司法人制度的一般原则和支柱，而把公司人格否认视为一种特殊例外，仅在十分必要时才能谨慎地使用。

到目前为止，我国仅在《刑法》和《公司法》中规定对虚假出资行为追究行政和刑事责任[5]，而对种种滥用公司行为的民事责任却没有规定。如前所述，滥用公司人格行为最主要、最直接的后果，是损害公司债权人的合法利益，而所谓股东有限责任，指的也主要是民事责任。因此，不对民事责任进行规定的现实，可以说明我国现行法律中尚未包含公司人格否认制度的内容。然而，在我国正在进行的以公司为主要形式的现代企业制度的建设中，各种操纵公司、使公司人格异化的行为均已出现，企业集团的发展也将为企业间的相互控制提供更为广阔的空间，在这种情况下，对股东权利缺乏制衡将不利于我国公司法人制度的健康发展。目前，国内已有多篇论文研究公司人格否认原则，呼吁建立公司人格否认制度，笔者认为，虽然学者们对公司人格否认的法理是否成熟尚存疑问，但世界各国的司法实践却已为我国提供了足堪借鉴的内容。因此，确立公司人格否认原则并辅之以严格的适用限制，也应成为我国公司法人制度的合理发展和有益补充。

参考文献：

［1］江平：《中国公司法原理与实务》，科学普及出版社 1994 年第 4 卷，第 4 页。

［2］陈现杰：《公司人格否认法理述评》，《外国法议评》1996 年第 3 期。

［3］南振兴、郭登科：《论法人人格否认制度》，《法学研究》1997 年第 2 期，第 85 页。

［4］南振兴、郭登科：《论法人人格否认制度》，《法学研究》1997 年第 2 期，第 85 页。

［5］《中华人民共和国刑法》第 158、159 条和《中华人民共和国公司法》第 209 条。

［6］张国明：《公司人格否认原则研究》，载《当前民法经济法的热点问题》，人民法院出版社 1995 年版，第 2 页。

［7］范健、赵敏：《论公司法中的严格责任制度》，《中国法学》1995 年第 4 期。

［8］蔺子荣、赵法生：《现代法人产权制度的形成、特征和功能》，《中国社会科学》1993 年第 6 期。

［9］蒙洪勇：《滥用公司独立人格之行为及法律责任》，《现代法学》1996 年第 5 期。

［10］［日］森本滋：《法人格的否认》，李凌燕译，《外国法议评》1994 年第 3 期。

审美过程中功利与非功利的统一

——布洛心理距离说新解

和丽君

西方美学史上，“距离”一词作为一个有明确美学意义的词汇，最早出现在爱德华·柏克的《关于崇高与美的观念的根源的哲学探讨》[1]一文中。但是，“距离”作为一个美学概念和理论形态的首次提出，是在爱德华·布洛的《作为艺术因素与审美原则的“心理距离说”》[2]中。布洛在使用“距离”这一词汇时，指的主要是心理距离，而我们平常所说的时间距离和空间距离在审美活动中最终要内化为心理距离而起作用。布洛把它们归结为心理距离的特殊形式。对此，他特举了一个海上遇雾的著名例子来说明“心理距离”的含义——如果在海上行船时遇见了大雾，无论乘客还是海员往往都会感到烦闷、焦虑、紧张不安，甚至是对难以预料的危险的恐惧；然而，“你同样也可以暂时摆脱海雾的上述情境，忘掉那危险性与实际的忧闷，把注意力转向‘客观地’形成周围景色的种种风物——围绕着你的是那仿佛由半透明的乳汁做成的看不透的帷幕……”[3]此时，你便突然发现海雾的奇异的美，你充分展开想象让自己陶醉于这美景中，那么，“海上的雾也能够成为浓郁的趣味与欢乐的源泉。”[4]可见，虽然处于同样的情境和相同的时空距离之下，却出现了两种截然不同的感受，由于在后一种经验中，我们切断了与海雾的实际利害关系在我们与海雾之间插入了“心理距离”，从而也就进入了自由游戏的审美情境。

在“心理距离”概念的基础上，布洛进一步提出了“距离的内在矛盾”和“距离的可变性”两个重要概念。“距离的内在矛盾”是指审美主客体之间既有人情又有距离的关系，也即审美主客体之间的距离必须保持适当的度，不能失之于距离太远，也不能失之于距离太近；否则就会造成“距离丧失”，主客体间的审美关系便会终止。“距离的可变性”是指审美距离是随主客体的条件不同而不断变化的，即审美距离既可以随个人保持距离的能力大小而变化，也可以依客体的特性而变化。面对同一个审美客体，不同的主体度量距离的习惯尺度各异；而就同一个审美主体而言，不同的客体和不同的艺术门类造成的心理距离也是各不相同的。可以说。布洛的心理距离说的全部要义便是由以上三点，即“心理距离”、“距离的内在矛盾”和“距离的可变性”这三个概念组成的，而其中“距离的内在矛盾”又是整个距离说的核心。其他的诸如“距离极限”、“距离丧失”、“距离太远”、“距离太近”等概念都完全可以包容在“距离的内在矛盾”这一核心概念之中。“距离的内在矛盾”既是布洛心理距离说的核心，也是整个距离说的科学性、合理性的体现，是布洛在美学领域的贡献中最有价值的部分。

那么，“距离的内在矛盾”究竟是什么意思呢？首先，它强调主客体之间必须有“距离”的介入，即主体必须“摒弃对待事物的实际态度”，二者之间才能建立审美关系。正如他在前面那个著名的海上遇雾的例子中所说，要“忘掉那危险性与实际的忧闷”，把注意力转向那“围绕着你的仿佛由半透明的乳汁做成的看不透的帷幕”，……于是，此时的海雾就不再是我们平常看到的海雾了，我们的心中仿佛“有一道强烈的亮光一闪而过”，平常的海雾在我们眼前“突然变得光耀夺目”，此时我们便得到了“艺术的启示”，也即和对象建立了审美关系。而这艺术的启示“一开始就是由于使现象超脱了我们个人需要和目的的牵涉而造成的”[5]。“距离”的存在不仅是主客体之间建立审美关系的前提，而且还是主客体间维持审美关系的必要条件。一旦距离消失，主客体间的审美关系便不复存，审美活动也就随之而终止了。就像布洛所说的，设想一个对妻子怀着猜疑心的丈夫正观看《奥赛罗》这样一出嫉妒戏的演出。本来，他自己的感情和经历是有助于他对这出戏的欣赏的，如果他有良好的审美素养和保持足够的距离的能力，那么他对这出戏的领会应该是深刻而完美的。可是，很可能他越看戏嫉妒之心越痛切，最后就会认为不是舞台上的奥赛罗误认为自己被戴丝迪蒙娜蒙骗和出卖，而是自己和妻子恰好处于类似的境地，从而更加妒火中烧，这样，这位嫉妒的丈夫作为主体便与对象失去了距离。这就是因“距离太近”而无法进行审美欣赏的显著例证。针对这种“失距”的情形布洛提出了人人都必须保持一种审美欣赏力的最低界限——“距离极限”。艺术家的距离极限可以是无限小的[6]，而普通人的距离极限相比较而言要高得多。[7]无论是艺术家还是普通人，在审美活动的整个过程中都必须保持住自己的“距离极限”，否则就会因“距离太近”而造成距离的丧失和审美活动的终止。

布洛在这里所强调的“距离”的介入和“距离极限”的保持，其实就是一个审美态度的非关功利性的问题。关于审美的非功利性的探讨，在中外美学史上可谓源远流长。就东方来说，审美的非功利论始于老庄。老子曰：“五色令人目盲，五音令人耳聋，五味令人口爽，驰骋田猎令人心发狂，难得之货令人行妨。”[8]即对声、色、味、货的贪求会使人失去正常的本性，弄得眼花耳聋、头昏心狂，反而感受不到声色货味的美了。老子以后，庄子进一步提出“心斋”、“坐忘”的观“道”方式和“乘物以游心”的审美自由心态。老庄之后，禅宗又提出“无念为宗”的思想。受其影响，司空图提出“素处以默”等不执著、不追求的自然淡泊的审美态度说；苏轼也说过“不可留意于物”（即不能停滞于物欲的执求）及“游于物之外”的话；严羽则针对艺术创作及艺术欣赏指出了“不涉理路”、“不落言筌”的重要心理特征。到了王国维，审美的非功利性便演化为“出乎其外”、“轻视外物”等著名论断。就西方来说无利害关系的思想也是早就产生了。柏拉图初步涉及过这一命题。到了中世纪，托马斯·阿奎那则明确指出：“美在本质上是非关欲念的，除非美同时分得善的本质。”[9]而英国经验主义美学家夏夫兹博里的有关论述则被认为是“无利害关系”命题的起源。到了康德，“审美无利害关系”的命题可以说发展到了纯熟完善的顶峰。康德在《判断力批判》中根据形式逻辑判断的质、量、关系和方式四个方面来分析审美判断和美的特质，并把“无利害关系”看作是审美判断的第一个契机。康德得出的结论是：“美是无一切利害关系的愉快的对象。”[10]“鉴赏是凭借完全无利害观念的快感和不快感对某一对象或其表现方法的一种判断力。”[11]审美无利害关系的命题提示了审美活动的本质特征，美正是由于这一命题而获得了与真、与善、与生理愉快的质的区别，美学也因此取得了独立的学科资格，并实现了西方近代美学与古代美学的分立。的确，审美无利害关系的命题是美学的核心命题，是西方美学史上的一座跨时代的里程碑。康德之后的许多美学理论都是围绕着这一核心命题而运转的。布洛的心理距离说也在很大程度上受到这一命题的影响。所以，有很多学者认为布洛的心理距离说是康德审美无利害关系的延续和变种。笔者认为这种说法虽有根据，但也有片面性，并不完全准确，持这种说法者对布洛的心理距离说恐怕还未充分理解。不错，布洛的心理距离说的确是从“距”这一特殊的角度强调了审美活动的非功利性，距离说中“距离”的介入、“距离极限”的保持以及不能失之于“距离太近”等原则都是审美非功利性的体现。但是，布洛的心理距离说不仅仅局限于此，“距离说”中同样有价值的地方还在于——它不仅强调了审美活动的非功利性，还同时强调了审美过程中事实上不能与功利绝缘的经验和情感的参与。布洛对美学的最大贡献就在于——他用“距离”这一概念将审美功利性与非功利性这样一对矛盾范畴统一起来，使功利性与非功利性“从较之更为带有根本性的距离这一概念中找到它们的会合点”[12]。

下面我们就对布洛距离说中关于审美功利性的方面略加分析。

上文说过，“距离的内在矛盾”是布洛心理距离说的核心。“距离的内在矛盾”强调要使距离保持在一个恰到好处的程度，否则就会造成“距离丧失”。而“距离丧失”有两种情况，一是失之于“距离太近”，二是失之于“距离太远”。所谓不能失之于“距离太近”就是要保持审美非功利的质的规定性。“距离太近”就易使主体产生功利欲望，破坏审美的非功利性质，这样欣赏力就会变质，审美就不再成其为审美。所以主客体之间距离不能太近，“距离”的存在或“距离极限”的保持是维持审美非功利的质的规定性的前提。这一点我们在上文中已充分讨论过。

那么，不能失之于“距离太远”又是怎么回事呢？布洛所谓“距离太远”指的是主客体之间因缺乏理解与情感的契合，无法达到审美共鸣，从而难以建立起审美关系。布洛说：“艺术作品之能否感动我们，它那感染力如何，似乎是与它与我们的理解性和感情特点以及与我们的经验的特殊性互相吻合的完美程度如何直接成正比例的。”[13]他指出：“‘理想主义的艺术’（按：指某些抽象派文艺及某些远离人生的浪漫作品以及过多宣讲某种‘教义’的作品）往往由于它们那距离太远而转化为距离太小的吸引力而蒙受挫折”[14]，“普泛化和抽象化的作品缺点在于应用的范围太空泛，不能引起人们的切身的兴趣；它太少个别事物的具体性，应用到一切人都没有什么差别。它想取悦于一切人，结果却是不能取悦于任何人。”[15]布洛认为，太过于抽象的作品由于缺乏个性，缺乏个人经验和情感的融入而无法打动我们，于是便产生了因为“距离太远”而无法建立起与主体的审美关系的后果。

因此，就作为审美客体的艺术品来说，为了避免失之于“距离太远”，就要避免过分的抽象、空洞，这就需要创作者在其中融入深层的人生经验和社会功利性的内容，融入自己最深切的情感和最生动的体验。朱光潜先生曾经说过：“艺术是‘切身的’，表现情感的，所以不能完全和人生绝缘。偏重形式的艺术总不免和人生‘距离’得太远，不能引起观赏者的兴趣。”[16]“作者如果把自己的最切身的情感描写出来，他的作品就不至于空疏不近情理。”[17]对此，福楼拜在谈《包法利夫人》一书的创作时也曾经说过：“写这部书时把自己忘去，创造什么人物就过什么人的生活。”谈到写包法利夫人和她的情人在树林里骑马游行时，福楼拜说：“我同时就是她和她的情人，……我觉得自己就是马，就是风，就是他们的甜言蜜语，就是使他们的填满情波的双眼眯着的太阳。”[18]可见，一部文艺作品要能打动人，引起人们的共鸣，其中必然饱含着作者对人生世相的深切的情感和深刻的体验。

我们发现：一些在取材上和我们的距离很远的艺术作品，即在时间上离我们很远的古代题材的作品或在空间上距我们很远的外国题材的作品，它们为了克服因作品与欣赏者的“距离太远”而带来的缺乏共鸣的困难，往往要让作品的主题集中在一些人类共同情感问题的描述上。我们知道：艺术作品都是活在后人的阐释之中。一些伟大的艺术作品之所以不朽，它们之所以能引起不同时代不同地域的人在思想和情感上的共鸣，就是因为这些作品的内容涉及人类的普遍情感和人生的永恒主题。中国古典诗词，古希腊的悲剧、雕刻（如：阿芙洛底特，即维纳斯），达芬奇的《最后的晚餐》，贝多芬的《命运》，莎士比亚的《哈姆雷特》，曹雪芹的《红楼梦》等这些世界文化艺术遗产中的瑰宝，无不浸透着对作为人类永恒主题的爱与死的深刻表现，并从而超越了空间（国别）和时间的限制而使一切时代的读者都不感到它们远离自己。

由上所说，可知尽管审美具有非关功利的性质，但是无论在艺术创造还是艺术欣赏中，作为审美客体的艺术作品都是饱含着人类情感和人生体验的功利性的内容的。即便自然美所以能使人愉快，也不能与人的生理愉快绝缘。所以，即使是作为“审美无利害关系”命题的鼻祖的康德也并不否认这一点。尽管康德用“纯粹鉴赏判断”规定了美之所以为美的原则，让美在真、善之外有了独立的地位，但康德并未把与“纯粹鉴赏判断”对应的“纯粹美”视为美的最高理想；相反，康德认为只有“依存美”——那种结合了知识理性和道德理性的，含有真和善这样的功利内容的美才是美的理想。而布洛心理距离说中谈到艺术作品不能失之于“距离太远”时，也正是（至少作为潜台词）强调了艺术作品中应包含功利性的内容——强调了艺术创作中应有艺术家情感和经验的参与——需要特别指出的是，布洛所谓的经验和情感主要局限于审美的经验和情感，但是实际上它们又总是建立在人生经验与情欲（广义）基础上的。审美情感和审美经验是人生经验和情欲的升华，它可以消除人心中的鄙吝与过分的情欲（包括权、色、功、名、利、禄），陶冶人的情操，但它们又总是与生活经验和情欲（广义）或隐或显地联系着的，否则同样也就“失距”了！

还应该指出：布洛在“距离的内在矛盾”这一核心概念中谈到不能失之于“距离太远”时，不仅仅指的是艺术创作中应该有艺术家情感和经验的参与，他还更多地涉及了艺术欣赏过程中审美主体情感和经验的参与。他说：“我在前面说过，距离是通过把客体及其吸引力与人的本身分离开来而获得的，也是通过使客体摆脱了人本身的实际需要与目的而取得的。正因为如此，对客体的‘静观’才能成为可能。但是，这并不是说人本身与客体的关系已经分裂到了‘不受个人感情影响’的程度。”[19]他还说：距离“有其否定的、抑制性的一面——摒弃了事物实际的一面，也摒弃了我们对待这些事物的实际态度；也有其肯定的一面——在距离的抑制作用所创造出来的新基础上将我们的经验予以精炼。”[20]布洛在海上遇雾的例子中谈到对海雾的审美感受时说：“这种经历把宁静与恐怖离奇地黏合在一起，人们可以从中尝到一种浓烈的痛楚与欢快混同起来的滋味……它像是某种片刻之间涌现出来的新的激流；或者有如强烈的亮光一闪而过……”[21]可见，布洛强调审美过程中现实进行着的“经历”，强调审美过程中主体内心的审美体验。布洛并未远离海雾而在岸上作超生活的静观，而是投入大自然的奇观之中去，感受海雾的震慑人心的力量，体验那“浓烈的痛楚与欢快混同”的崇高感。因此，这是一种在抑制现实的功利感而又激活情感与想象并从而创造出一种令人神往和心醉神迷的境界中体验到一种非常的快感的情境——很难说这种意境和情感是可以和人生的功利感绝缘的！布洛不但强调审美过程中主体情感和经验的参与，而且强调其最大程度的参与。他说："距离并不意味着非人情的纯理性关系。恰恰相反，它所描述的是人情的关系，而且往往带有浓厚的感情色彩……"[22]"应该承认，当我们对某件艺术作品特有的吸引力的感受力愈强时，它感动我们的程度就愈深。"[23]正如朱光潜先生所说："生来没有恋爱经验的人读恋爱小说，总不免隔雾看花，有些模糊隐约。反过来说，我们愈能拿自己的经验来印证作品，也就愈能了解它，欣赏它。"[24]显然，谁也不能说恋情是"非功利性的"，另外，如果在欣赏爱情小说时缺乏克制——丧失距离——那这种阅读（以及观看空间艺术）就越出了审美范畴了！这就像布洛说的那个观看《奥赛罗》的爱嫉妒的丈夫那样，他"如果能够做到在戏剧行动与他的个人感情之间保持距离，那么剧情与他个人的经历愈加吻合，他对这出戏的领会以及身临其境之情也必然愈加深刻入微"[25]。

可见，在非功利性质的审美活动中，主体情感和经验等功利内容的适当参与而又保持一定的距离，这不但不妨碍审美过程的进行，反而有助于主体更好地理解和欣赏审美对象。可见，布洛并非像流行的见解那样只片面强调非功利性，而是将审美的功利性与非功利性统一在"距离"这样一个概念之中，并最终在距离不能太近又不能太远的两难处境中找到了解决"距离的内在矛盾"的办法，为"距离"寻出了一个最佳的"度"——"无论是在艺术欣赏的领域，还是在艺术生产之中，最受欢迎的境界乃是把距离最大限度地缩小，而又不至于使其消失的境界。"[26]可见，布洛认为的最佳距离并不是主客体间不远不近的中点。布洛所提倡的是：既要保持距离，又要把距离最大限度地缩小；既不要被海雾带来的实际困扰所牵绊，又不要跑到远离海雾的岸上去作超然的静观；既要维持审美的非功利性，又要在其中融入相当的功利性。

审美的功利性与非功利性的问题，在美学史上一直是众多的美学流派所共同关注的一个难点与热点问题。就审美的非关功利又包含功利的二律背反的特点，不同流派的美学家都从不同的角度提出了许多颇有建树的理论来加以阐释。例如：康德就用作为理想美的"依存美"包容了非功利性的纯粹形式与功利性的道德内容；同时康德在从关系方面分析鉴赏判断时也指出：美具有无目的的合目的性，即美不涉及概念和利害计较，而美的形式又"适合于主体的想象力和知解力的自由活动与和谐合作"[27]。再如：我国当代以李泽厚为代表的实践派的美学理论，一方面承认非个人直接功利性是审美的本质特征；另一方面又在美的根源和功用上强调美与人类的社会功利性不可分割。关于这一点，早年普列汉诺夫就曾引证大量现代原始部族的艺术和文化资料，从审美发生的角度说明："以功利观点对待事物是先于以审美的观点对待事物的。"[28]由于人类理性、想象力和审美活动日益向更高层次的发展，人们在审美观照活动中似乎不食人间烟火，与功利绝缘。但正如李泽厚的积淀说所揭示的那样：在审美活动的非功利性的形式感中实际上积淀着符合社会发展和人类进步的功利内容。"美是合规律与合目的的形式。"[29]从以上分别论说的从康德到实践派美学对审美活动的功利性与非功利性的矛盾统一中，我们可以发现：审美的功利与非功利在布洛"距离"概念下的统一是非常独特的。它既不同于康德形式与内容角度的统一，也不同于实践派美学所讲的统一；它既不等于"美具有无目的的合目的性"，也不等于"美是合规律与合目的形式"。布洛的心理距离说强调的是审美活动的心理过程的描述，作为距离说核心的"距离的内在矛盾"一方面强调审美过程中距离的保持，另一方面又强调审美过程中主体情感和经验的参与。也就是说，审美的非功利性与功利性是统一在同一个审美过程之中的。这看起来不是很矛盾吗？其实不然。

依笔者的理解，布洛是把审美的非功利性和功利性置于同一审美过程中的不同层面或不同阶段。当主客体之间处于对立的、占有与被占有、征服与被征服的非审美关系时，布洛强调"距离"（实即非功利心态）的介入与保持，从而使主体与客体之间建立起一种审美关系。而一旦主客体建立了审美关系后，主客体间的关系便是统一的、和谐的、共生共处的，此时布洛便强调主体情感和经验的投入。而此时的经验已经是"在距离的抑制作用（即无实际利害考虑）所创造出来的新基础上"的经验，此时的情感已是"经过过滤的"情感，"它的吸引力的实际性已经祛除，只不过还未丧失其本来的结构罢了。……它像日常经验中的真人真事那样地感动着我们，只不过它的吸引力中往常那种以其个人身份直接影响我们的那个侧面暂时失效罢了。"[30]如果说此时还有欲望的话（经验主义美学家杜威认为：审美欣赏者并非没有欲望，而是欲望已"完全渗透进知觉经验中去了"[31]。而桑塔耶纳"美是客观化了的快感"[32]理论则根本否认审美的非功利性），那么，此时的欲望也只是在精神上享有的欲望，而不再是物质占有的欲望了。这就好比我们面对一朵花：当我们把花作为美的对象加以欣赏时，我们任花在那儿自由生长，我们与花的关系是统一的、和谐共处的，此时我们可以在精神上拥有这朵花，而这种拥有是可以和他人共享的；如果我们动了要把这花摘下来拿走的念头，此时我们与花的审美关系就随之终结，代之而来的则是一种对立的、征服与被征服的实用占有关系，摘走花朵意味着我们在物质上占有了它，并且无法与他人共享。

关于审美的功利性与非功利性统一在同一审美过程的不同层面或不同阶段的问题，我们还可以对照中国传统美学理论“虚静说”得到更好的理解。虚静说首先要求主体要“涤除玄鉴”“澄怀味象”，要“离形去知”，要“堕肢体、黜聪明”，要“心斋”、“坐忘”、“丧我”、“虚己”、“物化”，即要对客体采取非功利的态度，在自己与客体之间拉开距离。但是，虚静不是虚无消极，它是以无载有，以静求动。采取非功利、非情感的态度恰恰是为了得到真正的情感，触到艺术的灵魂；在自己和现实之间插入距离，恰恰是为了更好地切近生活。苏东坡《送参寥师》一诗云：“静故了群动，空故纳万境。”一旦主体达到了“虚静”的境界，使由静而生动，最后达到“游于艺”和“乘物以游心”——心灵自由的最高境界。此时我们便可以充分调动自己的情感和经验，敞开心灵去拥抱大千世界，以自由的灵魂去契合宇宙的渊深奥妙。所谓“目送归鸿，手挥五弦，俯仰自得，游心太玄”，“高蹈乎八荒之表，抗心乎千秋之间”，“观古今于须臾，无四海于一瞬”——这就是进入了审美幻境。

可见，布洛心理距离说中强调同一审美过程中不同阶段或不同层面上非功利与功利的统一，是符合审美实际经验的。布洛从距离这一特殊的角度描述了审美过程既有距离又有人情的矛盾，并最终使审美过程中的功利与非功利统一在“距离”这一概念之中——这应该说是布洛对美学界的一大贡献，是心理距离说科学性或合理性的体现，是这一学说未被各种微言所淹没而在时间的长河中日益显现出它的正确性的根本原因。

参考文献

[1] 中译文载于《古典文艺理论译丛》（五），第38—72页。

[2] 英文题名为：“Psychical Distance” As a Factor in Art and an Aesthetic Principle。最初发表于英国《心理学杂志》1912年第5卷第2期，后收入莫里斯·威茨编《美学问题》第2版（1970年），中文译文载于《美学译文》第2集。

[3]、[4]、[12]、[13]、[14]、[19]、[20]、[21]、[22]、[23]、[25]、

[26]、[30] 见布洛《作为艺术因素与审美原则的“心理距离说”》，载《美学译文》第2集，第93、93、96、99、105、96、95、94、97、98、99、100、97、98页。

[5] 即艺术家和对象的审美距离可以无限接近。

[6] 即普通人保持距离的能力比艺术家要差很多。

[7]《老子》第12章。

[8]《庄子·大宗师》。

[9] 阿奎那:《神学大全》卷2，第27章。

[10]、[11] 康德:《判断力批判》上册，第4847页。

[15] 参见布洛《作为艺术因素与审美原则的“心理距离说”》的片段，朱光潜译，《朱光潜全集》第一卷，第227页。

[16]、[17]、[24] 朱光潜:《朱光潜全集》第一卷，第225、223、221页。

[18]《通讯集》第2卷。

[27] 朱光潜:《西方美学史》下册，第365页。

[28] 普列汉诺夫:《论艺术》，第117页。

[29] 杜东枝:《审美自由与人性塑造》，第54—65页。

[31] 杜威:《艺术即经验》，第254页。

[32] 桑塔耶那:《美感》，第35页。

我国114业务的未来管制思路分析

邱翔鸥

作为一种客户服务甚至是赢利的业务，世界上很多电信公司都为用户提供电话接入方式的号码查询业务，我国的电话号码查询业务一直以114作为接入号，因此人们常常把我国的电话号码查询业务称为114业务。

一　我国114业务的现状和存在的问题

在我国电信改革之前，只有中国电信一家运营企业，114业务在很长一段时间由当时的中国电信独家经营。然而随着电信体制改革的推行，原中国电信独家经营全国固定电话网的局面被彻底打破，市场上出现了多家运营企业竞争的局面，目前在我国固定电话业务市场，已经形成了中国电信、中国网通、中国铁通3家运营商为主的经营固定电话的新局面，原有的一个统一的固定电话网被3个各自独立的固定电话网所取代，114业务也随之发生了一系列的变化。114查号台的南方部分归属中国电信，北方归属中国网通。而非主导运营商如中国铁通，为解决其客户电话的查询问题，在部分城市开通了自己的查号台，如96114等。

电信改革给114业务的发展带来了许多前所未有的新问题：

首先，中国的消费者已经习惯了114查号台的一站式服务，认为114应该可以为所有电话用户所使用，并且可以查到所有可以公开的电话号码信息。其次，由于各个运营企业独自经营自己的114查号台，有的甚至不是使用114接入号码，使得用户使用114查号台越来越不方便，甚至需要记住多个公司的接入号码。再次，由于信息掌握在多家运营企业手中，这一分散性导致用户无法预先知晓待查单位安装的是哪家公司的固定电话，因此也就无法确定应该使用哪家企业的查号服务。最后，114 查号台的变化使用户觉得在电信改革之后，114 的服务今非昔比，查号服务效率低下，无法满足用户需求，社会效益明显降低。

电信改革的目标是为用户带来服务更好、更经济实惠的电信业务，而 114 业务的发展却正在与这一目标背道而驰。114 业务如何与电信改革同步发展、114 的未来发展之路应该如何走等话题，成为业界关注的焦点。

要解决 114 业务面临的问题，首先必须剖析 114 的整个业务流程，并从中梳理出问题的关键所在，从而有针对性地实施管制措施。

114 业务的实现可以分为四个环节：信息的收集、数据库的集中与管理、查号业务的生成、向用户提供业务。这四个环节涉及的管制方式也不尽相同。

二　114 业务信息收集环节的管制思路

每个电信运营企业在为客户开通电信服务之前需要用户提供客户信息，进行客户数据的收集，因此各个电信运营企业在信息收集方面的优势是独一无二、不可替代的。当然其他行业或者其他方面的客户数据库可以考虑作为替代品，但是这类替代品无法包含所有用户的全面信息、保证信息的准确性，所以并不是一个很好的替代品。

这个环节的工作具有天然的垄断性，几乎不可能引入竞争，因此管制工作的重点应该是：

首先，确定运营企业的用户数据的收集范围、内容和格式。其次，保证各个运营企业收集的数据在格式上的一致性。再次，确定收集用户信息时涉及的隐私权等问题有一致的、明确的处理方式。

三　114 业务数据库集中与管理环节的管制思路

电话号码查询业务必须基于包含用户信息的数据库来提供。从全球来看，在电信垄断时期，各国基本上都只有一家固定电话运营商提供业务，因此各国基本都是只有一家公司掌握用户数据。随着电信领域竞争的引入，每个国家都出现了第二家或者更多的运营商拥有了用户号码信息资源。各国在数据库管理方面有不同的做法，归纳起来主要分为两类：

1. 集中式的用户数据库管理

管制机构强制要求建立一个中央数据库，集中对所有运营商提供的信息进行处理，各公司除了拥有自己的用户数据库外，还可以从该数据库下载信息来为自己的用户提供号码查询服务。这种做法以英国为典型。英国 Oftel 认为一个国家需要有一个中央数据库（也称核心数据库），用来集中各运营公司的用户号码数据，便于给用户提供综合的而且是完整的号码查询业务。

采用集中式管理的目的主要有：随着运营商的增多，用户需要得到完整的、优质服务的号码查询业务，例如在号码查询时应该不需要考虑要查询的对象属于那家公司，这样就必须要求所有提供号码查询业务的公司都能够接入统一的、完整的数据库中；另外，由于传统运营商所固有的优势，新兴运营商进入市场后不具备规模经济性，提供号码查询业务有很大的限制，统一数据库后便于他们开展业务，在号码查询方面迅速引入竞争。

采用集中数据库方式管制机构需要处理两大问题：

一是中央数据库管理权问题，也就是说由谁来管理中央数据库，可以由电信运营商公司来管理，也可以委托一家独立的、不参与提供号码查询业务的企业进行管理。在英国，Oftel 规定在号码簿业务尚未形成竞争之前，这个中央数据库通常由传统的电信公司维护和管理。BT 有一个运营者业务信息系统（OSIS），其他运营公司将自己用户的查号信息交给 BT，另外根据英国的互联互通规定，运营者应根据要求将自己的用户信息提供给与之互联的运营者，因此其他运营者也有机会进入该领域，形成竞争。同样地，澳大利亚也委托 TETRA 运行和维护管理国家的综合的号码数据库 IPND（Integrated Public Number Database）。

二是问题相互使用数据信息的付费问题。号码查询业务从一开始就是以基本业务的方式为用户提供的，电信公司通过收取电话流量费的方式获得收入，因此在号码查询方面是免费为用户提供的。但是随着新运营商的出现，这种收入的交叉弥补已经不可能了，因此要涉及运营商之间使用对方数据时的付费问题。英国在最初时候，其他运营者将信息加入 BT 的系统，还要向 BT 付费，1997—1998 年 Oftel 出台了新的号码簿资源管理规定，认为 BT 的系统得到其他运营者的用户信息，应向相应的运营者付费，而其他运营者使用 BT 的数据库资源，也要付费，收费标准要基于成本定价。

2. 分布式用户信息数据库的管理

这种管理没有强制规定一个中央数据库，各运营商各自收集自己的信息为客户提供服务。当然运营商也可以联合其他的运营商共同建立或者通过委托其他运营商的方式提供自己的查号业务，尤其是一些新兴运营商为了提供客户服务而委托传统运营商提供，因此在表现形式上，很多公司共用了一些接入号。

分布式的用户数据库不便于用户的查询，很有可能每个用户在号码查询时必须知道要查询用户的归属公司，或者用户在查询时被告知要查询的号码属于另外一家公司，如果继续选择查询需要支付费用等。

如果采用分布式的数据库，而又从方便用户角度出发，管制机构需要做到：规定各数据库之间的互联（也称数据库的互操作性），要求运营商之间达成一些商业协议保证相互能够进入访问，双方相互进入数据库的费用同样要基于成本定价，管制机构保留监控的权力。因为这种分布式的数据库是随着新运营者的进入后自然出现的，因此很多没有对号码查询业务进行重新规划的国家沿袭了这种办法。例如新加坡没有强制要求有一个核心数据库，各运营商自行创建数据库，但要求各数据库所收集的信息格式等是一致的，而且数据库间可以互通，各运营商必须为用户提供所有号码的查询。分布式管理的好处是延续原有的数据库方式，实现成本比较低。

目前我国电信市场上已经有了多家运营企业，各用户资料分散在各个企业手中的情况下，要保证 114 业务的全面性、完整性、统一性，要让消费者继续享受一站式服务，就必须解决数据库集中的问题。

在这个环节我国的发展思路应该是保证目前的 114 查号台有统一完整的电话号码信息数据库，并且逐步解决统一数据库的集中和管理问题，具体的操作应该是一个循序渐进的过程，逐步从分散到集中，最后向下游市场开放，具体思路有：

首先应该从完全分散不相连的管理方式向适当集中、保障 114 服务质量的方式过渡。目前我国各地的 114 查号台都分属于各地的主导运营企业，为了让 114 业务的服务质量尽快提升，应该要求各地的非主导企业将需要查询的号码信息已商定的数据格式、商定的传送形式送达 114 查号台，使得用户通过 114 能够查询到完整的电话号码信息。

其次，未来的目标是建立全国统一的电话号码数据库，该数据库的管理权归属某个运营企业还是由中立第三方进行管理将视当时的发展情况而定。

最后，最终实现统一数据库在公平、面向成本和无歧视的条件下为下游企业提供数据库的访问和使用，从而为用户带来丰富多彩的竞争业务。

四 114 业务生成环节的管制思路

传统的号码查询业务基本都是电信公司为自己的客户提供，因此这个市场的竞争与其他电信业务的竞争有很大的关联性。管制机构在这方面的管制主要集中在两个方面：是否要规定号码查询作为基本业务来为用户提供；接入号的分配问题。

从国外的管制来看，大部分国家将号码查询业务定义为强制性要为客户提供的服务，并通过电信法或者许可证的形式进行规定。例如在 1997 年颁布的澳大利亚电信法中，就查号业务（Directory assistance services）做出以下的规定：

电话查询辅助业务必须作为标准电话业务给终端用户提供服务：

（1）网络业务提供者必须为用户提供电话号码辅助业务。

（2）业务提供者必须通过以下两种方式提供业务：自己提供查询业务，或者与其他人共同提供业务。

英国在 1984 年电信法案中定义了电话号码信息业务（Directory Information Service），指电话号码查询业务和在线电话号码信息业务，该业务作为基本业务要求所有的公众电信运营商（PTO）都必须为用户提供。

114 业务作为我国的号码查询业务，应该在我国的电信法以及我国电信运营企业的许可证中做出明确规定，强制要求所有向公众提供电话业务的电信运营企业都必须向用户提供 114 业务，所有电话用户通过 114 可以查询到所有可以查询的电话号码信息。

从接入号的分配与管制来看，世界各国都有不同的做法，有的采用统一的几个接入号，有的将接入号放开，采用一段接入号让业务提供商选择。例如英国的号码查询业务（DQ）在 2002 年 12 月之前是通过接入号 192 来实现，当时英国的电信管制机构 Oftel 经过慎重考虑决定在号码查询市场中引入竞争，考虑到引入竞争后三位号的缺乏，决定将号码查询业务的接入号改为 118 × × ×。英国新的号码查询业务 118 业务于 2002 年 12 月以崭新的形象登台亮相，2003 年 8 月底，192 号码退出了历史舞台，118 业务完全替代了旧的查号业务。

从我国 114 业务的历史沿革来看，114 号码已经深入人心，得到了消费者的广泛认可，甚至已经成为一个知名品牌。我国的电信改革才刚刚开始，还有很多关系没有理顺，市场的竞争环境也还存在诸多问题。综合以上因素，在对我国 114 业务接入号进行管制时应该分步骤、分阶段进行：

第一，当前为了保证 114 业务的服务质量，应该规定 114 接入号为我国唯一的号码查询接入号，保证 114 业务的完整性和统一性，方便消费者使用，充分发挥原有品牌的优势。

第二，随着电信改革的深入，各种电信业务层出不穷，我国的号码查询业务也会逐渐发展充实起来，这时候可以考虑引入几个号码查询的接入号，不同的接入号表示不同的功能（如查询国际号码等）。

第三，未来我国电信市场的竞争更为充分，114 业务也有了开放并引入充分竞争的环境，那时的接入号将可以考虑放开，并充分做好消费者的认知与宣传、业务的监督等工作。

五　114 业务向用户提供服务环节的管制思路

从传统的电信市场来看，只有电信运营企业为自己的客户提供号码查询业务，随着市场的开放与竞争的引入，向用户提供服务的已经不再只是某一家电信运营企业了，消费者最终使用号码查询业务时拥有自己的选择权利。另外从号码查询业务本身的发展来看，将会从运营商的一项基本服务发展成为丰富多彩的增值业务。管制机构在这个环节需要考虑的是：服务提供市场的逐步开放和业务发展的管制。

从我国 114 业务的发展来看，对号码查询业务下游市场的开放是一个逐步的过程，服务的发展也要视市场的成熟度和消费者的认可程度进行调整。管制思路有：

从我国电信发展的大环境来看，我国的 114 业务目前还不宜对所有业务提供商开放，现阶段首先应该保证的是所有电信运营企业都能够向用户提供 114 业务，114 业务能够向用户提供完整的信息，让用户感觉不到多运营企业给号码查询业务带来的改变。

目前我国的号码查询业务还是作为基本电信业务，未来在时机成熟的时候，可以派生出基本号码查询业务的增值业务，如分类查询、位置查询、移动短信回复、呼叫完成等等。

六　114 业务管制要注意的其他问题

1. 用户的隐私权问题

用户的隐私权是各国电信管制机构需要考虑的，虽然这个问题可能涉及其他的部门，如信息安全和保密法律的制定部门，但总的考虑还是在电信管制机构。

用户的电话号码信息一旦通过电话号码查询业务向公众领域公开，将使他们的信息有被违法复制或滥用的危险。电话号码信息还可能通过因特网业务成为全球化的信息，除非有安全加密技术，否则将很难控制。

我国对用户号码信息所涉及的用户隐私权问题越来越重视，未来应该从管制的角度明确规定如何保证用户的隐私权。具体做法是：

在号簿业务的管理中，明确规定运营商在发展用户的同时，必须给用户选择权。例如明确规定固定运营商发展用户时要求为用户提供三种选择：

（a）自己的号码可以出现在号码查询业务和产品中；（b）在自己允许的情况下，可以出现在号码查询和产品中；（c）在任何情况下都不出现在号码查询业务和产品中。用户没有选择任何选项则自动视为选择了（c）选项。

2. 全面的用户号码信息的需求

从国外的经验看，随着市场需求的发展，用户对号码信息的查询要求逐渐从基本的固定电话向全面的号码信息（包括移动电话、寻呼电话甚至电子邮件）转移，但实际上目前运营商能够提供的号码查询业务还依然仅仅限于固定电话，因此不可能满足用户对全面的电话号码信息业务和产品进行访问的需要，需要从以下几个方面进行保证：（a）确保所有向用户分配号码的运营商向分配到号码的个人收集、提供电话号码信息。（b）确保所有用户都可以访问所有运营商已经分配了，而用户选择能够公开的电话号码。（c）考虑收集移动电话用户的电话号码信息，并考虑增加到号码查询业务和产品中。（d）通过集中式数据库管理把所有运营商的数据集中或者强制要求数据库必须互访问，以便所有运营商为客户提供全面的号码查询业务。

从我国目前的现状来看，消费者对号码查询信息的需求内容也有逐步拓展的趋势，未来的号码查询信息应该将移动号码信息、电子邮件、网址等信息包含其中，为消费者提供全面的信息服务。

七 结论

从以上分析可以看出，我国114业务的发展与管制必须与电信大环境的变革同步，在管制政策上不可能一步到位，必须在充分考虑业务发展不同阶段特点的基础上寻求最为适宜的管制手段，以下是一些基本的原则：

第一，号码查询业务的发展目标是为消费者带来更多的选择，更高质量、更加丰富、方便、便宜、功能更多的业务；第二，号码查询业务作为基本电信业务，应该在电信法和各运营商的许可证中做出明确规定；第三，中国的号码查询业务离完全开放还有一段距离，号码查询业务的开放在政策等方面要做很细致的准备工作；第四，基本号码查询业务的增值业务（如分类查询、位置查询、移动短信回复、呼叫转移等）有很好的发展前景；第五，针对我国号码查询业务发展的不同阶段，管制机构需要有针对性地调整管制政策，促进业务发展。

跋语

20 世纪八九十年代，云南大学先后开办档案学、图书馆学和情报学等专业。从 1984 年档案学专业成立算起，至今已逾 30 年。

30 年的学术历程，几代学人的辛勤汗水，桃李芬芳，硕果累累。我们的老教授，学为人师，行为世范，退而不休，笔耕不辍，著作多获政府大奖，成果屡填学术空白。我们的老领导，思接古今，情系师生，离岗不移情，关爱有加，部众深受鼓舞，系所频传佳音。我们的新生代，学缘南北西东，学养图情档史，视野开阔，信源宽广，前沿立足，推陈出新，注重原创，追求卓越。

30 年间，日月轮回，机构变迁，系科易名，人事更替，知识翻新，然而，“德高志远，厚学强术”的院系文化和“会泽百家，至公天下”的云大精神没有变，一直在传承，在内化，在深化，更在转化，本书的字里行间、无字句处，都能找到这种精神文化的遗传因子。我想，我的同事们一定会心领神会，微笑着默许的。

用了近两年的时间，这部论文集终于编成，系里几乎所有新老同事都参与了这项工作，一起动手成就了这部对本系而言具有学术史意义的著述。编委会商定，原则上是一人选交一篇已发表过的论文，由于“民族档案学”是系中的特色科目，文章也较多，希望相对完整集中地展现其学术状态，故而将三位作者发表较早的两篇论文收入其中。编者对书中文章只作大致的分类排列，无长幼之别，并且保持论文原貌，未作新的修改，以纪念这段学术历史。

回忆这段学术历程，我们倍感温暖；铭记这段学术岁月，我们更为富足。然而，三十载毕竟很短很短，学术之旅才刚刚起步，面对永恒的未来，任重道远。明天，档案学、图书馆学和情报学诸学科一定会有更大的发展，学术文化一定会更为繁荣。是所望焉。

张昌山

2015 **年春日于东陆园**